中山大学管理案例研究
——EMBA十周年专辑

主　编　陈珠明　朱　沆
副主编　汤光华　梁剑平

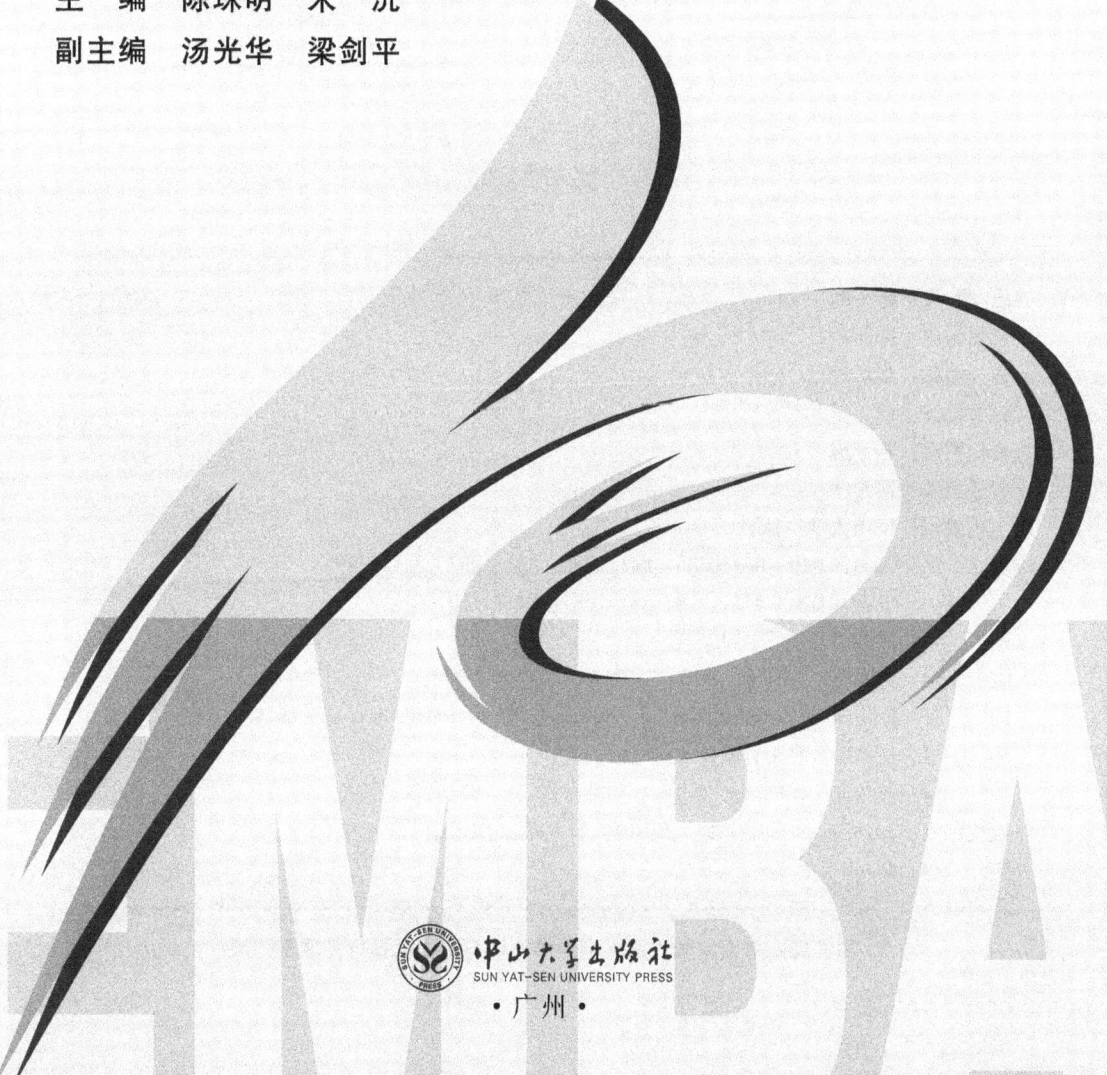

中山大学出版社
·广州·

版权所有　翻印必究

图书在版编目（CIP）数据

中山大学管理案例研究：EMBA 十周年专辑/陈珠明，朱沆主编；汤光华，梁剑平副主编．—广州：中山大学出版社，2013.12
ISBN 978 - 7 - 306 - 04719 - 9

Ⅰ.①中…　Ⅱ.①陈…　②朱…　③汤…　④梁…　Ⅲ.①企业管理—案例—中国　Ⅳ.①F279.23

中国版本图书馆 CIP 数据核字（2013）第 236100 号

出 版 人：徐　劲
策划编辑：廖丽玲
责任编辑：廖丽玲
封面设计：曾　斌
责任校对：陈　霞
责任技编：何雅涛
出版发行：中山大学出版社
电　　话：编辑部 020 - 84110283，84111996，84111997，84113349
　　　　　发行部 020 - 84111998，84111981，84111160
地　　址：广州市新港西路 135 号
邮　　编：510275　　传真：020 - 84036565
网　　址：http：//www.zsup.com.cn　E - mail：zdcbs@ mail.sysu.edu.cn
印 刷 者：虎彩印艺股份有限公司
规　　格：787mm×1092mm　1/16　19 印张　383 千字
版次印次：2013 年 12 月第 1 版　2016 年 3 月第 2 次印刷
定　　价：48.00 元

如发现本书因印装质量影响阅读，请与出版社发行部联系调换。

免 责 声 明

中山大学管理学院亚太案例开发与研究中心编辑的本辑案例，旨在为商学院的教学和科研提供基本的资料。未经我中心同意，不得复印、转载或用作其他用途，我们也不承担任何由此可能引起的法律责任。

本专辑案例是作者参加本研究中心的案例征集活动，在个人调研基础上完成的。在撰写与提交过程中，我们已提示作者征求原型企业的意见，对必要的信息进行掩饰，并争取案例发布许可，履行了必要的告知义务。对作者最终提交的案例，视为作者已履行上述手续，由此产生的任何法律责任，由作者本人负责。

基于上述理由，中山大学管理学院亚太案例开发与研究中心不能保证案例中任何资料的准确性、完整性和正确性。除非法律法规有明确的规定。读者并不能尽依赖本案例而不行使自己的独立判断。

特此声明。

中山大学管理学院
亚太案例开发与研究中心

序　言

《中山大学管理案例研究——EMBA 十周年专辑》付梓了。这是中山大学管理学院亚太案例开发与研究中心携手 EMBA 教育中心在推进本土案例开发与教学上持续努力的结晶。

中山大学管理学院 EMBA 项目是由国务院学位委员会与教育部正式批准的国内首批 EMBA 学位项目，项目参照国外一流大学的培养模式，以培养具有决策力和领导力，精通跨国公司经营理念与操作规范，同时具有深厚的中国文化底蕴的企业家为目标，致力于培养 21 世纪具有全球视野的商界领袖和适应国际竞争环境的高级职业经理人。

十年来，EMBA 项目取得优异成就，喜获诸多殊荣。2010 年，在"第七届中国市场最具领导力 EMBA"评选中，中山大学管理学院 EMBA 项目获第二名。学院率先通过英国工商管理硕士协会（AMBA）认证委员会评估，成为国内第三家、华南首家通过 AMBA 认证的商学院。

2011 年，欧洲管理发展基金会（EFMD）经审议、投票表决，授予中山大学管理学院 EQUIS 认证。在同年《世界经理人》周刊杂志、《总裁》杂志联合主办的"第九届世界/中国最具影响力 MBA 排行榜评选"活动中，中山大学管理学院 EMBA 项目荣获"中国最具价值 EMBA"称号。

2012 年 7 月 6 日，21 世纪商学院竞争力调研发布暨年度颁奖盛典，中山大学管理学院 EMBA 荣获 2012 年度"21 世纪商学院竞争力调研"中国十大最佳 EMBA 项目。

2012 年 10 月，英国《金融时报》（Financial Times）EMBA 项目全球实力排名，中山大学管理学院 EMBA 项目位列第 11 名。

2013 年 7 月，美国 AACSB 总部致信中山大学管理学院，祝贺我院顺利通过 AACSB 认证。至此，我院成为全国第二家、华南第一家同时获得 AACSB、EQUIS、AMBA 三大国际认证的商学院。

依托中山大学综合学科优势及管理学雄厚的科研实力，中山大学管理学院 EMBA 项目自开办至今，有 1 500 多名来自全国各地的企业家及职业经理已经或正在完成其 EMBA 学习，其广泛的工作背景为企业管理提供了大量丰富而精彩的案例。如果能把其中有启发性的内容整理成文，对自己和他人来说都将是一笔财富。

为此，我们编辑了本案例集。本案例开发工作得到了 EMBA 学员的积极配合和大力支持，案例的研究对象以学生所有或管理的企业为主。希望通过这些鲜活的案例，帮助更多的企业家从成功的经营中学习经验，从决策失败的事例中吸取教训，从两难困境中学会抉择，从危机挑战中学到智慧。

本专辑案例由中山大学管理学院的老师实地调查、采访，精心提炼编撰而成。案例作者根据自己的教学心得，认真撰写了教学指引，方便使用，实为教学的好材料。通过一系列实际问题的思考，学员们会从中悟出一些经营之道，为以后自己处理类似问题提供参照。这既是案例教学的目的所在，也是案例教学具有持久的生命力的魅力所在。

本案例集的开发得到了中山大学管理学院老师们的大力支持，借此机会，向参与开发的老师们表示诚挚的谢意。

编者

2013 年 10 月

目录

001 格林美：探索可持续发展之道
　　　　汤光华　郑明浩　黄健炜　麦嘉惠　田翊旋 ……◀

014　教学指引

022 坚持还是改变
　　　——澳达树熊涂料（惠州）有限公司案例
　　　　汤光华　邰智超 ………………………………◀

036　教学指引

043 准民营企业：涅槃还是华丽转身？
　　　——佛山公路工程公司的转制历程
　　　　陈珠明 ……………………………………………◀

054　教学指引

059 黄光裕：成败由天？
　　　　陈珠明　张秋娟 ……………………………………◀

073　教学指引

078 TCL国际化之路：败笔还是先见之明？
　　　　詹程浩　陈珠明　何维克 …………………………◀

087　教学指引

088 新广国际倒闭事件案例研究：对商业银行授信管理的启示
　　　　罗金诗　顾乃康 ……………………………………◀

100　教学指引

105　左岸广告公司的"跨岸之旅"
　　　——文旅产业融合商业模式创新探析
　　　　　李美云　柴娅男　邓涵　余恩望　向军志 ………◀

114　教学指引

121　建华集团：交班的难题
　　　　　朱沆　黄婷　蔡锷　郑淳丹 ………………………◀

128　教学指引

133　真功夫快餐连锁
　　　　　朱沆　利映雅　黄婷 ………………………………◀

146　教学指引

153　DT创业团队的三次股东变更
　　　　　邓靖松　郑芳　芴志松 ……………………………◀

159　教学指引

164　GY集团下属子公司高管层的年薪制改革
　　　　　邓靖松　吴仕满　梁彦呈 …………………………◀

173　教学指引

179　诺基亚的窘境：破坏性创新下的溃败
　　　　　周延凤　魏婷婷　李骅熹 …………………………◀

191　教学指引

197　GS食品有限公司的纵向一体化战略选择
　　　　　李孔岳　谢琳　王振杰 ……………………………◀

207　教学指引

210 东鹏饮料公司的战略选择
傅慧 梁燕冰 蔡筱霞 ……………………◀

222 教学指引

225 隐形冠军在员工招聘与保留方面的困境
——以金发科技公司为例
黄桂 潘敏婷 付春光 ……………………◀

231 教学指引

235 路在何方?
——宝丰能源集团发展战略选择的困境
黄桂 黄晔 付春光 何妍斐 ……………………◀

243 教学指引

247 群众满意度的是是非非
——以中共荔越区委组织部为例
黄桂 叶锦祥 付春光 ……………………◀

263 教学指引

267 立白"去渍霸"洗衣液定位问题探讨
杨宇帆 杨斌 林业欣 ……………………◀

273 教学指引

278 "雅芳"渠道冲突问题研究
杨宇帆 杨奇志 杨曲曲 ……………………◀

288 教学指引

格林美：探索可持续发展之道

汤光华　郑明浩　黄健炜　麦嘉惠　田翊旋

> **摘要**
>
> 本案例利用格林美公司的公开信息及调查资料，展现公司所在行业的现状、公司的经营理念及行动，侧重于介绍公司在可持续发展方面的主要工作，包括技术研发、回收体系、产业链、环保投入、企业文化。本案例可为学生学习商业伦理、可持续发展课程提供素材。

一、引言

作为一家开发利用废弃资源价值的上市公司董事长，许开华自嘲："我是一名城市矿产资源采矿工。"十多年的"采矿工作"不仅让许董事长创立了格林美这家具有行业领先地位的企业，也让他愈加准确地找到了自己的产业理想，那就是推动中国循环产业、环保产业的进步，实现公民、生产者和国家三者的共赢。正如他曾多次在不同场合表示的那样："我们不只是要做一个企业，更是要做一个面向未来的产业。"[①]

这一产业理想并非一朝一夕就能实现，有很长的路要走。公司将过去3年从资本市场3次筹集来的大量资金投入到产业园建设之中，废弃物处理能力及技术水平获得大幅提高，但电子垃圾收集成本、人工成本不断上升，正好又赶上国际稀有金属价格下降，这在一定程度上影响了公司的毛利率。

社会上有大量废弃的电子垃圾，其造成的环境污染触目惊心。可一面是作坊式的废品处理点遍布全国各地，它们只将废品进行简单的分拣、破碎处理就销售出去，低质低效；一面是行业壁垒明显，一批有资质的正规厂家却面临着无米下锅的尴尬局面，它们想到省外收集废品却手续烦琐，行政干预颇多，想在国内新增生产线却苦于拿不到一纸批文。面对"劣币驱逐良币"的现状，许董事长时常感到有些无可奈何。

但更多时候，许董事长看到的是希望——政府在倾听各方声音，在修订产业

[①] 郎晓俊：《科技创新是未来之路——采访格林美董事长许开华》，载于《每日经济新闻》2012年12月11日。

政策，从制度上规范市场行为。2012年7月，时任国务院副总理李克强在湖北召开企业座谈会，作为参会代表之一的许开华利用有限的2分钟时间，向李克强副总理提出中国要出现"优美科"这样的循环经济巨头，关键是要开放环保市场，各省市开放废旧物处理资源，实施全国废物处理一张许可证制度。

尽管这一天现在还没有到来，但许董事长相信这一天很快就会到来。为此，公司一方面需要努力争取有利于产业发展的外部政策环境，另一方面，更需要练好内功，构建企业的可持续发展模式，实现公司的财务绩效良好、循环产业的升级换代及全社会环境质量的明显改善三者的互进式发展。为实现这一目标，公司还要做哪些工作？

二、行业背景

随着人均可支配收入的提高，以及全球电子类产业的快速发展，电子产品的更新速度明显加快，导致每年的电子垃圾数量以惊人的速度增长。

据中国财经网报道，各类家用电器和电脑、手机等办公和通信设备日益普及。有数据显示，2012年我国共有11.3亿部手机、3.4亿台微型计算机。随着科技和经济的发展，电器电子产品的淘汰周期正在缩短，如一台电脑的淘汰周期已由过去的10年缩短为4年，手机不到2年就会被淘汰。我国的电器电子产品进入了一个前所未有的报废高峰期，每年所产生的废旧产品数量相当可观。如果按照10年至15年的使用寿命计算，如今中国每年将有500万台电视机、400万台电冰箱以及600万台洗衣机要报废，此外还会有500万台电脑和上千万部手机进入淘汰期。

除中国本身需要消耗大量的电子产品外，中国、印度等亚洲发展中国家更是成为美国、日本、英国等国的电子垃圾处理厂。《第一财经日报》曾发表文章称，据调查，全世界数量惊人的电子垃圾中，有80%出口亚洲，这其中又有90%进入中国。发达国家为了保护自己国家的环境，在电子产品处理方面监管严格，处理成本高昂，因此很多追逐利益的商家选择直接将这个烫手山芋甩给发展中国家，以降低自己的成本。在国内和国外双重电子废弃物的重压下，我国成为世界上名副其实的"电子垃圾场"。广东汕头的贵屿镇就因此而闻名于世。

一方面，这些电子废弃物含有大量污染环境和对人体有害的物质。如制造一台电脑所需要的700多种化学原料中，有300多种对人体有害。电子废弃物的随意丢弃或不谨慎处理都有可能使其变成重大的污染源。一台21英寸电视机的阴极射线管有约1公斤的铅，如果按照500万台的彩电报废量计算，中国彩电仅铅污染就有5 000吨。

另一方面，电子废弃物中又含有许多有用的材料。从电子废弃物中提取有用物质，可形成循环经济产业，不仅有利于治理电子废弃物的污染，也有利于资源的充分利用。

然而,由于我国自身的废物回收体系、资源再利用体系都不够健全和完善,国民的环保意识也不够强,使得固体废物的回收和利用情况实在堪忧。据《2012年中国统计年鉴》描述,我国2011年固体废物处置情况是,一般固体废物的处置量仅为固体废物的21.8%,而危险废物处置量也只是稍高一点,约为26.7%。如何合理开发利用这些废弃物已成为我国环境保护面临的严峻挑战,也成为中国实现可持续发展的重大挑战。

面对这一严峻形势,近年来,国家出台了一系列重要政策来加快循环产业与环保产业的发展,规范产业行为。2011年元旦起正式实施的《废弃电器电子产品回收处理管理条例》对电器电子产品的生产者、销售者、回收经营者和处理企业都提出了责任和资质要求,在两年准备期内,国家将专门建立废弃电器电子产品处理基金,用于废弃电器电子产品回收处理费用的补贴,并将其纳入国家和地方财政预算管理。

2012年6月,国务院在《"十二五"节能环保产业发展规划》中指出,"十二五"时期是我国节能环保产业发展难得的历史机遇期,未来我国将加快培育发展节能环保产业,使之成为新一轮经济发展的增长点和新兴支柱产业。而"十八大"报告也明确提出,把生态文明建设放在突出地位,努力建设美丽中国。

在一系列国家政策的支持下,近年来,我国废弃电器电子产品回收行业得到了较快的发展,一批有规模、有较成熟技术工艺、有合理布局的回收企业开始出现,一些有实力的企业,包括上市企业、外资企业,积极投身中国废弃电器电子产品回收处理体系的建设之中。

据《中国废弃电器电子产品回收及综合利用行业现状与展望——行业研究白皮书(2011)》显示,截至2011年12月31日,全国共有1 125家中标家电以旧换新回收企业。在这些中标企业中,有生产企业,有专门的电子电器销售企业,也有传统的回收企业。TCL、长虹也加入其中。

但目前,大多数拆解企业还处于"吃不饱"的状态。回收难是这类正规回收企业所遇到的最大问题。此外,行业集中度仍然偏低,存在着大量不规范的废品收购站、游击收购小贩及小型拆解作坊。现行废旧电器电子产品回收主体多样,回收渠道众多,其中以上门收购为主,80%的废旧电器电子产品都被没有回收资质的零散流动商贩收购,因此很难形成规模效应。同时,回收处理体系不健全,没有完善的法律法规来确保废旧电器电子产品回收处理网络渠道的通畅,造成规范的回收处理企业货源不足,产能利用率不高。多数小作坊以及不成规模的厂家,其拆解工艺落后,主要以手工拆解方式为主,只对部分贵重或易回收的材料进行回收,大量较难回收的有用资源却被丢弃,造成资源浪费与环境污染。

三、公司简介

2001年12月28日，许开华教授结束他在东京大学山本研究室的访问研究后，开始了他的循环产业创业之梦——成立格林美公司，并且以首批孵化企业的身份进驻深圳宝安区桃花源科技创新园，创造性地提出"资源有限、循环无限"的产业理念，提出"开采城市矿山、拯救有限资源"的资源战略，并以废旧电池、钴镍钨稀有金属废物、电子废弃物为对象，研究开发中国城市矿山资源的技术与产业化。2002年1月至2003年12月，许开华带领团队攻克废旧电池、电子废物、钴镍钨稀有金属废物循环再造的关键技术，申请和取得了30余项核心专利，突破了循环产业创业的第一关——技术关。2004年，格林美作为首个成功孵化企业顺利出园，并于同年11月在宝安区沙井镇完成6 000平方米的生产车间和1 500平方米的办公、研发、生活区的租用及建设，建成以废旧电池、钴镍工业废物、电子废弃物、电池工艺边角料等镍钴废料为原料，适应多种物料、多任务工艺过程的超细镍、钴粉体材料的全流程生产线。

2004年年初，格林美公司与湖北荆工水泥股份有限公司合资设立荆门市格林美新材料有限公司，其主要产品是金属粉末材料系列（以二次钴镍资源为原料，利用循环技术生产超细钴镍粉末）、电池材料系列和无铅焊接材料系列。其中，无铅焊接材料属国家"863"计划项目。

2005年9月26日，格林美公司在深圳市宝安区沙井镇设立全资子公司——深圳市格林美检验有限公司，从事金属、高分子等材料的检验与分析。同年12月7日，公司第一次增资，引入风险投资资本，注册资本增至2 780万元，许开华及其妻子合计持有股份比例降到40.47%。

2006年6月，公司实施第二次增资，注册资本增至4 748万元。同年10月第三次增资，注册资本增至5 068万元。同年12月27日，公司整体变更为深圳市格林美高新技术股份有限公司，注册资本5 200万元，许开华及其妻子王敏持有公司股份比例约为40%。

成立股份公司之后，又经历了三次增资，并进行了几次资产重组及设立下属子公司等动作，如2008年3月，在武汉设立全资子公司——武汉格林美资源循环有限公司，从事废旧电池、电子废弃物资源的回收与处理业务。

2010年1月10日，公司在深圳证券交易所中小企业板市场发行2 333万股股票，发行价每股32元，实际筹集资金7亿元，股票代码002340。至此，公司注册资本增至9 332万元，许开华及其妻子合计持有股份比例约为25%。

2010年5月12日，公司在江西丰城设立全资子公司——江西格林美资源循环有限公司，以南昌为中心从事电子废弃物等报废材料的回收与循环利用，并成为江西省家电以旧换新中标拆解企业。

2011年3月23日,公司对河南中钢再生资源循环有限公司增资,成立控股子公司——河南格林美中钢再生资源有限公司,拥有200亩再生资源产业园区,主要业务以废钢加工,回收废汽车、废旧家电、废旧金属为主。

2011年11月,公司实施股票定向增发,发行数量为4 716万股,发行价格为每股22元,实际募集资金10亿元,许开华及其妻子合计持有股份比例降至22%。(格林美2012年股权结构如图1所示。)

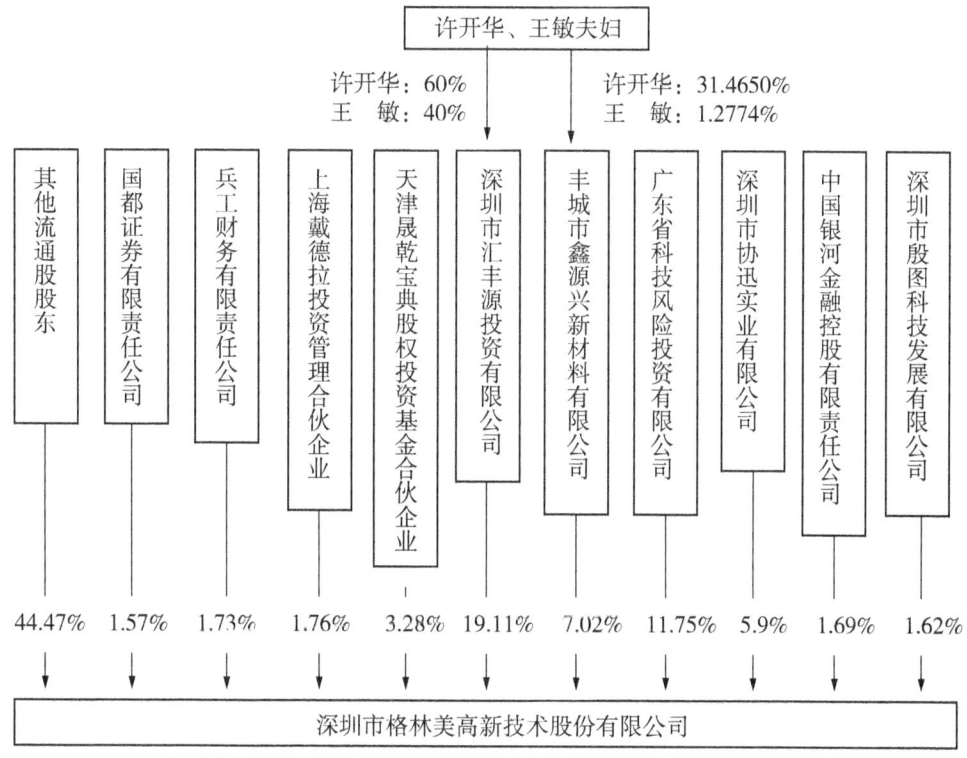

图1　格林美2012年股权结构图

资料来源:深圳市格林美高新技术股份有限公司2012年年报。

2012年,公司先后与江西省宜春市政府、武汉市政府、天津市子牙循环经济园区签署建设报废汽车处理基地的协议,拉开大规模布局报废汽车处理产业的序幕,实现由废旧电池、电子废弃物到报废汽车产业链的延伸,成为综合性城市矿山资源处理公司。

2012年11月,公司成功并购江苏凯力克钴业股份有限公司,由钴镍粉末制造商延伸到动力电池材料制造,打通了废旧电池到电池材料的产业链,成为中国核心的锂离子电池材料制造企业。

2012年12月，公司获准发行8年期固定利率债券，筹集资金8亿元。

经过这些年的发展，格林美的总资产已从2009年年末的7.8亿元，增长到2012年年末的63.5亿元，员工人数已达2 800人。公司总部位于深圳，在湖北荆门、湖北武汉、江西丰城、河南兰考、江苏泰州建有五大循环产业园，循环再造钴镍、铜钨、金银、钯铑等十多种资料及塑木型材、新能源材料、环保砖等产品。公司现在已是世界第三大、中国最大的超细钴镍粉末制造企业，中国最大的小型废旧电池处理企业，中国领先的报废家电处理企业和核心动力电池采用制造企业。

四、公司的可持续发展之路

过去十多年，格林美公司从开始的创业、初具规模阶段发展到上市之后的扩张、构建产业链阶段。在迅速做大规模的同时，公司也在经营理念上加以探索。

早在2003年，格林美公司就在国内率先提出"开采城市矿山"的思想以及"资源有限、循环无限"的产业理念（2011年1月12日，被国家版权局授予版权），并以废旧电池、电子废弃物资源为切入点积极探索中国"城市矿山"的开采模式，致力于这些废弃物的循环利用与循环再造产品的研究与产业化。

在上市之后，格林美公司确立企业使命是"循环中国，创建受全球尊敬的环保公司"，核心价值观是"消除污染，再造资源，造福社会"，推行"由循环而经济，实现企业价值、环境价值和社会责任的和谐统一"的循环产业文化。

2012年，格林美公司确定其未来五年的规划目标是，以发展废弃电池、报废电器电子产品、报废灯管、报废汽车和稀有金属工业废料循环利用等产品链为核心，构建多层次回收体系为基础，建设覆盖中部、中原、天津、长江三角洲、珠江三角洲等地的城市矿产资源产业链，成为国际一流、国内领先水平的综合性国家城市矿产回收体系创新基地、循环利用示范基地、循环经济宣传教育基地。

作为循环产业、环保产业之中的一员，格林美在经营理念上强调可持续发展，实现公司、环境、社会三者的共赢。公司在探索可持续发展道路方面所采取的具体行动主要体现在以下几个方面：

（一）持续的技术创新，以自身技术水平提升废物利用效率

格林美将其自身的核心竞争力定位于研发与技术能力，以发展循环技术来拯救有限资源，因而公司从创立之初就对循环技术的研发十分重视。

2002年4月30日，格林美公司进驻深圳市宝安区科技创新园进行循环技术孵化研究，攻坚"废弃钴镍资源与废旧电池回收"和"电子废弃物整体资源化"两大核心技术。至2003年12月，完成废旧电池、废弃钴镍资源循环再造超细钴

镍粉末的技术研究,形成相关专利技术。这两个核心技术成就了格林美在废旧电池回收以及镍钴粉末生产的龙头地位,成为格林美引以为豪的核心技术。

后来,公司开拓出以企业为主体的产学研一体化技术开发模式,根据实验室技术、中试技术和产业化技术的各阶段特征,组合高校教授、企业工程师进行技术开发、工程设计、市场接轨等科技成果的产业化全过程开发。

2010年上市以来,格林美公司在研发方面的投入力度进一步加大,所取得的研发成绩相当显著。2010年的研发投入为3 482万元,较2009年增加了148%,且以后保持年复合43%的增长;2010年、2011年和2012年取得的专利分别是50项、110项和87项,较上市前每年取得专利数均有大幅度的增加。(格林美研发经费投入情况如图2所示。)

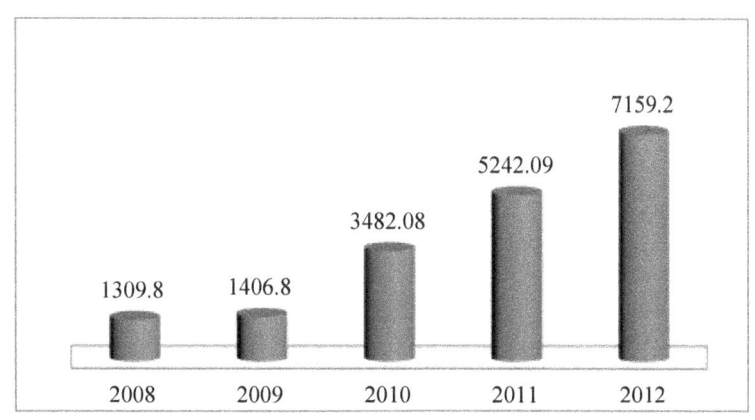

图2　2008—2012年度格林美研发经费投入情况（万元）
资料来源：深圳市格林美高新技术股份有限公司2012年度社会责任报告。

为了整合企业、科研院所、协会等各方面的优势资源,提高电子废弃物整体资源优化利用的创新水平,格林美公司在2011年牵头成立了电子废弃物整体资源化创新联盟,为电子废弃物的整体资源化产学研合作提供了良好的平台。

迄今为止,格林美公司申请取得了320余项专利,牵头制定了70余项国家及行业标准,其中10多项专利在美国等20多个国家获得授权,是中国再生资源行业第一个在国外拥有专利、第一个获"国家科技进步奖"的企业,格林美因此成为中国电子废弃物与废旧电池循环利用的技术先导企业。公司先后被授予"国家循环经济试点企业"、"国家创新型企业"、"国家级高新技术企业"、"全国企事业知识产权试点单位"等称号。

公司主要的技术创新有以下几项：

1. 废旧电池

在废旧电池回收技术方面，格林美掌握了废料分离提纯、失效钴镍元素原生化和超细钴镍粉体制备的从废弃钴镍资源直接生产超细钴镍粉体等高端产品的循环再造技术。失效钴镍元素原生化是资源回收利用过程中最为关键的技术难关，其不仅要求废料中的钴镍恢复性能，而且要求恢复后的钴镍必须达到原矿金属的性能水平。目前该领域的技术在国际上尚无法获得完全借鉴，它是再生资源行业进入的最大技术壁垒。

2. 电子废弃物

在电子废弃物回收工艺方面，格林美采用先进的涡流粉碎、微粉解离和静电分离工艺来实现金属与非金属的有效分离，回收电子废物中的铜及其他稀有金属。整个生产过程没有废水、废渣的排放，完全解决了焚烧、酸浸、水洗等处理方法所带来的严重二次污染问题，真正做到零排放、零污染，构成一条完整的"绿色回收产业链"。

3. 塑木型材

在塑木型材方面，格林美推出新型环保产品。该产品具有节能环保、强度高、不易变色、防虫蛀、易清洁、耐腐蚀性能好、美观大方等优点，并且具有比纯塑料和防腐木等制品倍增的使用寿命和抗老化性能，是塑料和防腐木制品的良好替代产品，被广泛用于室外装饰、园林工程建设、车间防腐工程、海洋防腐工程、环卫设施等各种场合。

4. 稀贵金属

在稀贵金属方面，格林美自主研发的控制性分级破碎技术和湿法脱焊技术实现了废旧线路板中铁、铝等贱金属与铜、锡、金、银等贵重金属的分离，攻克了国内外线路板脱锡、提纯的难点；采用自主研发的专利技术提取金、银、钯等贵金属，解决了传统的氰化冶金工艺提取贵金属造成的环境污染问题，更新了废旧线路板再利用循环技术的模式，构建了无焚烧的物理与化学联合的新技术模式。

5. 稀土金属

在稀土金属方面，格林美通过产学研合作，正在开展稀土循环再造技术的研究，形成了系列专利技术，解决了目前稀土分离提取工艺复杂、回收率低、环境负担重等问题。

6. 报废汽车与废钢铁

在报废汽车和废钢铁方面,格林美同时采用自主研发装备和引进世界领先的设备,实现了报废汽车和废钢铁的自动化整体破碎(即报废汽车和废钢铁可以直接送入破碎机破碎),创建了中国自主知识产权的全套装备体系。

(二) 多元回收体系的探索

如何建立有效的废弃物回收体系,一直是格林美公司努力探讨的方向之一。这些年来,公司做了多种尝试。2006年,格林美就在深圳启动废旧电池回收活动,动员社会各界将废弃电池集中起来,取得了一定的成效。但当时的规模比较小,初始的回收模式主要针对企业生产的废品,而非消费者消费电子产品后产生的电子垃圾。格林美公司在2009年的招股说明书中提到:"公司主要原材料分为主物料和辅料,主物料主要为电池行业、硬质合金行业、冶炼和电镀行业的废料,包括锂离子电池废料、镍电池废料、废碳酸钴、废镍合金、镍渣、废硫酸镍、废碳酸镍、废电池等。我国目前每年大约产生10 000吨(金属量)钴废料和50 000吨(金属量)镍废料(除废不锈钢外),原料的供应能长期得到保证。"

从2008年开始,格林美尝试与地方政府合作,以设立回收箱与回收超市相结合的形式来回收废旧电池与电子废弃物。首先在武汉、深圳等20多个城市建设了20 000余个废旧电池回收箱,覆盖100多个县市、20万平方公里,参与人数超过1 000万人,涉及3 000个社区、500所大中小学、100多个政府机关、500余个体商户。这成为中国最大规模的废旧电池集中分类、规范收集、跨地区、多层次的社会回收体系,使中国废旧电池回收率从2006年的不到1%提升到2012年的10%以上,成为中国"城市矿山"资源开采与利用的示范模式。

从2010年开始,格林美公司在全国首创电子废弃物回收超市。在武汉城市圈、江西南昌铺设的30多个电子废弃物回收超市,创造了"以斤论价、阳光交易、规范收集"的模式,月回收电子废弃物5 000吨以上。这开启了中国电子废弃物由分散无序、游击队式的原始回收方式向定点集中、定价回收的文明回收方式转变的先河。

此外,格林美公司还开创了20家"3R循环消费社区连锁超市",这是一家集低碳产品销售、二手商品寄售、再生资源回收功能于一体的社区低碳消费连锁超市。

2012年11月6日,格林美"武汉城市圈(仙桃)城市矿产资源大市场"项目正式签约。此项目主要建设覆盖武汉城市圈、辐射华中地区的城市矿产资源的集散大市场,包含再生资源集散分拣中心、报废商品与二手商品的展示销售中心、报废汽车零部件循环利用中心、再生资源信息中心,使其成为国内一流、世界先进的再生资源集约化、规范化、信息化的集散、分拣、综合利用、展示与购销的示范中心，成为区域性大型再生资源绿色集散的展示中心、环境教育基地。

2012年8月16日，格林美参与了部分省市公共机构废旧商品回收体系建设项目的签约仪式；2012年10月15日，格林美正式确认成为湖北省公共机构废旧商品回收利用承办企业，先后与湖北省人民政府法制办公室、湖北省人民政府扶贫开发办公室、武汉市发展和改革委员会、武汉市审计局等政府机关、企事业单位签署报废物品的定向回收协议。

2011年11月，格林美以"建设有效的回收体系，对电子废弃物和废旧电池等进行深度资源化为特征的循环经济发展模式"，入选国家60个循环经济典型模式案例。

（三）构建产业链，对废弃物努力做到"吃干榨净"

格林美公司在产业模式的探讨方面，逐步形成了自己的特色。早期，公司以深圳为市场、研发中心，以湖北为低成本的制造中心，充分利用湖北荆门的低成本优势、地域优势、回收网络优势、政府扶持优势等进行规模化生产，构造有竞争力的低成本产业链，建设中国循环技术的产业基地之一。从2010年开始，公司将产业园扩张到华东、华北，先后在江西、河南及江苏建立产业园，不断完善产业链，逐步形成了现在的六大核心业务（包括废旧电池与钴镍钨循环利用、电子废物循环利用、废颜料与农业废弃物循环利用、稀土稀散稀贵金属废料循环利用、工业废渣废泥循环利用、报废汽车与废钢的循环利用）和一条完整的废弃物绿色环保产业链。

此外，格林美公司还建起了规范严格的管理体系，所有的废弃物拆解再生程序都有全程的视频监控。其工作细致到每天有多少废弃物被拆解、加工都可以清清楚楚地统计出来。公司的技术实力可以保证对废料近100%的循环利用。

（四）加大环保投入，生态设计，清洁生产

作为环保行业的一员，格林美对自身的生产行为提出了高标准的要求。绿色处理、清洁生产是格林美建设生态废物处理工厂的必备条件。其在环保设施方面的投入逐年加大，尤其是上市之后，随着产业规模的扩大，格林美在环保方面的投入也迅速上升。上市当年环保经费投入达到6 965万元，较前一年度增加了274%，且以后的每年都保持增长。其中，2011年投资3 000多万元改造了污水处理系统，使污水排放标准达到了国家一级排放标准，并对污水处理过程中产生的废氨实行资源化处理；2012年投入3 532万建设废渣、废泥环保处置生产线，该线投运后可年处理5万吨各类废渣、废泥，生产4 000万块标砖，可年减少5万吨土资源开采、1万平方米土地占用。（格林美环保投入情况如图3所示。）

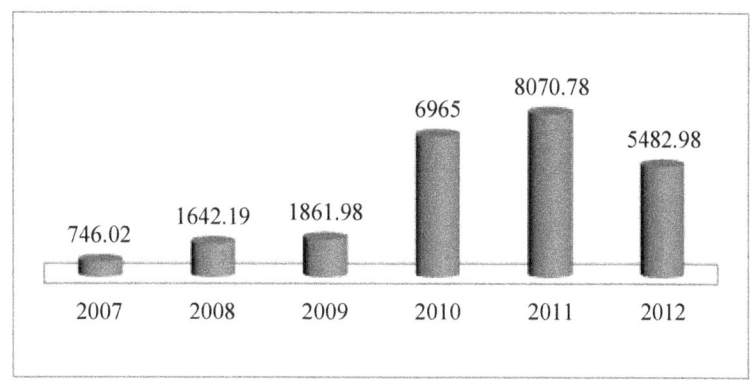

图3　2007—2012年格林美环保投入情况（万元）
资料来源：深圳市格林美高新技术股份有限公司2012年度社会责任报告。

同时，格林美通过发展物联网技术，对城市矿产回收处置的全过程进行全面感知的实时监控，提高运行效率以及资源利用效果；产业园区建筑材料多使用环保建材，园内最大限度采用风能、太阳能等清洁能源，绿色和循环的理念贯穿格林美废弃物处理的全过程，杜绝二次污染，致力于打造世界先进的循环、生态、环保、科技的循环产业园区。

近年来，公司发起了"促生产、降消耗、保安全"系列活动，各子公司、部门提出了各自的目标和措施。在降消耗方面，各分公司和事业部分别从制度和技术上着手，例如，武汉公司和荆门公司钴镍事业部等提出对使用的低值易耗品实行以旧换新，以减少10%消耗；荆门公司塑木事业部提出通过员工的"五小"活动（小革新、小发明、小改造、小设计、小建议）促进企业节能降耗；河南公司提出优化废钢破碎以及夜间照明两块节能降耗方案。

（五）建设公司环保企业文化

格林美公司坚持无害化的环保投资理念，并且将这种环保理念融入公司文化之中。在格林美的厂区，公司采用自己生产的新型环保塑木型材搭造起长廊、小桥、花架、长椅，厂区环境优良，一点也看不出是一家处理废弃物的工厂。公司承诺，公司园区随时可以把大门敞开，让全世界来看，来检验。2012年2月，格林美被国家授予"国家循环经济教育示范基地"，为中国政府首批向世界开放的9家循环经济企业之一。

为积极宣传环保产业文化，公司每年都会出版几期《格林美》内刊——《格林美企业文化手册》，通过文字构筑的精神家园，将环保理念传播到每一位格林美人的心中。公司于2012年7月加入阿拉善SEE生态协会。公司每年通过多种途径，在社区、学校、企事业单位开展环境保护普及活动，倡导垃圾分类回收,废弃资源循环利用,提高市民的环保意识。公司内部大力倡导员工参与垃圾分类义务回收,实现内部废弃资源的回收利用。每位员工每年义务回收6公斤废旧电池与电子废弃物、2公斤废纸,让节能减排的义务深入人心。

格林美创始人许开华董事长以身作则,带头践行环保理念。2011年,许董事长被评为"2011中国低碳时代年度人物";2012年,他又被评为"2012年中国再生资源年度人物"。

五、公司的重任与挑战

短短十多年,格林美在可持续发展方面做了大量的工作,取得了瞩目的成就,树立起自己在行业中的领先地位。为此,创始人许开华董事长不仅付出了大量的心血,还不惜稀释自己手中的股份。相比之下,大量的中小板上市公司的创始人都不敢如此大幅度地降低自己的持股比例。对于这一"另类"行为,许开华在一次采访中解释道:"我的股权比重不大,但我从不担心公司被别人收购,就算被收购了,只要让我继续担任总经理就可以了,这公司离不开我,我也离不开这个行业。"①

如今的格林美尽管成绩显著,但离实现许董事长设想的产业理想还有很长一段距离,在提升公司的财务绩效、促进中国循环产业的升级换代、改善中国的环境质量这三方面都还有大量的工作要做。

在财务方面,连续三年三次大额的市场融资提升了公司的经济实力,为公司以后扩张及并购行为提供了财力支持。上市三年来,格林美公司总资产从2009年末的7.8亿增长到2012年年末的63.5亿,约增长了7倍。其中,固定资产余额从3.2亿元增长到20.8亿元,三年增长了近6倍;在建工程余额从1.6亿元增长到7.6亿元,增长近4倍;无形资产余额从0.36亿元增长到2.8亿元,增长了近7倍。资产,尤其是长期资产的大幅增长表明公司在利用筹集资金做实业投资,这为下一步的财务绩效提升奠定了基础。(格林美基本财务数据如图4所示。)

在循环产业方面,废弃物循环利用产业在中国一直处于较低水平,参与的企业数量多,但规模小、技术档次低。产生这一现状的原因是多方面的,除了政策因素之外,缺乏有实力的企业实施行业整合是另外一个重要因素。格林美的问世,以其行业"第一股"的身份上市以及后续的迅速成长,不仅使自己的经济及技术实力得到了提升(其年废弃物处理能力达到50万吨以上),也给行业的升级换代带来了正面影响。公司确实在产业升级换代方面作出了自己的努力与贡献,如较早地提出新的产业理念、参与制定行业标准及开发出一系列拥有自主知

---

① 邓常青:《格林美掌门人不担心控股权旁落》,载于《证券时报》2013年5月20日。

识产权的技术。同时，格林美的发展也使其具备成为一位行业整合者的潜质，未来有可能带来行业整合的提速和行业集中度的提高，这对产业发展是有利的。在废旧电器回收处理数量上，公司每年都有大幅提升，但行业占比还不是很高。据一项资料显示，从2009年5月至2011年年底的家电"以旧换新"活动中，全国共回收废旧家电8 373万台，拆解处理了6 621万台，格林美在这一活动中大约回收处理了160万台。总体上，国内该产业的市场集中度、产业成熟度均较低，产业的升级换代还任重道远。

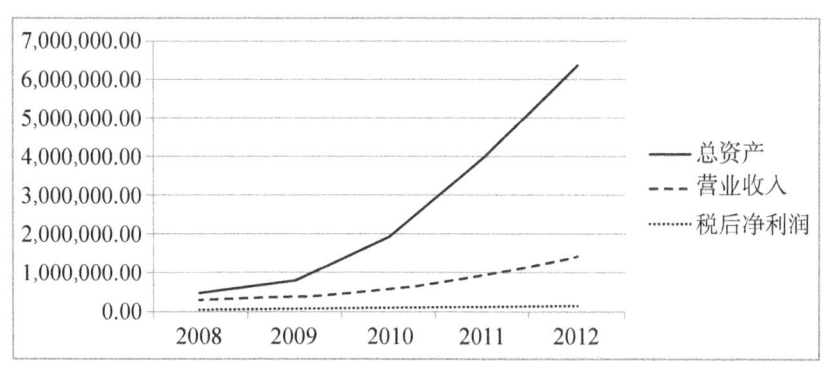

图4　2008—2012年格林美基本财务数据（万元）
资料来源：深圳市格林美高新技术股份有限公司2012年年报。

在环境质量方面，公司的原料来自废弃物，产业园的建筑材料也多使用环保建材，并致力于打造循环、生态、环保的循环产业园区，这对环境质量的提升会带来直接作用。据格林美公司的年度社会责任报告显示，公司在2011年处理了50万吨的电子废弃物、废旧电池和各种含稀有金属的危险废弃品。每回收1吨充电电池，可节约79吨钴镍矿；每循环再造1吨塑木型材，可减排987千克的二氧化碳，减少0.08公顷森林砍伐。公司在2012年处理废弃电池、钴镍钨废料、废弃电器电子产品等"城市矿产"共32.52万吨，相当于节约了38万桶石油，循环利用水111万吨，使相当于156亿吨水或21万平方公里土壤免遭污染。

除了直接作用，公司还在环保教育、宣传方面做了大量的工作，其间接作用也不可小觑。尽管环保问题是一个全社会的问题，不能把希望寄托于一家企业，但面对中国严峻的环境现状，人们还是有理由期待每家企业在这方面作出更多的努力和贡献。公司仍然需要在园区建设与运营、商业模式构建、回收模式及工艺技术创新等方面持续改进，以便更加高效地满足中国循环产业、环保产业发展的要求。

总之，在美丽中国的光辉征途中，许董事长及格林美公司的产业理想既光荣又艰巨。

教 学 指 引

一、教学目的与用途

1. 本案例适用课程

本案例主要适用于商业伦理、可持续发展课程，也适用于公司战略课程。教学对象是 MBA、EMBA 及商科的本科生。

2. 本案例的教学目标

过去 30 年，中国经济获得高速成长，但也付出了沉重的环境代价。在经济增长方式转型时期，国家正在调整相关政策，加大循环产业、环保产业的扶持力度。在这一转型过程中，商业伦理及可持续发展理念的普及尤为重要。越来越多有关企业社会责任的话题不时见诸报端，这说明整个社会已经开始重视商业伦理在企业健康发展过程中发挥的潜在作用。

本案例提供了一个真实的个案，引导学生认识中国回收产业所处的现状、所面临的困境与挑战；体会传统的、分散型的、低技术含量的废弃物回收利用企业在如何向现代的、集中型的、高技术含量的企业转型升级；思考公司管理层在升级过程中应如何处理好经济效益与企业社会责任之间的关系，如何实现经济、环境与社会的可持续发展，并将共赢理念落到实处，取得实效；启发学生学会综合地评价一家企业，既要评价它的经济效益，也要评价它的社会与环境效益；最后，使学生加深理解企业是具有双重身份的法人，从市场经济的角度来看，它是经济主体，作为社会的细胞，它是社会公民主体，因而，必须具备商业伦理及环境伦理。

二、问题讨论

1. 格林美公司三者共赢理念的形成过程及特点是什么？

格林美公司的创始人许开华在 2001 年赴日本留学时看到当地的生活水准与优美环境，了解到资源循环利用行业的前景，决定投身这一行业。格林美公司一边进行技术研发，一边进行理念提炼。格林美公司最早提出"城市矿山"概念，早于国家两三年提出"循环经济"理念，不断结合国家政策和公司扩张的步伐，升级公司理念层次。

2003 年，党的十六届三中全会提出"坚持以人为本，树立全面、协调、可持续的发展观,促进经济社会和人的全面发展"的科学发展观。许开华董事长将此视为环保产业的第一个发展机遇。正是从2003年起,他提出了"生态设计、全程治理、清洁生产;降低消耗、节约资源、节约能源;循环利用、减少排放、达标排放"的环境方针,涵盖了2004年后中国政府发展循环经济与节能减排的主要思想,这一方针一直指导着格林美的产业设计。

从2007年年底的丹麦哥本哈根气候大会起,国家的环保政策提到了一个新的高度,格林美荆门循环产业园一期也顺利竣工,格林美迎来了产业化的新阶段。格林美公司也开始探索自建回收体系,上市之后,加快了地域扩张、构建产业链的步伐。"美丽中国"理念的提出,使环保问题从一个局部问题变成一个全局性战略问题,格林美公司顺势而为,其目标也变得更宏大、更长远。

许董事长具备行业前瞻性和环保意识,他很早就意识到,随着一国经济的发展,环境问题肯定会成为国家优先考虑的战略问题,国家政策要尽早与国际先进国家接轨。故在2012年国家出台基金补贴制度时,他并不感到意外。

格林美公司将共赢理念融入技术创新、园区建设、产业链构建、生产经营过程及企业文化建设之中。公司不过分追求短期利益,比较注重长远利益。这主要体现在诸如每年的环保投入、经营计划中的低能耗指标考核等事项中。

2. 理念执行的效果如何?

如果从格林美公司这几年的资产规模、生产能力、公司财务业绩等方面来看,理念执行效果整体不错。从格林美公司每年发布的社会责任报告及新闻报道来看,公司理念也得到了比较好的贯彻执行。

采取以上这些信息来评价公司理念的执行效果可能存在偏差。一方面,财务评价指标,如资产规模、会计利润,甚至净资产收益率(ROE),没有考虑资本的机会成本、社会环境成本,难以全面衡量公司价值,尤其是企业可持续发展能力;另一方面,公司经营所产生的环境收益、绿色贡献也难以准确度量。为此,需要思考如何从其他视角及方法上来评判公司的综合效益,如考虑从用户、供应商、员工、政府监管部门、社区工作人员、社会环保人士的视角来评判,从单位产出的能耗、水耗,工人的劳动环境,原材料及产品运输、加工、包装各环节的无害化等方面加以度量。

现实中,每家企业几乎都会标榜自己的经营理念是追求多方共赢,追求可持续发展,但在概念炒作之风盛行的当下,真正将理念落到实处,真正能取得长远实效的企业并不太多。不少企业为了获得政府的奖励,迎合投资者的短期祈求,以及树立公司的正面形象,在理念上做表面文章,实质上却在追求短期物质利益。

3. 公司实现共赢的条件与约束在哪里？

随着国家提高行业准入门槛，落实废弃电器处理补贴政策，行业格局正在发生变化，作坊式的回收拆解小厂生存空间越来越小，正规厂家的发展机会在增大。国家政策倾斜、产业成长的巨大空间、竞争对手实力相对不强、公司自身已处于行业领先地位，这些为格林美公司实现共赢创造了良机。但同时，国内外一些有实力的企业加入其中，地区行政壁垒森严，成本上升，公司自身实力并没有足够强大，这些也给格林美公司带来一系列的约束。

长远来看，补贴的基金可为拆解企业的利润提供一定的基础，但根据欧美等发达国家的经验，拆解企业要获得更多的利润还得靠补贴外的功力：一是对电子废弃物的深度加工利用。工艺技术高于竞争对手的企业，能使废弃物得到高效利用，尽可能榨取资源的所有价值，把拆解出来的东西以更高的价格卖出去。二是延长产业链。向产业的下游延伸，下游拓展到一定程度将会反哺上游。但如果产业链拉得太长，自身的管理能力不够或下游优势不明显，也会对公司的整体赢利产生不利的影响。

除了自身实力，公司的可持续发展与外界环境有密切关系。例如，各地方政府对该产业能否更开放，许可证的发放能否全国统一，原材料及配套基础设施的可获得性和可靠性如何；尤为重要的是，政府相关部门有无足够的法制执行力，迫使不合法的小作坊退出市场，让市场按其自身规律来竞争、来整合，以达到行业结构的优化，不让"劣币驱逐良币"，这些都对公司的可持续发展至关重要。

4. 你是否有特别的建议给公司老板？

首先，要对行业现状有更全面、更清楚的认识。这个行业目前可能既处于从不规范向规范转变的时期，又处于行业加速整合的时期。一批家庭式作坊并不会很快退出市场，一批正规企业虽然在跑马圈地，抢占制高点，但一系列的约束因素并不会很快消失，这些正规企业想很快获得较高的市场份额也难，需要有长远的打算，不宜急于求成。公司规模的扩张步伐要可控，要与公司的技术能力、管理能力相协调，与公司的财务状况如现金流、赢利水平相协调。

其次，公司还需要在以下几方面加强工作：

一是继续加大技术研发投入力度，提升公司回收、提炼、分离技术水平，使回收资源的利用率最大化，单位资源的产出达到最大最优，同时使废弃物排放最小化。

二是进一步提高公司绿色管理、精细化管理水平。可实行全过程控制的环境管理，从企业生产经营的各个环节来控制污染与节约资源，将环境保护当作企业开拓市场、降低成本、实现高效益的有效手段，在创造利润、促进经济利益的同时，又促进环境保护。

三是在组织构架上加大绿色管理力度。可考虑任命专职的环保经理，实施更严格的环境标准，成为真正的绿色企业。

四是加大环保宣传力度，完善并扩展已有的自建回收体系，使之优化提升产品管理体系。

五是在产业链构建上还需要下工夫，真正产生协同效应和增值效应。

5. 商业活动的环境伦理原则有哪些？

传统商业坚持的原则是利益最大化，商家会不惜以牺牲资源和环境为代价来谋取个人或公司利益，造成对大自然的过度掠夺，当今人类面临的生态危机就充分证明了这一点。要从根本上扭转这一局面，人类的商业活动必须信守环境伦理原则。

首先，商业活动必须改变唯利是图的宗旨，实现人与自然之间的和谐发展，在实现经济利益的同时兼顾社会效益、生态效益。人们要认识到，人与环境、生态的协调发展，是让生态系统保持美丽、完整、丰富和稳定的共生共荣的发展。从生物学角度讲，如果商业机制与环境失衡，将加速全球性环境问题的爆发，使许多资源如土壤、水源、海洋、矿产被污染和耗竭。人类虽然有权利从大自然中获取价值，但更有义务保持自然界的和谐与繁荣。这是判断商业行为是否正确的重要因素，是企业在从商过程中应坚守的一条重要原则。

其次，要坚持可持续发展的原则。可持续的商业活动是能够提供以可持续生产方式生产产品及服务的活动，是促进资源循环利用、变废为宝、不留后患的活动，是对自然界造成的后果负责任的活动。可持续性意味着产品或服务不以超级形象、功率、速度、包装等参与市场竞争，相反，在提供产品或服务时，必须减少对物质的消耗，减少对能源的使用，减少环境成本，减少对土地的侵蚀，减少对空气的污染，即减少一切对环境的破坏，使资源既要满足当代人的需要，也要顾及子孙后代的需要。

最后，要坚持平等互利、统筹兼顾的原则。人与人、国与国之间的商业往来、利益祈求应该遵循平等互利原则，兼顾物质需求与精神需求，兼顾商业利益与生态效益，兼顾自身利益与他人利益。

三、关键要点

案例及其主题涉及的知识点众多，可采用层层深入、步步推广的方式加以升华。

第一，最基础的知识点是何谓商业，商业精神的思想基础是什么，商业的环境伦理原则有哪些。这一层面的知识点是启发学生思考商业有低层次与高层次之分，认识到真正有价值的商业精神是必然包括伦理要素的。

第二，是商业生态学倡导的可持续发展的商业模式，国家的循环产业政策，企业的互利共赢经营理念及其执行。这一层面的知识点是启发学生思考可持续的商业模式受哪些因素的影响，需如何构建。

第三，是企业战略方面的知识，如产业链、技术创新、企业文化、投融资等。

第四，是将知识点扩展到自然之道国际组织倡导的可持续发展理念与实施框架上。该组织认为，自然之道框架是企业理解可持续性、理解可持续性与企业战略规划和运营关系的极佳框架。该框架包括四个核心程序：认识经济和社会不可持续导向的本质，认识到转向可持续对自身的好处；理解可持续性的一级原则和四个系统条件；从理想的可持续性未来"回放"到现在，制订愿景；确定从现在走向理想未来的战略步骤。具体内容参照上海交通大学出版社出版的"绿色经济译丛"中的《企业的自然之道——财富、生态及进化型企业》和《与虎共舞——环保导向带来企业成功》。

四、课堂计划

案例讲授可用两节课完成。授课之前，先将案例资料及将要讨论的问题分发给学生，同时要求学生事先观看有关汕头贵屿镇电子废弃物的视频，阅读上述两本自然之道国际组织编写的书籍。

两节课分四个阶段。第一阶段老师先用 15 分钟与同学一起归纳案例背景，在黑板上写出背景要点。第二阶段对本案例的 5 个问题逐一展开讨论，可采用两种方式，一种是老师问，学生答；另一种是学生问，学生及老师答。在黑板上总结出要点。第三阶段由老师采用 PPT 的形式讲授知识点，大约需要 10 分钟。第四阶段进行第二次讨论，这一次讨论的话题适当延伸，讨论商业、伦理与环境的关系，讨论自然之道框架，可在黑板上画出其框架，从而起到扩展视野、提升认知层次的目的，大约需要 20 分钟。

五、相关附件

两个与广东汕头贵屿镇电子废弃物相关的视频，一个是美国 CBS 记者拍摄的，另一个是中央电视台的报道，它们分别在：

http：//v.youku.com/v_show/id_XNzc1NzM2Mjg=.html

http：//video.sina.com.cn/p/finance/20130603/211462508139.html

附 录

附录1　格林美主要产品阴极铜、阴极钴以及钴镍粉近年价格变化图

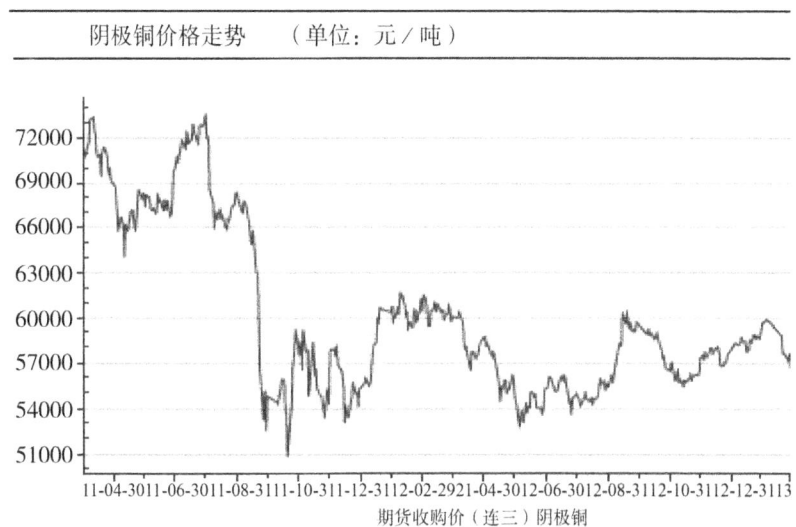

图1　阴极铜价格变化

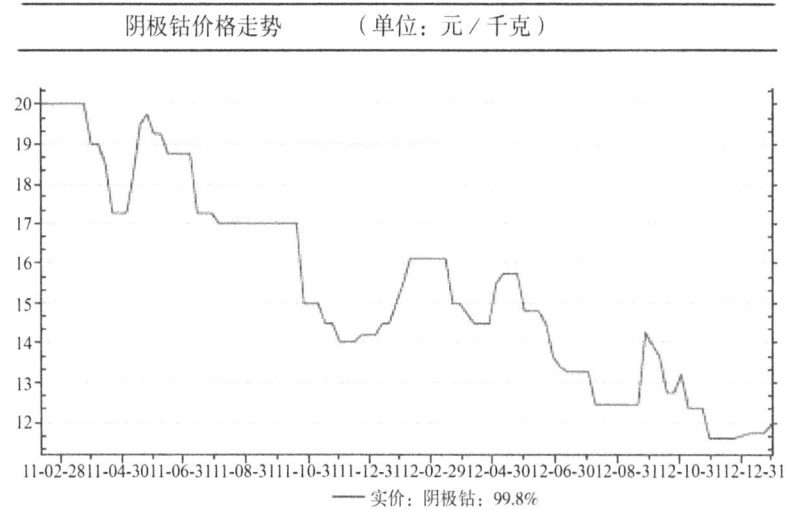

图2　阴极钴价格变化

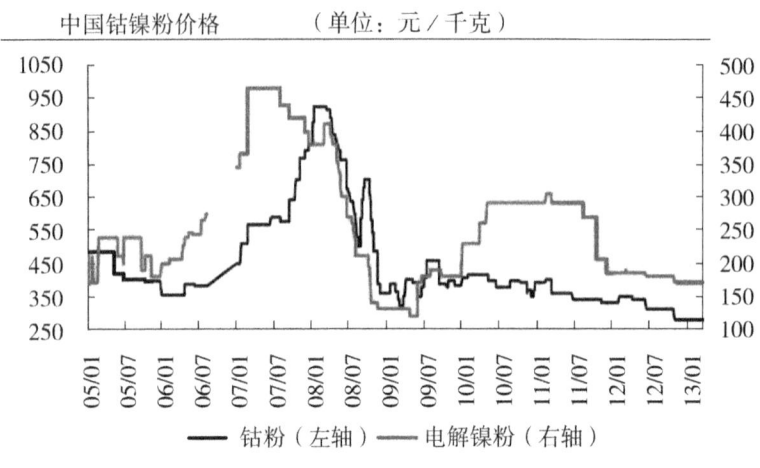

图3 钴镍粉价格变化

资料来源：上海有色金属网。

附录2 优美科简介

优美科（Umicore）的历史可追溯到200多年前，总部位于比利时的布鲁塞尔。现在的优美科集团是由多家矿业和冶炼公司合并而来，几经发展，逐渐成长为如今一家全球材料科技集团公司。根据一项最新排名，优美科被评为2013年全球最具可持续性的公司。

优美科有四大业务集团：催化、能源材料、高性能材料和回收，具体介绍如下。

催化：催化业务生产的汽车催化剂产品在全球汽车减排中发挥着重要作用。该业务领域还生产应用于精细化学品、生命科学和医药行业的贵金属化合物。催化业务分为两个业务单位，即汽车催化剂业务单位和工程催化业务单位。

能源材料：能源材料业务分为三个业务单位。钴特种材料业务单位（CSM），是全球领先的钴基和镍基化学品制造者。电光材料业务单位（EOM），是全球最前沿的锗材料生产商。薄膜产品业务单位（TEP），生产金属靶材，该材料用于生产多种应用中所需的超薄涂层。

高性能材料：高性能材料业务充分应用在贵金属及其他金属特性方面的科技和专有技术，生产的材料可帮助客户生产更好、更先进和更安全的产品。高性能材料业务分为五个业务单位，即建筑产品、电镀、铂金工程材料、科技材料和锌化学品。

回收：回收业务处理形态复杂的含贵金属及其他有色金属的废料。从工业残渣到报废材料，回收业务可从众多种类的原材料中回收约20种贵金属和其他有色金属。据介绍，优美科年产黄金超过100吨，是欧洲最大的黄金生产商。

优美科在全球各大洲开展运营,客户群遍及全球。优美科在全球总共拥有14 400名员工,分布在比利时总部、美国、澳大利亚等各大国家。

优美科2012年财务状况(单位:百万欧元)			
营业额	12 548.00	资本支出额	253.50
息税折旧及摊销前利润	524.10	经营性净利润	275.20
经营性息税前利润	372.10	占用资本回报率(%)	16.70
息税前利润率(%)	14.40	员工人数	14 438

资料来源:优美科公司年报。

坚持还是改变
——澳达树熊涂料（惠州）有限公司案例

汤光华　郜智超

> **摘要**
>
> 身处竞争激烈的涂料行业，又遇到行业景气度的下滑，澳达树熊涂料（惠州）有限公司（简称"澳达"）近年来在经营上遇到挑战，是继续坚持既定的中高端产品品质路线，还是改变品质策略换取销售量的增加？本案例利用前后两次实地调查得来的资料，在介绍公司所处背景条件的基础上，描述了公司在这一两难选择面前的决策过程，动态地展现了决策前后的一些细节变化，可为同类型的公司决策提供一个样本。

上　篇

2012年10月20日傍晚，正坐车行驶在广深高速路上的澳达树熊涂料（惠州）有限公司董事长陈日云照例收到公司财务部发来的短信。短信显示当天公司的应收账款余额、即将到期的应付账款数、银行现金存款余款以及当月的销售数额。看到这些数值，陈董事长心中有喜有忧，喜的是公司现金余额总体不错，资金周转依然顺畅，销售额在同行普遍下滑的情况下，公司还能与2011年同期持平；忧的是，公司应收账款余款上升，费用增加，利润同比下滑。想着公司筹划中的未来上市之路，陈董事长更多了一分担忧。这不禁让他联想到近来公司高层中出现的两派观点，一派认为公司应以销售量的提升来统筹各项工作，一派认为公司还是要一如既往地走高品质的产品路线。两派之争的实质是公司高层对公司未来发展战略的分歧。

"鱼，我所欲也；熊掌，亦我所欲也"，如果把销售量比喻成鱼的话，产品品质就有点像熊掌了。孟老夫子说鱼与熊掌不可兼得，那是否意味着公司在销售量与产品品质上也不可兼得呢？

一、行业背景

中国涂料行业的兴起，始于改革开放初期，当时中国的涂料年产量为50万吨，位居世界第八位。此后的80年代，涂料行业大量引进欧美、日本的涂料生产技术与设备，使其生产水平有了一个全新的提高。90年代，技术的大幅度提升和市场需求的激增，使得一大批中小涂料企业迅速崛起。这段时期，需求的火爆成就了涂料行业典型的卖方市场。至1999年，中国的涂料总产量已超过170万吨。

进入21世纪，中国涂料产业的发展更加迅猛，成为世界涂料发展的一大奇迹。2002年，中国的涂料产量突破200万吨大关，超过日本，成为世界第二大涂料生产国。仅仅两年后的2004年，中国涂料产量就接近300万吨。到2009年，中国涂料产量已达755.44万吨，首次超过美国跃居世界第一。2012年年底，中国涂料产量为1 271.86万吨，同比增长17.82%（参见图1）。

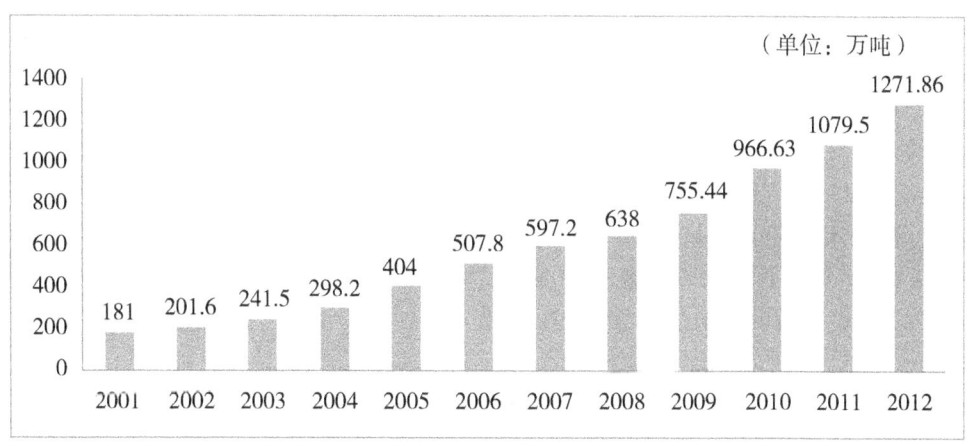

图1　2001—2012年中国涂料产量

资料来源：中国涂料在线、慧聪涂料网。

作为涂料行业重要组成部分的建筑涂料，其发展同样迅速。2005年，中国建筑涂料产量为130万吨，到2012年，建筑涂料产量已达480万吨，7年间产量增长了将近3倍，平均每年收获20.5%的增长率（参见图2）。

由于涂料产品是一种半成品，它的需求会极大地受到来自相关产品市场需求的影响。对于建筑涂料，尤其是木器漆而言，房地产行业和家具行业的变动都会对其产生巨大的影响。

中国房地产行业的发展始于1998年的住房分配制度改革。2001年，国家出台相关法规对住房消费采用扶持政策，积极促进房地产业的发展。自此中国房地产行业进入了高速发展阶段，当年的房地产投资额为6 344.11亿元，同比增长27.29%。

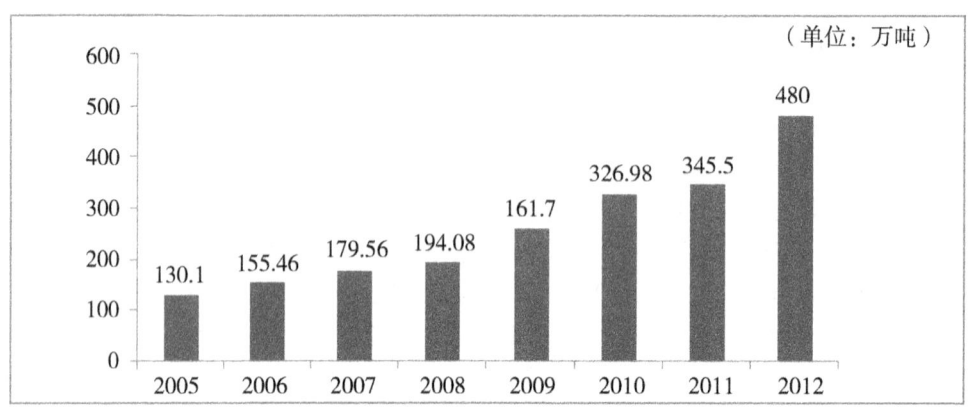

图 2　2005—2012 年中国建筑涂料产量

资料来源：新浪网。

2005 年，国务院办公厅下发《关于切实稳定住房价格的通知》（即"国八条"），由此拉开了房地产市场宏观调控的帷幕，该年的房地产投资额为 15 909.2 亿元，同比增长 20.91%。此后，国务院相继出台多项房地产调控政策，旨在抑制当时过热的房地产市场，引导房地产市场健康发展。但我们看到，房地产投资额仍然在持续增长。2011 年，中国房地产投资额为 61 739.78 亿元，同比增长 27.93%。另一方面，截取 2003 年到 2011 年每年 12 月的国房景气指数来看，该指标波动较大，尤其是 2008 年 12 月国房景气指数为 96.46，为多年来的较低水平。2009 年该指标虽有较大反弹，但近两年来整体趋势仍在下滑（参见图 3、图 4、图 5）。

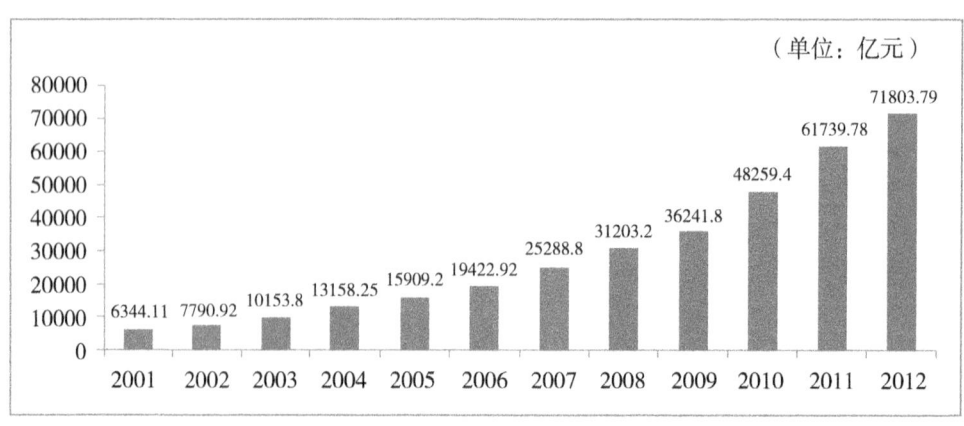

图 3　2001—2012 年中国房地产市场投资额

数据来源：国家统计局 REICO 数据库。

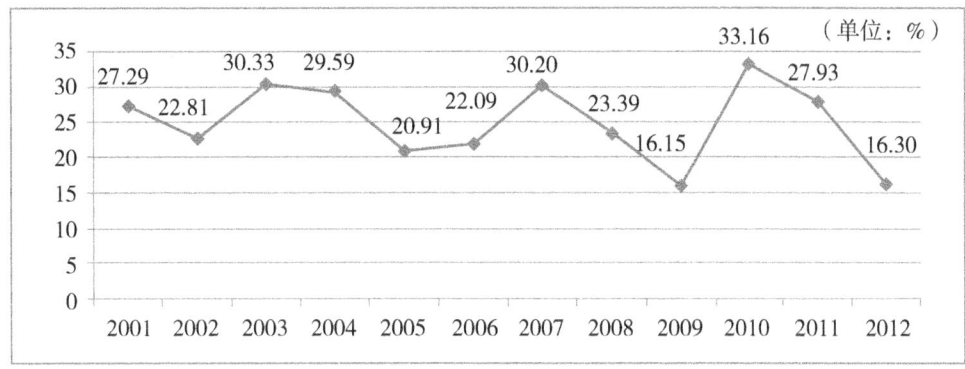

图4 房地产投资额同比增长率变动

资料来源：国家统计局 REICO 数据库。

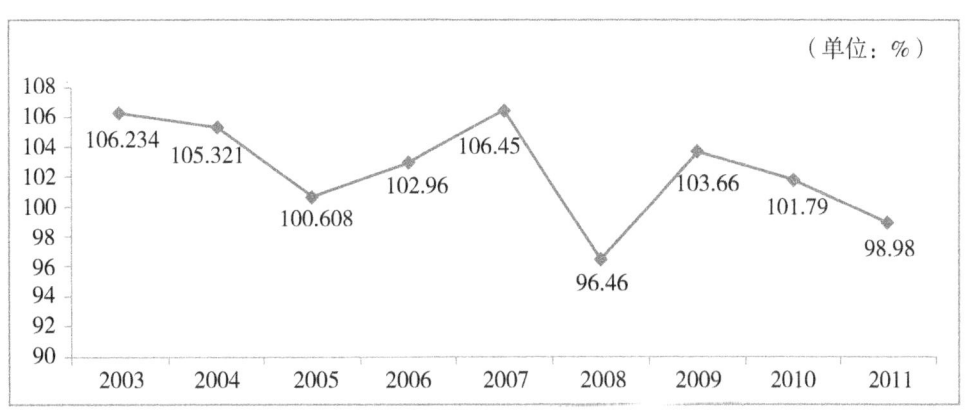

图5 国房景气指数

资料来源：国家统计局 REICO 数据库。

家具行业近年来的发展也相当迅猛。从 1988 年至 2007 年，中国家具工业产值由 41.08 亿元增长到了 5 400 亿元，19 年间增长了 130 倍，年均增长率 29.27%。2008 年，中国家具产值达到 6 500 亿元，全国的家具企业超过 5 万家，从业人员约 500 万人。到 2011 年，中国家具总产值更是超过了 1 万亿元，达 10 100 亿元（参见图6）。

2008 年，中国政府为应对美国次债危机所引发的金融海啸，出台了 4 万亿的经济刺激计划，带来了后续三年年均超 9% 的 GDP 增长，也给中国的房地产、家具及涂料产业带来了明显的推动作用，使它们都保持了较高的增长，也使中国一跃成为世界第一的涂料生产和消费大国。但随后的欧债危机，原材料价格、人工成本、物流成本高企，加之中国政府实施的宏观调整政策，让中国经济在 2012

年遇到了前所未有的挑战。同其他行业一样，涂料行业也在这一年告别过去的快速增长，进入到"市场冷冬"。

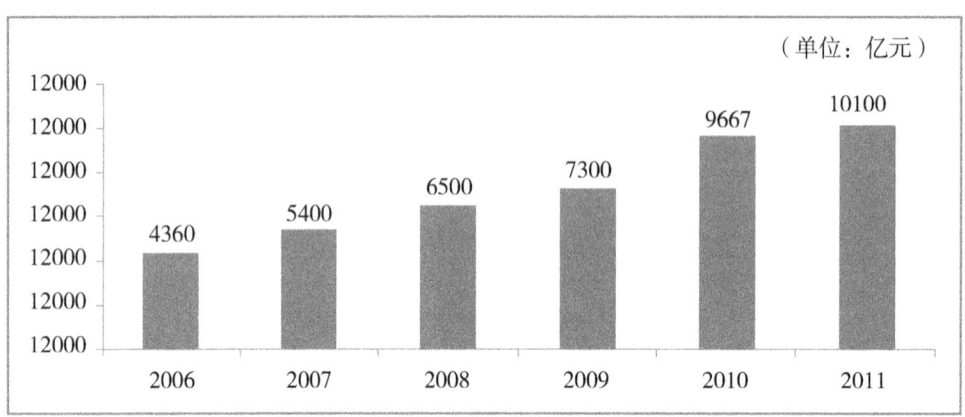

图6　2006—2011年中国家具行业总产值

资料来源：中国轻工业信息中心。

下游市场的整体低迷使涂料需求一蹶不振，涂料市场竞争也日趋激烈，厂商们不断进行着价格战。一面是每况愈下的销售量，一面是成本的上升、价格的竞争和不断压缩的企业利润，两方面一起考验着当下的涂料企业，测试着它们所能承受的底线。

有的企业在苦苦支撑，节省成本、压缩投资、精简机构；有的企业在主动出击，革新技术、变革销售、寻求并购目标；有的企业在静观其变，等待行业复苏的时机。像当下中国的许多其他行业一样，涂料行业也进入到了一个新的发展时期，挑战与机遇并存。前路漫漫，何去何从？

二、公司简介

澳达树熊涂料（惠州）有限公司创立于2006年，现坐落于广东省惠东县梁化镇。在此之前，澳达树熊公司总部及生产基地都在深圳，公司董事长陈日云从1999年开始进入涂料行业，主打产品是家具漆。当时的涂料市场很不规范，各种非环保的产品充斥市场，品牌产品受到很大冲击。创立伊始，一些朋友劝陈日云用一些基本的配方，采购国内原料，使用简单的设备，多搞一些低档货抢占市场。但陈日云拒绝了。他把公司产品定位于高品质的环保涂料，选择从国外大公司进口优质的原材料，引入先进的生产设备和工艺，与澳大利亚树熊涂料有限公司合作，生产"树熊"牌涂料。

创业初期，没有多少家具厂愿意与之合作。但随着家装环保越来越受到重视,从2000年开始,一批优质客户先后开始与澳达进行合作,其中有中国最大的家具企业全友家具,中国白亮光第一品牌家具欧瑞家具,中国儿童家具中的知名品牌我爱我家及多喜爱,还有如红苹果、尊典、芝华仕、左右家具等企业。2001年,澳达通过了中国环境科学研究院与中国商品学会联合颁布的绿色选择环保认证,成为国内首家通过国家级环保产品认证的涂料企业。2002年,中国环境标志产品认证委员会特向澳达颁发了中国首张Ⅲ型环保标志证书。2004年,澳达获得了国内首张环保产品认证证书。

随着随后几年中国房地产市场的大发展,家具需求也迅猛提升,消费者对家具环保的需求也逐步提升。澳达借助于行业景气和产品品质,其销量迅速增长,生产规模随之扩大。为满足市场需求,同时为促进家乡经济发展,2006年,陈日云选择回乡建厂,同时成立现在的澳达树熊涂料(惠州)有限公司。经过两年多的时间,公司投资近3亿建起了一个面积逾6万平方米、可实现20万吨产量的现代化生产基地,从国内外购置了一批生产设备、检验仪器,计划培育出一个民族的中高档涂料品牌。

2008年,新厂正式投产,新建的高标准厂房及进口生产设备使澳达的生产、安全、环保标准达到国内先进水平,生产出的产品也符合国家环保标准。澳达现有三大产品线,即家具漆、内外墙漆以及手机UV漆,并以家具木器漆为主。在家具木器漆领域,澳达在硝基涂料(NC)、聚氨酯涂料(PU)、不饱和树脂涂料(PE)、紫外光固化涂料(UV)和水性涂料(WB)上均有产品支撑,但仍以传统油漆为主导。根据客户的需求,澳达研发部已研制出不同性能的产品配方近千种,其中一款名为"亮光霸"的白亮光家具漆在行业内具有很好的口碑,成为行业领先产品。这款产品也在澳达销售中占重要地位,成为主打产品,占公司销售总额的60%左右。这些年来,澳达80%的销售收入都来自家具漆,剩下20%来自内外墙漆。手机UV漆业务始于2011年的一项收购,现处于起步阶段。

为加快公司发展,澳达于2010年进入成都市场,在当地投资建立了生产基地,生产自主品牌的家具漆及内外墙漆产品。由于进入成都市场的时间不长,成都分公司的规模及年销售量都不大,公司80%以上的销售收入主要来自珠三角地区。

2008年澳达实现销售额9 700万元,2009年达到11 200万元,2010年销售额为14 200万元,2011年销售额为25 000万元。近几年,澳达成为惠州市的纳税大户。

与销售成长相伴的是公司行业地位的明显提升。2012年4月,广东省涂料行业协会、广东省家具商会出具的证明材料显示:经评估,无论在研发力量、生产规模、技术水平还是在销售网络上,澳达的综合实力均在我国木器漆行业中排名前五,在广东省居领先地位,是木器漆行业的龙头企业之一。澳达的"树熊"系列产品严格按照环保标准生产,产品不仅通过国内相关权威机构的认证,还通过了欧美相关标准的认证。澳达在2009年被认定为高新技术企业，2011年获得中国环境标志产品认证书。中国建材网所发布的2010年中国十大家具涂料品牌榜中，树熊涂料与大宝、华润、阿克苏诺贝尔等国内外知名品牌一道位列榜中。

三、公司现状

澳达自创立以来始终把产品品质、自主品牌放在突出位置，走高品质的产品路线。这一战略定位给公司带来了实实在在的成效，既实现了近年来的快速成长，也提升了公司在行业中的地位与影响力。在房地产市场及家具行业表现低迷、同行业企业的经营业绩普遍下跌的情况下，澳达还能保持销售量和现金流的稳定实属不易。这与澳达在经营管理方面的一些独特做法密不可分。

（一）成本管控

出于对产品品质的一贯追求，澳达坚持使用国外供应商提供的高品质材料。一些主要的原材料，如钛白粉，采购于美国杜邦公司，固化剂选用德国拜耳、德国巴斯夫及意大利撒比斯的产品，溶剂则来自美国陶氏、杜邦公司等。其他的供应商还有美国罗门哈斯、德国毕克等欧美的大型化工集团企业。由于与公司合作的供应商大都是国外的化工巨头，公司在原材料价格方面没有太大的议价能力，货款支付也要求较严，因而也使公司的原材料成本比那些使用国内原材料的同行厂家更高。

为节省生产成本，澳达想了一些招术。在原材料采购上，澳达注重时机把握。每年春节前后，由于气候关系，不适宜涂料生产。作为涂料生产重要材料的溶剂需求较为低迷，价格也卖不上去。澳达会利用这一时机，准备充足的现金流，大量采购、囤积原材料，以备全年的需求。一般到了3、4月份，溶剂的价格会上涨30%～40%，因此，这样做能节省一些溶剂的成本。另外，澳达大部分的原材料由国外进口，相关的汇率变动会对材料成本造成巨大影响。针对这个问题，澳达利用90天的LC（信用证）来控制风险，以到期汇价实现结算。虽然澳达没有太大的议价能力，但因为与供应商有常年的合作关系，在付款期限、运输时间等方面澳达还是有一些主动权。例如，如果碰到某一段时间人民币大幅升值，公司可以选择与供应商提前结算货款，以当期较低的汇价完成采购结算。

在库存管理上，澳达采用ERP系统管理与经验管理相结合的方式进行严格的库存控制。一般只对通用、大宗的原材料保有3～7天的存货量，其他的原材料则依据客户提前所下的订单当期决定采购，一般不预留存货。对于这类非大宗原材料，澳达还会在配方上事先设计好应急替代方案以抵御可能存在的原材料短缺风险。另外，澳达有严格的仓库管理制度，每逢季度末都会进行严格的材料盘点，尤其是年末盘点更加严格，确保库存管理的安全高效，一旦发现问题，一定会责任到人，严肃处理。

在生产硬件上，澳达的厂房、设备在国内同行中属于一流。新建的厂房颇具现代感，安全、整洁，走进车间，完全闻不到传统化工企业常有的那种刺鼻气味。澳达不惜花重金投资最新的专业设备，既提高了生产的机械化程度，也提升了产品的稳定性。大量的前期固定资产投资，需要公司在后续折旧中摊销。

该投资的，公司舍得投；该节省的，公司设法省。例如，由于油性材料具有黏性，装载材料的油漆桶使用后往往会有一些残留，使得该油漆桶无法再装其他材料，不便于油漆桶的回收利用，从而造成了一定的资源浪费。公司意识到这一点后，摸索发明了一种高效的洗桶方法，并申请了国家专利。随之成立了专门的洗桶组，从事洗桶工作。原先没有洗过的桶在市场上只能卖28元/只，洗过之后价格可以卖到100元/只。仅这一项，每年可为公司节省大约100万元的成本。

在运输成本上，澳达拥有由9台专业的危化运输车组成的送货车队，承担珠三角周围，尤其是公司重点销售地东莞、顺德等地的货运任务，省外的货运任务则外包给物流公司。由于厂址的搬迁使运输路线加长，加之人工费及油价的上涨，导致澳达的运输成本呈现出上涨态势。为此，澳达一方面实施严格的车队管理，每部运输车上都配备了GPS定位系统，统一办理加油卡、粤通卡，实时监控车辆所在位置、油耗情况与行车路线。运输成本控制的举措主要有，依据订单情况设计送货路线，优化运输资源；针对某些区域市场特点，实行订单集中管理，将订单多、货量少、区域分散的订单集中起来，统一发货；将某些偏僻地点的货运业务外包出去。

澳达在成本方面遇到的最大挑战还是在人工成本上。除了受全国性人工成本上升的影响之外，澳达还受自身因素的影响。自从澳达在2008年将生产基地整体搬到地处相对偏僻的梁化镇之后，招工及留人的难度明显增加。为留住员工、吸引人才，澳达除了要提供更高的薪酬待遇之外，还要增加福利方面的开支。每个工作日，澳达都为家住惠州市的员工提供2台大巴车，往返接送他们上下班。同时，为住厂的员工提供标准化的住宿，为全体员工提供免费的一日三餐。光是修建两栋宿舍楼，澳达就花去近500万元。为了留住员工，也为员工个人的长远发展，澳达还出钱请来高职院校的老师来厂开设大中专学位教育，提升一线员工的文化与学历层次。

总体而言，澳达的成本管控已成体系，但目前的成本压力确实较大，原材料采购成本、新设备的折旧费用、日常运营支出等固定成本所占比例较大，既压缩了成本削减空间，也对公司赢利构成较大的制约。

（二）销售管理

澳达的销售部设在深圳，多年来采用B2B的销售模式。主要销售区域集中于珠三角地区，华东地区及成都地区也有少量销售，其主要客户就是这些地区的家具厂。在珠三角地区，澳达成立了若干个办事处，负责当地市场的市场开拓、销售管理及售后服务。成都分公司主管当地的生产与销售。

由于澳达的产品——油漆是家具的中间品，对外部使用环境非常敏感，因而产品的销售并不以售卖为最终环节，参与客户的工艺流程改造及售后服务的工作量就较大，办事处要统筹销售与售后服务两部门的人力资源，实时跟踪客户的产品使用，并给予指导，还要将客户的要求及时反馈到公司的研发部与生产部，从而生产出满足客户个性化需求的产品。这样的行业特点，再加上公司自身规模有限，主要客户又是多年的合作伙伴，彼此已建立了稳固的关系，使得公司销售人员的工作重心更多地放在了客户关系的维护上。在 2012 年之前，行业景气度不错，老客户的销售增长自动地带动了澳达油漆销售的增长。澳达 30 多位销售人员中，老的销售人员大多手中有稳定的客户资源，他们只要维护好客户关系，就能有不错的业绩；新的销售人员往往经验不足，难以从竞争对手中"虎口夺食"，有些会选择离开。澳达的销售人员这几年虽有变动，但整体变化不大。

多年的行业高景气度和稳固的订单，让澳达"坐享其成"，加上公司倡导的部门协作精神、以人为本的企业文化，公司高层又忙于新厂区的硬件建设，这些年来，公司虽然也制定了一些销售考核制度，但整体上看，制度并不明确、配套，使得销售人员的销售业绩与其薪酬之间的关系不像其他企业那么直接、紧密。

由于澳达产品不直接面对家具的最终用户，再加上公司稳健的经营策略，公司的广告策略比较谨慎、务实，只在家具行业报刊上有小篇幅的长年投放的广告。广告主打绿色环保概念，希望以产品的高品质在家具业内赢得声誉。多年下来，效果不错，澳达品牌逐步在行业中形成影响力。

澳达一直沿用 B2B 的营销模式。对比行业内普遍采用的 B2C 的经销商模式，使用该模式的好处是减少了中间环节，有利于与客户建立稳固的合作关系，及时了解客户需求；坏处则是公司必须直面收账风险，且要承担送货运输成本。这要求公司建立严格的客户信用风险管理体系，这方面的工作主要由销售部和财务部共同完成。由于行业景气度不错，客户集中，老客户多，会计出身的陈董事长历来又重视这块工作，每日监控，公司过去在应收账款方面没有出大的问题。

也许是上述多方面的原因，公司部分销售人员感觉公司并不重视销售工作，既没有多大的销售压力，也没有多大的开拓市场的动力。

（三）研发工作

澳达的研发团队有 30 多人，在相同规模的同行中，其人数算比较多的。研发部集中了公司大部分本科一级的员工，其中主力的研发人员有 10 多人，为公司聘用的工程师，有着多年的行业经验，其余多为从事质检的检验员。澳达的研发实验室所采用的设备多为国产，少量的为国外进口，总体上比较现代。除了一栋已启用的两层楼研究中心之外,公司正在建设一栋新的两层研发试验楼。可以说,澳达在研发方面舍得花钱,其硬件条件不错。

截至目前,澳达已开发出1 000多个产品品种,产品配方众多,主要集中的行业领域是家具漆。家具漆中以白亮光漆最为突出,行业声誉最高。在这一主打产品上,公司研发部可以很好地满足客户在颜色、光泽和性能等方面的多样化需求。目前,公司研发部也在积极推进产品性能的改良和提升,以期更好地适应市场,并形成技术上的核心竞争力。

澳达在技术上的第二个亮点是在代表行业发展方向的水性漆研发上,公司依靠自主研发在该领域取得了一定的国内领先优势。虽有技术优势,但由于国内家具厂家大多不愿意投资昂贵的施工设备,油漆工习惯于使用油性漆,再加上澳达这些年并没有大力推广这一技术,故澳达至今并没有将这一技术优势转化为市场优势。

澳达在技术上的第三个亮点在手机UV漆上。该领域的技术是公司于2011年收购来的,之后,公司投入人力、物力加以提升,现已成为一项重要的后备技术。国内绝大多数涂料企业不拥有该领域的技术。

对目前澳达在家具业的产品定位,澳达的研发团队及研发设备是能胜任的。澳达的研发能力完全可以使家具漆的产品品质达到国家相关标准,在一些主要的性能指标上,如产品中甲苯的含量控制,完全能符合欧盟标准。

澳达虽在其他几个产品领域也出现了几个技术亮点,但这些技术亮点还没有转化成业务亮点,没有形成高赢利点。面对未来的发展,澳达的研发能力还是显得后劲不足。澳达至今没有专门的研发小组从事相对超前的研发探索,也缺乏有技术领先性的研发立项和稳定的研发预算。研发方面的资金大多用于设备与实验室等硬件方面的建设,缺少领军性的研发人才。在管理机制和激励政策方面,也无法吸引和留住优秀人才,比如研发部新进的本科生在薪资上与生产车间里的工人区别不大,其晋升机制也不是很明确。

(四) 财务状况

近几年来,澳达的财务状况一直比较稳定。一些相关的财务数据大致为,负债率略低于50%,流动资产占总资产比率为60%,毛利率为20%~30%,比同行业高出2~3个百分点,净资产收益率在8%左右。

财务结构上,澳达基本没有长期借款,只有2 000万的短期借款和1 000万的商业贴现用于短期资金周转。由银行所授信的9 000万的信用额度大部分没有使用,只作为备用。

应收账款管理上,由于澳达采用B2B的销售模式,因而存在一定的收款风险。但澳达的客户大都是合作多年的老客户,应收账款的期限一般不会超过3个月,除新收购的手机UV漆业务外,公司的传统业务多年来应收账款的坏账率较低。严格的客户挑选与应收账款管理使公司现金流获得保障，但有时也使公司错失了一些销售机会和客户。

财务制度上，公司的账务分明，管理严格。澳达虽为家族企业，但家族成员并不能随意动用公司资金。每一笔账目，无论是公司老总个人的慈善支出，还是其他家族成员的资金使用，都要经过相关高管签字、财务审核后方能使用。另外，每天的银行存款日记账、现金日记账都会由财务人员送给财务总监过目，每天的销售额、采购额、各家银行的账户余额、应收账款余额都会以短信形式发送给老总及各相关高管。

但2012年以来，外界环境的改变对公司一贯稳定的财务状况带来了明显的不利影响。2011年收购过来的手机UV漆业务，原来的客户大多是"山寨厂"，其生产的功能手机在智能手机的冲击下难以为继，给上游的涂料厂家造成相应的损失，澳达也因此在这一业务上出现了较大的坏账损失。内外墙漆在销售上也遇到较大挑战，要提高其销售额，势必需要拓展新客户，配之以更灵活的应收账款政策，而这又可能会给公司带来坏账风险。

另外，目前公司财务部的职能基本上只是财务信息的收集、核算及财务报表的编制，功能比较有限，较少参与公司管理与决策活动，监督职能的发挥也有待提高。

四、挑战在即

作为一家中小型民营企业，澳达自创立以来取得了快速的成长，其行业地位也在不断上升。但相比于国内一线品牌厂家，如大宝、华润年销售收入达到20多亿元，澳达仍然显得规模有限。在行业景气度好的时候，还能生存、发展，一旦进入行业整合期，这种规模的企业就可能首当其冲。

进入2012年，澳达的高管就越来越明显地感受到了压力，公司销售放缓、利润开始下降。截至2012年10月，澳达的主打产品家具漆销售增长乏力，内外墙漆还出现了一定的销售下降，手机UV漆销售虽在增长，可主要客户是生产功能机的"山寨厂家"，面对近年来智能手机的崛起，这些"山寨厂"明显有些难以为继，从而造成澳达的货款回收前景很不乐观。

面对这一局面，澳达的高层多次开会商讨对策。是继续坚持原有的高品质战略、三大产品线、珠三角与成都两个市场并进的策略，还是适时做出调整？一派观点认为，高品质路线不能动摇，好不容易树立起来的"树熊"品牌形象，不能因为一时的困难而自我受损；三大产品线有利于公司扩大规模，将产品做大做强；珠三角是公司根据地，成都地区是中国内地最具潜力的市场，也要争取。另一派认为，公司规模及实力都有限，行业形势又很难预料，生存是第一位的，不要侈谈什么品牌形象，要生存，就得迎合市场需求，降低原材料等级，减少不必要的产品"质量过剩",削减研发投入,加大营销投入,建议公司做较大的战略调整,以适应环境条件的改变。

两派观点都有各自的理由。坚持还是改变,这个两难选择摆在了陈董事长面前,使其不得不面对,不得不做出抉择。

下 篇

2013年7月10日中午,陈日云董事长刚刚接待完来自日本SONY公司的代表,手机销售部的许总就过去汇报工作,说第二天有一批10多人组成的国内手机厂家代表来公司考察,也是来商量合作事宜的。

要是在9个月前,别说请SONY公司的代表,就是请这些国内手机界的新贵们来这个偏僻的梁化镇,也是很难想象的。

这9个月,澳达并没有发生什么翻天覆地的变化,公司正常运行,尽管受制于宏观经济及行业景气度的下降,公司整体销售出现了大约10%的下滑,去年下半年就露出问题迹象的一批手机漆应收账款现在成了坏账,几乎收回无望,但公司的现金流、负债水平仍然保持良好状态。

9个月,时间并不太长,但在陈日云看来,时间也不短,一天天走过,走得不平稳,也不急促。回想起这9个月走过的历程,以下两方面的工作还是让陈董事长感觉比较踏实的。

一、统一思想认识

9个月前,陈董事长在听取了公司高层各自陈述的观点之后,翻阅了一些战略管理方面的书籍,冥思苦想了多日,慢慢地理清了自己的思路。但他并没有把自己的想法强加给管理层,为了统一大家的思想,他在高层会议上先让大家重点讨论了三个问题:一是未来的宏观及行业形势,二是公司的现状与挑战,三是后续公司是否需要做出大的改变,哪些方面需要改变。

讨论得出的主流观点认为,中国的宏观经济已经进入一个新的时期,两位数的GDP高增长时代已经结束,未来的经济增长肯定要走可持续发展道路。但中国的宏观经济也不会像有些学者所预料的那样悲观,城镇化、基础产业的投资还是有较大空间的,国际经济也必定逐步企稳,这些都会给房地产及家具业带来成长机会。涂料行业既不要过于乐观,也不要过于悲观。

一方面,经济高增长时期仓促上马形成的行业产能,一定会在经济增速下滑后呈现过剩局面,这一问题会在较长时期内困扰涂料行业,促使行业进入痛苦的整合期。在这个时期,有品牌、有品质、反应迅速、调整及时、管理优良的企业会存活下来,赢得更大的市场份额。

另一方面,澳达经过这些年的发展,已经有了一定的规模与实力,虽还有待提高,但亮点逐步显现。导致这一年多业绩下降的原因是多方面的,与宏观及行业因素有较大关系,与客户自身销售下滑有关系,与公司近年来注重基础建设有关系,当然,也与公司产品及地区布局偏大、自身管理规范及能力仍有待提高有密切关系。

分产品来看,在家具漆方面,虽然新客户的开拓不是很见效,老客户的流失有一些,但也不是很明显。大多数老客户认可澳达产品及服务,也能接受现行的产品价格,尤其是一些为三星级以上酒店生产家具的客户厂家,对家具漆品质的要求比较高。当然,也有部分老客户对现行价格提出了异议,这些客户主要生产低档家具。地域上,珠三角地区的家具客户忠诚度、产品价格的接受度更高,成都及华东地区的客户则要低一些,导致公司毛利率的下滑程度也更大一点。总体来看,家具业中的"质量过剩"问题存在,但不是很严重。

在内外墙漆方面,澳达的产品并没有明显的技术优势,市场中又有一些强势品牌在这个领域长期耕耘,形成了较强的影响力。相比之下,"树熊"显得有些势单力薄。这些年来,澳达在这一领域几乎没有投放广告,客户资源分散,单位客户的用量小。在这个竞争异常激烈的市场里,澳达在这一块的业绩下滑得更明显。

在手机UV漆方面,2011年澳达收购这一业务时带来的客户大多生产"山寨机",客户分散,回款问题很大。但公司在收购时获得了一些该业务的技术,公司研发部接手跟进,又有了一些技术积累。该领域有技术门槛,普通的涂料企业难已进入,而中国在中低端智能手机生产领域已经展露出向上的景气度。

全面审视过去的做法,总体来看,公司倡导并实施的品质战略是符合国家及行业发展方向的,也是公司对内对外宣传所强调的。理论上,这一战略可能会因为公司采用高品质的进口原材料,导致产品价格高于竞争对手,从而对公司的产品销售造成不利影响。现实分析后发现,这一影响虽有,但程度不是很高,范围也不是很广泛。公司总体上应该继续坚持这一战略,走中高端产品路线。但在不损害品牌形象的前提下,公司也可以根据不同档次客户的要求,在产品品质、原材料采购上适度灵活一些,对这些客户减少一些"质量过剩"。这样,也为公司整体留出一些产品价格适当下调的余地,以防行业景气度进一步下滑。

多数高管认为,家具漆市场是公司的主战场,也是客户资源、公司技术研发实力最为集中的领域,应该重点发展。在家具漆的地区布局上,还是应该以珠三角为核心,深耕细作,至于成都及华东市场,则不做大的投入,甚至可以收缩,集中资源发展重点地区。对于内外墙漆业务,干脆选择逐步退出,不要在这片"红海"里挣扎。而对于手机UV漆业务,公司应该抓住深圳正在成为世界智能手机最大生产基地的机会,强势切入。

通过重点改变公司的产品及地区布局,实现业务再造,辅之以改变公司的组织体系、管理体系,实现组织再造,从而实现公司再造,使澳达上一个台阶。这一思路可以说是上述两派观点的综合,是在看似矛盾的两派中寻求的一种动态平衡。总而言之,即在坚持中谋改变,在改变中求坚持。

二、具体再造行动

思想得到统一,行动就有了指南。从2012年年底开始,澳达就开始实施再造工程。

(一) 业务再造

调整产品策略是重点,包括分阶段退出内外墙漆、做深做透重点地区的家具漆、重启手机UV漆。

在内外墙漆退出策略上,要掌握好节奏。第一阶段是盘活存量,维护好老客户,不再发展新客户,也不再去追加投入;第二阶段是维护好老客户中的大客户,同时退出外地市场;第三阶段是彻底从这一领域退出。

在家具漆业务调整策略上,针对现有客户的情况做好客户细分,调查各自的需求,制订相应的产品与价格策略。对于个性化需求强烈的客户,公司研发及生产部门要及时响应,做出定制化方案,不能像以前那样反应迟钝。在家具漆的地区布局上,突出重点,逐步收缩成都及华东地区市场。

在重启手机UV漆策略上,先是淘汰掉一批原来的山寨机厂,接着是广泛接触有品牌、有销量的国内厂家,包括手机上下游相关的企业,如手机电池厂、模塑厂等。为尽快进入手机产业,陈董事长申请加入全国手机协会,利用协会资源结识行业人士,召集他们来公司参观考察,了解情况,寻求合作机会。此外,还聘请手机行业人士来公司工作或做顾问。几招下来,成效已经显现,公司目前已和三星、索尼、金立、天时达、酷比、小米等公司达成合作协议,预计2013年下半年就会有可观的手机业务量。

(二) 组织再造

在组织体系方面,澳达从原来主管所有业务的营销部中分拆出手机营销部,组建一支专业营销队伍专攻手机市场。根据业务量变化,对原来营销部的地区布局也做出调整,区域营销的品种适当集中,不要过于分散。对营销人员的评价及激励机制也应做出相应调整,便于考核,薪酬体系要更强调业绩及回款。

澳达要求生产部门针对客户需求的新特点,如品种多、小批量、交货要快等,大力提高反应速度。为此,生产部门提高了精益化管理水平,对不同岗位、工序及职责的测评、考核工作做得更精细,生产主管的培训也更频繁。为使一线员工有一个好的生活环境，澳达在 2013 年夏天花了几十万元为每一间员工的宿舍安装了空调。

在过去半年，澳达研发部新购置了 60 万元的检测设备，专门用于手机 UV 漆的研发。研发部增加了 4 人，其人员构成中从事手机漆的人员比例明显上升。这半年，研发部上报并得到受理的专利数达到十几个，其数量超过前几年数量的总和。

为加强财务管控力度，澳达在 2013 年 2 月新聘请了一位财务经理，全面主管财务工作。该经理有 16 年的财务主管经历，上任之后，他对公司的财务体系做了全面的梳理，理顺了各部门之间的财务关系，审核单据的速度也明显加快，部门抱怨明显减少。这些在无形中，也减轻了陈董事长的财务监控压力，让他有更多的精力来考虑公司战略问题。

澳达的公司再造之路还在继续……

教学指引

一、教学对象

本案例可用于战略管理课程的教学，最适用的章节是战略变革与业务层战略两章。由于该案例材料较翔实，可讨论的问题较多，在本科及 MBA 的课程教学中均可采用。

二、教学目标

通过案例的讨论与分析，锻炼学生综合运用管理学分支学科知识，系统思考、分析实际问题的能力；突破单一学科分析现实问题存在的局限，加深他们理解产品定位、品牌建设、销售模式、研发规划、成本管理及公司财务之间既相互关联又具有一定矛盾的关系；思考如何才能平衡好短期与长期的财务业绩、变化的外部环境与内部适应能力、企业内部各环节之间的矛盾；思考为实现公司的持续发展，把公司做强又做大，公司是否应在某一阶段侧重某一管理环节，还是更应该强调各环节的相对平衡。

通过这一真实案例的学习，学生可以从中体会到，中国的一批中小型民营制造型企业伴随过去中国经济的高速增长获得了快速成长，已有了一定的市场地位和一定的品牌认知度，企业的基础条件及管理能力也上了一定档次，但与境外大企业相比，其各方面素质及能力都存在明显的不足。随着中国经济增长速度的回调，它们的好日子已经不再，普遍感受到了明显的压力。在这种局势下，这类制造型企业面临着如何突破瓶颈，如何实现转型升级，怎样才能再上一个台阶的问题。这些已经成为这类企业的高管必须思考的战略问题。本案例比较典型地反映了这一现实困境。

三、教学组织

本案例由上下两篇构成，分别根据两次时点调查得来的资料编写而成。两次调查间隔9个月，可动态反映该公司在不同时期的战略思考与调整行为。该案例的教学可分两次课进行。

第一次课堂教学只用上篇，老师先用30分钟时间交代案例的背景，将行业情况、公司发展历程、公司面临的难题交代给学生；再用10分钟时间提出讨论的问题，让学生针对问题发表初步的观点；要求学生课后查找相关资料，思考将要讨论的问题所涉及的知识点；安排有一定行业背景或管理经验的同学组成两个重点发言小组，各自支持其中的一派观点，在下一次课上展开辩论。

第二次课程教学中，先给两个重点发言小组总共20分钟的辩论时间，再用10分钟的时间介绍案例的下篇，最后15分钟时间让学生针对下篇呈现出的公司行为展开讨论，最后由老师作出总结。

四、问题讨论

1. 澳达过去在实施什么经营战略？

澳达董事长陈日云认为，澳达实施的是一种差异化战略，采用高品质的原材料，利用现代化的厂房设备，生产有自主品牌、符合环保标准的高端产品。相比之下，国内有大量的涂料企业采用国产廉价原材料，使用简易的生产及检测设备，没有品牌，不搞研发，一味追求成本的降低、销售量的增长，忽视产品质量，甚至不惜以牺牲消费者的健康为代价。澳达显然区别于这些公司，与它们形成明显的差异。

但是，与那些不正规、不入流的涂料企业相比有明显差异，就足以构成差异化战略吗？差异化战略除了与同行比较要有差异之外，是否还有其他的内在规定性？

公司战略理论告诉我们，成本领先战略是企业通过整合一系列活动以使企业能够以低于竞争者的成本生产或提供满足顾客需要的产品或服务。当企业能够比竞争者更有效率地设计、生产并且销售同样的产品时，就有明显证据表明企业成功采用了成本领先战略。降低成本的地方既涉及价值链的基本活动，即采购、生产、销售、售后服务，也涉及价值链的支持活动，即公司基础设施、人力资源、研发、行政服务。其实现途径如寻找购买最低成本的原材料（具有可接受质量）的系统和程序、应用方便的生产技术、利用规模经济降低生产成本、采用降低成本的分销体系与运输设备等。

差异化战略则是企业为了生产或传递某种顾客感知存在独特意义的产品或服务所进行的一系列活动。差异化战略成功的关键是顾客必须感知到产品或服务的额外成本能够通过差异化特征获得弥补。差异化可以体现在快速的产品创新和技术领先、感知的声望和地位、独特的品位、响应式顾客服务等方面。运用差异化战略的企业可以在尽可能多的方面寻求与竞争者的差异，争取在某些方面独一无二或被认为独一无二。当企业能够销售某种产品或服务的价格极大地超过了其为获得差异化特征而付出的成本时，企业就能以超过竞争者的方式创造价值。其实现途径如寻求高质量的原材料、强大的基础研发能力、旨在鼓励员工创新和提高生产效率的薪酬计划、先进的信息系统以帮助公司更加及时准确地了解顾客的购买偏好、与顾客和供应商建立广泛的私人联系，等等。

就澳达而言，规模经济显然没有达到，这两年的销售额只有2～3亿元，还有很大的潜在生产能力没有利用起来。也可以说，现有的基础设施投资是存在一定资源闲置的。公司在原材料采购上注重高品质，标准化的生产技术水平高于国内普通厂家，但与国外巨头相比还是存在较大的差距；公司主要的销售收入来自一款家具漆，但这一主打产品目前还没有取得专利；公司及产品品牌得到了区域市场的认可，产生了一定的影响力，研发方面有起步，但与差异化战略所界定的能力有明显的差异，薪酬计划也不足以吸引有创新力的高层次人才；地域性的销售虽然隐含着公司与顾客的长期私人联系，但这些顾客的规模及行业影响力都不大。

参照经营战略的理论界定，严格来说，澳达过去的战略算不上典型的差异化战略，它只是在某些方面采取了一些有别于国内多数同行的做法。比起那些单纯依赖行业机会、单一销售导向、无系统战略考量的企业，澳达明显具有自己的战略考量。如果非要给其经营战略做个界定，可能更适当的是属于一种集中化战略，产品集中于家具漆，市场集中于华南，客户集中于家具厂商，销售模式集中于B2B。

2. 澳达是否需要进行战略调整？

聚焦特定市场、专注产品品质使澳达在过去十多年里取得不错的业绩，获得了一定的市场地位与认同。但现在，澳达面临新的环境，出现了一些新的情况，公司高层内部对未来发展的思路也出现了分歧，澳达是否到了需要调整自己战略的时候？

在国际方面，受国际金融危机、人民币升值、劳动力成本提升的影响，中国的出口年增长率已经从前几年超过20%降到不到10%，未来几年即使有恢复，也很难回到原来的速度。家具出口可能也不会有过去那么高的年增长率。国内，房地产市场已经经历了十年的高速发展，当前及未来一段时期国家的房地产调控基调不会有明显变化。同时，中国的城市化进程还有很大的发展空间，未来进城购房、购置家具的绝对数额仍然很大，但增长速度也会有所放慢。相比之下，国内外家具市场的格局变化，有可能促使一批原来做出口的家具厂商转向内销。如果市场调查发现真有这种现象出现，那么，这些厂商对涂料品质的要求就可能没有原来那样高了。相反，如果家具的出口形势依然不错，它们对高品质涂料的需求就会有一定保障。

在行业竞争方面，全国现由1万多家涂料厂商构成一个激烈竞争的市场，多数厂商规模都很小，即使规模较大的厂商，其影响力也多为区域性的。随着国家标准提高、消费者环保意识增强、成本的上升、利润的下降，将有一批企业被淘汰出局，但行业洗牌不可能在短时期内完成，这将是一个漫长的过程。一方面是因为目前顾客在涂料的需求上既有往高端方向升级的倾向，又有庞大的中低端产品需求量，致使这个行业处在一个泥沙俱下与大浪淘沙并存的时期；另一方面是因为中国的地理范围太广，行业门槛不高，涂料产品有其运输及存储的特殊性，产品的同质化难以从根本上打破。未来的市场格局可能是，既有区域性相对强势的品牌，又有若干家由局部区域扩张到更大区域直至全国影响力的品牌，两者将长期并存。

面对这样的市场环境与未来格局，澳达理应居安思危、未雨绸缪，重新思考自己的战略定位——是继续走集中化路线，还是转走其他战略？

思考这个问题，首先需要对澳达过去的成功与过去实施的集中化战略两者之间是否存在因果关系有一个准确的判断。从最近三年公司销售收入的年增长率来看，澳达的销售收入约高于行业平均水平，利润率因无可比数据，估计情形与销售收入的情形接近。再考虑到澳达的行业地位及品牌认知度近年来保持提升趋势，总体可认为，公司过去的成功不只是来自行业景气度，还来自公司自身的战略定位及管理能力。因此，上述因果关系是存在的。

然后，分析澳达是否仍有必要继续实施集中化战略。这可以从理论与实践两个角度来分析。理论上，中小型企业由于资源及能力的有限性，采用集中化战略是其成长的常见方式。它们专注于一个细分市场，构建一定的差异性，争取排在这个市场的前几位，使自己具有一定的竞争力和知名度。是否继续专注，一是要看细分市场是否还有空白，还有多大成长空间，有无大的巨头，市场是否进入整合期；二是看公司是否积累了一定实力，有无可能成为这个市场的领先者。参照家具、家装涂料市场及公司实际情况，可认为澳达是有必要继续实施集中化战略的。

最后，思考澳达是否需要做一些调整。从澳达近三年的增长率与行业增长比较数据来看,澳达并没有明显的领先优势,如果与一些近年来发展迅速的涂料企业如深圳的长润发相比,其成长速度较慢,布局范围较窄。这表明公司过去实施的战略在保证公司稳健经营的同时,也存在市场份额没有明显增长、增长乏力、后劲不足的问题。

澳达的市场目前主要集中于华南,但从全国家具市场的发展趋势来看,随着各地城市化水平的提高,原来占据全国内需家具市场份额较大的华南地区,其地位会受到其他地区的冲击,华东及西南地区的增速可能会赶上来。公司如果不考虑向外扩张,可能会失去一些机会,影响未来的成长。如果继续对外扩张,需要考虑公司是否有相应的能力与资源。

除此之外,澳达近年来也出现了客户流失、关键岗位的人才流失等问题。这些都表明,澳达需要在战略及其执行上做出一些调整。

3. 澳达公司需做哪些调整?

对于一家公司来说,一方面,公司经营战略与具体经营活动,即原材料采购、生产与销售模式、品牌建设、人力资源、成本管控、研发实力等若干环节是有机联系在一起的,调整战略就意味着调整具体的经营活动。另一方面,经营活动各环节也是相互关联的,没有哪一项活动是孤立存在的,有一些还牵一发而动全身,不做系统周密的思考,而进行武断的调整,往往效果不佳。但如何才能有效地调整经营战略及具体的经营活动,不是能轻易判断的,既需要从逻辑上加以论证,更需要通过市场调查取得一手素材,进行周密的分析与检验。限于条件,在此主要进行逻辑分析。

(1) 公司是否有必要引入成本领先战略及差异化战略中的适用成分?从当前行业的发展形势及公司目前遇到的问题来看,不做调整地继续实施原来的集中化战略,不利于公司的发展。但目前来看,战略的调整不宜太大,毕竟公司的实力还有限,至少公司在主打产品上是不宜改变的。公司靠家具漆起家,积累了大量这一细分市场的知识、声誉与客户资源,且这一细分市场是公司现有业务的立足之本,未来仍有成长性。但在其他方面,如产品销售区域、销售模式、原材料采购、品牌建设、产品研发等方面,都可以考虑做适当的调整。例如,过去的销售基本集中于华南地区,但从行业发展趋势来看,华南市场的相对地位在下降,出于对公司长远发展的考虑,有必要加大西南、华东家具漆市场的开拓力度。

这意味着,公司在保留集中化战略中合理成分的同时,有必要引入其他战略中的适用成分,以适应新形势,培育持久竞争力。例如,成本领先战略中的成本精细化管理、低成本的原材料采购与分销体系建立,有利于解决公司目前成本过高、销售滞涨、利润下滑的问题。借鉴差异化战略中的研发能力培育、集中研发骨干主攻某类新产品的措施,有利于形成公司的核心技术能力,解决公司发展后劲不足的问题。简而言之,就是要将原来好的做法与新的适用措施整合起来,在几种战略中撷取适用成分，构成澳达的综合战略，达到几种战略的协同效果。

（2）公司的高品质产品定位是否需要调整？澳达所处的地理环境及投资建成的现代化厂房与设备，具备生产高品质产品的硬件条件。如果用这样的硬件去生产低品质产品，那是浪费的，也不符合产业升级的发展要求。过去十多年，澳达一直以生产高品质产品为公司使命，这也是公司过去成功的经验之一。放弃这一产品定位，走低品质路线，是对过去的全面否定，虽然能够带来业绩的短期增长，但不利于公司的长远发展，不值得提倡。

从各行业发展历史及发达国家的经验来看，在行业高景气时期，低品质产品有生存的空间；但随着行业成熟度及集中度的不断提升，低品质产品将逐步退出市场，留下来的都是有品质的产品以及有能力提供这类产品的企业。澳达想要在这个行业获得长久的发展，坚持产品的高品质是必要的。

（3）有无必要将国外进口原材料改为国内供给？为了达到产品的高品质要求，以及打造"树熊"的高端品牌形象，澳达在原材料使用上坚持采用跨国公司的进口产品。一方面，为产品品质及其区别于国内同行提供了一个实实在在的根据，找到了一个卖点；另一方面，公司要付出原材料成本高企的代价。在行业景气度不错的时候，这部分成本压力还不大；一旦景气度下降、客户压价，这部分刚性成本的压力就会凸现。

如果采用国内原材料，这部分成本会有所下降，对适度降低出厂价格、提升销售量、更好地利用现有产能会比较有利。但也有不利的方面，一是过去的卖点会丧失；二是品牌形象会受一定影响；三是产品品质可能会有所降低。

问题的关键便变成了如何权衡两者的利弊得失。除了二选一之外，还有无折中的替代方案呢？回答这个问题需要更充分的市场调查及数据论证。首先，要弄清楚客户接受的产品品质到底有多高，公司使用进口原材料生产出来的产品是否真的存在质量过剩，有多大的过剩；其次，要搞清楚使用国产原材料其生产成本能够降低多少、销量能够提升多少、品质会受多大影响。理想的情况是，原材料成本有较明显的降低，生产出来的产品仍然保持较高的品质。如果公司通过技术及工艺创新，有能力用国产原材料生产出高品质的产品，那也是一种不错的选择。

国产原材料的产品质量也是在不断提高的，澳达也没有必要过分强调进口原材料对产品品质的作用。产品品质要得到保证，但品质不只由原材料供给这一个因素决定，并且品质的定位也需要考虑客户的接受程度，需要平衡公司提供的产品品质与客户感知价值之间的关系。

（4）其他方面的调整。这包括销售模式、研发策略及规范化与精细化管理的全方位覆盖。公司现行的B2B模式在现行的销售区域内是可行的，但可能难以适应未来公司开拓市场的要求。公司需要加大销售方面的投入，改进销售团队，制订更有激励作用的奖励机制。在研发方面，应组织重点攻关，在某几个领域取得核心技术。公司还需要提升整个营运过程中的规范化与精细化管理水平。

4. 销售量的提升有多重要，一段时期内的销售导向是否必要？

澳达目前面临的最大问题是销售量的滞涨，这既影响当前的公司业绩，也影响公司后续的上市计划。如何有效地提升销售量，成为公司亟待解决的问题。

理论上，企业要提升销售量，一是需要有行业景气度，二是企业需要有竞争力，三是企业需要有针对性的具体对策。行业景气度取决于大势，企业竞争力要看其长期积累的"内功"，具体对策是要对症下药。没有竞争力的企业，在行业需求高增长的时期也可以获得一段时间的快速成长，但这样的快速成长很难持续；真正有竞争力的企业，即使行业需求出现一定的下滑，也能保持比较健康的经营状况，市场份额可能不降反增；两者都缺乏的企业，如果能对症下药，也可以在短时期内提升销售量。

大量的事例告诉人们，片面地追求销售额的高增长，对企业来说通常弊大于利，因为超过自身能力的高增长往往存在大风险。但销售额增长速度过低，对企业发展也是不利的，尤其是对于已进入产业整合期的涂料企业更不利。没有一定的成长速度，市场的影响力就会下降，在"大鱼吃小鱼、快鱼吃慢鱼"的竞赛中就可能败下阵来。

对于澳达来说，一方面，需要及时调整公司战略，强本固基，系统提升规范化、精细化管理水平，提高经营效率，构建做强企业的竞争力；另一方面，要提升销售量，将适当的公司战略与竞争体现到销售额及市场份额的增长上。总体上，两者要齐头并进，实现短期成长目标与长期竞争力提升两者的平衡；在某一特定时期，注重某一方面也是很有必要的。当前，公司有必要加大销售投入，强化销售队伍建设，完善销售机制，以实现比同行更高的销售额增长率。

对 2013 年的销售目标的确定，澳达就可以定出一个比行业平均成长速度更高的目标。在一段时期内采用销售导向的经营取向，并以此统筹营销渠道创新、老客户的维护、新市场的开拓、销售团队的重组与激励等相关工作。

准民营企业：涅槃还是华丽转身？[1]

——佛山公路工程公司的转制历程

陈珠明

佛山公路工程公司成立于1952年，是一家有悠久历史和辉煌业绩的国有企业。2002年年底，公司转制为员工持股的股份制有限公司。与其他民营企业不同，该公司带有国有企业的深刻烙印，我们称之为"准民营企业"。改制10年过去了，这家老国有企业转制为民营企业的绩效如何？是国有企业实现了涅槃再生，还是已经实现向民营企业的华丽转身？本案例就其转制的历史、动机、背景、方案、过程、绩效等方面对其进行系统的回顾与再现，再试图与企业改制的初衷进行比较，以重新评价国有企业的改革。

一、路桥建设的大时代

1978年以前，从经济意义上说，这个有五千年文明的国度是一个被各种地理障碍割裂的多个相对独立经济区域的集合，计划经济的桎梏使得基础交通设施的建设进程异常缓慢，且完全属于政策导向而非市场导向。改革开放后，大规模的基础设施建设在全国铺开，路桥建设从此迎来了发展的大时代。

路桥是典型的公共基础设施，路桥施工行业是一个受国家宏观经济政策、金融投资政策影响极大的行业，与经济发展周期和景气指数密切相关，因此该行业发展具有明显的周期性。自1984年我国第一条高速公路沪嘉高速公路建成以来，以高速公路为代表的路桥建设迎来了一个长达近30年的高速增长期。

仅以广东省的高速公路为例，2005年广东建成了和相邻各省区的主要高速通道，满足了"泛珠三角经济区"的经济协作交往需求；全省在2007年基本形成高速公路网主骨架，珠三角经济区的公路交通实现"半日工作圈"；2010年全省高速公路网络趋于完善，与国家"五纵七横"主干线配合形成较为完善的

---

[1] 该案例主要根据中山大学管理学院庄奕忠、谢家雯两位同学的毕业论文改写，以及作者到公司实地调研、采访完成。因此，所有资料都是企业内部资料，特向庄奕忠、谢家雯两位同学致谢！

"大华南"高速公路网。

在"十一五"期间，广东省高速公路累计完成投资1 500亿元，新增高速公路约1 700公里。截至2010年年底，全省高速公路通车里程达4 835公里，圆满完成"十一五"高速公路建设目标。统计数据显示，在"十一五"期末，珠三角核心区的高速公路密度已跻身世界发达大都市圈的前列。至此，"大华南"高速公路网已建成，广东省内新建高速公路将明显减少，高速公路建设自然也进入缓慢增长期。

同时，随着公路网的发达，交通安全工程、交通通讯、监控、收费等市场也呈扩张之势。路桥建设市场竞争激烈，招投标行为在博弈中走向理性和规范。根据交通部公路司2011年12月公布的数据统计，全国具有公路施工资质的企业为830家，其中具有公路工程施工总承包特级资质[1]的企业28家，具有总承包一级资质以上（含一级）及专业承包一级资质的企业667家。

近年来，各地施工企业纷纷走向全国，僧多粥少，鱼龙混杂，使得原本竞争激烈的高速公路建设市场变得更加炽热。以2005年初深圳东部沿海高速公路（莲塘至盐田段）的项目招投标为例，参加每一个标段报名的单位都在50家以上，其竞争程度由此可见一斑。

二、佛山公路工程公司概况

（一）历史沿革

佛山公路工程公司的前身是粤中养路总段工程队，成立于1952年；1956年易名为专区养路段工程队，1961年再次易名为公路工程队，1988年正式命名为广东省佛山公路工程公司。

第一工程队组建于1952年，是佛山市公路局属下的全民所有制事业单位（科级单位）。为适应市场经济发展需要，于1994年根据上级单位佛山市公路局要求成立佛山公路工程公司桥梁公司，实行两块牌子，一套人马，灵活地对外承接工程，并于1999年12月28日正式转为企业单位，直属于广东省佛山公路工程公司。

第二工程队组建于1972年，是佛山市公路局属下的全民所有制事业单位。1994年，为适应社会主义市场经济发展的需要，更好对外承接工程任务，根据佛山市公路局《关于我局公路工程公司等单位更名的通知》成立佛山公路工程总公司公路公司，实行两块牌子，一套人马，总公司资质为公路工程施工企业一级。1999年，第二工程队正式易名为"广东省佛山公路工程公司第二公司"。至

---

[1] 公路工程施工总承包企业资质分为特级、一级、二级、三级。

此，第二工程队正式转为企业单位，隶属于广东省佛山公路工程公司。

1999年12月底，佛山公路工程公司（含第一公司、第二公司、第三公司）与主管机关佛山市公路局"脱钩"，并整体移交给佛山市国有资产经营有限公司管理，于2002年年底转制为员工持股的股份制有限公司并成立有限责任公司。2003年6月撤销下属各公司，进行机构合并，形成了现有建制的佛山公路工程公司。

1990年，佛山公路工程公司经广东省建设委员会批准为公路工程施工二级企业，1996年1月经国家建设部批准为公路工程施工一级企业，同年经交通部批准通过了公路工程施工一级企业资信登记；2000年通过了GB/T19002-1994 idt ISO9002：1994质量标准体系认证；2002年1月经建设部评审通过获得公路工程施工总承包一级资质。

目前，佛山公路工程公司的施工能力可达10亿元以上。在其施工项目中有85%以上的工程被评为省、市优质工程，享有良好的声誉。

（二）现状

自1978年改革开放以来，佛山市的崛起一直是各界关注的非典型成功案例。佛山不是经济特区，没有特区政策；不是省会城市，不具中心城市地位；不是计划单列城市，较少得到国家资源；不是一线城市，没有地方立法权；不是沿海港口城市，没有发展大工业所需的天然大港口。尽管如此，佛山在"五个不是"环境之下，乘借改革开放东风，铸造了辉煌的历史。而在佛山崛起的过程中，路桥建设，尤其是高速公路建设起到了重要的先行作用。"贷款建桥、收费还贷"的路桥建设融资模式就是由佛山首创，并被迅速推广到全国各地，取得了巨大社会效益和经济效益。

佛山公路工程公司就是在改革开放大背景下路桥建设大时代中成长起来的企业。该公司主要从事公路、桥梁、码头、市政、隧道等工程的施工，其中以路桥施工为主，具有公路工程施工总承包一级资质的施工企业。该公司是广东省佛山市交通系统的重点骨干企业，主要从事公路、桥梁、港口、市政、隧道、房屋建筑等工程的投资建设和施工。

佛山公路工程公司成立以来，汇聚了一大批高、中级经济和技术人才，积累了丰富的项目投资管理和工程施工管理经验。公司现有从业人员1 371人，在职员工515人，各类专业技术人员410人，其中具有中高级职称的有90人。公司拥有J4000型沥青砼拌设备、500吨级浮吊船及130吨吊车等各类大型工程施工机械、设备、检测仪器具1 600多台（套），具备从事高速公路路基、路面、桥梁、隧道、港口、市政、房建等工程施工的强大施工能力。特别在"八五"及以后的近20年期间，公司业务从广东省辐射到全国，铺筑高速公路及一级公路路基900多公里，高等级路面近1 000万平方米，大桥、特大桥梁

150多座；施工的工程项目合格率100％，优良率在98％以上，创建出一批精品工程，完成了斜拉桥、悬索桥、大跨度连续钢构桥、各类型拱桥等项目，享有良好的声誉。

三、转制缘起

（一）社会背景

中共十四届三中全会通过的《关于建立社会主义市场经济体制若干问题的决议》明确指出："一般小型国有企业，有的可以实行承包经营、租赁经营，有的可以改组为股份合作制，也可以出售给集体或个人。"这一决定，使全国无数的中小企业走向了转换企业经营机制的道路。2002年的一份《中国私营企业调查报告》显示："在过去4年里，有25.7％被调查的私营企业是由国有和集体'改制'而来，'改制'前是国有的占25.3％，是乡镇集体企业的占74.7％，有60.6％的企业转制后的负责人是原来企业的负责人。"在实际操作中，绝大多数地方进行的国有资产"处置"，很大程度上体现为全部退出，都是采用全部转让的方式处理地方国有资产。从1998年到2003年，国有及国有控股的企业户数从23.8万户减少到15万户，减少了将近40％。

佛山公路工程公司就是在这次"转制"浪潮中众多转制企业的一员，该公司从2002年底走完了转制工作的全部流程后，就一直保持着员工持股这一股权结构，从而一直经营到现在，整整11年。

（二）转制的必要性

佛山公路工程公司经过多年的苦心经营，经过全体职工的艰苦创业，特别是在"八五"和"九五"期间，承担了省内、市内大量的公路工程施工任务，取得了不少的工程业绩，并在此期间增添了不少机械设备，公司的施工能力显然已经有了较大的提高。但遗憾的是，公司的经济实力却没有得到同步的提高。究其原因，一是平均主义的分配制度长期在公司占主导位置，滞后于公司的经济增长。公司的生产经营机制未能按市场经济的需要运作，内部管理与劳动分配制度得不到彻底的改革，不能真正体现多劳多得、知识经济、责任风险等市场经济原则，致使劳动生产积极性受到压抑，公司潜能未充分挖掘，生产工作效率低下，一些管理薄弱的单位和部门甚至出现岗位工作不落实、现场管理不到位、浪费严重、开支无计划等现象，造成生产成本偏高、经济效益低微，部分工程项目结算甚至还出现亏损，留下沉重的债务负担。生产资金紧缺、经济支付能力较弱、施工进度得不到资金的保障等困难没有得到根本的解决。

二是传统的经营机制削弱了公司的竞争能力。佛山公路工程公司是一个地市级的中小型企业，在公路工程市场的竞争中很难与那些规模庞大的省部级企业抗衡。客观原因导致公司在省内的一些特大项目的竞争中没有绝对优势。在省外广阔的工程市场中，也没有过硬的本领参与竞争。因为制度陈旧、办法不多、手段单一，公司本有的技术设备优势无法发挥而被迫处在劣势和被动的位置上，给工程市场的开拓、工程任务的落实带来了极大的障碍。

面对竞争激烈的、客观的市场形势，面对今后承接区域性公路系统内的工程项目逐渐减少的客观实际，公司只有通过转换经营机制，建立现代企业制度，承担经营风险，运用适应市场经济需要的制度、方法、手段参与大大小小的工程项目的竞争，充分发挥公司的既有优势，最大限度地提高公司的竞争能力，才能拓宽工程市场，落实工程任务。因此，为了让公司赢得长远发展，佛山公路工程公司转制迫在眉睫。

（三）转制的可行性

根据佛山公路工程公司所处的行业环境和自身经营和管理情况，公司转制为员工持股的股份制有限公司并成立有限公司已具备一定的政策环境、管理能力和思想准备。具体分析如下：

首先，企业转换经营机制是中国社会大环境的要求，公司必须与时俱进，适应国家形势的需要。当时，国务院提出用 3 年时间解决国有企业的改革脱困工作，此项工作已经在国有企业中全面实施，并取得了显著的效果。佛山市委、市政府、市建设交通资产经营公司对市直国企的改革转制工作十分关注，已将其列入重要的议事日程，并制定出符合市直国企实际情况的一系列配套政策。

其次，佛山公路工程公司虽然属小型国企，经济实力不算强，而且经营机制也暂时没有转换，但论施工能力，与省内地市级的同类公路工程施工企业相比，公司有技术和设备的优势，有几十年公路工程施工的经历，桥梁施工的业绩和信誉在省内同行中有一定的影响力，沥青砼的摊铺设备和技术在近年有了质的飞跃。佛山公路工程公司有廉洁奉公、作风过硬的两级领导班子，有一批认真负责、作风严谨的技术骨干，在职工队伍中，有吃苦耐劳、艰苦奋斗、团结协作的团队精神。这些优势，是佛山公路工程公司转制的物质基础和精神力量基础。

最后，随着市场经济的不断发展，一方面，公司的职工大多都认识到，公司想在市场经济的竞争中生存和发展，就必须进行改革，转换经营机制，它既符合社会客观形势的要求，也符合公司和绝大多数职工的根本利益和长远利益。另一方面，公司根据上级的要求和布置，在近两年时间对公司的转制问题也做了舆论和前期准备工作，多数职工已经开始接受这种改革转制的现实，对公司转换经营机制在心理上已经有了一定的思想准备。

四、华丽转身（转制方案及成果）

（一）转制方案选择

国有企业转制为股份制企业（有限责任公司），实行职工全员持股的形式时，其股本分配比例（持股比例）如何在企业各层级经营人员中安排分配，差距比例拉开到什么程度，不但关系到转制工作能否顺利地进行，更关系到企业转制以后，能否体现出经营风险责任与其权利相一致的市场经济规则，也关系到企业是否能按市场经济经营机制的要求，充分调动企业的潜能，真正将企业发展成为自主经营、自负盈亏的经济实体。当时企业转制可选择采用以下几种办法：一是按人数，不分经营职级平均分配股本比例的方案。在企业全体经营人员中，不分职级，不按经营风险责任大小，平均等额分配持股比例。二是上层经营领导人员的持股比例达不到相对控股比例，大部分股本分配到中层及以下经营人员的方案。这种中下层经营人员持股比例占大头的方式，对公司的转制工作及转制后的生产经营会产生有利和不利的两方面的影响。三是按经营职级、风险责任大小，在四个经营层级之间拉大股本分配差距，上层经营领导持股额度最多，中层经营骨干次之，一般经营骨干再次之，一般职工（普通经营人员）最少的分配方案。根据这种差距原则，按照董事会成员持股32.3%，监事会成员持股5.7%，中层经营骨干持股15%，一般经营骨干持股23%，一般职工持股22%，预留机动股2%的比例进行股本分配。

（二）佛山公路工程公司员工持股制的具体运作

1. 转制的形式和企业的名称

佛山公路工程公司员工持股制的转制方式采用全部出让产权的形式，将评估确认后的公司经营性净资产一次性全部转让给在职（在册）职工，全员持股，并在此基础上组建有限责任公司。转制后，公司改名为"佛山公路工程有限责任公司"。

2. 股本设置及募股对象

佛山公路工程公司在本次转制过程中，将经营性净资产全部转让给职工。公司总股本为2千多万股，每股价格为人民币1元。

公司的募股对象为现广东省佛山公路工程公司2002年6月21日在册的已签订劳动合同的原固定职工和合同制工人（含内退职工，不含临时工），以及退休后由总公司正式发文返聘且在工作岗位上任职的职工。

公司总股本中分设普通股和机动股,其中普通股占98%,由在职(在册)职工(含内退)购买,机动股占2%,先由公司工会认购。

3. 股份认购额度分配

(1)额度分配原则。公司的普通股本,按照公司各层级经营人员的职级、风险责任大小拉开差距的原则分配认购股额。先由职工在自愿的基础上按照所分配到的股额进行内部认购,职工认购后剩余的普通股列入机动股内,与预留的机动股一并先由公司工会集体认购。新进的员工,如自愿认购公司的股本,待公司转制后再从机动股中安排分配,分配的股额视新进员工本人所承担的经营职责大小而定。

经佛山市建设交通资产经营有限公司批准的转制方案规定,公司将现有的经营人员,按照经营职级、风险责任大小分5个档次,拉开差距分配持股额度。

(2)各级经营人员股份认购额度分配比例。

①董事会成员持股占总股本的32.3%。其中,董事长持股占总股本的5.7%,副董事长持股占总股本的4.2%,其他董事会成员持股占总股本的22.4%。

②监事会成员持股占总股本的5.7%,其中,监事会主席持股占总股本的3.2%,其余监事持股占总股本的2.5%。

③中层经营骨干人员持股占总股本15%。

④一般经营管理骨干人员持股占总股本的23%。

⑤一般职工(普通经营人员)持股占总股本的22%。

⑥机动股占总股本的2%。

4. 认股方式

面向职工的募股以职工自愿为原则,无论是在职(在工作岗位上)的职工或是已经办理了内退的职工,均可以根据自己的意愿选择认购或不认购。决定不认购股份或者不足额认购公司配股份额的职工必须填写《放弃认购股份声明书》或《不足额认购声明书》,同时又规定公司董事会和监事会的成员必须足额认购股份。公司将认购股份的最低额度设为1.4341万股,低于此额度认购则视为自动放弃认购权。职工只有在已经认购了最低额度的股份额后,对剩余的股份才允许不足额认购。对于职工认购后剩余的股份,将被列入公司的机动股,连同分配方案中预留的机动股一并按照转制方案的规定进行安排使用。

此外,公司还规定购股一律以现金方式缴款,由原公司(广东省佛山公路工程公司)出具收款收据,待有限责任公司组建后再据此换发股权证。股金需一次性付清,缴款期限截至有限责任公司取得营业执照之日即2002年8月25日止。

5. 持股管理

公司同时推出了一系列持股管理政策，其中主要有：

（1）股东在职期间无特殊情况不能中途退股。在调离公司或辞职（辞退、除名）离开公司时，股份不能带走，由公司收回，价格参照经评估或审计确认的上年年终财务报表资产净值确定。公司收回的股份，由股东会予以再分配及确定额度。

（2）股东退休时（公司有正式行文返聘者除外），所持股份由公司收回，价格参照经评估或审计确认的上年年终财务报表资产净值确定。收回的股份由股东会予以再分配及确定额度。

（3）普通股按公司章程和有关规定可在公司股东之间内部转让，但必须经公司股东会同意。同时，一个受让股东所受让的股份额度累积不得超过公司总股本的1%。

（4）股东向股东以外的其他人转让其出资（股份）时，必须经全体股东过半数同意；不同意转让的股东应当购买该转让的出资（股份），如不购买该转让的出资（股份），视为同意转让，经股东会同意转让的出资（股份），同等条件下，其他股东对该出资有优先购买权。但一个受让股东（含其他受让人）所受让的股份额度累积不得超过公司总股本的1%。若因为受到受让股份额度的限制而剩余的转让股份，应暂时列入公司的机动股份中按机动股的有关规定管理。公司每半年办理一次股权变更手续。

（5）董事会、监事会成员，总经理、副总经理，总工程师、总会计师、总经济师在任职期内，不得出让自己的股份。

6. 机构设置

佛山公路工程公司采取有限责任公司形式，根据《中华人民共和国公司法》有关规定和国有企业转制实行全员持股的特定条件，公司设股东会。股东会为公司的最高权力机构，行使《中华人民共和国公司法》和公司章程赋予的股东会权利。根据公司目前的生产经营规模和今后的发展，结合公路施工企业的特点，公司设董事会9人，其中董事长1人，副董事长1人，董事7人；设监事会3人，其中监事会主席1人，监事2人。董事长为公司法定代表人。

佛山公路工程公司设立工程开发合约部、生产技术部、机械材料部、资产物业部、财务部（财务结算中心）、行政人事部（综合办公室）、第一公司、第二公司、第三公司等机构。

（三）转制绩效

1. 企业战略调整

佛山公路工程公司自 2002 年转制后，对公司的总体战略进行了如下规划：

一是制订公司总的发展方向和战略目标。今后 20 年内，使公司由以承包为主的单一路桥施工型企业，逐步转变为以生产经营和资本经营相结合的综合型企业集团，形成施工生产、建设管理、高速公路经营和资本运作等多种形式扩张发展的经营格局。

二是今后 5 年，仍以路桥施工为主业，在保持省内市场地位稳固的前提下，大力拓展省外市场；以在东部市场取得的成绩和声誉为立足点，逐步扩大范围；同时将降低成本、提升品牌、发展同各级交通主管部门的关系作为增强竞争力、获取更多省外市场份额的主要战略举措。

三是多元化发展方面，走相关多元化发展之路，对当前业务做战略重组，规范管理，坚定不移地贯彻"做精做强主业"的战略思路；大力发展路桥养护及旧桥加固业务；重视发展路桥工程设计咨询业务、施工机械租赁业务以及一些原材料生产经营业务；重视但谨慎选择高速公路建设经营项目；寻机切入房建施工市场和城市轻轨、地铁等高端行业。

2. 绩效对比

转制后，佛山公路工程公司已经发展成为一个以公路、桥梁施工为主业，涉及路桥建设、养护，公路建材等行业，并进行相关多元化发展的企业。主业一直占据公司产值和利润的 98% 以上。2009 年产值为 8 亿多元，2010 年产值近 12 亿元；2009 年利润 2 680 万元，2010 年利润 4 200 万元。

自 2002 年转制以来，公司总收入连年增加，平均年增长率达 10% 以上，2010 年总收入突破 10 亿元大关。但公司利润却一直保持在平稳微升之势，利润率由 2009 年的 3.35% 微升到 2010 年的 3.5%。根据佛山公路工程公司的财务报告，2010 年公司利税总额为 6 000 万元（总产值 12 亿元），去掉应缴税金后，利润并不高。这中间虽然有近两年原材料价格上涨、人工成本的上升等因素影响，但佛山公路工程公司利润率一直呈现平稳之势却是不争的事实，反映出佛山公路工程公司近年来生产规模迅速扩大，赢利能力没能随着生产规模的迅速扩大之势而快速上升。

五、阵痛

（一）问题

改制后的佛山公路工程公司，从一个有近50年历史的国有企业，摇身一变，成为全员持股的民营企业。这类民营企业与国有企业不同，产权已经明晰到个人，经营服从市场经济，公司治理结构仍在按现代企业制度建设。但它又不是纯粹的民营企业，与天生的民营企业不同，表现为：政府并未将其完全看成是民营企业，在政治上，与国有企业差异不大；不是先有股东，后有企业，而是先有企业，后有股东；对风险的承担不同，避免了一般民营企业最初的死亡高峰期；虽然效益不好，但未至破产；从董事会（公司内部诞生）、管理层，到普通员工，都带有深深的国有企业烙印；产权虽已经明晰到个人，但又太分散；经营虽服从市场经济，但要履行相当部分国有企业的责任；公司治理结构仍在按现代企业制度建设中，尚未完成和真正建立。因此，我们称这类企业为"准民营企业"，是介于国有企业和民营企业之间的一类特殊企业。全员持股的模式本身有其致命伤，即控制权缺失。

公司转制后，大多数员工的思想并没有随着公司性质的转变而一齐转变过来，依然保有国有企业的优越感，依然受到"大锅饭"理念的禁锢，没有及时解放思想，甚至产生心理上的抵触，不配合公司开展工作，且由于对转制后自己的前途不确定，心理恐慌及没有归属感，这给公司运作带来了非常大的困难。在普通员工看来，在国有时期，工作压力小，工作相对稳定，不需要自己动脑筋解决问题，一切都可以让公司来为自己解决，资金流通出现困难时，也可以从上级处得到解决，自己则可以承担很小的责任而获得比较高的回报。可随着转制的完成，责任的落实，所有员工都将面对市场竞争的压力，在对于过惯了"温室"生活的他们来说，面对严峻的市场环境一时无法接受，也没有信心能够在自由竞争中获胜，或者由于惰性思想的作用而不愿加入到市场竞争中。

1. 转制后缺少监管制度

国有企业效率不高的一个主要原因是监督管理机制不到位，然而转制企业在监督管理方面就更为薄弱了。特别是全员持股的转制企业，大多数员工所持的股份是很少量的，股东对管理层的监督成本相对高昂。因此，他们只能委托公司的监事会来完成监督经营管理层的经营决策及执行情况。而佛山公路工程公司的监事会成员既缺乏财务知识，又缺乏经验。并且监事会主席是佛山公路工程公司转制前的总经理，由于他在转制时未能选进新公司的董事会，但由于当时的主管单位要求，为保证转制企业的稳定，转制前的企业领导班子成员必须原班人马进入转制后新企业的董事会或领导班子当中,因此,这位未能选进董事会成员中的原总经理按上级的要求,就必须要做佛山公路工程公司的监事会主席。在转制后8年的企业运作当中,佛山公路工程公司的监事会并没有很好地履行其职责,这是一个企业的缺陷,长此以往必将产生诸多问题。

2. 不能避免的行政干预

佛山公路工程公司是佛山市交通系统中唯一的一家具有国家总承包一级资质的公路工程施工企业,该企业储备了大量的公路、桥梁专业技术人才。公司在转制前,上级领导部门就经常会在佛山公路工程公司抽调他们需要的专业人才,转制后,由于历史以及体制因素,政府部门依然还是从公司调走不少优秀人才,这为公司的发展和管理都带来了很大的难度。例如,佛山公路工程公司转制后,佛山市某区需要成立路桥投资公司,就用行政调令将佛山公路工程公司的一名副总经理调到这家新成立的路桥投资公司任总经理,同时还一齐调走一些相应的技术人才。还有,在2009年茂名的抗洪抢险任务中,佛山市有关的职能部门用行政指令,要求佛山公路工程公司必须组织抢险救灾队伍,于几时几刻赶到抢险救灾目的地。企业虽然负有社会责任,参与抗洪抢险无可厚非,但是政府部门用行政指令要求转制企业参与抗洪抢险,这种做法的确存在可商榷之处。类似的事例在转制企业中并不鲜见,企业转制后的一段较长时间内,行政干预在一定程度上牵制了其市场化发展。

3. 思想转变不及时

自佛山公路工程公司成立至今已有61个年头,在公司发展前期,以当时的社会背景作为大环境,在公司的正确决策下,凭借着老一辈员工兢兢业业、敢打敢拼、乐于奉献的精神,才成就了公司今天的辉煌,也逐渐形成了今天公司所特有的企业文化,体现了"公路工程人"的精神,这些优秀的品质也引领着公司的"新兴力量"。

但随着时代的变迁、国家政策的改变,公司的体制必将做出相应的改变以适应当今如此激烈的竞争环境。在改制的过程中,由于老员工成长和教育环境具有一定的局限,以及思想上的惰性,致使他们不可避免地具有"文化程度不高"、"传统'大锅饭'思想"和"国企的优越感"等特点,这些特点是时代的烙印,缺少当今企业所必须的竞争意识和创新意识,也必将给转制后企业的发展带来不可预期的阻力。

4. 大股东与小股东的利益冲突

转制后,公司的高层领导层也随之成为公司的大股东,而这也导致了一系列的问题。由于权力的相对集中,缺少有效的监管体制,在利益的驱动下,个别大股东出现思想意志薄弱，且缺乏法律意识的问题，在利益驱动下，无视其他股东的利益，利用手中的权力侵占其他股东的利益。甚至大股东与大股东结合成为更大的利益共同体，以手中的权力和公司的资源，侵占公司的集体利益，为自己谋福利，而最后受害的却是大多数的小股东。

小股东对于转制也产生了一些狭隘的思想，他们认为小股东在为大股东服务，因为公司的大部分利益被大股东占据；更有甚者认为，作为从公司创始以来就一直服务于公司的老员工，无论拥有多少股份都是公司的一名股东，所以在工作中态度变得消极，认为只要自己不违纪不犯法就当然不会被公司辞退。因此，这部分员工在日常的工作当中，经常出勤不出力，过一天是一天，给管理上增加了难度，而且这种懒惰的习气还会传染给新员工，长期如此将会导致公司缺少生机，缺少活力、竞争力；但在收入上，他们却要求和同级别同事具有同样的薪酬。这种情况不但不利于开展工作和按工期完成项目，而且长此以往，这种思想会蔓延渗透到众多底层员工中，就会形成新的"大锅饭"。

5. 新进公司的员工对公司的股份并不热衷

转制后，新进公司的员工基本上都是学校毕业的专业人才，他们进入公司工作三四年后，就成为了公司的中坚力量。虽然公司章程有规定："公司新吸收的正式职工工作满2年后，表现突出的，本人自愿，可向公司提出申请，经董事会批准可认购公司股份。"他们在毕业后这几年，虽然业务及能力都有很大的提高，但是他们都正进入到要购房、要结婚、要生育下一代的经济负担期，而且他们也看到，购公司股份，一般员工股并不具有足够的吸引力，而要购自己相应职务的股份，经济上又暂时还不可能。最重要的一点是，他们还没有认识到股份的稀缺性和股东身份的重要性，因此，这批新进公司的员工对公司股份的拥有欲并不强烈。

10年的艰辛路，铸就了今日的辉煌。明日的希望还只看到曙光，以后的路怎么走？是二次转制，还是有其他的路可走？我们今天只看到了转身，并不华丽，也许这正是佛山公路工程公司的风格，但我们没看到涅槃。看来，佛山公路工程公司还有很长的路要走。

教学指引

一、教学的目的与意义

（1）适用范围：资本运作、企业管理、企业风险管理等课程。适用于本科、

MBA、EMBA 及研究生课程班的学员。

(2) 教学目的：通过对佛山公路工程公司改制历史、动机、模式、绩效和问题的剖析，引导学生从资本运作等角度，对这类准民营企业面临的问题进行讨论。佛山公路工程公司改制有其特殊的时代背景、特殊的区域环境，有必然性，有可行性，也留有很多问题，这些问题如何解决，可让学生讨论。

二、启发思考题

（一）佛山公路工程公司改制的三种方案有何优缺点

参考答案：员工持股制，是指由公司内部全体员工持股的方式，将企业的资产量化到位，其中管理层获得较大比例的股份。这一方式，使全国成千上万的国有企业改变成为了员工持股的股份有限公司。

这种方式的负面影响，一是董事会成员（含监事会主席）持股额度较大其出资购股的经济压力增大；二是在一般职工中，可能有一些有经济条件，而且本人又愿意多出资购买股份而被额度限制的人员会因不能达到目的而产生意见，给转制过程中的思想政治工作增加了工作量。

企业转制具体有三种方式：

一是按人数，不分经营职级平均分配股本比例的方案。在企业全体经营人员中，不分职级，不按经营风险责任大小，平均等额分配持股比例，这自然是一种最简单、最省事的分配办法，职工之间的利益矛盾少。但这种分配方式显然是旧体制的平均主义和"大锅饭"的分配制度的翻版。一方面，它不符合国企改革是要转换经营机制的要求，不符合政府关于员工持股应按照经营职责大小拉开差距的转制政策要求。另一方面，它不能体现责、权、利相一致的分配原则，无法激励各层级经营人员，特别是中上层经营领导人员的潜力，造成经营风险责任无人承担，经营盈亏无人负责的局面，无法改变旧体制下的那种经营状况，无法实现公司转换经营机制所要实现的目的，不符合公司的利益，也不符合职工的长远利益和根本利益。

二是上层经营领导人员的持股比例达不到相对控股比例，大部分股本分配到中层及以下经营人员的方案。这种中下层经营人员持股比例占大头的方式，对公司的转制工作及转制后的生产经营会产生有利和不利的两方面的影响。

(1) 有利的影响。一是在公司长期按照旧的经营机制从事生产经营，受"大锅饭"分配制度的长期影响，平均主义的思想观念尚在各级经营人员中普遍存在的情况下，如果将股本大部分分配给中下层经营人员，且级差不大，可能对平衡中下层经营人员的心态会有帮助，减少他们对转制工作的抵触情绪。二是因为上层经营领导人员的持股比例不大，他们出资购股的经济压力可相对减小。

(2) 不利的影响。一是由于上层经营领导人员的持股比例达不到相对控股的比例,意味着在公司转制以后的生产经营管理中,上层经营领导没有相对的决策权,对解决和处理生产经营的重大问题,会出现议而不决的现象,导致延误时机,耽误生产,影响经营效益。二是上层经营领导人员虽然用了较大的比例出资购股,但由于得不到相对控股权,他们在领导和主持新公司进行生产经营的积极性、能动性方面会受到影响,工作的潜力将会大打折扣,公司转制后的生产经营状况将会随之受到影响。三是如果上层经营领导的持股比例没有超过相对控股程度,按照责、权、利相一致的原则,其对公司经营风险的责任也就会相应减小,当他们的经营风险责任减小时,其必然不利于约束他们对生产经营决策行为,不利于加强他们严谨作风的养成。责任、压力不大的工作质量,必然会大打折扣。四是由于中下层经营人员的持股比例占大头,特别是下层的一般经营人员购股出资要增大,经济压力自然加大,并且由于日常生产经营的管理权和决策权不在手中,会在这个层级的经营人员思想上产生一种顾虑,担心自己的出资得不到应有的回报,不愿意轻易拿出较大额度的资本购股参与生产经营。其结果,将会直接影响招股募股工作的开展,会使转制工作的进度受影响。

这种分配方式所产生的负面影响会大于正面影响,故该公司这次转制的股本分配方案也不宜采取此方式。

三是按经营职级、风险责任大小,在四个经营层级之间拉大股本分配差距,上层经营领导持股额度最多,中层经营骨干次之,一般经营骨干再次之,一般职工(普通经营人员)最少的分配方案。根据这种差距原则,按照董事会持股32.3%,监事会持股5.7%,中层经营骨干持股15%,一般经营骨干持股23%,一般职工持股22%,预留机动股2%的比例进行股本分配。

这种分配方式,也会出现利与弊的问题,但从公司改革转制的深层次考虑,从公司转制后经营机制的运作着想,相信这种方式所产生的正面效果远远超越其负面的影响。

经过讨论,公司认为,这种分配方式虽然可能会在转制筹备阶段遇到阻力,增大转制筹备工作的难度,但是其对公司转制以后的生产经营必将起到积极的促进作用。首先,董事会成员出资达到32.3%,意味着公司转制后,其必须承担起32.3%的债务偿还责任,承担起近乎全部的经营风险。在这种责任压力下,逼迫董事会及其成员必须崩紧每根神经去拼搏,去积极而又负责任地进行生产经营,对减少和避免经营决策的失误有极大的好处。其次,由于有生产经营的绝对决策优势,董事会对生产经营出现的重大问题、特殊矛盾就可以有权力做到抓住时机,做到快速解决,有利于提高工作效率。再次,公路工程施工企业的生产经营有着与其他工厂企业不同的特点,工程市场的开拓及施工任务的落实,都需要凭借企业资质和长期业务交往所形成的关系,并通过企业上层经营领导的具体工作参与投标(起码是议标)才有可能落实到手。施工任务到手后,上层经营领导还需要承担进度、安全、质量、资金的风险,肩负着落实生产任务和完成生产任务的双重责任。加大董事会成员的持股比例，增大其风险责任，是适应公路工程施工企业的特点，有利于调动上层经营领导开拓工程市场和加强施工管理的积极性和创造性，对解决职工的就业、提高经营效益、促进公司的发展都会产生积极的影响。最后，这种分配方式在加大董事会持股比例的同时，公司中层经营骨干的人平均股本份额也相对较大，而一般经营骨干也与一般职工拉开了一定的差距，这种比例和差距，对于这两个层级的经营人员，已经适度地体现了责、权、利相一致的原则。而对普通职工持职比例较少的安排，也符合经营权力小，投入经营资本也可以少的原则，对减少普通职工害怕多出资本给别人经营而收不到回报的顾虑很有帮助。

（二）佛山公路工程公司如何解决目前的问题，才能走出现在的困境

参考答案：公司重构。

据我们调研，佛山公路工程公司正在酝酿一场以公开发行上市为目的的"二次股改"。因此，为了佛山公路工程公司能够平稳地过渡，同时，也为了改变广大员工在国有时期的一切不良作风、不良意识，尽量使员工队伍保持平稳，在转制后这几年中，佛山公路工程公司董事会积极开拓工程市场，努力保证每年的生产任务，保证员工能完成指标，并加强内部管理，积极打破"大锅饭"的理念，同时在招聘方面，积极到社会上，到大中专院校中吸收有专业知识、专业技能的人才，以他们的新进思想来冲击一些老的思想、老的观念。通过这几年的运作，佛山公路工程公司基本上都能保持在一个正常、平稳的发展态势中。现在公司的员工基本能以积极的态度，珍惜并努力完成自己的本职工作，工作氛围得到了改善。

1. 在股份上采取不分红或少分红的策略

佛山公路工程公司在转制后这几年的运作当中，在对股份的分红及管理等这些问题上，都是严格按照全体股东会表决通过的公司章程中的规定来执行的，在这些年来对股份的收益是采取不分红或少分红的策略。表面上看似乎不合理，但是仔细分析就能发现它是合理的，也是符合佛山公路工程公司的实际状况的。原因是，佛山公路工程公司虽然没有分红，但是这几年来，企业把取得的利益，以工资、奖金的形式，按员工的素质、能力、工作态度、工作表现等综合能力进行分配，这样做，员工们满意，股东们也满意，也正好避免了如下弊端：

（1）如果按股份分红，必须是大股东分得多，小股东分得少，这将印证小股东为大股东服务的思想。

（2）有股份的有红分，转制后进入佛山公路工程公司的有能力、有技术、表现好的新员工，他们没有股份，就不能享受到这部分效益分成，这样势必造成新的思想矛盾，甚至会影响到员工队伍的稳定。

2. 对离开公司的股东，必须将股份转让回公司

在《佛山公路工程公司章程》的第五章"股份、股权管理"中第十二条规定："股东调离公司、辞职、辞工、退休、解除劳动合同、终止劳动合同、被除名及其他原因离开公司，自离开之日起，其注册股东、董事、监事职务自动失效。股东离开公司后，原则上在上述事件发生之日起 90 日内将其本人所持的股份全部转让给公司或其他股东。"

这条规定明确阐明了佛山公路工程公司的股东无论以什么样的原因离开公司，都必须将股份转让给公司或其他股东，同时其股东身份及其在公司的其他一切身份也同时失效，说明了佛山公路工程公司的股份是不外流的，这有利于股份的管理，也有利于公司的治理。

3. 用股份吸引人才

在佛山公路工程公司章程中的第五章，第十三条这样规定："公司新吸收的正式员工工作满 2 年后，表现突出的，本人自愿，可向公司提出申请，经董事会批准可认购公司股份。"第十四条规定："股份转让，股份认购的股价，应按公司上年度经审计的财务报表中资产净值所确定的股价执行。"这几年，公司收回的股份可以由新进公司的员工，而且是可以有选择的、有需要的人才购买，这样对留住人才，吸引人才起到了积极的作用，同时也为公司能够持续、稳定地发展储备后备人才。如果不采取这种方式，那么在十几年后，该公司的大部分股份就会停留在退休人员、离职人员的手中。这些人既不会关心公司的发展，也不会注重自己的股东身份，因为他们个人所持的股份对于他个人来说是微不足道的，但对于一个公司来说，几百个这样的小股东的股份分流在外，对公司的后续发展将会有一定的影响，因此，采取收回后再分配的方式，解决了股份流失的问题，避免了在职人员为不在职的股东打工的矛盾，同时也更好地加强了公司股份的管理。

三、教学建议

企业转制是一种特殊的公司重组形式，具有典型的中国特色。我们建议，通过教学，引导学生深刻认识国有企业改制的重要性、可行性、绩效与问题。具体教学方式建议是：先组织学生收集国有企业改制的背景材料和有关政策，了解当时的宏观形势；再阅读案例资料，分小组讨论，提出问题，探讨问题；最后根据小组讨论的情况，组织课堂报告，对问题进行更进一步深入的分析。

黄光裕：成败由天？[1]

陈珠明　张秋娟

> **摘要**
>
> 黄光裕作为草根富豪，并非含着金钥匙出生，他没有任何政治背景和骄人的教育背景，年少时家境非常贫寒。改革开放后，黄光裕创立的国美电器在其出事前一直雄踞于家电零售业的霸主地位，他个人于2004年、2005年、2008年三次荣获"胡润百富榜"第一名，身家一度超过400亿元。2008年11月17日以来，从黄光裕被抓、宣判到期间的陈黄之争，显示了其一代枭雄历史的终结。黄光裕的成败是否有着历史的必然？如果有，那么又是怎样的历史必然？

黄光裕是改革开放以后中国商业史上的传奇人物。黄光裕创立的国美电器在其出事前一直雄踞于家电零售业的霸主地位，他个人于2004年、2005年、2008年三次名列"胡润百富榜"第一名，身家一度超过400亿元。然而自2008年11月17日以来，黄光裕从被抓、宣判到其间的陈黄之争，一直是媒体极度关注的焦点人物。黄光裕创造性地构建了中国家电连锁销售的全新模式，成功地奠定了国美电器的家电零售霸主地位。

黄光裕作为草根富豪，并非含着金钥匙出生，他没有任何政治背景和骄人的教育背景，年少时家境非常贫寒。本来他努力拼搏创业的历程可以成为年轻人创业励志的动人故事，激励有相同背景的无数年轻创业者，可惜的是，因为曾经的辉煌，让他更加肆无忌惮地重复原罪式的金钱积累模式，以致最后成为反面教材。是什么样的商业环境和性格特征使黄光裕走上了犯罪这条不归路？其中是否有其历史的必然？本案例主要从黄光裕的出生环境、发展、发迹，到走向犯罪的

---

[1] 本案例系根据张秋娟EMBA毕业论文改写。主要资料来源于报纸、杂志上的公开资料。我们仅仅依据公开资料对事件本身进行陈述与分析，尽可能保持中立立场。本案例仅仅作为教学使用，作者不承担因为使用本案例而带来的任何后果。同时需要指出的是，在2013年1月出版的《中山大学管理案例研究（2012）》中，有陈玉罡等人的案例《国美控制权之争：一场中国商界的现代战争》，虽然也是研究国美，涉及黄光裕，但其重点是研究其控制权之争，本案例则侧重对黄光裕个人的成败进行讨论，两者关心的重点完全不同。

历史角度进行剖析，通过对其辉煌历史的终结进行小结，以期对第一代民营企业家的转型提供借鉴。

一、艰辛起家

黄光裕原名黄俊烈，1969年生于广东省汕头市潮阳县铜盂镇凤壶村。黄光裕之母系家族曾经是泰国有名的潮商，父系也是耕读传承，但这些都在土地改革和"文化大革命"等国家运动中被踩为尘土。黄光裕父亲的老家在西胪镇波美村，在土地改革时，黄家祖上的土地被没收了，致使他无法立足，12岁就投靠到凤壶村。凤壶村这个地方既不靠山也不靠海，生存的自然条件恶劣。可能是生存空间太小，村里人一直有下南洋经商创业的习俗。渐渐地这里就成了侨乡，多数家庭都有华侨接济，情况稍有好转。黄光裕的母系虽说也有泰国华侨亲属，但时间长了，失去了联系，也没能帮上忙。黄家成了这个并不富裕的村庄中最贫困的一户，全家所分耕地不足两亩，家里有时连开饭也成问题。小时候，黄光裕的父亲必须外出打工，母亲下地干活，黄家兄弟就帮忙做家务、做手工活，这养成了他们勤劳吃苦的生活习惯。在家里最困难的时候，黄光裕跟哥哥曾拾过破烂、捡过垃圾，靠卖废弃玻璃瓶、旧报纸帮补家用。据说黄母不仅管教严格，而且教育子女有方，黄家兄弟姐妹自小团结互助、孝敬父母。由于家境困难，黄家兄弟虽然聪明好学，但却没有办法与其他小孩一样接受完整的学校教育。黄光裕16岁初中未毕业就辍学了，跟着19岁的哥哥黄俊钦离开潮阳老家北上做小生意。

20世纪80年代初，紧邻凤壶村的贵屿镇兴起了收买废旧电器的行业，有人把从国外买回来的废旧电器进行修理组装，然后出售。潮阳地区也开始出现一些走私来的小电器、手表等小件物品。邻近的老百姓为了生计则开始倒卖这些旧货或者走私物品。1985年左右，16岁的黄光裕跟着哥哥北上到内蒙古一带做生意，以倒卖小电器为主。黄俊钦后来因为倒卖家电被抓起来，家里人费了好大力气才托关系把他放了出来。

之后，兄弟俩在家乡也尝试着办了一个无线电产品的加工厂，专门生产扩音器之类的产品。虽然挣了点钱，但他们自己并不适合做生产、研发方面的事情，而更适合流通领域的贸易生意。

1986年，黄光裕兄弟开始落脚北京，在前门珠市口开了家国美时装店。那个时期，因时尚的款式和细致的工艺，潮汕地区成为全国服装加工和批发基地，国内其他地区的服装批发商和零售商纷纷到汕头寻找合适的货源。凭着货源优势，黄光裕和哥哥便在北京开始服装门店的生意。可因为对服装的季节性和款式不够敏感，除去积压的库存，黄氏兄弟并没能从中获利。

1987年1月1日，黄光裕兄弟把国美服装店改为国美电器店，在北京开始了家电零售业务，正式宣告进入家电零售业。黄氏兄弟非常勤奋工作，那时的黄光裕骑着三轮车，走家串巷地送货。

电器门店开始有了利润之后，黄光裕就开始在《北京晚报》的夹缝中进行广告宣传，打出"买电器，到国美"的广告语，并登出国美电器产品的报价供客户做比较。这在当时还是首例，广告促销为他们带来了源源不断的消费者。为了更好地宣传，他们在店内设立专柜，说服供应商提供免费样品在专柜进行展示。这些促销措施使国美电器产品的销售获得了意想不到的成功，给他们带来了超额的利润和进一步发展的机会。

1987年11月24日，黄光裕兄弟开了第二家家电零售门店，因其努力经营，业务发展顺利。国美又分别在1988年5月和12月开设了两家分店。分店的设立，使国美开启了萌芽状态的连锁销售模式。

1988年，国美迎来了家电零售业的转折期。在这个关键的时期，充分展示了黄氏兄弟的商业天赋。在1988年，中央决定放开物价管制，宣布取消双轨制，进行"物价闯关"。然而令人意想不到的是，调价政策一出台，随即而来的是物价疯涨、通货膨胀和抢购潮。在这一抢购风波中，黄光裕兄弟赚取了超额的利润。当时家用电器消费旺盛，特别是彩电供应尤为紧张，价格在一天之内能够上涨数次，一台400元的彩电涨到2000元，照样有很多人抢购。彩电零售商家们被突如其来的热浪冲昏了头脑，开始大量囤货。黄光裕兄弟也将他们当时能够调动的现金全部用来囤货。但看到库房全被家用电器塞满时，黄光裕兄弟突然出于本能地产生了一种危机感，他们担心这种状况不会持续太久，于是率先放水甩货，以比市价低得多的零售价把库存商品清理一空。同年10月，中央开始调整策略，提出了"宏观调控，治理整顿"的方针。这一方针导致了1989年的经济寒潮，当很多家电零售商遭遇灭顶之灾时，国美却因为提前清货，意外地逃脱了厄运。

1989年，虽逃过了库存积压的灭顶之灾，但黄光裕兄弟还是遭遇了创业过程中的重大危机。因为国家的宏观调控政策，刚刚创立两年的国美电器同样面临严重的危机。曾经被抢购的家用电器，一下子变得无人问津。更严重的是，国美的数家门店因货源和发票等问题，也在一次清查行动中被关，很多货物被抄走，黄俊钦再次被拘查，黄光裕则被逼得在外面东躲西藏。后来，黄光裕通过关系，顺利渡过了这一难关。当然，国美需要为此付出代价。

1992年，中国改革开放在经过短暂的停滞后，又进入一个新的发展阶段。经过三年的跌跌撞撞，国美电器终于生存下来。黄光裕兄弟又陆续在北京不同区域开设了其他几家分店。珠市口店因为地方狭小，已经不能满足日益增长的业务需求了，于是他们决定放弃这家门店。这一年，国美几家电器店的销售额已达近2亿元。

就在生意进行得红红火火之时，1992年年底，黄氏家族发生了一件大事：曾经一起创业、同甘共苦的黄俊钦与黄光裕兄弟两人，因为产业理想和商业观念渐行渐远，最终分道扬镳。黄光裕只分到了国美的牌子和少量现金，而没有分到一家店面，他不得不重新艰难起步，继续经营。而黄俊钦则将精力转移到房地产这个中国最暴利的行业上，他分到的国美店面也因此无暇顾及，导致后来因亏损而关闭了部分门店，最后他干脆放弃了家电生意，将仅剩的两间门店转给黄光裕。当时，国美这个品牌根本谈不上什么无形资产，黄光裕分到这块牌子，并不是因为他有什么长远战略眼光，而只是一种无奈。1992年起，国美成了黄光裕一个人的国美，而不是黄光裕兄弟共同经营的。国美的辉煌业绩，完全靠的是黄光裕及其管理团队付出的辛勤与贡献的智慧。

二、走向辉煌

1993年是国美发展历史的里程碑，这一年，黄光裕将几家零售门店统一品牌名称为"国美"，确立了其连锁经营模式的雏形。国美电器仍然以经营进口品牌的电器产品为主业。

随后的1995年和1996年，对于中国的家用电器、计算机等产业发展，是具有转折意义的年份，这也直接影响了国美这种新兴的家电连锁企业的发展，并导致了它的转型。这期间，国家加强了对外国品牌产品进口环节的管理，走私在很大程度上受到严厉打击，致使进口品牌的电器和计算机产品价格大幅度上升。而有着廉价劳动力和低租金优势的中国国产品牌借势迅速发展，联想、长虹、TCL等品牌的市场占有率快速提升，其他欧美、日韩的进口品牌则全线溃退。

1996年，面临进口品牌产品货源危机和涨价压力的国美在一个管理人员的提议下，第一次尝试销售国产品牌的长虹电视机，没想到竟取得意想不到的效果。这件事情对国美的震动很大，他们万万没有料到卖国产彩电也是可以赚到钱的。黄光裕即刻召开高层会议，对这一情况做进一步的研究分析并达成了一个共识："销售国产家电的时机已经基本成熟了，应该赶快调整战略，变单一地经销进口家电为进口与国产并重的策略。"

1996年的意外成功，促使国美果断转身，重心开始向合资品牌上转移，并同步在国产品牌上做铺垫和尝试。仅仅1997年一年的时间，国美经销的进口品牌销售削减到30%，合资品牌和国产品牌的销售比例则上升到70%。

1996年，国家对进口走私环节的严厉打击，给了国美一个发展壮大的契机。国产品牌电器具有价格低廉、供货稳定和销售量大等优势，零售商一旦做大销售量，就有了与厂家直接接触的机会。北京国美的连锁门店带来了巨大的销售量，给了国美与厂家直接议价的机会和空间。1997年国美的转身，成了国美发展历史的一个分水岭，这一年成为又一个具有里程碑意义的年份。

国美于1997年完成由出售进口品牌的电器产品向出售国产品牌和合资品牌的转型之后，也开始了进货渠道的整合。国美率先以包销、定制、招标等形式，绕开中间商，直接向上游制造厂商进货，开始了商家与制造品牌的直接代理关系。这一做法大大降低了进货成本，更加强了国美的低价优势，使国美的低价策略得以延续，国美销售同款产品的价格一般都比传统大商场便宜不少。20 世纪 90 年代末期，对北京人而言，国美电器已经成为了购买家电的首选商家了。

1999 年，国美开始跨地区在天津设立连锁分店，实施了全国连锁经营的战略，继而开始了在全国其他主要城市的快速扩张。

2001 年，国美集团已经成为了全国家电行业营业收入的第一名。据国美年报披露，2002 年，国美电器营业额超过 100 亿元。直到 2008 年，国美都一直位居家电连锁零售业的霸主地位。行业第一的桂冠不仅是地位的象征，更是利润的保证，国美的综合毛利率居行业之首。因为庞大的销售网络，国美和供应商谈判时有着更强大的控制权，能保证拿到最新的型号和最低的价格，或者是特定型号的独家垄断经营，以获取更大的利润空间。

连锁门店的无止境的扩张需要庞大的资金支持，仅依靠占用供应商的应付账款进行周转的办法已经不能维持不断增加的资金需求了，而且过分依赖供应商的货款，国美随时有可能面临资金链断裂的危险局面。黄光裕开始谋求 A 股上市，为国美寻找解决资金的途径。只是当时民营企业上市之路有着各种障碍和要求，上市并非易事。监管机构对上市公司的资本、负债率、营业额、利税和董事会架构等都有很高的要求，而且整个 IPO 的审核过程极其漫长，如果审核过程中稍有差池，整个程序又得推倒重来，国美耗不起这个时间成本。A 股上市受挫后，黄光裕并没有放弃上市的梦想，他寻找到了另一条更为便捷的蹊径，就是香港借壳上市。2000 年，幸运的黄光裕在香港遇到了人生中的另一个重要人物，即同为潮汕人的詹培忠。詹培忠被称为"金牌壳王"，曾任香港立法局的议员，当时是香港"仙股"上市公司京华自动化的控股股东。

自 2002 年开始，在詹培忠的帮助下，黄光裕着手收购香港"仙股"上市公司京华自动化集团有限公司（Capital Automation Holdings Limited），并将其改名为中国鹏润集团有限公司（China Eagle Group Company Limited）。2004 年 7 月，黄光裕将中国国美电器 65% 的股权，即 144 家国美分店注入中国鹏润。黄光裕之所以没有将国美全部注入上市公司，原因是商务部对外资股份有严格限制，65% 已经是当时规定的上限了。鹏润收购国美 65% 股权的资金以换股票据的形式取得，上市公司发行了 855 830 万港元的票据。国美 8 月成功借壳在香港上市，上市后，中国鹏润集团有限公司改名为国美电器控股有限公司。黄光裕通过借壳上市，成功将国美电器套现了 85 亿港元，而国美净资产仅为 2.27 亿港元，溢价近 40 倍。（从下段开始，"国美"指上市公司国美电器控股有限公司。）

2004 年，因为国美电器零售门店的资产注入，国美的股票暴涨，按持有国美股票的市场价值估算加上黄光裕在房地产行业的资产，黄光裕拥有 105 亿元的身家。国美电器借壳上市，把黄光裕推上了中国内地首富的位置。那一年黄光裕才 34 岁。

从 2004 年开始，黄光裕成为了媒体的焦点，头顶上闪耀着首富的光环，商界更称其为资本运作的高手，他的成功让国内上市无门的其他企业看到了另一条上市融资的蹊径，纷纷效仿。这一年，他不仅收获了财富，同时也收获了荣耀。只是一旦成为公众人物，媒体的触角就伸向了他的各个方面，巨额财富的原罪问题开始被热议。

2006 年，对国美来说又是一个具有里程碑意义的年份。国美加大对外资源的整合力度，成功收购家电零售业排行老三的永乐，进一步巩固其家电老大的地位。2007 年，国美又相继收购北京大中电器和陕西蜂星电讯，并加大对内外部资源的整合力度。

三、跌入深渊——喋血中关村

2008 年秋天，黄光裕以 430 亿元的身家第三次跃居"胡润百富榜"的中国首富。在这巅峰时刻，上天跟他开了个真实而又残酷的玩笑，终结了他的自由人生。因为"中关村"的股票操纵案，黄光裕在 2008 年 11 月 17 日被捕，这回他无法再次逃脱法律的制裁了，之前的原罪质疑和其他罪行也一一浮出水面。"中关村事件"成了黄光裕辉煌事业的转折点，彻底改写了黄光裕的命运。

"中关村事件"中涉及两个关键人物，一是老一代企业家段永基，一是起诉书中被判三年有期徒刑的许钟民。

许钟民是黄光裕的潮阳同村伙伴，两人经历颇为相似，都是贫困家庭出身，靠着自己的打拼起家的。许钟民当时是国内最大的唱片公司京文唱片、潮好味等多家公司的董事长。在北京，许钟民是黄光裕非常信任的铁哥们，他在中行骗贷案的关键时刻给予黄光裕很大的帮助，在 2006 年的国美偷税漏税案中也正是许钟民将其关系网介绍给黄光裕，才使他渡过难关。

1999 年，段永基被北京市政府任命为上市公司中关村科技发展股份有限公司（本文简称"中关村"）的总经理。2005 年，段永基主导的中关村旗下的几个大型投资项目都以失败告终。中关村旗下能赢利的企业不多，无法抵付公司每年高达上亿元的负债。为了解决中关村的困局，段永基联手许钟民共同出资 1.3 亿元收购中关村 25.01% 的股权，但这 1.3 亿元并不能解决中关村的困局。

凭借着深厚的私人关系，2006 年，许钟民将黄光裕引入中关村科技。黄光裕当时急于把旗下的房地产项目包装后在国内 A 股上市，很快便答应了段永基和许钟民的入股邀请。黄光裕没有预想到的是入主中关村成为第一大控股股东，接手的不是一个立马可以借壳上市的资产，而是一个负债累累、千疮百孔的烂摊子，重蹈了其兄黄俊钦在 ST 金泰的覆辙。因为对老乡许钟民的义气和信任，也因为急于想将房地产业务注入壳公司，实现在国内借壳上市的梦想，黄光裕在中关村上市公司上一再投入，损失惨重。据《黄光裕圈外》介绍，在"中关村事件"前，黄在中关村的损失已达 4 亿多元。也是为了挽回在中关村付出的代价，尽快将房地产业务注入其中，才导致了后来的滑铁卢之战——中关村股票操纵案。

为了弥补在中关村数亿元的损失，黄光裕和许钟民决定铤而走险，利用地产注资计划，操纵中关村股票的价格，并在期间获利数亿元。

黄光裕计划将鹏润地产以 180 亿元的价格注入中关村，给中关村从高科技转型房地产的机会。显然，他的目的是复制国美电器上市的卓著战绩，即通过高估旗下地产资产，上市公司增发收购，实现套现手中资产的目的，同时给上市公司带来新的亮点，提升股价。这一招可谓一箭双雕。可惜这一次，他没能再现国美上市的成就，因为估值太高，这一地产注资计划没有被董事会通过。这一次失败不仅使黄光裕借壳上市打造优质地产公司的美梦化为泡影，借助上市实现地产项目的套现目标无法实现，而且还使中关村股价因为注资失败暴跌。对中关村的股价操纵，也引起了证监会的关注，最终被查出其中操纵股价的犯罪事实，这一案件成为打垮黄光裕的导火索。

2008 年的这一事件，成为了黄光裕一生中无法抹去的一页。第三度成为中国首富之后的黄光裕被捕了，在事业巅峰之时他突然跌入了深渊。这一年，因为黄光裕，国美也经历了磨难。因黄光裕入狱，各种疑云和猜测也同时笼罩着国美，国美的销售额骤降，银行开始停止正常的信贷活动，上门索要贷款，供应商也将原来至少 60 天的账期改为 1 星期，纷纷上门追讨欠款。虽然在陈晓和管理层的努力下，国美最后顺利渡过难关，但黄光裕犯罪的事实给国美所带来的损失无法计量。这一年，国美第一次经历了营业收入增长率的大幅度下降，从 2007 年度的 70% 降至 8%。

2009 年，对黄光裕的调查和审讯都没有结束，国美也因此再次被调查，但最后调查部门宣布上市公司国美与黄光裕案件没有直接关联。2009 年 1 月 18 日，为了维持国美的正常运转，划清自己与国美的界线，黄光裕不得不正式辞职，由陈晓出任董事局主席，初步完成权力过渡。暂时摆脱黄光裕事件影响的国美重新回归正常的经营活动。此后，国美仍深受事件的负面影响，艰难前行，虽不至于引起更大的损失，但销售情况首次出现负增长，并痛失其家电零售业老大的位置，第一次落败于老对手苏宁。

2010 年，因为国美控制权之争的舆论影响，陈晓和管理层被推到了社会舆论的风口浪尖，国美的销售再次出现困境。2010 年 9 月的股东大会投票结果是，陈晓仍然留任董事局主席。但因为杜鹃（黄光裕的妻子）出狱，陈晓出局，杜鹃代替了黄光裕重掌国美大局。经历内部斗争磨难的国美在销售上再次落败于苏宁。

自 2011 年开始，电商崛起，传统零售业的门店销售模式遭遇电商的低成本挑战，面临着前所未有的压力。而对于失去掌门人黄光裕的国美而言，这更是严峻的挑战。国美内部也因杜鹃与黄燕虹（黄光裕的妹妹）的姑嫂之争，不断消耗内力。2011 年，国美电器的营业收入已远落后于苏宁电器，年营业收入仅 598 亿元，而苏宁则增长至 938 亿元，最大的电器零售电商京东商城的营业收入则从 2010 年的 102 亿元大幅跃升到 308 亿元。

2012 年，电商迅速扩张地盘，两大电器零售商家苏宁和国美都遭遇了前所未有的困境。苏宁的营业收入增速下降，利润大幅下落。国美则状况堪忧，其公布的全年业绩显示，销售收入同比下降 20%，再次经历营业收入的负增长，第一次出现负利润，亏损达 5.97 亿元。国美已远远落后于对手苏宁。国美的前路在何方，恐怕是让狱中的黄光裕最为揪心的问题了。

四、成败在天

黄光裕和他哥哥一样，从小就凸显了他们与生俱来的努力拼搏的冒险进取精神。因为家境贫寒，黄光裕兄弟学会了在狭小的生活空间中寻找一切可能的机会。他们为了帮补家用，小时候就开始捡垃圾和旧报纸来卖。为了生存，年仅 16 岁的黄光裕就跟着 19 岁的哥哥北上内蒙古做小生意。

在创业的路上，不管成功与失败，黄光裕都会继续拼搏，从不轻言放弃。这一点也与他生为潮汕人不无关系，"宁为鸡首，不为凤尾"的潮汕人，只要有一丝机会，都会力争成为自己的小老板，而不是辅助别人的打工仔。

经历了内蒙古的牢狱之灾，黄氏兄弟并没有被打垮，而是转战商场较有规则的京城。而北京前门服装店的失利，引发了黄氏兄弟进一步的分析。他们很坦然地接受现实，总结经验得出结论，自己并不是时尚人士，对服装的款式没有敏锐的触觉，对换季造成的过时库存积压问题也没有有效的解决办法，于是他们选择了放弃。本来服装行业是潮汕的优势行业，黄氏兄弟从服装入手应该是有优势的，但遭受意外失败的黄光裕兄弟并没有放弃，也没有钻进死胡同，而是看到了自己的弱点，寻找根本性的变化，很快他们就清晰地看到了中国改革开放过程中带来的无限商机。一方面，因为人们收入提高了，大家都开始有钱可以购买家电产品了，而且凭借着中国的数字庞大的人口资源，家电市场将是潜力无限的；另一方面，家电产品没有库存积压造成过时的问题，他们相信这将更加容易控制。一扇门闭上了，他们又试着打开另一扇门。面对不确定的将来，敢于冒险和进取的创业精神使黄光裕有机会成就国美的美好明天。

1992 年，黄光裕兄弟分家，黄光裕只分到国美门店的品牌和少量的现金，他并没有分到任何一家门店，但他并没有被打垮，而是重新艰难开始。因为他的坚持和努力，国美取得了更大的发展，在 1993 年开始形成了连锁的雏形。

敢于冒险、坚持不懈成了黄光裕的符号。"我做事的习惯是，方向一旦明确，大概都想好，应该有三分把握，我就敢去做……我是边实施边做边修正，中途放弃的事不能说一回都没有，但是在重要事情上要让我放弃可以说是非常难。"这段话成了描述他做事风格的经典语录。

（一）环境决定出身

不拒绝新的事物，不拒绝新的机会，不拒绝意外的机遇可能带来的成功。彼得·德鲁克在创新和创新机遇的七个来源中，第一个论述的创新机遇来源即是意外的事件。德鲁克认为："没有哪一种来源能比意外的成功提供更多成功创新的机遇了。而且，它所提供的创新机遇风险最小，整个过程也最不艰辛。"

潮汕的创业人士多出身贫寒，没有好的学历背景，他们极少技术创业，多数都是从传统行业起家，因为高新技术的创新之路需要博大精深的专业知识，并不适合他们，促使他们成功的更多的是他们大胆、敏锐的商业眼光。潮汕地区街头巷尾，铺面林立，处处是小生意人，从小耳濡目染，养成了潮汕人的商业灵性和创业冲动。而商者无域的经商理念，使他们容易接受外界的新生事物，并引为己用。在潮汕人眼里，只要是正当赚钱，做什么行业并不重要，重要的是能够从中获得利润。这种理念保证了他们的思想完全自由，丝毫不受世俗观念的约束，也使他们更善于发现经营过程中的意外机遇，然后有意识地加以利用。他们最擅长于为传统的生意增加新的亮点，以制造新的市场需求。这一点刚好是德鲁克最为主张的低风险的意外成功。

黄光裕兄弟虽没有接受过正规的营销培训，但在经营家电零售门店时却充分地展示了他们的商业灵性和创新精神，独创了家用电器广告促销的营销模式。那时候，还没有哪家小的零售门店在报纸上登广告做宣传，黄光裕兄弟就开始尝试在价格相对较低的报纸夹缝中做促销广告，登出产品价格和"买家电，到国美"的广告语，宣传其价格优势。当时电器产品是供不应求的，根本不用宣传，而且广告费一次 800 元，对小商家来说，也是一笔不小的开支，但是敢为人先、不受传统观点约束的冒险精神促成了他们的决定。正是这种尝试为国美带来了大量的客户，带来了更多的利润。之后，延续国美历史的黄光裕将这种创新的精神贯穿于其经营的各个过程，这也是黄光裕能够持续成功，最终奠定国美基业，成就全国家电零售霸业的最根本的原因。

1997 年，国美电器产品品牌重点的转移再一次体现了黄光裕对意外机遇的发现和及时利用的能力。因为偶然试销国产长虹品牌电视机的成功，黄光裕意识到市场结构正在发生根本性的变化，他立马组织高层开会，确定了转型销售国产品牌电器的战略。国美的及时转型，不仅解决了货源和价格上升所带来的压力，而且奠定了国美发展壮大的坚实基础。

转型销售国产品牌之后，国美销售量激增，黄光裕开始有了直接与电器厂商议价的能力，稳定和低价的货源保证使国美成为消费者的首选。没有及时转型的中小零售商逐步倒闭，他们的倒闭也将消费者推向了诸如国美之类的大型零售门店，为国美门店的不断扩张提供了充足的客户群这一企业赖以生存的最基本条件。转型让国美开始了良性的循环扩张史。

在日常管理上，黄光裕兄弟也是屡屡创新，从不受限于传统。1988年，只有三四家门店的国美就开始用电脑收款，这在当时北京的很多大商场都是罕见的，而电脑上使用的程序就是黄俊钦自学计算机知识编写的。后来国美开始全国连锁经营，黄光裕也率先使用了最为高效的ERP系统进行管理运作，大大提高了企业的管理效率。

（二）出身决定性格

黄光裕身上深深地烙上了中国改革开放之后第一代民营企业家的印记，他们多数具有出身贫寒、文化水平低但学习能力强、拼搏进取、敢于冒险求富的特征。而在起家之初，借用非常的手段积累财富，几乎是那个时期多数草根人士都会用的方法，只是极少数人在取得成功之后，顺应了历史发展的潮流，实现了华丽转身，告别了过去的野蛮成长，开始走向规范化的经营之路。黄光裕因其自身的各种原因，与其他多数人一样，在这个野蛮的成长路上越走越远，以至于最后迷失了方向。

1. 野蛮成长

黄光裕生长于潮汕平原的潮阳地区，潮阳人在潮汕人中最为敢于外出创业、冒险求贵，相比周边其他地区的人，也是最高调的炫富者。黄光裕小时候家境贫寒，因为外来落户和土地改革的影响，黄家那时是村里最贫困的一户，自然成了被歧视的一个家庭，容易被别人欺负。因此，黄家兄弟从小就有强烈的出人头地和追求金钱的欲望。曾经一无所有的人，都是最敢于冒大风险，也最能吃苦耐劳者，通过拼搏创业改善生活是他们的唯一选择。潮汕人历来就有下南洋寻求更多的发展空间的习俗，改革开放后的潮汕人则借着政策优势选择北上创业。黄光裕和其他没有特殊背景的潮汕人一样，为了生存和发展，也选择了冒险北上创业。

潮汕地区因其"省尾国角"的特殊位置，地处偏远，原来的潮汕人普遍对法律法规的概念淡薄，而靠海的地理位置，又给海上走私带来了便利。近代的潮汕深受香港、澳门和台湾等地走私活动的影响，区域性的小规模走私活动一直没有停止过。改革开放之后，国家鼓励个人创业致富，走私发家更成了少数冒险分子的求财之路。作为改革试验田的潮汕地区，在经济有了一点生机之后，小电器或者手表等在此有了市场，潮阳地区开始出现了走私的新旧小电器产品和手表。有了走私货物，就需要买私卖私的人。这样，走私卖私之风在偏远的潮汕地区慢慢蔓延。在那时，倒卖走私产品虽是投机倒把的违法行为，但也是没有文化、没有资源、没有关系却敢于冒险的老百姓最快捷的致富之路。对老百姓而言，这样冒险只是为缺乏出路的生存寻找一个小空间而已，虽也知道一旦被抓住，可能面临牢狱之灾，但还是有人铤而走险。黄光裕兄弟后来也成为他们中的一份子。在那时的潮汕地区，人们对待投机倒把的态度是宽容的，他们认为只要官不究，就不是犯罪的行为，自己不为，不等于别人就不能为。只要事不关己，潮汕人一般也不会揭发他人的违规行为。

潮汕地区的这种发家之路在黄光裕的创业之路上得以充分体现。为了生存，黄光裕16岁就辍学跟着哥哥北上创业。没有任何资源的他们，也只能从简单却冒险的途径入手。两兄弟一开始即从事倒卖旧电器的小生意，货源是翻新的二手电器或者是走私的小电器。在内蒙古遭遇挫折之后，黄氏兄弟并没有被击败，而是转战北京，继续寻求机会。

黄光裕在北京的创业是从服装生意开始的，前面已提及，服装是改革开放初期潮汕地区富于竞争力的行业。在遭遇服装的失败之后，黄光裕改行做起了家电销售，家电也是潮汕地区在90年代初期占尽价格优势的行业。那时的电视有货不愁卖，就看你能否解决货源的问题。这一点，对自小就涉足倒卖走私电器的黄光裕而言肯定不是难题。因为价格低和货源充足，黄光裕的家电零售门店有了发展的基础。做任何事情，必须立足于自己熟悉和有优势的行业上，才容易成功，这一点黄光裕相当清楚。

可以说，在创业之初，黄光裕就走上了一条非常之道。只是这条非常之道，很容易让人养成一种违规的习惯，时间久了，对法律法规也就漠然视之，难以回头了。

黄光裕虽聪明好学，但因交不起学费不得不在初中未毕业时就辍学，文化水平低成了他的终身之痛，即便在后来顶着首富的光环，他也对自己的这一硬伤不能释怀。但他又貌视有文化的人，据说他曾说："知本永远给资本打工。你为什么要读博士呢？那是因为你内心恐惧，你觉得在这个社会上没有生存能力，然后你才去读博士。读博士为啥呢？是为了能去打工，归根结底是要去打工。"如果黄光裕今日再点评中国的富豪榜，他也许会感慨时过境迁了，当今的富豪榜上已经迅速更新为马化腾、王传福、张朝阳、马云这些靠着高等教育背景积累巨额财富的新贵们。被黄光裕尊为偶像的华人首富李嘉诚也相当尊重知识，"知识改变命运"是长江实业的企业文化之一，李嘉诚本人也因为小时候家境贫穷，没有条件完成学业，但至今仍每天坚持学习。即使是昔日尚存下来的民企标杆也多是柳传志、刘永好、王石这样的老知识分子，因为对于中国文化的了解，他们更清楚什么样的价值坚持才能让企业长久存在，原罪式的冒险求贵只能是中国特定历史时期的产物而已。

文化水平和创业能力之间没有直接的正比关系，黄光裕也用自己的成就证明了他在事业上的学习能力。但是，文化水平也许影响着一个人的兴趣爱好和价值取向。黄光裕坦诚自己没太多的兴趣爱好，他唯一的兴趣就是工作，只要看到财富的增长,就是他最兴奋的事情。他工作的动力可以用一句话概括,即"为敛财而敛财"。而我们所能知道的他的最大的嗜好就是赌博,且赌注惊人,输赢几亿元只是一夜之间的事情。当然,公海赌博也提供洗钱和结交权贵的机会。我们没有办法分辨他究竟是嗜好赌博还是为了洗钱而进行赌博了,只是通过这种方式洗钱和行贿为他增添了一项罪名,导致了他的非法经营罪。其原因就是为了偿还巨额赌债,他不得不通过地下钱庄非法换汇出境。

黄光裕的人生之路虽然也经历了诸多危急关头,但基本上是相对简单的,他主要的创业经历是电器的销售和后来的房地产投资。他在34岁时即成就了首富之梦,也许正是因为成功来得太快,使他忘乎所以。同样遭遇过原罪之困但成功转身的企业家的人生经历则相对丰富,他们有的是在中年才开始创业的,这使他们在成功之后,仍然能低调处事,更多的是宣传企业的成功,而非个人的成功和自己在企业中所起的重要作用。

2. 性格特征

竞争对手、部分公众对黄光裕的负面印象是路子野、手段黑。据李德林在《首富真相》的描述,国美电器在地盘扩张和竞争的过程中,黄光裕时常借助非常手段,与当地的零售门店争夺地盘。其中包括砸对手门店、故意伤害他人身体及"仙人跳"等方式。在鹏润地产涉及拆迁的过程中,黄光裕也使用黑社会等非常规手段解决拆迁问题。

不管黄光裕在商业上取得多大的成功,头上的光环多么耀眼,媒体对黄光裕的评价一直都是负面多于正面。精明、大胆、顽强这样的性格对于掌控着国美的黄光裕来说,是最基本的性格要素了,这些性格要素在他的经营过程中也充分地体现出来。但黄光裕的桀骜霸气也处处可见,尤其在与供应商的谈判上,媒体不时传出他与供应商交恶的传言。据说黄光裕和供应商谈判时提出的合作条件都相当苛刻,价格也压得很低。因此,国美与供应商的关系一直比较紧张,只是因为国美的终端规模太大,供应商不得不答应这些苛刻的要求。然而长时间下来,有些大的厂家不能忍受,双方公开交恶,合作关系破裂,诸如国美与格力的合作最终以格力自建渠道收尾。显然,在黄光裕身上我们看不到合作精神的良好体现。这一点与他作为潮汕人的性格是有冲突的,潮商都知道互利互惠才能长久合作,他们一般都努力保证挣到自己的利润,至于其他人的利润多少则不过问。

多数潮商在成功之后,都是相对低调的。相比之下,黄光裕则过于高调。据说黄光裕在成为首富之前,虽然也桀骜霸气,但行事还是低调的。但不知从什么时候开始,黄光裕变得趾高气扬、目空一切、刚愎自用,并过分强调个人的作用,即便在公司上市之后,他也继续推行家族式的管理模式。也许因为被推上了首富的位置,成为媒体的焦点之后,他骨子里的炫富情结开始溢于言表,他也乐于借助这种宣传和炒作为国美进行广告宣传。只是,他没有意识到当自己处于首富的位置时，他已经不再是一个普通企业主了，社会各界对他有着更多的约束和要求，他的一举一动都影响着整个国美的形象。

在公司内部的管理上，黄光裕则被指专制、控制欲极强，不信任下属和对待下属苛刻等问题。在黄光裕看来，员工只能俯首听命，而不能分享企业的成功。国美的高层都没有安全感，他们很难得到黄光裕的完全信任，没有股权激励，位置也不稳定，随时有被更换的可能。即便黄光裕因国美的成功而跃居中国首富，在陈晓为管理层争取股权激励之前，国美的管理层也无一获得股权激励。黄光裕的妹夫张志铭在国美创业的过程中作出了重大的贡献，是他的细心管理和运作为国美的稳定经营奠定了牢固的基础。可是，黄光裕发现他有功高盖主的迹象之时，就开始不能容忍了，原本承诺上市之后的股权激励也没有兑现。失望和矛盾逼迫着张志铭离开国美另起门户。

在他被羁押期间，为了减轻罪罚，黄光裕通过律师多次给国美董事会和管理层发出指令，希望管理层强调其个人作用，将其个人的作用与企业的生存发展捆绑起来，并要求管理层采取有利于其个人和减轻其罪责判罚的措施。上市之后的国美成了黄光裕一个人的国美，而不是全体投资者和全体员工的国美。黄光裕希望国美仅和自己荣辱与共，无论什么时候，他都必须绝对控制。

3. 原罪之扰：特殊时期的政策环境和商业环境的产物

中国在改革开放之初，资源的分配极其不公平，只能集中在少数权力部门手里，而这些低效的权力部门并不能有效地使用它们所获得的资源，而是通过倒卖给其他企业进行获利。在当时特殊的政策环境下，多数民营企业为了得到生存的资源和条件，不得不触及灰色交易地带。有些成功的企业家在近几年都公开承认在那时为了企业的生存，经营的过程中难免有一些违规的行为，其他已经失败或者深陷铁窗的民营企业家也间接地证实了这一问题。只是能够在成功之后及时抽身的企业家又有几个呢？黄光裕在成为首富之后，第一桶金的原罪之说也成为公众和媒体的焦点。有媒体猜测黄光裕是靠着倒卖走私电器积累起第一桶金的，当然，黄光裕在各种场合都否认国美的货源涉及违规。黄光裕是否可以逃脱原罪之扰？我们可以先回过头看改革开放之初中国的政策环境和商业环境。

中国改革开放之初，汕头和其他几个城市成了中国经济开放的试验田，汕头成了四大经济特区之一。特区有着宽松的政策环境，有些企业可以申请到直接进出口国外商品的权利，有些权力部门可以申请免税批文，进口自用的物资。当时很多政府部门纷纷设立贸易公司，目的就是为了取得进出口权和批文，然后凭借其低廉的价格把进口商品倒卖到内陆市场。1990年前后，能进入有进出口权的贸易公司工作，是相当值得炫耀的事情，比现在的公务员还热门。在贸易公司工作有助于建立广泛的人脉关系，利用权力弄到批文，再倒卖批文，这中间的差额利润几乎是无风险的。这也是当时很多国家机关的官员都争相下海的原因，因为他们有更广泛的人脉关系。那时汕头地区集体炒卖批文的风气盛行,大家都不觉得这样是违规操作,更称不上犯罪。那个时期,进口关税非常高,因为有免税自用物资的批文政策,特区的进口家电跟内地有着很大的差价。很多贸易公司会将这些自用的物资想办法倒卖到内地,这样合作链条上的各方都能赚取巨额的利润。再者,诸如没有办法弄到批文的海陆丰地区、靠近香港的番禺地区,也存在直接违法走私电器再倒卖到内地市场的现象。内地的企业为了取得有竞争力的货源,则不得不购买违规或直接走私的货物。

我们没有证据说明黄光裕的第一桶金得益于他的进货渠道,但是当时国内的其他电器电子设备的货源都是以自己不同渠道或多或少地牵涉到走私和违规进口,黄光裕能以正常的进货渠道达到低价竞争的目的,并保证足够的货源吗?假如真如此的话,他可能连产品都卖不出去,更无法谈论价格策略了。

当然,如果黄光裕坦然认罪,谁也不能保证他能有机会得到政府如此的宽容,相信也没有人会觉得他是为了中华民族的电器销售事业的发展而委曲求全。因此,黄光裕不可能公开承认自己的原罪问题。在北京经营,黄光裕不可能一帆风顺,他同样会碰到工商、税务局和海关等国家机关的查处。尤其是其颇为张扬的低价策略,更容易引来监管部门的关注。虽然有几次黄光裕也面临同样的买私、偷税漏税等控罪,可金钱为他摆平了所有的障碍。

黄光裕原罪式的财富积累已经使其潜移默化地养成了利用政策漏洞、利用权力寻租的模式经营企业的习惯。因为出身草根,因为曾经一无所有,因为冒险精神,他已经习惯于违规操作,习惯于靠着关系网进行灰色交易,习惯于用金钱堵住所有漏洞的操作模式了。于是,用金钱和关系铺平前进的道路成了黄光裕惯用的伎俩,而为了扫清前进路上的障碍,他甚至藐视法律的存在,无所不用其极。随着事业的发展,他所依附的关系也需要不断升级,才能保证他一路畅通地走向首富之路。也因为关系的逐级上升,黄光裕更加肆无忌惮,更加无视法律法规的限制,最后陷入自己布下的陷阱。也可以说,当时的政策环境和商业环境也间接导致了黄光裕逐步走向犯罪,他没能看清企业长远发展的正确方向及时转身,以致越陷越深。

(三) 性格决定命运

2010年5月18日,北京市第二中级人民法院判决黄光裕犯非法经营罪、内幕交易罪、单位行贿罪,三罪并罚,判处其有期徒刑14年,并处罚金6亿元,没收个人部分财产2亿元。2010年8月30日,北京市高级人民法院对黄光裕系列案作出终审判决,黄光裕、许钟民维持原判,杜鹃则因在二审期间缴纳了2亿元人民币罚金,且确有悔罪表现,法院对其宣告缓刑,并当庭释放。黄光裕亲自结束了自己曾经的辉煌,开始了他的铁窗生涯。

2012年5月,最高人民法院把黄光裕案定性为内幕交易犯罪的典型案例,因

"社会危害大"被排在头名。最高人民法院公布,黄光裕在"中关村案件"中,先后进行了两次内幕交易、泄露内幕信息犯罪,成交金额共计14.15亿元,账面收益3.09亿余元。

故事并未终结,狱中的黄光裕是否还豪情万丈?出狱后是否还能东山再起,凤凰涅槃?

教学指引

一、教学的目的与意义

(1) 适用范围:创业管理、企业管理、兼并与收购、企业风险管理。适用于本科、MBA、EMBA及研究生课程班的学员。

(2) 教学目的:通过对黄光裕的成长环境、性格、命运等的剖析,引导学生从企业家精神等角度对黄光裕进行讨论,从而了解其终极命运的历史必然。黄光裕走向辉煌,有其特殊的时代背景、特殊的地理环境、家庭环境和区域文化习惯,加上个人特质,是这些因素成就了他,也正是这些因素毁灭了他。

二、启发思考题与参考答案

黄光裕走向深渊的主要原因是什么?

参考答案:我们可以从企业家精神的角度进行探讨。

黄光裕出生时,刚好是"文化大革命"的中期,幸运的是,在他青年时,已经是遍地机会的中国经济高歌猛进的发展期。他和同时代的其他民营企业家一样,都抓住了历史给予的特殊机遇迅速成长。而他的问题,也代表着其他无数落马的民营企业家普遍存在的问题。黄光裕走向深渊的主要原因有四点:一是原罪式的财富积累;二是缺乏诚信,没有社会责任感;三是家族式管理,缺乏现代化的公司治理结构;四是不循正途,过分依赖政商关系。

1. 原罪式的财富积累

中国在改革开放之初,国家的政策环境和商业环境都不完善,资源配置和政策存在着很多的不公平之处,借助灰色交易或者打擦边球成了许多企业的生存之道。然而,企业家因违规造成的原罪问题,并没有随着时间的流逝和企业的发展得以彻底洗刷,而是逐渐沉淀下来,给企业后来的持续发展设置了意想不到的巨大障碍。更可怕的是,许多企业家在这样一个摸索过程中,形成了一种违纪违规的"自觉"惯性,对财富的欲望驱使他们不断以身试法,才导致最后落马。

黄光裕只是一个时代政策环境的缩影而已,他身上集中体现了其他已经倒下或者未被暴露的诸多民营企业家的兴衰故事。这个特殊的历史时期,给予企业家们追求个人财富的时机,也给予了企业家们利用各种政策弹性和法律漏洞试探法律边界的可能。因为敢于冒险和尝试,因为敢于不断地碰触法律的界限,他们实现了个人财富的快速膨胀。但也因为缺乏企业家精神的基石、诚信和社会责任感,还有对于法律法规的藐视,他们最终失去了名和利。

2. 诚信缺失和社会责任感缺乏

目前,中国的民营企业家普遍存在着诚信缺失、道德水平不高、缺乏社会责任感等问题。在创业之初,企业家的首要责任是维持企业的生存和发展,但在企业有了一定积累之后,社会对于企业就有了更多的要求,遵法守纪的经营是对企业的最基本要求。成为上市公司的企业,代表着千万投资者的利益,必然要受到社会公众更严格的监督。而中国的现状是,不管规模大小,许多企业为了更高的利润目标,完全不顾社会公众的利益,甚至危及老百姓的生命安全。如危机重重的食品行业和保健品行业,已经站在了信用尽失的边缘上了,不断暴露出的行业潜规则让老百姓对他们失去了信任。

没有诚信、缺乏社会责任感的企业将无法在竞争中一直生存,持续发展。最典型的例子就是黄光裕的国美。黄光裕曾经辉煌,但是他的个人问题不仅使自己失去自由,也殃及企业的生存和发展。因为黄光裕的被捕,国美的销售深受负面影响,并引发了之后的一系列问题,致使国美逐步走向衰落。国美虽然没有倒下,但已经失去了原来的良好形象。

3. 家族式经营,企业缺乏现代化的公司治理结构

国美控制权之争的事件显示的不是简单的控制权争夺的问题,它也折射出中国民营企业上市公司在公司治理结构上存在的严重问题。控制权争夺战的结果是由国美上市地香港的全体股东决定的,这一结果让我们看到了在制度更为完善、公司治理结构更为清晰的环境中中小投资者的集体意向。那么这其中的谁是谁非,也只能由多数股东说了算,而不需外人来评价了。

中国文化因历史原因,在整个商业道德和法律气氛中,都一直惯于把公司当作创始大股东的私产,而管理层则必须像家奴似的效忠大股东。不管大股东的做法是否合法,是否符合绝大多数股东的利益,管理层都必须服从。所以,董事会和监事会等分权治理的环节在中国的上市公司一直不能发挥真正的作用。因此在"陈黄争夺战"中,民间的舆论普遍对黄光裕家族持同情态度,而忽略了公司其他股东的利益。从现代化的管理制度和合理的公司治理结构上看,对于陈晓及其他"背叛"黄光裕的管理层,我们并不能单就控制权之争简单地进行道德评价,

而应该从他们的代理责任范畴进行评价。

民营家族企业一旦上市,就成为全体投资者的企业,而不是只代表创始股东一人利益的企业。创始股东的权益可以通过合理的公司治理结构进行保障,但作为全体投资者的代理人,董事会也应该考虑其他中小股东的权益。上市公司应该引入现代化的管理制度和合理的公司治理结构,这也是实现大股东利益的保证,否则,家族式管理的瓶颈终将制约企业的长远发展。

任何企业在长期的经营过程中都不可能总是一帆风顺,中间总会经历诸多危机事件,而企业能否顺利渡过危机,取决于高层管理团队的努力和完善的治理结构发挥的制约作用。企业如果不能给予管理层足够的激励,不能建立完善的治理结构,那么在创始股东遭遇突发危机时,能生存下来的可能性微乎其微。如果国美不是被黄光裕过分控制着,而是有着合理的分权和利益攸关的管理层,国美的经营也不至于在黄光裕事件上深受影响,陈晓也不可能利用这一事件挑起控制权之争的闹剧。如唐万新的德隆系,在唐万新出事之后就不复存在了。身陷牢狱之灾的黄光裕仍能掌控国美,已经是一个奇迹,这其中有各方面的特殊原因,也有陈晓和管理层在特殊时期的重大贡献,但其他企业是否能在危急关头复制国美的结局,恐怕只能看运气了。

4. 不循正途,过分依赖政商关系

当下,中国的商业环境正逐步完善,中国企业也渡过了最原始的积累阶段。但是有的企业家仍然不循正途,并过分依赖于政商关系维持企业的生存和发展,企业缺乏真正的竞争力,一旦背后的关系靠山倒下,企业的正常经营也将受到严重影响。

黄光裕的失败也与他过分依赖政商关系有关。黄光裕曾用金钱搭起一张坚不可摧的政商关系网,助其渡过了几个重大的危急关头。每一次危机的出现,在旧的关系网被摧毁的同时,他又不断重演着用财富建立起新关系网的故事,只是最后他仍然难逃政商勾结的悲剧结果。

三、教学建议

本案例的目的是让学生通过案例的讨论,了解黄光裕事件的历史脉络。特别是对其生活环境、出身、性格的讨论,试图探究其命运的必然性,为第一代企业家的转型提供借鉴,为创业者提供参考。

具体教学建议:先组织学生认真学习案例,收集公开资料,使学生对黄光裕事件有一个初步的认知,再分组讨论,就其从成功、辉煌到跌入深渊的必然性进行讨论。讨论的重点可以是企业家精神,包括当今企业家精神缺失的制度背景、法律环境以及企业家的社会责任等问题。

附录

国美发展史的重要事件

- 1987年，第一间家用电器零售店在北京前门珠市口开张。
- 1993年，北京的几家分店统一使用国美的店名。
- 1994年，全面实施"统一名称，统一形象，统一服务，统一价格，统一供货"的五个统一战略，连锁经营模式初步形成。
- 1998年，总结管理经验，出台《国美经营管理手册》，为全国的连锁经营管理打下基础。
- 1999年7月，在天津设立连锁分店，正式布局全国连锁经营战略。
- 2001年，销售收入跃居全国家电零售业第一名，直至2008年，一直雄踞行业老大之位。
- 2004年8月，成功借壳上市，上市公司更名为"国美电器控股有限公司"。
- 2006年5月，完成收购国美家电35%的股权，11月成功合并家电零售业老三永乐电器（中国永乐电子销售有限公司），永乐电器于2007年1月31日摘牌。
- 2007年，成功收购大中电器（北京大中家用电器连锁销售有限公司）和陕西蜂星（陕西蜂星电讯连锁有限责任公司），整合内外部资源。
- 2008年3月，控股三联商社；11月，黄光裕被捕，国美第一次经历业绩倒退。
- 2010年，陈晓、黄光裕控制权之争上演；9月，杜鹃执掌国美控制权。
- 2011年年初，陈晓出局，国美又开始了姑嫂之争的内乱。
- 2012年，国美公布的全年业绩显示营业收入同比下降20%，亏损达5.97亿元。

参考文献

[1] 李德林. 我所知道的国美真相 [M]. 兰州：甘肃人民美术出版社，2010.

[2] 陆媛. 国美涅槃：黄光裕、陈晓浴血争雄 [M]. 北京：法律出版社，2011.

[3] 赵丹阳. 从"国美之争"谈我国企业中公司治理制度的发展和完善 [C]. 经济与管理论文集. 北京：中国经济出版社，2011.

[4] 韦桂华. 国美之战 [M]. 北京：中国经济出版社，2010.

［5］张小平. 问题首富黄光裕［M］. 杭州：浙江人民出版社，2010.

［6］郎咸平. 解剖黄光裕"国美电器"资本运作三部曲，http：//money. 163. com/08/1126/11/4RM23BN4002524TH. html，2008 – 11 – 26

［7］罗洁琪. 黄光裕二审维持原判 其妻杜鹃改判缓刑，http：//china. caixin. com/2010 – 08 – 30/100175048. html，2010 – 8 – 30.

TCL 国际化之路：败笔还是先见之明？

詹程浩　陈珠明　何维克

摘要

"走出去"是2008年国际金融危机后国家提出的重要战略。跨国并购是企业走向国际化的捷径，但大量并购的失败事例表明，跨国并购风险也很高。有趣的是，TCL的跨国并购这个曾经被商学院列为典型的失败案例，2008年后开始赢利了，2013年TCL的业绩将实现较大幅度的增长。因此，TCL国际化之路是败笔还是先见之明这个问题值得拿出来再次讨论。本案例以TCL国际化为背景，详细阐述了TCL的两次跨国并购历程，以及并购发生后TCL在应对跨国并购困境上的绩效。

TCL，作为民族工业的代表之一，曾经在改革开放的大潮中引领潮流。从一家出售磁带的小企业开始，TCL迅速发展，其电话机、王牌电视机等产品一次次引领了市场的潮流，也使得TCL成为改革开放中成长最快的企业之一。

然而，TCL的辉煌，却因为2004年的两次收购蒙上了深深的阴影。从收购汤姆逊到阿尔卡特，TCL遭遇了国际化之路上的两次阵痛。在许多管理学案例中，早早地把TCL的国际化之路定性为失败的典范。

然而，时隔8年，如今TCL的国际化之路又走到了哪里？在这则案例中，我们试图以时间为线索，重现TCL的国际化之路。

一、牛刀小试（1999）

TCL要成为一个世界级的企业，而国际化则是实现这一战略的必由之路。

——李东生（《我们的目标》，1999）

TCL的国际化之路最早开始于越南。1999年，TCL接手了陆氏在越南的彩电工厂，把总部设在胡志明市，并分别开设了河内和岘港两个分公司，开始了在越南的国际化试水。

当初的越南市场彩电严重供过于求，产能已达每年300万台，约是其年需求量的4倍。日韩产品已经进入越南市场多年，口碑与渠道优势明显。然而考察人员也发现,越南当地的彩电价格偏高,如果 TCL 能在严格质量控制下做到更低价格,就完全可能占据一席之地。

做出这样的判断之后,TCL 果断进入越南市场。进入越南市场的前两年,由于市场尚未打开,加上当地人对中国产品的评价较低等客观原因,TCL 在越南的业务严重亏损。当时负责 TCL 越南业务的团队在对自身品牌优劣势详细分析的基础上,进行了一系列改进:

(1) 在保修政策上,提供"三年保修,终身维修,工作人员上门维修"服务,与日韩品牌的"两年保修,用户到维修点维修"服务区分开来。

(2) 在产品价格上,TCL 在保证质量的情况下提供了比竞争对手更低的价格。

(3) 在销售渠道上,先从日韩品牌不屑顾及的偏远市场打开销路,通过防雷电视机等针对越南市场的特色产品开拓新市场。

2001 年 9 月份,TCL 越南业务终于开始赢利。随后,TCL 彩电冲入了越南市场的前三甲位置,成为一只现金牛。

二、国际化大幕拉起(2003—2004)

TCL 的越南业务先败后胜,给了李东生以极大的信心。然而,TCL 国际化之路并未止步于越南,TCL 人的目光很快就投向了更广阔的天地。2003 年,在一系列机遇之下,TCL 开始了国际化大跨步。

(一) 结缘汤姆逊

此时的 TCL,越来越深刻地认识到,在彩电产业,单纯地依靠步步为营自建分公司的速度,越来越跟不上家电行业全球化的步伐。同时,欧美地区愈演愈烈的反倾销和配额制也不断挤压着中国家电企业的海外发展空间。作为全球领先的电视机制造商之一,汤姆逊拥有 40 000 多项专利与 6 500 多项发明(仅次于 IBM),其销售的彩电量占据美国市场第一(以"RCA"品牌)、欧洲市场第二(以"THOMSON"品牌)的位置,营销总量排在全球第四位。对 TCL 来说,并购汤姆逊以获取彩电业的先进技术是不错的选择。

由于贸易保护、品牌形象尚未建立等多种原因,我国企业进入欧美市场困难重重。早在 2002 年,TCL 便有意识地收购了德国的施耐德品牌,希望能通过现成品牌、渠道等优势快速切入国际市场。但是,对施耐德的收购最终效果不彰。施耐德的品牌过小且名声一般,导致 TCL 利用施耐德进入欧洲市场的构想受阻。此后,汤姆逊则成为机缘巧合之下的并购目标。

TCL 与法国汤姆逊的合作过程十分顺利,2003 年 11 月,TCL 与汤姆逊签订重组协议。双方共同出资 4.9 亿欧元成立 TTE 公司,其中汤姆逊以投入价值为

2.6亿欧元的物资持有33%的股份，TCL以出资2.3亿欧元持有67%的股份。TCL也由此顺理成章地获得了汤姆逊彩电业务的所有专利。媒体为TTE算了一笔账：2003年，TCL和汤姆逊的彩电总销量合计达1 850万台。预计到2004年年底，实际销量将超过2 200万台。在此之前，三星电子以其年销量1 300万台的优势稳居世界第一的位置。也就是说，TCL与汤姆逊的合作，将造就一家彩电业的真正巨无霸，成为全新的世界第一。这是我国企业第一次兼并世界500强企业。

（二）牵手阿尔卡特

与此同时，TCL的通讯业务也开始了国际化之路。2004年10月9日晚，在中国国家主席胡锦涛和法国总统希拉克的见证下，TCL集团董事长兼总裁、TCL通讯科技控股有限公司董事长李东生与阿尔卡特集团董事长谢瑞克在北京签订了成立合资公司的正式合同。翌日，TCL和阿尔卡特合资成立的TCL阿尔卡特移动电话有限公司（T&A）正式挂牌。至此，这项国内手机行业迄今为止最大的企业合并案终于尘埃落定。

在手机业务上，TCL的国际影响力不足，国外以运营商的营销渠道为主的营销模式也使TCL水土不服，加之TCL通讯本身的研发能力也相对不足，使得TCL之前走出国门的努力遭受了种种挫折。阿尔卡特品牌作为一个全球知名的手机品牌，拥有芯片级的手机研发实力，以及与全球各大电信运营商之间庞大的合作网络。同时，阿尔卡特拥有相当多的基础专利保护，能够帮助TCL绕开专利费（如GSM专利费）的限制，保持原有的成本优势。

两起收购之后，TCL迅速变身为全球第一大彩电生产商和第七大手机生产商。TCL的海外并购，也成为了许多媒体跟踪报道并高度褒扬的对象。

三、泥潭深陷（2005—2006）

当时估计的困难几乎无一例外地发生了，当时没有估计到的问题也发生了。

——李东生

国际化之路远比想象的艰难。从2004年到2006年，TCL因并购陷入了巨大的财务泥潭，甚至一度面临退市风险。

（一）汤姆逊，对市场的误判

并购初期，汤姆逊的亏损主要都发生在北美市场，因此TTE也将主要的精力精力放在了北美市场的扭亏上。然而，真正起火的却是欧洲"后院"。

在2004年收购时，彩电市场的换代趋势尚不明显，期间多种趋势（如LCD、

LCOS、DLP、PDP等）纷纷兴起，然而并没有一种技术能对CRT形成压倒性优势。此时，中国彩电产业业内与绝大部分预测机构均认为，CRT电视在未来5年仍将是市场的主流，而汤姆逊主推的DLP技术又是下一波技术浪潮的有力竞争者。因此，TCL也做出了并购汤姆逊以获取CRT技术，并发展DLP的规划。然而事实是，液晶面板从2005年左右就进入快速扩展期，传统CRT技术被快速取代，而DLP技术相比LCD又失去了竞争力。在这场并购中，TCL并未因此获得原先盼望的市场主流技术能力，相反在技术的升级换代中顾此失彼。TTE在这场产业转型浪潮中没有抓住机遇，反倒因为对技术发展方向的误判被深深拖累。

TCL面临的不仅仅是技术换代问题。由于当初收购时过于仓促，使TCL没能对营销网络的收购事宜达成协议。直到2005年7月TCL才终于获得了汤姆逊的营销网络，而这之前的TTE上柜率一直被此拖累，导致了扭亏步伐的减缓。

相对于运营上的问题，文化上的冲突则表现得更为严峻。为了节约生产成本，TCL计划将中国设计的模具与TTE欧洲共享，但是法国人却不满意这些模具。而另一个被广为引用的例子则是，李东生访问法国时，在一个周末希望和当地主管开会沟通，却发现所有工作人员都关机，会议也就开不成了。类似这样的例子不胜枚举。

（二）阿尔卡特，依旧貌合神离

与TTE不同，阿尔卡特亏损的压力更多来自国内。TCL通讯成立于1999年。得益于国家对手机产业的保护和扶持政策（1999年开始，中国停止审批外商合资、独资的手机生产企业），以及TCL通讯对本土文化、需求、营销模式的独特理解，TCL通讯快速崛起并成为国产手机生产商中的佼佼者。

然而，中国"入世"之后，承诺大幅降低关税，并取消所有外资企业在中国业务的限制。2003年，中国加入全球信息产品贸易协议（ITA），将手机进口关税降到零，外资品牌借机在国内市场大举反攻，国内手机企业原有的市场份额被严重蚕食。与之同时，低端市场上，由台湾MTK提供的低成本手机芯片平台使得山寨机迅速崛起。此两者直接导致的后果，便是TCL通讯的国内业绩大幅下滑。

国内手机市场由盛转衰，让TCL通讯"以内补外"的战略彻底落空。与之同时，在阿尔卡特的整合上，各种问题同样是层出不穷。在对阿尔卡特进行收购时，为了节省费用，TCL直接跳过了聘请专业咨询公司进行咨询的环节。当初TCL通讯高层的判断是，虽然阿尔卡特有着不错的口碑与研发实力，但阿尔卡特的制造业务于2001年就已全盘外包，剩下的研发、销售人员不足千人，整合难度不大，咨询环节也自然可以跳过。然而，骨头虽小却不一定好啃，阿尔卡特与TCL整合后的协同效应并没有迅速体现，而是两者继续保持貌合神离、各行其是的状态。虽然TCL完成了对T&A的控股，但是阿尔卡特却迟迟未能纳入协同的轨道。合并 7 个月后，阿尔卡特的大部分产品还是外包生产，而 TCL 通讯自己的工厂却产能过剩。当时作为 TCL 通讯灵魂人物的万明坚忙于为国内业务奔走救火，完全无暇顾及阿尔卡特的整合。在一次采访中，李东生披露："虽然 CEO 和主要高管都是我们的人，合同也要 CEO 签字，但 TCL 方面并不清楚资金使用的具体事宜，很多方面已经失去控制。"

在企业文化上，阿尔卡特与 TCL 的文化冲突甚至超过汤姆逊与 TCL 的文化冲突。TCL 在国内推行的是一种低固定收入、高提成的销售方式，员工的收入具有较大的不确定性，这对员工有着极大的激励与鞭策作用。而与之同时，阿尔卡特推行的却是高福利、高固定收入的安稳政策。在 T&A 设立后，为了稳定原阿尔卡特团队，公司保留了原阿尔卡特员工的薪酬待遇，但这也造成了阿尔卡特的成本高企。最终，T&A 决定实施统一薪酬制度，导致阿尔卡特员工的大量离职。

到 2005 年和 2006 年，TCL 两大合资公司的总亏损超过了 45 亿元。TCL 集团（000100.SZ）、TCL 多媒体（1070.HK）和 TCL 通讯（2618.HK）手头充裕的现金流到 2006 年年底基本上消磨殆尽。为了获得充裕的现金流，TCL 不得已放弃了国际电工、智能楼宇等赢利业务。

四、困境中的变革（2006—2008）

在 TCL 内部，2005 年被称为"最危险的一年"，而 2006 年则是"最关键的一年"。等待着这个全球化新玩家的命运只有三种可能：要么因为慌乱失控而崩盘，要么以鸵鸟姿态慢性自杀，要么在持续的变革创新中完成涅槃。

——《TCL 持久战》（载《中国企业家》杂志，2006.4）

内外交困之下，TCL 应去往何处？

（一）TCL 之变——文化、人力、战略

1. 文化之变——鹰之重生

从表面上看，TCL 面临这次危机的原因很多，比如自身国际化能力的不足，比如市场环境变得更加严峻，等等。但深层次原因在于：过往支撑 TCL 发展的企业文化出现了退化和不适应性。

——李东生（《TCL 动态三十周年特刊》）

2006 年 6 月，TCL 集团董事长李东生在 TCL 员工论坛上发表了一篇名为《鹰之重生》的文章，一石激起千层浪。在文章中，李东生提出了几个问题：为什么一向以变革创新见长的 TCL 在新一轮的变革创新中裹足不前？为什么 TCL 引以为傲的企业家精神和变革的勇气在文化创新活动中没有起到应有的作用？为

什么我们对很多问题其实都已认识到，却没有勇敢地面对和改变？

《鹰之重生》引发了TCL内部的大讨论。在TCL的内部论坛，员工的讨论与建议空前活跃，许多员工对于TCL的现状提出了直率甚至尖刻的批判。随后，李东生本人在TCL内部论坛上又发布了《鹰之重生》系列的四篇续篇，从组织流程、管理者责任、员工参与、国际化意义等多个方面进行了深刻的反思。变革的理念日益深入人心。

2. 体制之变——从诸侯体系到共同愿景

首先，TCL采取了坚决的措施，以根除企业内部的诸侯体系，建立现代化的集团企业。

TCL曾以诸侯文化著称。创业初期的TCL，对下属企业分权程度很高。在这种高度分权的情况下，集团内的各下属企业虽然在TCL的高速发展期反应迅速，产生了良好的效益，但各下属企业的文化、组织等无法统一，总部对各下属企业影响力较弱，各子公司间的互相协助意识十分欠缺，这一切在TCL走向变革的时候都成为了阻力。

在《鹰之重生》一文中，李东生做了三点自我批判。其中第二点直指TCL的诸侯文化："没有坚决制止一些主管在一个小团体里面形成和推行与集团愿景、价值观不一致的自己的价值观和行为标准，从而在企业内部形成诸侯文化的习气长期不能克服，形成许多盘根错节的'小山头'和利益小团体，毒化了企业的组织氛围，使一些正直而有才能的员工失去在企业的生存环境，许多没有参与这种小团体和活动的员工往往受到损害或失去发展机会。"

随后，TCL为削弱诸侯文化作出了许多努力。首先，通过一些"诸侯"的岗位调换甚至撤职，打压了原有的诸侯势力。其次，通过一系列的新制度，如"亲属和关联人员不得在同一部门同时任职"，使集团内的小圈子现象有所改观。

3. 人才之变——国际化人才的培养

在国际化之路上尝遍人才缺失的苦头之后，TCL开始更加重视国际化人才的储备。

平心而论，TCL在国际化之前为此也作出过很多的努力。早在1999年，TCL通过接手陆氏在越南的彩电工厂，便已经开始了第一次国际化试水。而在2002—2003年间，TCL也先后并购了德国施耐德与美国GO-VIDEO，在此过程中积累了国际化的经验。此外，早在2004年之前，TCL就已经依托TCL海外事业部进行了国际化人才的培养，通过选拔国内人才送到国外边干边学的方法，在实践中培养人才。

然而，在2004年的两起并购中，TCL才发现，虽然自己已经为国际化未雨绸缪，但是自己的准备对于蛇吞象式的大规模并购来说仍远远不够。于是，在

2004年之后，TCL又为培养国际化人才的目标做了许多工作。2004年，TCL通过与知名大学合作，在半年时间内对多达80名高层主管进行了关于跨文化管理、国际化视野、国际化思维能力和国际化运作理论方法等方面的高强度培训。2005年，TCL首次派出骨干管理人员赴美留学。2006年，TCL启动"精鹰工程"，将首批100名中层管理者纳入为期一年的培养计划。之后，又逐步启动了"雄鹰战力营"、"飞鹰工程"等计划，培养不同层次的人才。

（二）TTE——壮士断腕

摆在TTE面前的方案有三种——持续经营、协商重组、即时破产。

根据麦肯锡调研和分析的结果，上述三种方案需要新投入的资金分别为1.7亿欧元、9000万欧元和4000万欧元。持续经营意味着大量的资金投入，而这远远超出TCL当时的能力；即时破产虽然成本最低，但却将对TCL的信誉产生极为严重的不良影响，而这是梦想着走向国际的TCL人不愿意看到的。权衡之下，协商重组成为唯一可以接受的选择。

2007年3月，TCL发布公告，宣布终止欧洲销售平台运作，并视情况变现其在欧洲的资产和库存，重组与之相关的90%以上的员工。TTE的资产中，除保留波兰工厂与汤姆逊商标以及留下OEM的业务外，其余资产几乎全部出售。TCL启动的新业务模式，则是用新的、简化的组织结构，在欧洲现有的OEM业务基础上，服务和聚焦欧洲现有价值的客户，同时计划将绝大部分的支持服务由TCL多媒体的后台集中提供。在重组中，TCL从汤姆逊获得了2000万欧元的支持，同时TCL也承诺尽力帮助汤姆逊完成股权变现。

通过TTE当年的巨亏，TCL清醒地认识到LCD时代与CRT时代在供应链上的巨大不同。为此，在新业务模式的构建下，TCL作出了以下努力：第一，关闭欧洲仓库，采用订单式销售的零库存模式。第二，聚焦大客户，将原有的3000多名客户体系削减到了50个大客户。其中，前15名客户的采购量占据整个采购总量的80%以上。第三，加强对退货的风险管理。通过对销售人员进行退货率考核，有效降低了因退货造成的损失。第四，将绝大部分的支持服务转由TCL多媒体的后台集中提供。多管齐下，TTE欧洲业务的运营费用占销售额的比例从21%骤减至11%，有效降低了期间费用，而毛利率则从9%上升到17%。

2007年9月份，欧洲新业务的销售额第一次突破了1200万美元，纯利润70多万美元。这是TTE在欧洲的第一个扭亏月。

（三）阿尔卡特——走出围墙

2005年5月，TCL与阿尔卡特提前落实了并购时实现的换股协议，T&A成为TCL通讯的全资子公司，阿尔卡特成为持有TCL通讯4.8%股份的公众股东。至此，TCL获得了对T&A的完全控制权。

通过这次重组，T&A 将把法国的研发部门转移到中国，以进一步削减研发成本。李东生也认为，在欧洲开展某些手机业务是没有必要的，比如采购供应链、产品设计等，将这些业务转移回国能更有效地发挥成本优势。原有的 T&A 公司的研发人员被阿尔卡特重新接收，部署到阿尔卡特的其他业务当中。TCL、阿尔卡特的品牌手机在市场前端是相对独立运营的，但是在后端将共享研发、制造、物流、服务等平台。

TCL 对阿尔卡特手机业务实现完全掌控之后，T&A 开始了迅速的扭亏步伐。在手机销售上，利用阿尔卡特和海外运营商之间的紧密关系，T&A 保持了稳定增长的手机销量。

2006 年 4 月，TCL 通讯成功扭亏为盈，并保持良好发展态势。2012 年，TCL 通讯的手机销量已经增长到 3 717 万台，在国产手机中仅次于中兴、华为，其销量主要来自于海外市场。当第一、二批拿到国产手机牌照的手机商如波导、夏新、创维等几乎全军覆没之时，TCL 成为仅存不多的幸存者之一。

表1 2011—2012 年全球手机销量统计表

厂商	Gartner：全球最终用户手机销量，2011—2012 年（千部）			
	2012 年	2012 年份额（%）	2011 年	2011 年份额（%）
三星	384 631	22.0	315 052	17.7
诺基亚	333 938	19.1	422 478	23.8
苹果	130 133	7.5	89 263	5.0
中兴通讯	67 344	3.9	56 881	3.2
LG	58 015	3.3	86 370	4.9
华为	47 288	2.7	40 663	2.3
TCL	37 176	2.1	34 037	1.9
RIM	34 210	2.0	51 541	2.9
摩托罗拉	33 916	1.9	40 269	2.3
HTC	32 121	1.8	43 266	2.4
其他	587 399	33.6	595 886	33.6
总计	1 746 175	100	1 775 712	100

资料来源：TCL 内部研究报告。

五、结语

2008 年 3 月，TCL 发布 2007 年度赢利年报。

在两年的巨亏之后，2007 年，TCL 集团实现净利润 3.10 亿元，成功摘掉

"*ST"帽子。自此，TCL基本走出了并购后最为艰难的扭亏阶段，走向了健康发展之道。

表2 TCL 2003年后的财务表现

年份	2003	2004	2005	2006	2007	2008	2009	2010	2011	2012
营业收入（亿元）	282.50	402.80	516.80	487.10	390.70	384.20	443.00	518.70	608.30	696.30
净利润（亿元）	12.40	1.20	-17.10	-35.20	3.10	4.40	7.00	4.70	16.70	12.70

数据来源：作者根据TCL年报数据整理而得。

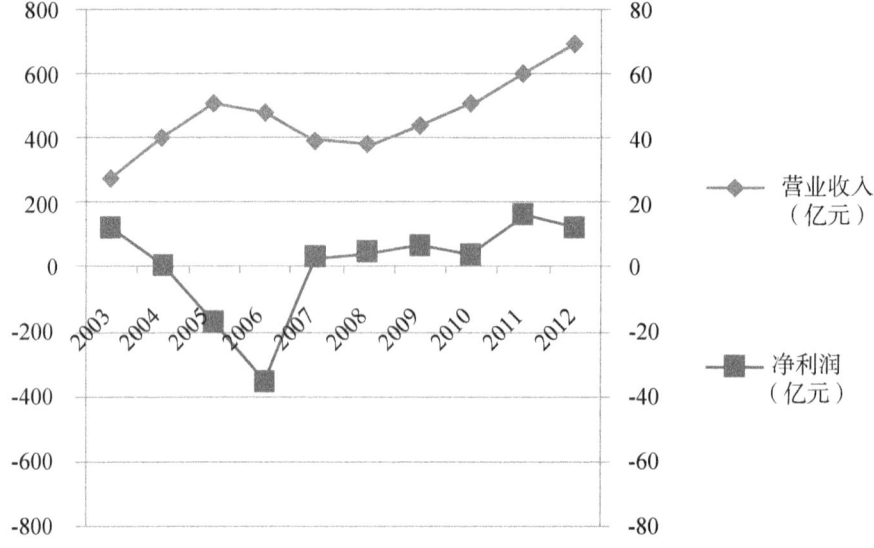

图1 TCL集团2003—2012年的赢利情况

数据来源：作者根据TCL年报数据整理而得。

回首TCL的国际化之路，我们可以看到TCL为之付出的巨大代价：股票挂上"*ST"长达两年，智能楼宇等多项赢利业务被出售，并购效果也低于原先预计……

而同样地，我们似乎也可以看到TCL在并购中的迅速成长。TCL在国际化过程中根除了自己的诸多痼疾，成长为一个更为国际化、规范化的企业，完成了全球化的工业布局，拓展了品牌影响力。

中间的成败功过难以评说，单纯的褒贬在这里似乎已经失去了意义。不同的人会对这段故事有不同的评价，而每种评价都似乎有其合理性。这段艰难而又昂贵的并购史，值得我们去深深思考。

教学指引

一、教学的目的与用途

（1）适用课程：兼并与收购、公司重构、企业风险管理。

（2）适用典型：企业管理、公司财务、金融学的本科生，MBA、EMBA及研究生课程班的学生。

（3）通过本案例的讨论，培养学生对跨国并购风险管理的认识。本案例的特色在于，通过案例的学习，可以让学生了解战略的实现是需要时间的，短期的失败并不意味着整个战略的失败。

二、思考题

（1）从TCL的国际化之路分析跨国并购的主要风险识别、评估和规避。

（2）有人认为："TCL所遇到的问题并不是由国际化带来的，而是企业成长初期就有的一些痼疾导致，国际化只不过让TCL的这些问题早些暴露、放大而得到改善。在国际化领域放慢脚步是短视的行为。"

但同样有人认为："'国际化的必要性'不等同于'在该时点就进行国际化'的必要性。倘若TCL不那么仓促地进行国际化，而是在进行更多的准备后再走上国际化之途，可能会减少很多损失。"对于以上两种意见，你如何评价？

（3）从公司重构的角度，你认为TCL还可以采取哪些措施来走出困境？

（4）你认为TCL并购的时机对不对？如果2008年金融危机后再收购，价格是否更低？如果TCL熬不过2005年和2006年的危机，TCL跨国并购是否真正成为失败的经典案例？

三、教学建议

本案例的主要材料是作者赴TCL公司采访的内容。教学中，可先组织学生收集当年TCL跨国并购的主要公开资料和别人将其作为失败典型的案例材料，再结合最新的年报，进行公开讨论，看如何从长远的眼光评价TCL的跨国并购。

新广国际倒闭事件案例研究：
对商业银行授信管理的启示

罗金诗　顾乃康

> **摘要**
>
> 我国银行的影响力和地位越来越高，全球市值最大的10家银行中我国已占据4位，但与之不相匹配的是我国银行的内部治理结构、业务创新、风险控制等方面仍比较落后，特别是风险控制的核心领域"授信管理体系"不够完善。新广国际倒闭事件波及的银行多达20家，多家银行贷款在2009年年初陆续形成不良贷款，涉案金额高达40亿元，初步预计回收率较低，教训非常深刻和惨痛。本文将通过案例分析引出我国银行现有的授信体系已不适应当今的国际国内经济，必须进行全面创新和改进的结论，并探索当前我国商业银行授信管理存在的难点问题和解决对策，希望对整个银行业探索建立未来可持续发展之路起到一些借鉴作用。

一、案例背景

近几年，国际社会动荡不安。2007年4月，全美第二大次级抵押贷款机构新世纪金融申请破产保护，次贷危机爆发；2008年7月，由于过高的金融杠杆，美国房贷证券双寡头房利美和房地美被美国政府接管；2008年9月，由于过度投机，有着百年历史的雷曼兄弟公司宣布申请破产保护。2009年以来，美国破产银行达到了116家，创造了自1992年以来最高的银行破产记录，此外，根据公开信息资料显示，2009年美国有问题的银行约有305家。2009年上半年，美联储对美国19家最大的银行进行了"压力测试"，其结果堪忧。

此次危机波及范围之广，使全球几乎没有国家能独善其身，其影响程度之深，不但使全球金融体系和经济发展受到严重打击，国际货币体系、国际金融机构、经济发展模式等很多方面也受到猛烈冲击。根据多数经济学家的预测，这次金融危机过后的经济状态不可能按"V"字型恢复，乐观一点估计，也要经历一个漫长的"U"字型过程。在这个过程中，全球经济的不景气，严重影响了我国经济增长和转型步调，特别是那些以进出口为主要业务的各类企业可能受到的不利冲击与影响更大。

在如此严峻的国际、国内经济金融形势下,作为外向型经济大省的广东省受此影响较深。新广国际集团有限公司(以下简称"新广国际")作为广东省的外贸大户,因受此影响导致资金链突然断裂并最终倒闭。究其原因,新广国际的倒闭是由许多因素综合影响所致,但其直接导火索却是在全球经济不景气下的电解铜价格的剧烈波动。从2007年开始,电解铜价格一路飙升,2008年曾一度高达近7万元/吨,并一直在高位运行,但从2008年10月起电解铜价格开始暴跌,在极短时间内从5.8万元/吨跌至2.6万元/吨。具体情况见图1。

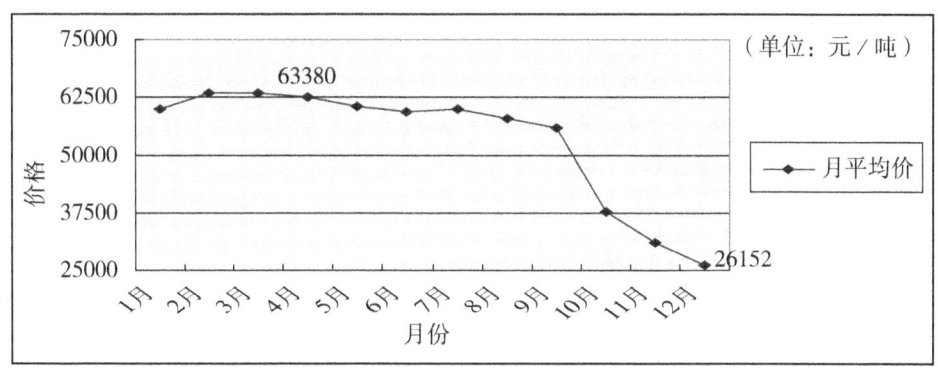

图1　2008年南海有色电解铜价格走势图

资料来源:本研究收集整理。

在如此火热行情下,民营企业广东明盈投资有限公司(以下简称"明盈公司")也试图进口电解铜以囤积谋利。但其注册资本仅1 000万元,苦于资金缺乏,最终经由新广国际出面向各家银行申请了额度巨大的信用证,为其提供资金支持。2008年10月初,一批以新广国际名义进口的智利出产的电解铜运抵上海港,毛重近2万吨。该笔买卖当时总金额预计超出10亿元,买方冀望于一度高涨的电解铜价格谋取暴利。但从2008年10月起,电解铜价格剧跌不止,见势不妙的明盈公司立即放弃该业务并停止支付货款,公司老板也人间蒸发,最终直接导致了新广国际倒闭事件的发生。

据了解,受此案波及的银行多达20家,多家银行贷款到2009年年初陆续沦为不良贷款,涉案金额高达近40亿元。在这20家银行当中,主要包括国有大型银行、股份制商业银行和地方性金融机构。可以初步预计各家债权银行的贷款回收率低于30%,损失巨大,留给各家银行的教训也非常地深刻、惨痛。

二、案例概况

（一）新广国际简介

新广国际成立于 2000 年，系根据广东省省政府颁发的国有企业资产重组方案、接受省政府数十家划拨企业而来。在成立后的几年里，伴随着内部企业结构的调整不断发展，新广国际逐渐成为广东省内知名的大型外经贸企业。

新广国际倒闭前拥有下属公司 132 家，其中集团本部分公司 17 家，各级控股子公司 106 家（其中 66 家子公司属于历史遗留的托管企业），各级参股公司 9 家。集团内业务、资产规模较大或营运较佳的重点企业包括海外建设工程、物流、广林茂污水、人力资源、国际投资、塞班公司、粤彭建设、中非投资等。其主要企业运营架构见图 2。

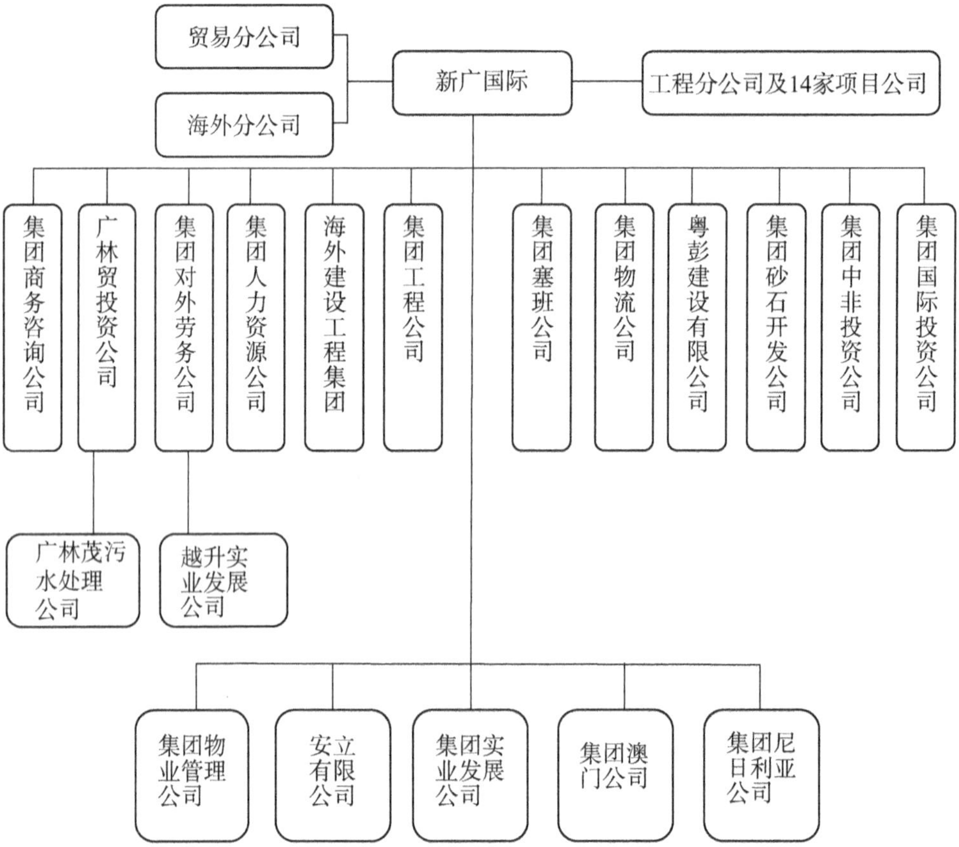

图 2 新广国际主要企业组织架构图

资料来源：本研究收集整理。

(二) 新广国际倒闭前的经营状况

1. 企业总体经营状况

新广国际集团公司成立之初即先天不足,集团组建时还接管了一批有历史遗留问题的企业,集团的发展受到历史包袱的拖累。在业务经营模式上,集团主要将工程外包给合作伙伴并收取一定的服务费;在业务资金使用上,集团内部采取资金拆借方式来完成项目和经营。至2007年年底,新广国际集团本部总资产约13亿元,所有者权益近6亿元,主营业务收入约21亿元,利润总额0.6亿元。

2. 企业财务状况及分析

2008年年底,新广国际财务状况开始出现重大问题,其主要发展是在2005—2007年。通过分析集团本部在这三年的财务报表,基本可掌握企业经营状况以及存在的一些潜在问题。新广国际集团本部2005—2007年资产负债及财务指标数据详见表1、表2。

表1 新广国际本部2005—2007年资产负债数据

(单位:亿元)

项 目	2005年	2006年	2007年
总资产	9.5	12.6	13.0
其中:货币资金	1.4	2.0	2.7
应收账款	1.5	1.8	2.0
长期投资	5.0	6.4	6.4
总负债	4.6	7.3	7.3
其中:短期借款	3.4	5.2	2.1
长期借款	0.8	0.7	3.4
应付账款	0.3	0.8	1.2
股东权益	4.9	5.3	5.8

资料来源:本研究收集整理。

表2　新广国际本部2005—2007年主要财务指标数据

主要指标		2005年	2006年	2007年
赢利状况	主营业务收入（亿元）	9.8	14.3	21.4
	利润总额（亿元）	0.4	0.4	0.6
	毛利率（%）	4.1	3.4	2.7
	成本费用率（%）	4.2	3.3	2.8
效率比率	总资产周转率（%）	107.3	128.9	166.6
	资产利润率（%）	4.4	4.2	4.5
杠杆比率	资产负债率（%）	48.5	57.8	55.7
	利息保障倍数（倍）	3.6	3.7	3.6
现金状况	经营性现金流入（亿元）	13.8	17.2	23.5
	经营性现金流入净额（亿元）	0.4	0.5	1.3

资料来源：本研究收集整理。

从上述财务数据来看，虽然集团本部货币资金2007年比2005年增加了1.3亿元，但如剔除银行授信的增加，实际上企业现金周转将非常紧张。另外，从企业的毛利率可以看出，企业2007年的毛利率比2005年下降幅度达34%，企业赢利能力已开始趋于下滑，风险开始逐渐显现。根据清算组最新的审计结果，至2009年12月底，新广国际总资产为19.19亿元，总负债为42.62亿元，所有者权益为-23.42亿元，资产负债率高达222%，企业实际上已严重资不抵债。

3. 企业在经营上存在的问题及表现

首先，企业在业务模式方面存在较大的问题，企业通过合作的方式将具体工程转包给合作伙伴，项目收益率低，但新广国际却需要承担较大的信用风险。其次，集团的内部控制薄弱，经营管理混乱，未建立完整、全面的资金管理体系，集团内部资金互相拆借，大额资金体外循环，转入合作的民营企业控制的账户，外流的资金风险突出。最后，集团资产结构混乱且资产质量差，92%是流动资产，固定资产占比太小，其流动资产大部分为应收账款，资产变现能力较低。

（三）新广国际倒闭事件概况

2009年1月下旬，新广国际官方网站上登出一条消息，公司董事长吴某某在2009年工作报告中，要求全体员工认清形势，克服困难。对于多年来较少提及困难问题的新广国际来说，突然提及并强调经营困难确实有些突兀。虽然这篇语焉不详的消息并未指出公司面临的具体困难何在，但外界已传闻称，该公司去年出现了多达数亿元的巨额亏损。2009年2月14日，一些地方网站报道："新广国际集团公司日前因巨额亏损被托管,预计亏损金额高达8亿元左右,但这一数字尚未得到有关部门确认。据了解,事件源于去年新广国际为明盈公司向银行代开信用证,大量进口电解铜试图囤积谋利,未料电解铜价格猛跌,导致巨额亏损。"

据了解,明盈公司是一家民营有限公司,在香港拥有一家集团公司,是一家为高成长行业提供直接投资的风险投资项目管理集团,经营范围包括以自有资金投资、国内贸易、货物进出口等业务,在国内老年用品行业、生物柴油等领域多有投资。在新广国际内部管理失控及使用新广国际资金成本较低等背景下,明盈公司开始利用新广国际代开信用证的资金赌铜价的上升以博取超额的利润,最终因铜价急剧下跌而损失惨重。

随着明盈公司巨亏后关门走人,国资部门检查组的进一步调查以及部分银行开始对逾期贷款进行预警等,最终导致新广国际事件全面爆发。新广国际的债务危机爆发以后,在银行全面收紧了对新广国际旗下企业的信贷的情况下,该集团公司资金链断裂,经营状况每况愈下,局势日益恶化,其主要反映在:①国内正常业务面临停顿,引发法律纠纷,工程款被挪用,分包单位和业主上门追讨;②新工程进度款无法正常汇入新广国际账户,无法确保工程款正常收支,影响了工程进度;③因企业失去融资能力影响大部分项目的推进;④一些已中标的工程项目无法开具银行保函,不仅使新广国际失去一些项目的承建资格,而且还会造成更多的经济损失;⑤部分境外项目面临重大经济损失。

新广国际倒闭前在国际上承接的项目有上百个,涉及沙特、安哥拉、尼日利亚等地,其中部分项目属于我国对外援助项目。为确保这些涉外项目的稳定性,广东省力推新广国际重组。为此,在广东省银行监管部门、广东省银行同业公会的主持下,19家债权银行成立了债权银行管理委员会,以配合推进相关重组工作。但重组的进展并不理想,广东省政府已将此事件列为重大经济案件处理。目前,各家银行已对新广国际提起法律诉讼,案件仍在进一步审理中,预计大部分银行出现损失的可能性较大。

(四) 新广国际倒闭与银行授信

自2006年至案发前,新广国际连续被多家银行评为黄金客户,授信额度也不断累加。2006年年末,新广国际合并报表显示其总资产为20.7亿,但各家银行对其授信额度合计超过65亿,具体每家银行授信占比见图3。

其中,B03银行授信5.6亿,B20银行授信4.5亿,B02银行授信3亿,B04银行授信3.6亿。至2009年6月30日,新广国际及其属下子公司总债务约45亿元,其中金融直接债务总额30.56亿元;金融或有债务中,对外担保5.5亿元,涉及8家债权人,对内担保34.9亿元,涉及17家债权人,保函金额为8.68亿元,扣除保证金后的保函金额7.58亿元,涉及5家债权人。

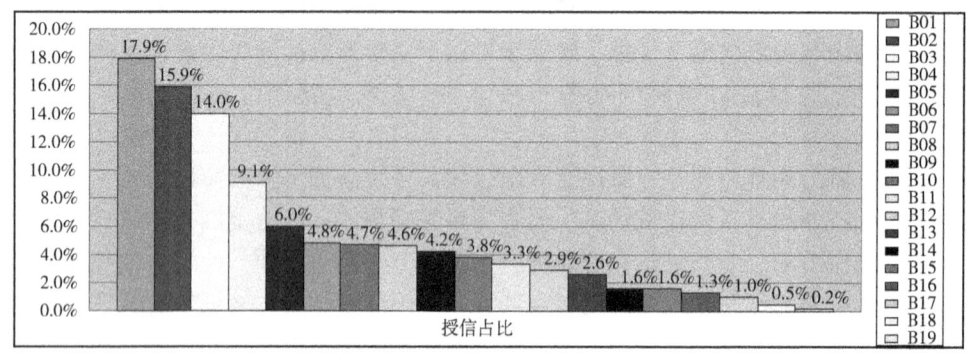

图3 各银行对新广国际的授信占比

注：基于对涉及银行的保密需要，对其名称作了技术处理，分别用 B01 至 B20 代替 20 家不同的银行。

资料来源：本研究收集整理。

正由于新广国际在各家银行有巨额授信才导致其可以为第三方代开高额的信用证，参与金额巨大的期货交易。在新广国际倒闭事件中，直接导火线来自于其为第三方公司向各大银行代开信用证，明盈公司正是新广国际向银行申请信用证的相关第三方。信用证（LC）是一种银行开立的有条件的承诺付款给受益人的书面保证文件。信用证为国际贸易中最常采用的付款方式。信用证是有条件的银行担保，是银行（开证行）应买方（申请人）的要求和指示保证立即或将来某一时间内付给卖方（受益人）一笔款项，卖方（受益人）得到这笔钱的条件是向银行（议付行）提交信用证中规定的单据。当信用证到期时如申请人仍然无法提交资金兑付，按照信用证的相关规定，开证银行必须代申请人先行支付款项，再向申请人追偿。在新广国际事件中由于铜价大幅下跌，明盈公司无法提供资金给新广国际以用于兑付所申请的信用证，导致大量的信用证纷纷逾期并转为垫款，形成不良资产，加之新广国际内部资金的管理混乱，最终导致了新广国际倒闭。

（五）新广国际倒闭前的银行授信状况

由于新广国际倒闭前在银行有巨额的授信，所以其经营失败对社会影响巨大。但从其负债结构上来分析，其银行授信分为直接授信和间接授信，间接授信又分为对外担保和保函两类，具体情况如下。

1. 银行直接授信情况

新广国际的直接债务具有总额巨大、用款主体集中、用款品种集中等特点。其在银行直接债务总额为 30.56 亿元，约占全部债务的 70%，涉及 19 家债权人。

在直接债务用款主体上,其分布较为集中,数十家分公司、子公司中仅有 4 家企业承担了直接金融债务,而新广国际集团公司本部、海外工程建设集团和新广国际物流公司 3 家债务人的债务余额已占集团整体债务水平的 96.9%。其直接债务的用款品种也较为集中,企业绝大部分债务均为流动资金贷款,金额约 16.15 亿元,占全部直接债务的一半以上。

2. 银行间接授信情况

(1) 对外担保情况。新广国际对外担保情况分为对新广国际系统外企业的担保和对新广国际系统内企业的担保两部分。在新广国际系列对外担保融资中,共为 6 家企业对外担保 5.5 亿元,涉及 8 家债权人,其中新广国际集团公司有限公司为 5 家企业对外担保 17 447 万元,海外工程建设集团有限公司为 1 家企业对外担保 37 500 万元。在对新广国际系统内企业的担保方面,至 2009 年 6 月末,新广国际系列企业共对其系统内的 3 家企业提供了担保,担保金额共约 35 亿元,涉及 5 家担保企业、17 家债权人。其中,新广国际集团公司、海外工程建设集团、新广国际集团物流公司的对内担保金额分别为 246 767 万元、84 145 万元、18 292 万元。

(2) 开具保函情况。至 2009 年 6 月末,新广国际系列企业在银行开具的保函金额共约 8.68 亿元,扣除保证金的保函金额 7.58 亿元(保证金比例 12.7%),涉及 2 家债务人、5 家债权人。新广国际系列企业的 5 家保函债权人中,B03 银行的债权占比已达 72%,超过整体债权的 2/3。另外,海外工程建设集团在银行开具的保函金额达 8.29 亿元,占新广国际系列企业在银行开具的保函总额的 95.5%,新广国际集团公司本部占新广国际系列企业在银行开具的保函金额的 4.5%。综上所述,即使是涉外的中资银行,对企业的情况也缺乏深度的调查了解。在开具的保函中,新广国际处于高风险的保函金额约为 3.08 亿元(扣除保证金后金额约为 2.09 亿元),占总保函金额的 35.5%;低风险的保函金额约为 5.6 亿元(扣除保证金后金额为 5.49 亿元),占总保函金额的 64.5%,企业为低风险保函所支付的保证金额仅为 1 164 万元。可见,保函到期不能兑付并转化为直接债务,直接影响到其对外的偿付能力。

三、案例分析

新广国际倒闭的原因有很多,不仅有内部管理的原因,也有外部环境及监管的原因;不仅有偶然的因素,也有必然的因素。在本案例中,着重以商业银行授信的角度从银企不对称、银行非理性授信、银行内部管理缺失、授信人员素质、授信支持后台落后等方面对新广国际的倒闭事件进行剖析和探讨,以找出商业银行在授信管理方面存在的共性问题。

（一）银企之间不对称

1. 银企之间信息不对称

银行作为间接融资的渠道之一，相对于企业而言，对市场信息的了解存在一定的滞后性。当市场信息传导时，企业作为市场的直接参与者，往往早于银行了解相关的信息。另外，银企之间人才流动也不平衡，银行人才流向企业的较多，使得企业一般都很了解银行，但与企业非常了解银行运作相比，银行对企业的了解相对较少，因此，也造成银企信息的不对称。

2. 银企之间风险收益谈判不对等

新广国际作为广东省国资部门直属的国有企业，银行在与其开展业务合作时往往面临地位不均等、话语权不大的尴尬局面。在与企业的相关人员谈判、要求企业提供授信相关资料、贷后开展检查等方面均存在一定的劣势，这从很大程度上成为了授信业务管理的瓶颈。

（二）银行同业恶性竞争导致的非理性授信

1. 银行同业间授信的信息不共享

除人民银行的征信系统以外，考虑到同业竞争的因素，各银行很少彼此交流客户方面的信息，而且反映在征信系统的授信金额只有每个银行自己才知道给予企业的实际可用额度，而其他银行则不知情。新广国际正好可以利用这个机会，扩大自己在各个银行的授信额度，并可以通过不断地"拆东墙，补西墙"方式来弥补企业本身的现金流问题。

2. 银行同业恶性竞争引发的过度授信

近年来，随着经济的快速发展、银行同业进入者日益增多以及监管要求的不断提高，基于扩大规模、利润和提高资本充足率等的考虑，各家银行每年都制订快速的经营发展计划，在存款、贷款、中间业务等各个领域展开了全面的竞争。在授信方面，一些银行新进入者不惜通过扩大授信金额、降低授信利率和条件、延长授信期限等手段来争取授信客户，甚至在置换他行贷款时采用抵押物悬空的信用方式操作，授信风险不言而喻。上述信息经过市场的验证和传达到其他银行后，最终导致了目前银行之间的恶性竞争。归根到底，还是银行的利益在起根本性作用，各家银行在考虑各自利益时已不能理性地考虑"经济信用"（指遵循经济运行客观规律的信用，与人情信用、出身信用、权力信用、社会形象信用等非经济信用不同，下同）的要求，却是将利润第一摆在了首位，而经常挂在嘴边的"风险控制是首位"、"风险控制第一"已被虚化，或因为考核要求而暂时将风险控制即经济信用暂时搁置。

在日常生活中,"金鱼现象"已成为一个值得思考的问题。当金鱼被喂食过多时,即使氧气充足,也可能导致因过度食用鱼料而死亡。新广国际倒闭事件就是"金鱼现象"的一个典型例证。在对新广国际的授信中,很多中小银行完全不顾企业的实际承贷能力采取了"跟大行"的策略,各家银行"垒大户"使授信风险高度集聚,纵容企业盲目扩张,最终使新广国际因轻易获得的授信导致资金管理失控,最后走向倒闭的结局。

3. 银行监管机构监管缺失导致的过度授信

对于银行监管机构而言,在监管层面更多关注的是风险层面,如信用风险、操作风险、流动性风险、声誉风险、科技风险等,对于银行业之间的市场竞争则更多地交与银行同业协会管理。首先,对于各家银行对同一客户授信的额度是否合理和是否存在风险这一项工作,银行监管机构并没有列入监管工作内容之一;其次,因银行同业协会的指导作用不强,对各家银行之间的不平等竞争并无相应的应对措施;最后,因银行监管机构的授信业务监管与人民银行的反洗钱工作没有进行有效的沟通与风险关联,所以上述因素导致多家银行对新广国际的授信没有限制,最终导致过度授信引致对新广国际的授信以失败告终。

(三)银行内部授信管理方面的缺失分析

1. 风险控制意识和水平不高

银行以经营并承担风险而实现赢利,银行监管部门对银行的要求也强调以风险监控作为重中之重。但是随着业务的不断发展以及不断有新的员工加入银行系统,对风险的控制意识与水平却没有明显的提高。在新广国际的授信审批过程中,大部分人被新广国际的国资背景以及社会上给予的"金色光环"迷惑了,模糊中放大了上述背景及光环对银行授信的有利作用,没有坚持审查以风险为本的理念,以至于放松了对新广国际的风险揭示与分析,选错了客户,引致了授信失败。

2. 应对外部环境变化滞后

当前,我国企业直接融资的渠道虽然在逐步拓宽,但银行信贷仍为我国企业的主要融资渠道。当企业不能从直接融资渠道取得融资时,会主动选择向银行申请授信。此时,银行作为被动的融资提供者,在信息了解和接受方面相对滞后。另外,由于银行的规范操作和风险管理的要求,针对外部环境变化的制度或对策往往要经历较长的流程或协调较多的部门,对外部环境的快速反应机制较难建立和取得良好的效果。在新广国际授信失败事件中,企业经营中主要涉及的铜价大幅波动这一外部环境未能引起银行的注意,这足以说明银行在授信贷后管理中对外部环境变化的响应较为迟钝，没有及时提示风险和采取应对措施。

3. 银行内部制度设计不合理

银行内部制度设计不合理，主要表现在：

（1）贷前调查报告指引落后。新广国际本部2006年的资产负债表显示，该公司对外长期投资约6.38亿，其中对海外工程建设公司的投资约2.68亿，而同时提供的海外工程建设的2006年资产负债表却显示，海外工程建设的股本及资本公积仅1.12亿元，与新广国际报表明显不符，但他们在调查报告中并未对这一情况进行反映。调查报告作为授信业务申报非常重要的环节，由于银行内部未能提供详细、明确的指引，从而使得调查披露的信息不完整，部分影响授信决策的重大信息未能得到反映。

（2）未能落实专家审贷制度。银行作为经营风险的企业，对客户的信用风险、市场风险等的判断尤为重要。由于银企信息不对称以及银行客户的分布广泛性等特点，使得引入专家审贷对控制风险有良好的帮助。但在实际操作过程中，基于客户保密、流程复杂、时间协调、快速审批等特点，大多数银行并未能真正落实专家审贷制度。在新广国际授信案例中，如能引入金属、期货风险控制等方面的专家为审贷提供参考，或许各家银行就能及时发现潜在风险并及时处置，尽可能减少授信损失。

（3）对客户的内部风险管理能力评价不够重视。在对客户的授信风险评价中，各家银行没有将客户的内部风险管理能力即公司治理情况作为必要内容之一。对于新广国际这种内部管理混乱的企业，如果开展对其内部风险管理能力的调查与评价，尤其是对其内部法人治理结构、资金调拨使用、代开信用证参与期货交易等情况进行风险评价，则能在源头上控制对该类客户的授信冲动。特别值得一提的是，当电解铜价格出现暴跌时，新广国际内部并无设立其所代开信用证涉及的电解铜的止损指标并采取相应措施，致使出现巨大损失。另外，各家银行对于企业申请和使用授信的公司治理结构的变化情况也较少关注，对于新广国际是否像上市公司公布融资情况一样有透明机制也了解不够，以及对新广国际的监管部门省国资部门是否将国有企业使用银行授信情况纳入考评指标也很少去掌握和分析，所以才导致对客户的公司治理结构了解和分析不够引发的授信失败。

（4）贷后管理目标与措施不清晰。根据各银行贷后管理要求，至少每月或每季要对客户进行一次走访，并形成书面贷后检查报告。但新广国际的专项工作组（以下简称"工作组"）在查阅资料后发现，各家银行在知道新广国际转移业务重心、大量开具承兑汇票、异常囤积存货、资产负债率不断上升等情况后，仍然在贷后检查报告中几乎雷同地在"借款人生产经营是否发生重大变化"、"借款人融资、对外借款是否发生重大变化"、"借款人财务状况是否发生重大变化"等栏目中填写"否"。由此可以看出，各家银行在制度与流程上对上述现象的处理比较模糊，目标和应对措施不清晰。

（5）对授信合作的中介机构管理不严。在对新广国际授信失败的各家银行中，部分银行对客户财务报表的审计机构即会计事务所并未统一筛选，任何会计事务所的审计报告均可用于授信业务的参考资料；部分银行虽然对会计事务所初步实施了合作准入与退出管理，但没有实施动态管理，以致未及时发现和处理财务报表审计过程中的问题；也有部分银行虽然不认同新广国际指定的会计事务所，但基于客户的强势，也在内部放松了对财务报表审计的要求。

4. 银行授信人员整体素质不高

银行授信人员整体素质不高，主要表现在：

（1）授信人员准入门槛较低。随着近几年银行竞争的加剧以及金融人才的匮乏，银行除了每年从大学招聘毕业生外，也从社会上招聘优秀的金融人才。随着业务的快速发展和人均业务量的急剧增长，需要不断补充新人进入授信队伍。为了实现上述目标，银行在内部的信贷上岗考试中，对授信人员的从业时间、专业等准入门槛也开始降低，工作1年以上的大学生也可报名考试，甚至个别优秀的还可适当放宽要求，对大学所学专业的要求也不再体现，以致后续的授信调查质量堪忧。在新广国际授信失败的案例中，就存在个别授信从业人员工作时间短、没有授信调查和审查经验的情况。

（2）贷前调查质量较差。近几年，尽管多数商业银行均在不断优化内部制度流程，但部分信贷人员因为不能加强学习而对银行内部的风险控制要求掌握不够，从而在授信调查报告的撰写上流于形式，空话套话一大堆，该揭示的经营、财务、管理风险不能得到披露，整体的调查报告质量较差，以致后续环节无法或较难作出判断。

（3）贷后管理流于形式。贷后管理作为授信管理的主要环节之一，对于及时发现和化解处置风险、安全收回贷款起着重要的作用。新广国际2008年6月提供的报表显示，该企业在2008年4月到6月期间，存货从3 039万元暴增至38 491万元，涨幅超过12倍，另外，票据业务从0急升至36 272万元。银行授信和存货出现大幅变化说明借款人经营情况出现重大变化，但个别银行的经办信贷员在贷后管理报告中却描述"新广国际坐拥17亿总资产，具有较强承贷能力"，对以上信号带来的具体风险未作深入分析，也未就以上情况及时与企业进行核实。事后证明，正是大量的囤货因价格暴跌最终导致新广国际形成巨亏。

（4）预警意识淡薄和预警处置能力薄弱。商业银行风险预警作为贷款发放后加强风险管理的重要内容，对贷款的安全起到保驾护航的作用。但商业银行多年来"重贷轻管"（即重视贷款发放忽视贷款发放后的管理）的观念并未得到根本性的扭转，甚至部分银行将授信调查与贷后管理分开由不同的人管理，也有部分银行以实行平行作业的风险经理来加强贷款发放后的管理，正因为上述观念的影响以及商业银行内部条块分割的现状，导致上述措施都收效甚微。

5. 银行授信支持后台落后

银行授信支持后台落后主要表现在：

（1）企业征信系统建设缓慢。作为银行征信系统的管理者，中国人民银行近几年更换了贷款卡查询系统，新上线了企业征信系统、个人征信系统。但由于全国数据的庞大、资金投入有限、各商业银行参与较少等原因，新的系统仍然存在着客户信息较少、银行同业提交信息不一等不足，作为商业银行可共享且信息丰富有效的信息平台建设仍有很长的路要走。在新广国际的授信案例中，由于各家银行在企业征信系统上反映的是授信金额与授信余额的混合信息，以致不能有效区分或准确计算某一时点实际的授信余额，而且各家银行的贷后管理信息不能在企业征信系统上实现共享，所以导致了各家银行不知彼此，盲目授信，最后导致"垒大户"，授信总额超出了新广国际实际的承贷能力。

（2）客户信息系统建设落后与利用不足。近年来，各家银行对内部的会计处理系统、信贷管理系统等均进行了整体或部分的升级，但由于原来系统的陈旧、落后，基于处理实际业务的考虑，大多数的系统设置多以内部人员及内部流程为导向，较少考虑客户及市场的需求，对客户的信息收集、积累与分析更是凤毛麟角。虽然有些银行已初步建立了客户信息系统，但缺乏对客户数据及信息分析的专业人才（如数据分析员、风险分析员等），对客户信息的利用也较少。对新广国际的授信以失败告终也侧面反映了当前商业银行客户信息系统的弊端。

教学指引

一、适用范围

（1）适用课程：风险管理、商业银行管理、金融投资。

（2）适用对象：金融学、财务与投资、企业管理本科生或研究生，MBA及研究生课程班学员。

二、教学目标

通过本案例的学习，让学生了解商业银行对国有企业授信的风险，学习加强商业银行授信管理的主要措施，以及对我国商业银行授信管理的启示。

三、教学指引

（一）使用方法

本文所用的材料大部分为内部材料，可以先让学生对案例部分进行充分的阅读，阅读后再采取提问或小组讨论的方式进行教学。

（二）参考讨论题目

（1）当前国资部门对国有企业的管理与银行对拟授信或已授信的国有企业的监管存在各自为政、彼此不交流的现象，你认为应如何构建一种良性、有效的针对国有企业的共同风险监管机制？

（2）商业银行如何根据自身特点和客户选择建立和完善自身的授信风险管理体系？

（3）当前企业经营的自主性较大，用途也较难监管。针对企业的资金流向如何设计对已授信企业的资金分析和监管系统？

（三）分析思路

教师可通过对新广国际倒闭案例的阐述，以及从授信管理角度对新广国际倒闭原因的分析，针对上述问题提出如下改进商业银行授信管理的若干建议，以期为商业银行授信业务的健康有效发展提供一些参考。

1. 充分发挥统一授信的作用

要充分发挥统一授信的作用，就要通过合理发挥银行同业协会的作用、尝试建立同业联合的授信审批机制、引入银团贷款实现对大客户的统一风险控制等予以实现。

银行同业公会作为银行监管部门直接管理的机构，不仅在协调各家商业银行竞争时具有重要的作用，在统一授信的协调方面也有较大的效用。因此，银行监管部门可按照市场的原则对银行同业公会进行指导，充分发挥银行同业公会对银行监管部门的重要补充作用。

同业联合的授信审批机制就是在各家银行对同一客户授信但又不愿组建银团贷款或客户拒绝组建银团时，各家银行可通过一个联合会议机制，即在贷款审批前通过会议机制保持良性沟通，共同商讨同一客户的最大承贷能力，以避免因银行之间信息不对称致使客户过度授信带来的风险。这样不仅可为各银行有序竞争建立规则，也促使银行的授信业务得到良性循环与发展。

在对客户进行授信或发现各家银行对同一客户授信快速增长并逐步超出企业的承贷能力或无法正常预测企业的授信增长速度时，就有必要引入银团贷款机制,实现对大客户的统一风险控制。建议银行监管部门推动银行以银团贷款对授信风险进行管理,这样不仅可以优化银行之间良性的竞争环境,而且可以防止"金鱼现象"和客户在授信申请上"漫天开价"导致的不良后果。

2. 加强银行内部制度优化建设

(1) 进一步提高授信调查报告质量。第一,规范授信调查报告表述内容,要真实、准确、全面地反映企业的经营财务状况,客观地披露存在的主要风险点,对于关联交易、虚增资产及收入、其他银行风险信息、资本实力及诚信记录等要进行重点分析并提出风险防范化解的措施。第二,动态公布不同行业不同时期的调查重点,及时掌握行业动态,为授信业务的调查提供分析材料。第三,建立动态的调查报告通报机制,及时通报优秀案例和问题案例,推动商业银行内部形成良性、健康的授信调查文化。

(2) 落实专家审贷制度,逐步建立外部行业专家库。在授信业务需要的时候咨询相关行业专家的意见,能为授信业务全面、准确的评价提供较好的智力支持。此外,商业银行应逐步从内部授信人员中培养行业专家,以减少行业变动对授信业务的影响。

(3) 建立有效的贷后管理机制。首先,要明确贷后管理目标,分清主次,不要"眉毛胡子一把抓"。不可因为综合收益而放弃风险管控,否则可能导致本末倒置,偏离贷后管理的主要目标。其次,强化贷后的分层管理,加大高层、中层对贷后管理工作的重视和亲自践行,真正将贷后管理工作落到实处。最后,提高贷后管理措施的实效,要列明主要的、可操作性强、能收到实际效果的要点,并定期开展效能评估以核实是否有助于实现贷后管理目标。

(4) 逐步完善内部考核的科学性。在商业银行内部授信考核上,一定要按照经济信用的要求树立科学发展观,真正将风险控制摆在首位,正确处理长期利益和短期利益、整体利益和个人利益、公司利益和社会责任等的关系。在内部考核指标方面,不仅要综合考虑存款、贷款、中间业务等方面,也要对贷款的质量加大权重。同时,在设立考核指标时,应考虑设立对机构、人员的中长期考核机制,避免出现授信营销的短视症,并克服风险呈现滞后的特点。

(5) 重视和开展对客户内部风险管控能力的评估。银行在开展授信工作时一般注重企业经营情况、现金流情况、抵押物状况等的评估,对于企业内部风险管控能力的评估一般较少涉及和关注。其实,从银行控制授信业务风险角度来看,对授信资金的风险控制同样重要。在开展业务时,只有对企业本身的风险控制理念及手段有深入了解并认同,银行授信的安全性才有一定保障。

(6) 严格管理合作的授信中介机构。将会计事务所等与授信业务相关的中介机构纳入全面风险管理的范畴,在准入标准与具体措施上加强审核,在后续的管理上也要加强动态监控和预警,出现风险时要坚决退出并向行业协会通报,确保中介机构在帮助银行发展业务的同时能积极配合银行做好风险控制工作。

3. 积极完善授信支持后台建设

对授信支持后台建设工作，应加快完善企业征信系统建设。首先，企业征信系统应按使用者的需求重新规划，如银行的需求、客户的需求，以避免为开发而开发、系统应用力不强的现象出现；其次，企业征信系统应加强基础数据框架的建设，可以先从利于各家银行授信判断的基础信息入手，这样既能初步判断客户的基本情况，也不至于泄露各银行自身的保密内容；最后，应加强检查和更新，确保数据的完整性、准确性，提高数据对银行业务与风险控制的支持作用。

另外，应建立和不断提升客户信息系统，配备一定数量熟悉信贷工作的系统维护员。从基础上和理念上进行根本性的重建，避免以信贷系统代替客户信息系统，适应银行授信管理的需要。

4. 提高授信人员综合素质

首先，要提高授信人员准入门槛，对从业的经历、年限、专业等进行合理设置，严格区分调查、审查岗，差异性设置岗位准入条件，从源头上提高授信人员素质。其次，要提高对培训的中长期规划力度，可以以全行的战略发展作为起点，通过调查先行提出3～5年的培训计划，并为参与培训的人员建立培训档案，动态更新相关培训情况，为银行授信业务的可持续发展提供支持。最后，要建立有效的基层内训体系，积极探索在银行整体培训体系下开展不同部门、经营单位或事业部的内训工作，稳固工作理念，不断进行学习提高，使各家银行基层内训的效果得以明显的提升。

5. 开展经济金融形势研究

随着我国经济的快速发展，经济形势的复杂性和多变性也越来越突出，国家基于保证经济稳健发展、防止大起大落等考虑，每年均对经济发展进行不同程度的宏观调控，其力度视经济发展的基本情况而定。因此，商业银行应通过设立专门的经济金融形势研究机构，如战略发展部、经济研究中心等，或赋予相关部门和岗位相应职责，或从不同的专业部门抽人组建专门研究小组，及时对国家经济宏观调控进行研究分析，并定期发布相关研究成果，为全行授信业务的发展提供相关的建议。

在国家经济宏观调控的基础上，银行监管部门每年均会结合商业银行的实际情况出台一些监管措施和风险提示。为了避免受到监管处罚，商业银行有必要对监管政策进行研究，设立专门的岗位加强与银行监管部门的联系，并对监管政策进行分类梳理，列清必须执行的规定、指引性的规定、风险提示、非必须执行的规定以及基于审慎经营考虑可能导致"监管冷处理"的规定等，并将梳理的结果在全行进行发布,供相关的专业部门参考,以分别采取不同的措施积极应对监管要求。

由于商业银行客户来源广泛,对每个客户的个性进行了解成本较高,因此,对不同客户共性的了解和分析显得很有必要。为充分了解和掌握不同客户的共性,有必要对其所在的行业进行分析、研究。

作为外部以客户为导向、内部以利润为导向的商业银行,对目标客户的研究尤为重要。每家商业银行均可根据自身的实际情况,并结合自身特点、不同发展阶段的不同要求在细分市场上寻找适合自身的目标客户,以实现利润的可持续发展。

左岸广告公司的"跨岸之旅"
——文旅产业融合商业模式创新

李美云　柴娅男　邓逊　余恩望　向军志

> **摘要**
>
> 广州左岸广告有限公司（本文简称"左岸广告公司"）最初是一家专门从事于广告策划、制作和代理的广告公司。随着广告市场竞争的加剧以及全媒体融合时代的到来，左岸广告公司逐步从线上的广告策划代理跨入到线下的活动策划，跨越市场之界、产品之界、企业运作之界以及业务之界，由企业客户到终端客户、由线上线下广告策划服务到文化创意旅游商品的设计售卖，从而跨越文化艺术和旅游产业，实现了商业模式的创新。本案例将对广州左岸广告公司在两大产业融合中实现商业模式创新的过程进行描述，并对这一创新商业模式进行探析，以求详尽探寻左岸广告公司的这一"跨岸之旅"。

2011年8月6日的夜晚，左岸广告公司的黄总独自一人徜徉在白云山上，望着身边走过的一对对情侣，心底涌上一股莫名的惆怅。不出意外的话，这一对对情侣本来应该聚集于白云山的鸣春谷鸟园一起欢度这个特别的节日——七夕情人节，而他自己则应该正与他的团队一起组织这一中国情人节的嘉年华活动，并陶醉于这一费时两个多月的精心策划之作带给情侣们的喜悦、带给白云山的人气以及自己公司收益的增加。然而，如今的白云山景区依然安静，情侣们依然重复往年的游山活动，而自己公司几个月的努力却付诸东流。他不禁叹了一口气，狠狠地掐灭了手中的烟头，"是时候改变了，该有自己独特的商业模式……"，他快步地往山下走去……

一、上岸启程——公司创业成长历程

20世纪90年代，中国广告业迎来了蓬勃发展的黄金时段，媒体保持着产业中的强势地位，广告业从业人员和经营单位快速增长。广州作为改革开放的前沿阵地，广告行业发展形势更是一片大好。广州左岸广告公司便在当时的经济形势下应运而生。

从1997年到2004年，广州左岸广告公司的经营范围还只有单纯的广告业，主要负责广告代理、发布及策划。此时的广州左岸广告公司还完全是一个传统意义上的广告公司，主要从事广告业中俗称的"线上活动"，即通过各种形式的媒体，如电视、广播、报纸、网络、灯箱、广告牌等将客户的品牌信息和促销信息以软/硬广告的形式进行信息传递，帮助客户打响产品、品牌知名度，构建传递产品、品牌信息的渠道，以解决顾客的广告宣传需求。得益于当时整个行业的蓬勃发展以及公司员工的共同努力，左岸广告公司得到了较快发展，公司的前景似乎一片光明。

然而，随着经济全球化步伐加快，著名跨国广告企业竞相进入中国，中国广告业步入了多元发展阶段。一方面，具有强大广告创意设计和制作能力的国际跨国广告巨头在提升中国广告业制作水平的同时，也获得了高端客户市场的青睐；另一方面，大量低成本小型或个体广告制作商、代理商的低价涌入，抢占了大量低端市场，也拉低了行业的平均利润。随着广告活动的主体和企业日益多元化，顾客开始理性地进行广告投放，更加注重品牌的经营，单纯的线上灌输式的广告宣传已经无法满足客户的需要。而互联网以及数字技术的快速发展使传统媒体与新媒体之间日益融合互通，信息传播手段层出不穷，传播方式不断丰富，包括报纸、杂志、广播、电视、音像、电影、出版、网络、电信、卫星通讯在内的各类传播工具涵盖了视、听、形象、触觉等人们接受资讯的全部感官，从而带给企业多样化的选择。企业可以针对受众的不同需求，选择最适合的媒体形式和管道，深度融合，提供超细分的服务，实现对受众的全面覆盖及最佳传播效果。显然，左岸广告公司原来那种专门从事于线上活动的商业模式已难以满足客户的需求，也难以使企业获得更大的发展空间。为应对全媒体时代客户需求的变化，依托多年从事传统广告业务所积累的客户资源以及相关的经验，从2004年开始，左岸广告公司决定将业务从传统的线上活动延伸到线下活动策划，即通过其他非线上媒体的形式为客户进行宣传推广，如展览、节庆活动、公关、路演、发布会、各种折扣优惠、买赠、抽奖等，将品牌理念同节庆以及销售相结合，成为客户长期全方位的线下活动代理者。转型后的左岸广告公司旨在为客户提供基于品牌传播理念的线下广告传播服务：以专业服务品质为基础，通过借鉴国际传播业最佳实践，结合中国本土传播洞察和智慧，为众多著名品牌找出创新、合适、落地有声的战略战术，解决客户对塑造优秀品牌的需求，竭力成为客户创造品牌影响力的整合营销传播伙伴。凭借公司拥有的一批优秀策划、设计、制作人才，以及公司丰富的经验、雄厚的实力，左岸广告公司将业务范围扩展到为客户提供新闻策划、新闻发布、网络新闻发布、论坛营销推广等非传统媒体推广服务。同时帮助客户全程实施公关活动与品牌传播，协助企业策划承办各类线下活动策划执行、公关活动策划执行、论坛营销推广、产品巡展推广、促销活动策划执行、大型庆典活动策划、大型文艺晚会策划、企业年会策划、商务会议策划布展、新闻发布会策划、新品发布会策划、时装秀策划、演出团队、展览展示、器材租赁等。

经过 8 年的发展，左岸广告公司已在国内与 500 多家媒体建立了良好合作关系，成为了广东省旅游局、国家税务局、美国友邦保险公司广东公司等单位的长期合作伙伴，为广东省旅游局及广州市旅游局主办了百场活动，与国内外知名企业都有过良好的合作。同时，8 年的发展，也让左岸广告公司具有了 1 000 多场次的活动经验，拥有了较有优势的珠三角媒体投放资源，拥有了全国各重点城市的场地资源、圈内各种人才资源，以及对活动现场、效果极强的把控能力。这些都成为左岸广告公司以后发展的重要资源。可以这样说，左岸广告公司已经成为了国内较早实践非传统广告传播的探索者，成为了真正客户和市场、消费者零距离沟通的搭建者，成为了帮助企业最快速反应市场动态、大大节约投入成本、最快最准确检验传播的检测专家。

二、惊涛拍岸——低潮冲击思变迁

尽管左岸广告公司自 2004 年开始从事线下活动策划以来，依靠着对行业发展趋势的清晰把握，适时地进行业务转型，避开了行业中竞争最激烈的市场，专注于当时竞争尚不激烈的线下活动策划，获得了行业发展先机，但是随着行业跟随者的不断进入，线下活动策划市场竞争也日趋激烈。即便左岸广告公司凭借着较早转型的先行者优势，在行业竞争中仍有一席之地，但其赢利空间不断缩小，目标市场也一直受到其他竞争者的蚕食。左岸广告公司开始面临日益严重的业务及技术成本不断上涨的压力。公司的现状不得不促使黄总开始思考公司未来的出路。一个两难的选择摆在了黄总的面前：一方面，广告业虽然竞争激烈，但是凭借着先行者优势，左岸广告公司仍然能够在竞争的红海中争得一席之地。短期来看，公司仍然能够从广告行业中攫取相当可观的利润；长期来看，如果公司策略得当，也未必不能保持现有优势并逐步壮大。另一方面，如果能够果断放弃已成一片红海的广告业，找寻新的市场机会将公司转型，公司的发展很有可能会迎来新的篇章，获得丰厚回报。但是，公司进行战略转型往往伴随着很大的风险和不确定性。两条道路各有优缺，左岸广告公司到底应该走哪条路？黄总对此迷惘不已。

对企业未来的迷茫促使黄总决定回到课堂重新充电。于是，在 2009 年，黄总进入了中山大学就读 EMBA 课程。在 3 年的学习中，黄总从未间断过对企业未来的思考，他一直希冀着能够从理论中找到灵感。在学习的过程中，关于商业模式创新的理论逐渐引起了他的兴趣。

商业模式创新是一种高层次的企业创新行为，它与传统意义上的产品创新、技术创新、制度创新和观念创新有很大的不同，它意味着企业对时刻变化的外部环境作出反应，发掘新的市场需求，创造新的消费群体，采用新的经营战略，是对企业内外部资源、制度、模式的整合。正如管理学家德鲁克所说："当今企业之间的竞争,不是产品之间的竞争,而是商业模式之间的竞争。"此外,商业模式创新还必须实现价值创造的目的,包括顾客、供应商、股东和企业在内的各方都应获得更大的价值或价值预期,同时要达到更多赢利的目的。

结合商业模式创新的相关知识,黄总对自己公司的内外部环境进行了一番全新的审视。一个很早以前就在心中萌发的念头逐渐在黄总心中成型。

通过分析整个市场,黄总发现,产业融合(指原本各自独立的产业相互交叉、相互渗透而使原有产业边界模糊或消失的经济现象)已经成为一种社会经济发展的趋势。许多原本独立的产业通过核心价值的相互融合,产生了一些新的业务形态,为产业的发展注入了新的动力。其中,旅游产业与文化产业的融合尤其显著。通过两者的融合,文化产业有了更广阔的发展平台,旅游产业有了更丰富的内涵,从而产生了更高的附加值和更好的经济效益。

同时,通过剖析左岸广告公司,黄总发现,左岸广告公司虽然是一个以广告业务为主营业务的公司,但是在过往的经营中,公司为许许多多不同类别的旅游行业的公司策划过很多成功的广告宣传,积累了丰富的关于旅游的经验,也获得了一些旅游相关的资源。可以说,左岸是一家广告公司,更是一家打上旅游烙印的广告公司。

通过对公司外部环境、内部资源的分析,黄总惊喜地发现,左岸广告公司跨越文化产业和旅游产业的优势得天独厚。首先,左岸广告公司在以往为旅游行业的客户提供线下活动策划的过程中,为了较好地为客户提供品牌传播的解决方案,已对客户所在的旅游行业及其市场发展趋势进行了较为深入的分析与把握。在分析中发现,一方面,随着人们生活方式的改变,人们对知识性商品的渴求将优先于物质性商品,大量地购买文化和知识商品将成为新世纪旅游消费的特征。这些消费特征也必将深刻地反映到旅游商品的购物消费之中,那些能体现区域文化,具有专业知识,有收藏、纪念价值等的旅游商品将越来越受到游客的欢迎。然而,反观现有的旅游市场,旅游者的购物需求总难以得到满足,各地所销售的旅游商品大多雷同或千篇一律,毫无地方文化特色,更无从谈艺术收藏价值,难以激起游客的购物兴趣和购买欲望。另一方面,各地旅游部门又苦于找不到扩大旅游收入的新途径,只有依赖门票收入,因而也造成了各地旅游产业的单一门票经济模式。此外,黄总在多年的文化艺术学习和创作过程中,也了解到各地大量的传统文化和优秀的民间艺术因为没有找到合适的开发途径而濒临消失。事实上,我国悠久的历史文明造就的各地绚丽多姿的地方特色文化,可为各地的旅游商品开发储备丰富的文化底蕴,如能以艺术创意的手法将各地的特色文化嫁接于旅游商品中,不仅能为文化产业找到新的生机,而且必将创新现有的旅游商业模式,大大促进两大产业的加速发展。其次,公司在多年的广告线上活动和线下活动的策划过程中,已聚集了一大批从事文案创作、艺术设计和创意策划的人才。这些人才对地方文化的挖掘和提炼具有独特的见解和丰富的经验。依托这些人才再加上长期接触这个行业所累积的经验,左岸广告公司应该可以很容易地开发设计出具地方文化特色的旅游商品。最后,公司长期从事的广告文化创意设计开发,已形成了一整套成熟的运作手法,这一运作手法同样也适用于旅游商品的开发设计。如依托广州特有的南粤文化,以传统文化、民间手工为基础,通过团队再创造的艺术形态将当地的农作物、民间手工、人文文化、旅游景观进行跨界整合包装,融入标志性的城市形象,便可开发成不同系列的文化创意商品和特色旅游商品。此外,凭借多年从事品牌形象传播所积累的市场经验,公司也可轻易地对自己设计的创意旅游商品进行品牌形象的传播。无论是旅游食品还是旅游用品或纪念品,都可用统一的形象标志和卡通代言,并通过现代营销推广的方式进行定点标准化售卖和传播。通过对自己企业资源的审视以及目前旅游商品发展现状的把握,黄总决定跨越文化艺术和旅游两大产业的边界,在两者融合的文化旅游商品业开拓自己的一片天地。

正当黄总如火如荼地准备着转型的时候,一个生意场上的意外失败事件更加坚定了黄总转型的决心。白云山风景名胜区是新"羊城八景"之首、国家重点风景名胜区、全国文明风景旅游区和国家AAAAA级景区。它位于广州市的东北部,为南粤名山之一,自古就有"羊城第一秀"之称。它也是左岸广告公司的长期客户之一,白云山景区每年的活动都会交由左岸广告公司负责策划。然而,随着旅游景点去门票化的趋势愈加明显,白云山景区的发展一方面由于资金问题遭遇瓶颈,另一方面同大众旅游景点一样,由于没有主题性的文化内涵,缺乏特色,使其发展连连受阻。

为了帮助白云山摆脱困境,2011年4月,经过全体员工几个月的辛苦筹划,左岸广告公司向白云山景区提出一个创新活动方案,此方案不仅能够保证活动的影响力,而且不需要白云山景区花一分钱。白云山的负责人了解方案后连连叫好。

该方案抓住中国传统情人节七夕即将到来的契机,通过分析白云山自身景区优势发现,它拥有目前中国最大、亚洲第二大的天然鸟笼——鸣春谷鸟园,占地5万平方米。这里不仅有水光山色、流泉鸣弦、鸟语花香,而且还可以观看到孔雀开屏、鸳鸯戏水,与锦鸡漫步,仿白鹇徜徉,人与鸟合一,回归自然,令人心旷神怡,流连忘返。既然是天然鸟笼,那必然有和节日文化相关的喜鹊,将喜鹊与七夕传统节日相结合,借助节事氛围策划大型活动,既能为景区增加亮点,又能将传统文化嵌入白云山的品牌,"白云山首届七夕文化旅游节"的方案由此应运而生。

在实际的商业操作中,左岸广告公司成功邀请到了康师傅、钻石小鸟、正佳广场、吉之岛等品牌企业作为赞助商,投资安装节庆装置。由于商业赞助,一方面,白云山景区免费举办节庆活动吸引人流,另一方面,商家得到了宣传效果,而同时左岸广告公司也可得到相应的报酬,可谓三家共赢互惠,实现了旅游资源和商业资源的跨界整合。活动后期黄总还计划将七夕喜鹊的概念作为形象物提炼出来，做成文化衍生品，以旅游商品的形式在白云山未来的喜鹊主题鸟园出售，刺激购买和消费，就像迪士尼主题公园的旅游商品一样。

然而事情的发展却并非像黄总想象的那般顺利，白云山风景名胜区管理局与各赞助商之间因为商业宣传的问题产生了分歧。一方面，赞助商们如康师傅、钻石小鸟、正佳广场等企业，将白云山的七夕旅游文化节视为一次大型的宣传活动，要求在节庆装置上印刷企业的标志，以达到宣传的目的；另一方面，白云山风景名胜区管理局作为本次活动的主办方，属于事业单位，加上白云山自身既是城市公园，属于公益性的城市基础建设，同时也是风景名胜区，是供人们游览或者进行科学、文化活动的区域。正是由于景区的体制问题，白云山管理局必须控制景区内商业广告的宣传活动，而这注定与赞助商们的要求相冲突。因此，本以为水到渠成的事情，结果竟是竹篮打水一场空。白云山主办方与赞助商之间由于过度商业化的体制问题未达成一致，白云山景区负责人经过慎重考虑，最终没有实施该方案。

尽管团队三四个月的努力付诸东流，但这次的白云山事件却给黄总等人带来了意外的灵感。白云山此次的营销活动便是典型的将文化产业与旅游产业融合的产物，通过跨界营销最大化利用资源，使各方受益。黄总在为此次策划的夭折而感到惋惜的同时，心里却又为自己发现了一片新天地而感到欣慰。黄总在这次活动中到底获得了怎样的灵感呢？他将会采取什么样的措施为左岸广告公司进行变革呢？

三、柳暗花明——模式转型露曙光

因为忽视了景区避免过度商业化的诉求而导致几个月的努力付之一炬，黄总在感到深深的自责和失落的同时，也更加真切地感觉到，公司现有这种为客户提供创意策划活动的商业模式虽然可为各方创造价值，但最后可能因为与客户沟通不足或理念的差异而使自己公司的努力付之一炬。如果越过旅游企业进入旅游行业直接为旅游者提供相应的服务，则只要开发出旅游者受欢迎的产品和服务就可以得到相应的收益。经过白云山这一事件后，黄总便开始带领他的团队认真探求文化艺术与旅游产业融合发展的商业模式，并决定将产业融合的概念由旅游景点拓展到整个城市，通过开发城市文化旅游商品，深层次挖掘城市文化，将文化内涵以商品为载体表现出来，传承城市文化，这在目前的市场中仍是一块极大的空缺。其实，左岸广告公司希望开发文化旅游商品的想法并不是突然萌发的，白云山事件只是导火线而已。早在3年前，黄总便开始留意文化旅游商品的发展，这在很大程度上和当时的大背景息息相关。

首先，2009年11月，国务院常务会议讨论并原则通过《关于加快发展旅游业的意见》。其中一个亮点便是提出了产业融合的概念，提出要大力推进旅游与文化、体育、农业、工业、林业、商业、水利、地质、海洋、环保、气象等相关产业和行业的融合发展。这意味着我国旅游产业经过改革开放 30 多年的大发展，已完成了从资源经济到要素经济的快速扩张阶段，现已进入到以资本整合产业构成驱动力的产业融合发展的提质升级阶段。

其次，随着体验经济的发展，简单的大众旅游已经无法满足游客的高层次需求，为旅游产品注入文化内涵成为旅游业发展的必然趋势，而文化艺术产业与旅游产业的融合必然成为推动旅游业发展的新动力。从产业特性来看，文化艺术产业具有高辐射渗透能力及高附加增值的特点，旅游产业则具有综合性强、覆盖面广和关联度高的特点，两者都具有融合性强、市场需求旺盛的特点。通过文化艺术产业的融合可以重塑旅游产业发展模式，对旅游产业升级、旅游产业结构调整有着深远的意义，可为旅游业注入更多的持久发展动力。我国作为一个文化历史大国，几千年沉积的历史文化为文化艺术产业的发展准备了丰富的素材和原料。旅游产业作为典型的体验经济，其灵魂和内核就是文化。文化艺术可以借助这一全球最大的产业平台进行传播和开发，从而为文化艺术产业提供巨大的发展空间。由此可见，旅游产业和文化艺术产业是互融互生的。

最后，在全国大力倡导文化产业发展的同时，广东省提出了由文化大省向文化强省战略转变。广州城市文化发展可以在商贸文化中心定位的基础上，进一步明确定位为文化资源整合中心、科技文化中心、创意文化中心。基于这个新定位，广州将倾向于重整没落产业，以亚运会举办为契机，大力发展广州创意产业，充分发挥广州在文化强省建设与珠三角经济增长方式转变中的引领与示范作用，该战略为后期广州大批创意产业园的发展奠定了基础。

在这种趋势下，自 2009 年开始，左岸广告公司的黄总便开始关注文化旅游商品较为成熟的欧洲、中国台湾和北京市场，通过对欧洲、中国台湾和北京市场的广泛考察，位于北京的华流机构引起了黄总的极大兴趣。

北京华流机构创始于 2001 年，其前身为北京华夏秦源文化发展有限公司，是一家专业从事礼品策划、设计、研发、制作、销售的企业，是从事文化创意产业的专业机构、资源整合的专家，致力于旅游商业规划与运营、礼赠品服务、文化创意品牌孵化等，现有员工 500 多人，是全国工商联礼品业商会副会长单位，自 2001 年成立以来，为国家的一些部委机关和驻外使馆做礼品采购服务。随着业务的发展，华流机构专注于主题礼品开发、品牌孵化以及为客户提供全方位的礼品解决方案，服务客户涉及机关部委、银行金融机构、教育院校、媒体媒介、房地产等几十个不同行业类别的群体。目前，华流机构已经和众多的合作伙伴共同成功运营国家游泳中心水立方品牌，并在短短的时间内赢得了骄人的业绩。2009 年，中国科学技术馆独家授权华流机构全权负责中国科学技术馆品牌及其延伸的全部运营开发工作。华流机构充分发挥文化创意和品牌孵化的优势与经验，在科技馆品牌运营中已经取得了阶段性的成功。在多元化发展战略中，华流机构稳步前进，已逐渐发展成为具有自主研发生产能力、品牌孵化及运营管理能力的大型全面的集团化企业。

华流机构秉承"传承中华文化，打造城市名片"的企业使命，通过充分发挥文化创意和品牌孵化的优势与经验，在短短的时间内赢得了骄人的业绩，不仅成为水立方、鸟巢、世博会、北京礼物、颐和园、北海公园、园博会等多家品牌合作伙伴及特许商品运营商，同时借助政府有力的推广资源，目前华流机构在北京已拥有22家店面，年销售额达6个多亿，并且店面还在不断的扩张中，华流机构的成功无疑是将旅游产业与文化产业融合的典范之一。虽然华流机构通过开发文化旅游商品取得了一定的成功，但黄总在这三年的观察中也发现了其发展过程中存在的问题，例如华流机构虽然致力于传承中华文化，但其商品的开发与设计仅仅停留在文化的表面，没有深入发掘文化背后的内涵，从而缺乏核心竞争力，随着市场竞争加剧，越来越多的开发商会发现文化旅游商品市场中所存在的空隙，华流机构开发出的商品极易被其他产品复制替代，这也是华流机构未来很可能遭遇的挑战之一。

正是因为考虑到文化产业发展到一定阶段，简单复制的文化工业将面临多样性审美文化需求、高科技推动、产业越界渗透融合的冲击，黄总认为文化产业必须以原创性知识产权为价值核心，突出创意、创作与创造，为消费者提供文化体验与审美享受。文化创意产业是文化产业发展到"创意"时代必然产生的一种新业态。2011年9月，经过反复慎重的考虑，黄总决定成立"城市文化旅游商品"项目小组，深度挖掘城市文化内涵，以创新的形式开发城市文化的相关创意产品，并且为该品牌定了一个简单又好听的名称——"有文化"。计划首先在广州成立"广州有文化"，以后再向其他城市发展，例如"西安有文化"、"北京有文化"……这样一来，"有文化"品牌就可以传播到全国，最终整合成"中国有文化"。

凭借一腔热情和描绘出的美好蓝图，黄总带领着整个团队开始积极进行筹备工作。仅有想法是远远不够的，现实中要解决的问题层出不穷。从库存、物流、开发、供应商到设计团队，所有问题都需要一一解决。以人才需求为例，设计文化旅游商品的人才不仅要求具有基础的设计功底，还要懂得工业设计、美学设计，热爱地域文化，兼顾后期对供应商的把控能力，因此，前期的筹备工作可谓费尽周折。经过一年多的筹备，"广州有文化"的首家实体店于2012年7月落户广州红专厂创意产业园，起名为"广州有文化文创公社"。店面的选址，也经历了一番波折。广州虽然是一个大都市，但却没有一个文化聚集地，不像北京有798、成都有宽窄巷子、上海有田子坊。这给黄总出了一个难题，到底应该把店开在哪里呢？在考察了广州多处创意产业园之后，最终选定红专厂。红专厂靠近天河、琶洲，人流量较多，同时园区面积较大，艺术气息浓厚，发展前景广阔，目前可谓是广州文化艺术产业园的标杆,也是广州的一张旅游"名片。"

广州有文化文创公社就好像一个微缩版广东省博物馆,不仅有广府文化,客家文化和潮汕文化的元素也随处可见。广州人喝茶一盅两件的蒸笼被缩小了,放进了微型衣车、微波炉等玩意,煲汤、煲凉茶、煲仔饭用的各式沙煲以及炭炉也仅有乒乓球般大小。几十米长的龙舟,在这里用 1 米左右的长度还原出来,广州骑楼、开平碉楼等建筑都在这里迷你地呈现。无论是岭南商业街中特有的骑楼建筑,还是上下九历史街区上叫卖的鸡公榄,或是广州城市特色中最为浓墨重彩的早茶文化,这些广东民间文化都能够被深度挖掘成为创作的源泉,开发成特色原创商品。此外,广州有文化文创公社将产品分为三个层次,以满足多样化需求的消费人群:一是广州节庆类旅游商品"喜鹊"品牌,二是岭南特色类旅游商品"荔枝湾"品牌,三是岭南高端艺术类产品"岭南窗"品牌。目前,开发的文化创意产品涵盖了旅游纪念品、旅游工艺品、旅游服饰、旅游食品、旅游营养保健品、旅游活动用品及土特产等。将其客户定位为注重享受、休闲,崇尚文化艺术的富有小资情调的城市居民及旅游消费人群。通过中低端的产品价位、岭南文化特色、优良的品质以及产品的适用性激发他们购买"有文化"产品的激情。

虽然"广州有文化"在广州红专厂实体店才落户 2 个多月,但已受到多方关注。广州市政府领导和集团采购人士希望能够与之达成长久合作,广州电视台、《南方都市报》等媒体也对其进行大力宣传,希望"广州有文化"的发展能够更深层地挖掘并提炼广州文化,使广州文化得以传承和发扬。

四、跨岸扬帆——创意迭起绘蓝图

一个阳光灿烂的周末午后,黄总又一次来到了红专厂。走在游人如织的红专厂,望着"广州有文化"招牌下熙熙攘攘的人群,回想起一年前白云山的一幕,不禁百感交集……

一年多的辛劳筹备终于初露曙光,"广州有文化"首家实体店的落地运营,预示着左岸广告公司已开始跨越广告业,将文化艺术创意融于旅游商品和服务的开发中,同时将艺术性与实用性相结合,创造出了高于普通旅游纪念商品的文化旅游产品,真正按照旅游市场的需求来提供游客所需要的产品和服务,初步得到了游客的认可。左岸广告公司也由此步向了新的征程,跨越了原来的广告客户直面终端游客市场,从此不需再受制于广告客户的理念,而使自己的创意和辛劳付之流水,商机无限的庞大旅游市场可以任意挥洒受游客欢迎的创意。提到创意,黄总脑海里又蹦出了一个想法。一方面,目前各地旅游商品市场中售卖的大多数产品都雷同,无品牌、无标准更谈不上具文化性、艺术性的创意内涵,难以满足旅游者的购物需求;另一方面,旅游者出外旅游所需的旅游信息、票务服务等相关旅游商品和服务的经营都是独立、各自分散经营的,市民和游客难以得到一体化的旅游商品购买和旅游信息票务获取的解决方案。能否将旅游信息传播、旅游商品售卖、旅游票务预定售卖、旅游艺术展示、旅游体验、驴友交流等诸多功能整合在一起，通过以体现地方文化为核心的场景布置，承载"有文化"的各类旅游商品，将之打造成以整合广州旅游产业、融合文化旅游产业为目标的城市"旅游生活馆"，为市民和游客提供一体化的旅游需求整体解决方案，并将其数字化、智能化，进入到各社区，使它最终成为市民家门口的旅游体验和休闲馆、旅游者旅游目的地的旅游集成体验馆？想到这里，黄总加快了脚步……

黄总对文化艺术的喜爱和对其中商机的敏锐触觉，让他一直带领着他的团队在实现文化旅游相融的道路上不断进行思维碰撞，提炼出"城市旅游文化产品"和"城市旅游生活馆"的概念。未来黄总和他的团队将如何将这种概念完善丰富，使其更广泛深入地被消费者接受，并形成自己独特的商业模式？我们拭目以待。

教学指引

一、教学目的与用途

（1）本案例主要适用于旅游经济、产业经济学，也适用于战略管理等课程。

（2）本案例的教学目的在于通过对案例的讨论和分析，使学生对产业融合背景下企业通过商业模式的创新实现跨产业转型发展有一个全面的了解。

本案例着重展示一家典型的广告公司——左岸广告有限公司应对日趋激烈的竞争市场，通过对内外部资源及能力的分析，把握文化与旅游产业融合发展的机会，通过价值主张、业务系统以及赢利模式等的变革，创新原来的商业模式，跨越广告业进入到旅游业，实现跨产业转型发展。本案例的重点在于让学生系统地学习产业融合理论、商业模式创新理论，掌握广告文化艺术业和旅游产业的产业属性和特点，并学会将这些理论知识与企业的实践决策相结合，从更现实的角度来思考这些理论的应用价值。

二、启发思考题

（1）什么是全媒体时代？在全媒体时代，面对国际跨国广告公司和本土小广告公司的竞争，左岸广告公司是如何突围的？

（2）什么是产业融合？驱动文化艺术产业与旅游产业融合发展的动因是什么？

（3）你如何看待左岸广告公司由广告业跨越到旅游业的转型发展之路？

(4) 左岸广告公司与华流机构的区别在哪里？其商业模式有何优势？
(5) 如果你是黄总，面临白云山景区这一事件，你将如何决策？

三、分析思路

教师可以根据自己的教学目标（目的）来灵活使用本案例。这里提出本案例的分析思路，仅供参考。

左岸广告公司在创业成长过程中经历了两次转型发展，第一次是从广告业的线上活动延伸到线下活动；第二次是跨越广告文化产业和旅游产业，从事文化旅游创意商品的开发生产和销售。第一次转型是在广告文化产业内部来进行的，这次转型是在文化产业内部新旧媒体融合催生出的全媒体时代背景下展开的。全媒体时代的到来带给广告业巨大的发展空间，也重构了广告业的竞争格局，左岸广告公司正是顺应了这种行业变革，敏锐地捕捉到行业先机，适时地从竞争激烈的传统广告活动中突围出来，将业务活动延伸到线下活动，从而将原来单纯为客户提供传统线上广告代理服务转变为客户提供全媒体的品牌整合营销传播服务。随着竞争者的跟进，当先行优势不再时，左岸广告公司不得不再次寻求新的突破。而这时宏观政策导向的文旅产业融合发展趋势引起了左岸广告公司的关注，长期为旅游行业客户提供服务而对旅游市场的洞悉也引起了左岸广告公司的深思。正是在这种不停的探析与关注中，左岸广告公司开始了第二次转型，这次转型突破了原来所在的广告文化产业边界。首先，跨越了原来的客户市场和产品边界，由原来为企业组织客户、提供品牌整合营销传播服务跨越到为旅游者提供文化旅游创意商品，从而创新了企业的价值主张；其次，跨越了原来的业务运作边界，由原来从事广告创意、品牌形象设计和品牌传播等业务运作跨越到从事文化旅游创意商品的开发、设计、生产和售卖业务，使原来的企业运作系统发生变革；最后，在这一跨越产业边界过程中也使原来的赢利模式发生了改变，由原来的通过品牌传播服务获取企业客户的广告业务费用变为为旅游者提供一站式的旅游文化商品及独特的旅游服务体验而获取收益。可见，正是左岸广告公司在企业价值主张、业务运作系统和赢利模式创新的过程中带来了全新的商业模式，并最终实现了企业的转型发展，又一次获得了发展的先机。

整个案例呈现了左岸广告公司面对产业融合发展的大趋势以及市场竞争格局的变化，抓住产业融合带来的市场机会，通过商业模式的创新实现跨产业转型发展的决策过程。在整个案例分析过程中把握产业融合和商业模式创新两方面相关的理论知识，可引导学生讨论由互联网技术以及数字技术快速发展激发的新旧媒体融合对广告文化产业带来的影响，进而分析其应对之策；通过分析左岸广告公司第二次转型过程，引导学生讨论文化艺术产业和旅游产业的边界，结合下文提到的理论依据，分析两大产业的融合过程和内容，进一步讨论推动两大产业融合的因素（政策和市场），并根据左岸广告公司所具有的外部资源和能力，讨论如何进行价值主张的创新、业务系统的创新以及赢利模式的创新，继而带来整个商业模式的创新，实现跨产业转型发展。

四、理论依据及分析

（一）产业融合理论

产业融合是相对于产业分化而言的一种产业发展范式，是指原本各自独立的产业相互交叉、相互渗透而使原有产业边界模糊或消失的经济现象。

一般而言，产业诞生的过程可以描述为：科学→技术→产品开发→个别生产厂商→企业群体→产业。在这一产业诞生过程中，科学技术的发展带来新产品的开发；具良好市场前景的新产品开发，首先引起具市场敏锐度的先行企业关注，并在组织生产过程中形成其独特的业务流程和价值创造活动环节，构筑相应的价值链；当更多的企业跟进从事该产品的大规模生产时，新的产业及市场形成。从这一产业诞生过程可以发现，产业边界的形成实际上包含了从技术到产品、从组织到业务等多层面的边界（如图1所示）。同样，从产业经济活动的整个过程简化来看，一般是产业经济活动的起点始于技术、终于产品，而产业经济活动的过程则主要通过该产业的微观主体来实现。由此，区分不同产业的产业经济活动边界也就涉及技术、产品、活动主体及其业务等多层次内容的边界。

在技术创新、产业活动的政府管制或企业运作管理的创新以及市场需求改变等外部激活因素的推动下，都有可能引起技术边界、产品边界、市场边界及产业经济活动的业务和运作边界的模糊或消失，并最终导致新型融合产业形态的形成，也就意味着产业多层面边界的突破及多层次产业融合的形成。这一融合的过程如图1所示。

（二）旅游产业的界定

按照产业的定义，可以根据"生产或提供具有同类属性或者相互竞争关系、替代关系以及互补关系产品或服务的组织"来对旅游产业进行定义，从"同类属性"的角度来看，就是"满足旅游者的同一类需求——旅游消费需求"，因此，旅游产业就是指生产或提供满足旅游者旅游消费需求产品或服务的企业的集合。按照世界旅游组织对旅游的定义，人们的旅游动机可分为闲暇（休假、文化、体育、探亲访友等）、专业（会议、宗教、商务等）和其他（求学、就医、过境等）。由于旅游者的消费需求多种多样，旅游产业涉及的行业就相当广泛，几乎涉及第三产业中的所有行业，如交通、通讯、餐饮、住宿、游览、娱乐、金融、保险、文化、体育、商业，等等。但是在这众多的行业中，有些行业是没有旅游活动发生便不能存在的，如旅行社业、旅馆业、旅游景点业等；有些则是没

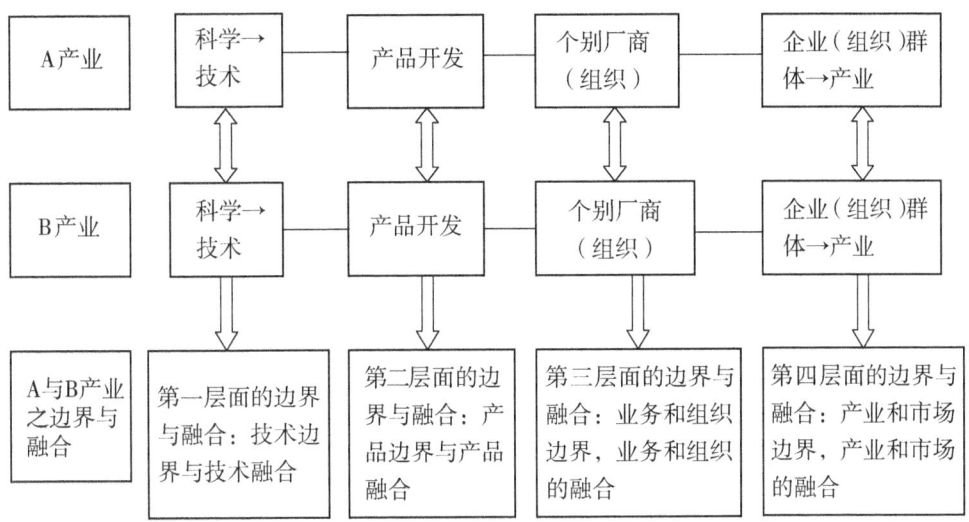

图1 产业边界与产业融合的多层面内容

有旅游活动仍可继续存在，但是企业规模会缩小的行业，如交通通讯业、商业饮食业、文化娱乐业、金融保险业等。可见，旅游产业是一项综合性强、涵盖面广、辐射性强的开放产业，其所涵盖的产业范围（如图2所示）包括旅行社业、旅馆业、旅游景点业的全部，交通通讯业、商业饮食业、文化娱乐业、金融保险业等行业中为游客提供服务的部分。此外，还可以根据旅游功能的强度大体上将旅游产业划分为旅游核心产业和旅游渗透产业。旅游核心产业是指那些旨在为旅游者提供服务、支撑旅游业生存和发展的部门，主要包括旅行社业、旅游景点业、旅游住宿业、旅游餐饮业、旅游交通运输业、旅游娱乐业、旅游购物业等；旅游渗透产业主要是指那些因旅游业的渗透扩散而使之具有部分旅游功能的产业，这类产业实质上是融合型产业，即旅游产业与其他产业融合而成的新型产业，这类产业主要包括旅游工业、旅游农业、旅游教育业、旅游文化业、旅游体育业、旅游医疗保健业等。

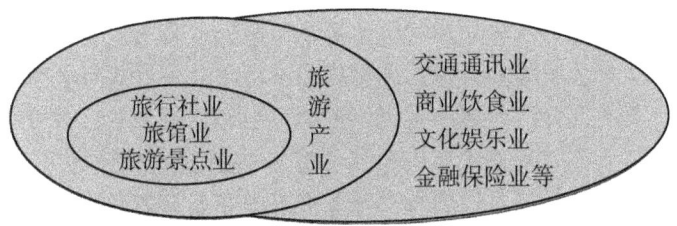

图2 旅游产业示意图

（三）文化艺术产业的界定

文化艺术产业作为国民经济的一个分类，有三个层次的内涵：一是为人们提供具有欣赏价值的商品或服务的企业的集合；二是通过一种特殊的形式来展现历史或现代生活；三是文化艺术产业同时也包含为文化艺术创作企业提供相关支持的企业的集合。因而，对文化艺术产业的界定包括三个方面：一是文化艺术核心事业，包括精致艺术的创作与发表，如视觉艺术（雕塑、绘画、装置等）、表演艺术（音乐、戏剧、舞蹈等）、传统民俗艺术等；二是以核心艺术为基础的应用型艺术，如流行音乐、服装设计、广告与平面设计、影像与广播制作、游戏软件设计等；三是支持上述产业的相关部门，如展览设施经营、策展专业、展演经纪、活动规划、出版营销、广告企划、流行文化包装等。

文化艺术产业与文化产业在界定上容易混淆。文化产业的范围较广，包括所有与文化相关的产业，如电影、广播电视、音像、娱乐业、广告业等文化主体产业以及发行、印刷、金融、咨询、教育培训等相关服务配套行业。文化产业涵盖了文化艺术产业，文化艺术产业是文化产业中通过艺术的形式表现出来的部分。

（四）商业模式创新理论

商业模式创新是一种高层次的企业创新行为，它与传统意义上的产品创新、技术创新、制度创新和观念创新有很大的不同。商业模式创新意味着对时刻变化的外部环境作出反应，发掘新的市场需求，创造新的消费群体，采用新的经营战略，对企业内外部的资源、制度、模式的整合。此外，商业模式创新还必须实现价值创造的目的，包括顾客、供应商、股东和企业在内的各方都应获得更大的价值或价值预期，同时要达到更多赢利的目的。因此，商业模式创新涉及企业运作的方方面面。根据商业模式的构成要素，可以概括出以下5种主要的商业模式创新路径：

（1）重新定义目标顾客的需求。目标顾客即企业创造价值并将其传递给的目标群体，是指企业的产品或服务的针对对象。企业确定目标顾客要解决的根本问题是企业准备向哪些顾客群体或市场细分传递价值。这里涵盖了两个方面的内容，一是要明确企业的目标顾客，二是要了解他们的需求。企业通过市场细分来决定要提供哪些价值给哪些顾客，并在这个市场细分中要能够提供给顾客具有差异性的价值，明确如何为顾客提供价值并获取利润，因此目标顾客便成为商业模式的基本要素。只有发现并重新定义顾客需求的企业才能够成为市场的领跑者。企业首先应当认准目标顾客，同时对顾客需求具有敏锐的洞察力。

（2）创造新的产品或服务。企业要想获得竞争优势，必须提供廉价的、优质的或差异化的产品和服务。随着时代的发展，消费者的需求逐渐转向个性化、多元化和体验性，传统的商品与基本的服务已经无法满足现代消费者的需求。因此，对商品和服务进行创新是一种很普遍的商业模式创新方法。

（3）改变提供产品或服务的路径。就是要重新定义顾客接触方式，不单单指分销渠道，还包括企业与顾客之间信息的传递和沟通。分销渠道的创新，最终目的是为顾客创造更多的价值，从而获得竞争优势。传统的企业与顾客的沟通主要是通过分销渠道这种间接方式来现，顾客也可以通过企业的广告、售后服务、客服中心等来实现与企业的接触与沟通。通过增加与顾客的沟通，可以使企业更加了解顾客，也就越能满足顾客需求，从而实现竞争优势。因此，为顾客提供产品和服务的路径选择和创新也是当前商业模式创新研究的一个热点，企业应当设计出一个良好的顾客接触方式，在不提高成本的前提下不断提高与顾客的接触效果。

（4）赢利模式的创新。简单地说，赢利模式就是企业获得利润的方式，即企业通过怎样的模式和渠道来赚钱。它要解决的根本问题是：企业如何对创造出来的价值进行回收。在对一个企业的赢利模式进行创新时，可以将其分解为赢利源、赢利点和赢利方式三方面进行依次分析。赢利源是指企业依据哪方面价值活动获取利润。因为企业可能从很多方面为顾客提供价值，但企业可能仅仅对价值内容中的某个或几个环节收费，而将其他环节以免费的形式提供给顾客。赢利点是指企业对哪部分目标顾客进行收费。企业服务的目标顾客可能很多，并且涵盖各种类型的顾客，但企业可能仅仅对那些需求弹性很小，对企业服务依赖性大的顾客进行收费。此外，企业也可以采取差别定价的方式对不同的顾客采取不同的收费标准。赢利方式是指企业应该如何收费，包括定价方式、付款方式、付款时间、促销策略等。赢利方式是赢利模式的具体实施环节，为顾客的消费提供了条件和规则，确保了企业赢利的最终实现。

（5）发展独特的价值体系。价值体系包括企业内部的价值链和企业所在的价值网络。基于价值链的创新是指企业根据顾客需求，优化企业内部的资源配置，在满足顾客需求的前提下降低成本。对价值链的创新可以通过拆分、重组、延伸、减短等多种方式进行。而企业所在价值网络一般包括供应商、分销商等合作伙伴，企业在价值网络中要找准定位，与供应链上的其他伙伴保持密切联系，以发挥协同效应。对企业价值网络进行创新的途径主要有以下3种：一是以目标客户价值为中心，创造独特的价值活动体系，形成独特竞争力，这种创新主要围绕顾客价值的内容和实现方式进行，企业通过向顾客提供更大的价值来获得竞争优势；二是通过与网络中的其他成员加强联系，打造战略联盟；三是通过外包、产权并购、资源的重新配置等实现更大的协同效应。

五、课堂计划建议

本案例可以作为专门的案例讨论课来进行。如下是按照时间进度提供的课堂计划建议，仅供参考。

整个案例课的课堂时间控制在80～90分钟。

课前计划：提出启发思考题，请学员在课前完成阅读和初步思考。

课中计划：进行简要的课堂前言，明确主题（2～5分钟）

　　　　　分组讨论（30分钟）

　　　　　小组发言（每组5分钟，控制在30分钟）

　　　　　引导全班进一步讨论，并进行归纳总结（15～20分钟）

课后计划：如有必要，请学员采用报告形式给出更加具体的解决方案，包括具体的职责分工，为后续章节内容做好铺垫。

建华集团：交班的难题[①]

朱沆　黄婷　蔡锷　郑淳丹

> **摘要**
>
> 年过五旬的创业家陈建华正面临交班难题。随着企业的成长和规模扩张，陈建华渐渐力不从心，他有心退居二线，然而谁能接手他一手带大的企业？引进的职业经理能力强，经营观念好，与自己私人关系也不错，但太太激烈反对由他接手企业。回国不久的儿子缺少历练，就想着执掌大局。还没等他考虑好如何协调，儿子和职业经理两人就已在一个重大决策的会议讨论中针锋相对，回到家太太又点了一把火，陈建华一下被推到了矛盾中央，进退两难。

C镇的四月天还不热，只是空气很潮湿，让人感到有些闷。晚上7点，华灯初上，高档小区临江华庭的河边，一个50多岁的男人缓步前行，心事重重的他无心欣赏河边的风景，也没留意过往的路人。偶尔有人尊敬地向他问好，他才回过神来礼节性地点头致意。他是建华集团的创办人、董事长陈建华，是D市知名的实干型民营企业家。此刻充斥着他脑海的是今天的烦心事，下午的高管会议上初次列席会议的儿子与多数高管针锋相对，让他措手不及，也不知如何表态，回到家吃晚饭时太太的一番哭闹，更让忙碌了一天的他倍感疲惫。自己已年近花甲，真想退下来好好休息一下，但企业又应该交给谁呢？

一、公司的创业历程

陈建华创办的广东建华集团有限公司是一家以房地产开发为龙头，主营建

[①] 本案例的调研和撰写得到国家自然科学基金项目（71072093）和中山大学管理学院EMBA中心的共同资助。案例的版权由作者与中山大学EMBA中心共同所有，未经允许，本案例的所有内容都不能以任何方式与手段擅自复制或传播。本案例由作者根据对相关人员的访谈整理编写而成，出于保密的需要，在本案例中对有关名称、数据等做了必要的掩饰性处理。作者编写此案例的目的是用于课堂学习讨论，不能作为商业活动现实的客观记录，也不能作为商业决策正确或错误的判断依据。

筑、安装、装饰，多种经营、多元发展的大型综合性民营企业集团。公司注册成立于 2002 年 8 月，总部位于 D 市 C 镇。其前身是 1988 年成立的 C 镇建筑工程队，成立之初只有 5 个人。创始人陈建华虽只有小学三年级学历，但敢闯敢干，凭借艰苦奋斗的创业精神，带领工程队不断将业务发展壮大。经过 7 年的发展，工程队积累了一定的资本，自己的经营管理经验也日渐丰富。1995 年 4 月，陈建华创办了建华实业发展有限公司。随着公司业务的不断拓展，陈建华相继创办了多家子公司：1997 年 12 月成立兴盛实业发展有限公司；1999 年 5 月成立建华建筑工程有限公司，并在 2001 年获得了国家房屋建筑工程施工总承包二级资质；2000 年 11 月成立了顺发实业有限公司；2002 年 12 月成立启东港建设发展有限公司；2003 年 10 月成立建华汽修有限公司。至 2003 年年底，建华集团已经拥有独资公司 9 家、控股公司 8 家、参股公司 6 家，资产总额 13 亿元，当年营业收入 8 亿元，利润 0.75 亿元。

从 1988 年创业至 2003 年年底，建华的事业从一个小工程队发展成一个拥有 10 余家子公司的大集团，公司业务收入从以百万元为单位发展到以 10 亿元为单位，员工也由 5 人发展到 1 000 人，事业实现了奇迹般的连番跨越。业务的快速成长得益于陈建华在工作中的身先士卒，以及团队高涨的工作热情和不计代价的辛勤工作。陈建华把自己的绝大多数时间精力都放在公司里，将家庭完全交给了自己的太太。在公司创业的过程中，他提出并践行"以和为贵，以干为本"的企业精神，一直和员工一起工作在第一线，关心和激励与自己一道努力的员工。遇到时间紧、任务重的情况，他都会和员工一道加班，并慰问大家"辛苦了"；工作遭遇挫折时，他都会拍着员工的肩膀为员工打气说"不要紧，从头再来"；当公司取得成绩时，他就会和员工一起到大排档庆祝，并向员工们表示感谢；员工个人或家人生病时，他会请医生送药到员工家中，握着员工的手安慰他们"有困难来找我"；碰上员工有婚庆喜事，他都会送上红包，向员工表示祝贺。因此，公司的老员工对陈建华、对建华的事业总是充满感情，并真心实意为之付出。

在建华集团成立之前，建华公司的管理主要依靠陈建华的经验，没有正式的管理架构，也没有正式的考核、奖惩等管理制度。员工们非常信赖陈建华的能力和品格，公司的大小事情都向他请示，一旦他做出决定，员工就会很快执行。由于陈建华对公司的每项业务都很熟悉、对公司的老员工都非常了解，他也保持着事必躬亲的习惯。然而，随着下属子公司一个个成立，陈建华发现向自己汇报的人越来越多，不仅有分管各个子公司的负责人常来汇报，而且公司内部各个级别的员工都养成了有事直接向他汇报的习惯。每天忙于应对会议、面谈和电话的他，越来越难有时间顾及自己想做的事，还常常不得已将下级请示的事压下来，妨碍了公司的正常运作。事务缠身让陈建华越来越感到力不从心。

2002 年年初，因为业务的关系，他在深圳偶遇同乡秦旭阳。秦旭阳比他小 15 岁，大学毕业后分到一家国有建筑公司工作，后来转到一家大型民营房地产公司担任高层，当时正在华南某著名高校读 EMBA。两人第一次见面就很谈得来，由于业务的关系，来往越来越多。逐渐熟悉之后，陈建华也会和他聊聊管理上的问题和苦恼。在一次交谈中秦旭阳提醒他，公司都这么大了，是该考虑建立正式的组织架构来帮助自己了。陈建华一听来了兴致，两人倾谈了一个晚上，他对秦旭阳的见解很是欣赏。第二天，陈建华就给秦旭阳打电话，力邀他来建华集团工作，但被秦旭阳婉言谢绝了。陈建华没有放弃，多次登门请贤，又在秦旭阳回乡探亲时邀请他到公司参观。最终，秦旭阳被陈建华的诚意所打动。

二、公司转型

2003 年 11 月，秦旭阳离职加入了建华。同年 12 月，广东建华集团成立。在秦旭阳的推动下，集团公司搭建了正式的管理架构，设立了董事会和经理层。第一届董事会成员一共 6 人，包括董事长 1 人及董事 5 人。董事长和总经理由创始人陈建华担任，其他 5 位董事由 5 位副总经理出任。常务副总经理由秦旭阳担任，负责集团日常工作事务；另 4 位副总经理分别为陈建成、王海祥、罗强和李海权。4 位副总经理都与董事长陈建华有密切的关系：陈建成是董事长的二哥，初中毕业，曾任小学教师，目前负责建筑、安装、装饰板块；王海祥是董事长的朋友，高中毕业，跟随董事长创业至今，负责房地产板块；罗强是董事长的邻居，初中毕业，负责酒店业务；李海权则是董事长的亲戚，初中毕业，曾任村党支部书记，负责集团财务工作。集团未设立监事会，监察工作暂由常务副总经理领导。新组建的高管团队第一次引进了专业的职业经理人，改变了企业过去几乎完全由家族成员管理的情况。

通过与秦旭阳等人沟通，陈建华开始认识到"没有战略的企业，就像流浪汉一样无家可归"，以往靠敢为人先、靠抢抓市场机会、靠摸着石头过河创造创业奇迹的方式接下来未必适用了。于是，董事会和经理层开始谋划公司的长远战略。秦旭阳多次向陈建华建言，公司发展到这个阶段，已具备相当的实力和影响力，不少员工开始松懈，有些小富即安，公司应及时制订长远的事业目标，激励全体员工为更高的目标努力，打造公司的响亮品牌。这种观念得到了董事长的认同，经过董事会和管理层讨论，最终确定了打造"百亿营业收入，百年长青企业"的双百战略目标。

在秦旭阳和高管团队的推动下，公司的规章制度逐步建立并完善，集团的发展开始走向规范化、有序化，初步形成了团队决策、制度管理的局面。2004 年，董事长陈建华听取了职业经理人的意见，不顾家族成员的反对，设立了内部审计机构，对集团下属各公司、各项目、各部门开展审计监督工作。仅第一年，审计5 家公司、3 个项目、3 个部门，共发现违反公司规章制度行为 27 起，涉及金额1 700 多万元，挽回经济损失 500 多万元，处分责任人员 5 人。随着管理的专业化和制度化，企业发展也进一步加速，建华事业达到新的高峰。截至2006年年底，集团拥有独资公司7家、控股公司8家、参股公司7家，集团资产32亿元，营业收入38亿元，利润7.21亿元，形成了以建筑、安装、装饰工程为产业基础，以租赁经营为物业基础，以房地产开发为龙头，集酒店服务、物流等多种经营为一体的较大型综合性民营企业集团。

然而，建华集团迈向管理职业化企业的道路并非一帆风顺。董事长虽然多数时候都能接受秦旭阳等职业经理的建议，但对自己认定的事还是很固执己见。2004年年初，集团召开财务工作会议，商讨资金借用问题。此时集团发展加速，资金需求日渐增加，经分析讨论，与会人员认为应保持稳健的资产负债水平，谨慎举债。但陈建华没有接受众人的意见，仍然孤注一掷，借入巨额短期资金作长期投资，使集团的资产负债率迅速增加，达到很危险的水平。由于集团业务正在扩张期，资金需求较大，资金链条几度濒临断裂，接下来的两年中多次出现危急局面，经营极为被动。

随着公司的壮大，董事长的家人也开始关心起公司来。陈建华的太太文化程度较低，从丈夫创业后不久就做起了全职太太，一直在家相夫教子。在公司发展的过程中，她把自己的不少亲戚老乡都推荐到建华集团工作，陈建华碍于妻子的情面，都一概接纳。自从儿子出国，集团公司成立并引进职业经理人后，陈太太就对公司的事务关心起来。由于建华集团一直未正式设立监事会，受亲友的怂恿，陈太太就开始充当起影子监事长来。那些在企业工作的她的亲友，如董事长司机、办公大楼保安、饭堂师傅、清洁工人等人便当仁不让地充当了"监事"角色，他们专门打听一切陈太太感兴趣的事情，甚至在一些公开场合提出了"要监督除了董事长以外的所有人"的口号，还提出要在集团办公室主任的独立办公室内安排董事长司机的办公椅，认为"这样可以代表老板娘全面掌握员工动向"。人力资源中心如果要处分董事长夫人家乡的员工（陈太太的"监事"），必须先与董事长夫人"沟通"。

最初，秦旭阳考虑这是董事长的家事不便置喙，便隐忍不言。然而，董事长夫人的这种做法还是干扰到公司的经营。从2004年至2007年年底这4年间，共有5位办公室主任因为"沟通不好"而离职。2004年7月，董事长夫人的亲戚、一个担任出纳职务7年的"优秀员工"被发现长期挪用巨额公款，令人惊讶的是，该案侦破依靠的却是外部线索，而不是内部监控。秦旭阳再三考虑，终于决定向陈建华建言，严肃企业的规章制度，要求公司所有员工都遵守公司制度，不得随意干预非本职工作之外的公司事务，非公司员工不得干预企业事务。陈建华虽答应了，但在实际处理时又不置可否。

三、领导人的苦恼

2007年,董事长陈建华的儿子陈耀光从英国留学归来,陈建华很高兴。他和太太只有这一个孩子,由于工作繁忙,儿子的教育一直由太太负责,但陈建华还是很牵挂。4年前,儿子高中毕业,高考成绩不理想。看到身边的同学不少都到国外学习,儿子也要求出国。陈建华看儿子有这样的志向也很高兴,很快为儿子办理了到英国学习的手续。临到儿子要出国,陈太太一直泪水涟涟,舍不得自己一手养大的孩子远行。

儿子回来了,接下来就要考虑他的工作安排了。秦旭阳建议让耀光到外面锻炼几年再回来接班,陈建华觉得有道理,陈耀光也接受了。秦旭阳为陈耀光联系了一家国内知名的大企业实习锻炼,按计划耀光要在那里工作2年,但他去了不到3个月就跑回家,向母亲抱怨"太苦了"。陈建华请秦旭阳再联系一家企业,这下太太急了,冲陈建华发火:"儿子去英国都回来了,实习不就是点小事吗,为啥不让他尽快回来接班?"陈建华硬硬心肠,没有听太太的抱怨,还是把儿子送出去了。这次陈耀光在这家企业做了没满1个月就跑回家来了。

看着宝贝儿子在外面吃苦受累,太太更加不高兴了:"为啥一定要让儿子到外面去吃苦受累,在自家企业里不一样可以学习吗?"在太太三番五次的催逼下,陈建华只能让儿子到建华集团来实习工作。他接受了秦旭阳的建议,让儿子先到基层去锻炼,从基层做起,并请跟了自己多年的老员工带他。但陈耀光根本看不起基层这些工作,到岗位上晃了1天就不再出现。主管和师傅知道耀光是董事长的公子,只好睁只眼闭只眼。几天后,太太又一次站出来为儿子说话:"儿子是学管理的,是来接你的班的,不是来学做建筑工人的,为什么不给他机会?"陈建华拗不过太太,只好将他提拔为董事长助理,安排在自己身边学习。

一天,集团管理层召开紧急会议,商讨解决与客户的一个重大商业纠纷。下属建筑公司报告,公司前几年为一位客户建的厂房出现了重大质量问题,客户投诉到公司,声称如果不能得到满意解决就法庭上见。陈建华深知,这是公司目前面临的典型问题。在建华发展早期,由于经验不足,加之管理不规范,承建的一批建筑工程质量都或多或少存在隐患,近两年随着建筑物使用时间渐长,问题逐渐暴露出来。只是以往出现的问题都不大,做些小的修补也就解决了,但这次的问题明显更严重,客户才下了最后通牒。由于事关重大,陈建华紧急召集了集团管理层开会。虽然陈耀光担任了集团的董事长助理,但陈建华知道儿子尚欠历练,只是让他列席旁听。

会上,常务副总经理秦旭阳从公司的"双百"战略目标出发,提出帮客户推倒重建:"虽然会多花100多万,但问题解决得好的话客户会对我们更信任,我们也可以借此广为宣传,这带来的品牌价值会超过这100多万,公司可以争取到更多的生意。"副总经理陈建成表示赞成："这个客户我比较熟悉，和我们做了多年的生意，这次出现的问题确实比较严重，如果能为客户重建，不但能解决问题，还可以加深与客户的关系。"副总经理王海祥也赞成这个建议。但负责财务的副总经理李海权有些迟疑："秦总的建议固然有理，但我的意见是重建要慎重，这一笔就是100多万，要是再有客户遇到问题，也要我们重修，我们就得贴本。"还没等陈建华谈自己的想法，坐在一旁的陈耀光忍不住要求发言。平日里父子俩就公司问题讨论还不多，陈建华也想听听儿子的想法。没想到儿子一开口就语惊四座："在全世界范围内，没有真正超过25年历史的企业，所谓百年企业都是假的！我们也不可能超过25年。我们不需要什么大道理，不需要什么战略，要更务实，到手的利润比品牌更实在。凭什么给他们重修，如果都要我们重修，企业还怎么挣钱？"

秦旭阳也没想到陈耀光会出此惊人之语，而且一点也不给自己留面子，但他还是尽可能心平气和地回应："耀光说的情况确实存在，很多企业没有长远打算，确实熬不过25年。在我们国家企业的历史普遍还较短，寿命长过25年的确实还很少，但国外还是有不少。现在我们把质量问题处理好，在行业内建立起信誉，我们的主业就能越做越好，很有希望迈过25年这个门槛。"话音刚落，陈耀光马上开始反驳："现在的主业做下去有什么意义？赚的越来越少，赔了这家赔那家，赚的钱都赔掉了。依我看，就是不能服软，让他们告去，大不了我们把这个公司关了，另外开个公司做更赚钱的生意。"会议室的气氛一时凝固了，副总经理罗强悄悄瞅了瞅陈建华的脸色，也出来表态："我觉得耀光讲得有道理，他在国外学习这些年，对国外的情况更了解。"

众人望了望董事长陈建华，都陷入了沉默，再没有人发表意见了。陈建华同样被儿子的言语震惊了，他没想到儿子会在公开场合断言自己花费心血培育的企业活不过25年。但他努力压住自己的尴尬与震惊，试图调和会场的气氛："今天大家把不同的观点都摆出来是好事，我们可以找到最合适的办法。这个事确实是个大事，需要仔细斟酌一下。这样吧，今天的会就先开到这里，这个问题让我再想想。"

在下班回家的路上他思来想去，觉得秦旭阳说得更在理。自己好不容易带领员工培育起来的声誉，不能就这么轻易葬送，花费近20年心血辛辛苦苦培育的企业，怎么能随便说结业就结业。他决定好好与儿子谈谈，调整他的想法。一回到家没等他开口，太太就问起了下午集团会议的情况，带着怀疑猜忌逼问他："为什么不撑耀光？你不支持他，他怎么镇得住外人，怎么帮你管企业？"陈建华一摆手："你不了解情况，女人家不要管公司的事。""你到底是什么意思？难道你不想把企业交给自己儿子？你是不是在外面有了人？"太太一听跳了起来。儿子耀光原本在旁边不作声，看母亲发火了，也摔下一句话："你不支持我，那你就自己干！"妻子和儿子的责怪把陈建华到嘴边的话生生压了回去，内心的激烈冲突让他选择了沉默。吃了几口饭，儿子一摔筷子回到自己房里去了，太太一看又哭闹了起来。陈建华叹了口气，这顿饭他真的再难吃下去。在内心深深的矛盾挣扎中，太太的哭闹只能平添他的烦恼。他放下筷子，走出家门，一个人来到河边散步。这是他习惯的思考方式，过去每遇到难解的问题，他都喜欢一个人静一静，这样能把问题考虑得清楚些。

四、难题

　　这几年，他一直都在回避想象他离开建华的那一天，然而他知道这一天终究是要来临的。回想起近20年的创业经历，他是自豪的，他自豪的是自己把一个小小的工程队一路带大，到今天成为一个近万人的企业。但他也知道，他不可能一辈子领导这个企业。接下来该把企业交给谁？

　　回想刚过去的这几年，他感觉自己肩上的压力越来越大。自己虽有近20年的经验，但如今却越来越力不从心，越来越依赖以副总经理秦旭阳为首的高管团队，心里多少有些不甘却又很无奈。上次公司举行一个大型活动，邀请了很多领导、专家，一下子要面对那么多嘉宾讲话，自己竟然有些心慌。毕竟当年没有机会多读书，只念到小学三年级，虽然也大致了解该讲什么，但只会说大白话，不适合这个场面。固然可找秘书帮自己写稿，但关键的地方还是得自己把握，自己又没这个能耐，无奈之下只能请副总经理秦旭阳帮自己修改，自己拿着稿上去读，场面上是应付过去了，但总觉得不是滋味。无奈之下，很多出头露面的机会只好让秦旭阳代自己出席。这几年企业成长很快，自己又当选了全国政协委员，这种场面的事越来越多，也无法都让秦总代替，每次心理压力都很大，这些慢慢成了一个很大的负担。说心里话，他真的很欣赏副总经理秦旭阳，"双百"战略实施这三年的企业的变化，还真离不开他。秦总目前正是年富力强，要经验有经验，要能力也有能力，品行也可信赖。两人关系不错，也很谈得来，好几次陈建华都想把企业交给他，自己退居二线。但太太一听他讲起这个想法，就强烈反对："那还是你陈家的公司吗？你现在交出去容易，到时你怎么拿回来给儿子？"每当太太这么一提，陈建华又不得不打消自己的念头。

　　希望就寄托在儿子身上，自己没条件读完小学，在管理上每每受文化水平牵制。耀光这一代就遇上了好时候，不仅读到大学，还能到国外的大学去获得学位，文化比自己高，眼界比自己宽。自己只有小学三年级文化都能把企业做得这么大，而儿子已在外国取得本科学历，一定可以把企业做得比自己过去还好很多倍。也许儿子现在还不够熟悉企业的情况，等他了解多些，再给多些机会历练，就能成熟起来。或者是他在国外看到了更好的产业发展机会，还没有机会和自己沟通。自己已过了知命之年，这么多年带领企业创业成长，一直没有好好休息，现在确实感觉很累。早些让儿子走上前台，迅速成长起来建立起自己的威信，自己的压力也可以轻些，也可免了太太总在家里哭闹。

想到这里，他似乎有了主意，转头向家中走去。一抬头看到远处矗立的集团总部大楼，又想起白手起家到如今的创业过程，这个一手带大的企业，这两年成长得很好，儿子竟然认为熬不过25年，想到这心里确实有些难受。从三年多前提出做"百年长青企业"的目标后，企业内外的变化自己也有切身感受。原来有些懈怠的员工又开始振作起来，经过报纸报道，还有客户主动找上门来，原来建华集团打造百年企业的报道传到了客户那里。如果自己出来支持儿子，就意味着要否定公司2003年定下的战略目标，否定自己和同事们那么多年的努力。想到这里，陈建华心里又矛盾起来，毕竟这是一份千辛万苦才打下的基业啊。

然而自己也没法不表态了，下午高管会议结束时，很多高管都满怀疑问地望着自己。他了解这个团队，如果不明确这个问题，这帮高管就会等着观望。后天就是董事会会议，高管们都会参加，自己一定得给高管们一个态度。陈建华知道，等着他决定的人决不仅只是这几个人，下午高管会议的情况一定很快传遍了整个公司，大家都在等他的说法。

教 学 指 引

一、案例的适用范围

本案例讨论了当前不少中国民营（家族）企业面临的领导人继任问题，适于本科和MBA"家族企业管理"课程代际传承相关内容的教学，也可用于"战略管理"和"公司治理"课程领导人继任问题的讨论。

二、案例的教学目标

本案例的教学目标包括以下几个方面：

（1）帮助学生理解家族企业领导人继任的特殊性，即不仅要满足企业系统的需要，还要满足家族系统的需要，而在很多时候，两个系统的需要之间存在着冲突。

（2）通过案例讨论让学生认识家族企业继任中潜在的代理问题：若由职业经理继任，家族担心失去控制引起代理问题；若选择家族内部继任，则可能面临领导人无能导致的代理问题。

（3）了解干扰家族领导人选择继任者的非经济因素——对后代的单向利他主义，这种利他主义可能导致家族潜在继任者的道德风险，增加内部继任的潜在代理成本。而这种单向利他主义的影响往往来自家族内其他成员的推动。

三、思考题

课堂讨论前教师可考虑提出以下几个问题指导学生进行课前思考准备,并用于课堂引导学生讨论:

(1) 陈建华该考虑交班了吗?为什么?
(2) 陈建华该支持谁?
(3) 他应该将企业的领导权交给谁?不同的选择各有何利弊?
(4) 做出上述继任选择前,陈建华应先做哪些准备?

四、教学策略与案例解析

本案例描述了家族企业代际传承中的一般性问题。与给学生的思考题相对应,教学中可遵循以下思维逻辑逐步推进:首先分析建华集团目前是否到了领导人继任的节点,其次才考虑不同潜在继任选择的利弊和陈建华应支持谁,最后扩展分析继任过程作为一个过程所需的准备工作。

从建华集团目前的情况来看,陈建华的精力和管理能力有些跟不上企业发展,确实需要谋划继任准备了,但还不到立即让新领导人上位的时候。从他的能力、精力与企业发展匹配的情况来看,力不从心主要与他事必躬亲的领导风格有关。在管理进一步职业化和规范化后,他的负担应能有效减轻,而对于企业外部的联系与公众关系陈建华仍可在管理层的帮助下应对。从企业的发展来看,一方面,企业的制度转型还没完成,约束家族影响的正式机制还未建立起来,家族对企业的干预还较多,这项工作无法由他人替代;另一方面,企业的战略转型还在实施过程中,"双百"战略目标的提出和实践才刚走上轨道,上述观念还没为全体员工(包括部分管理人员)完全领会,又面临着第二代观念的冲击,这迫切需要创始人正本清源,与管理团队一起把企业带上轨道。

陈建华表态支持谁是本案例的关键决策,既影响到潜在继任者在企业的权威,也与公司未来的继任选择紧密相连。支持秦旭阳为首的管理团队,能够进一步加强建立不久的职业化管理团队的威信,稳定管理团队,有利于"双百"战略的贯彻和管理正规化的推进,但可能削弱家族在企业的影响力,加剧家族成员关于失去对企业控制的担心,让陈建华在家庭和家族中面临很大的压力。而如果支持自己的儿子,就向企业所有员工发出了一个信号,陈建华已基本选定儿子来接班,急于帮助儿子建立在企业的权威,这满足了家庭和家族的需要,但会让已初见成效的战略重新走入迷途,并让管理团队失去持续经营企业的信心,对企业的潜在危害较大。因此,在这个问题上家族的要求与企业的需要存在较大的冲突。

　　面对两难的继任选择，教师应引导学生思考继任选择的潜在标准是什么。尝试了解存在冲突的两个系统需要的潜在联系，启发学生如果家族仅仅考虑保存自身的社会情感财富，不平衡考虑企业的需要，可能危及企业的生存，也可能最终损害自身的社会情感财富。在本案例中，陈建华受自己和太太对儿子的单向利他主义影响，对儿子的要求一再妥协，已助长了儿子的道德风险，不愿通过艰苦的努力培养自己的能力、积累个人的影响力，就想一步登天。由于没有经过历练，没有成功历史，缺少合法性，即使陈耀光被扶上位，他也很可能只有权力而没有权威，不可能有效地领导企业。更重要是的，让陈耀光不经竞争直接成为继任人选，也必将损害创业元老和管理团队对公司的心理所有权和承诺，破坏公司的战略和未来成长。由于陈耀光的战略主张是短期利润至上，不关心客户的利益，如果让他上位也将破坏公司的外部形象和与利益相关者的关系，危及企业的生存。如果这些潜在负面影响变为现实，事业倒退并陷入生存危机，不仅创始人陈建华难以接受，家族的利益也将最终受损。因此，如果陈建华了解这种潜在后果，就应明白更多考虑企业的需要也有利于家族的根本利益。

　　此外，教师可引导学生思考陈建华下一步的当务之急。这次支持秦旭阳为代表的管理层，并不意味着完全排斥了儿子继任的机会，只会让儿子和企业员工都明晰企业内应遵循符合企业需要的规则，这对于下一步明晰继任者选择规则是个很好铺垫。陈建华接下来仍有机会培养儿子，让他为自己争取继任的机会。在家族企业中，领导人常常需要同时管理两个系统，这对领导人是个极大的挑战。陈建华过去更关注企业的管理，较少考虑如何管理家庭和家族，现在需要他对后者给予更多的关注。这可能需要他克服很大的困难，由于以往对子女的培养缺乏重视，与太太和儿子缺乏沟通，让太太的单向利他主义泛滥，导致了儿子目前不想努力就想收获的心理、不愿接受艰苦磨炼的品性以及偏激的经营观念，这都需要陈建华耐心做家人的工作。

　　如果最终不得已选择让职业经理继任，陈建华也需要了解，交给职业经理并不意味着自己和家族就立即能做甩手掌柜。即使找到了与自己关系深、品行和能力好的职业经理，建立和完善公司的监督、激励等正式治理手段仍然很有必要，只有这些工作完善了，自己才可能像何享健那样放心地退下来，而不会像兰州黄河那样出问题。另外，家族方面也需要培养家族成员尤其是自己的儿子做合格的所有者，如果难以做到，采用信托方式管理所有权也是可以考虑的选择。

五、案例的后续发展

　　陈建华最终选择站在儿子一方，陈耀光迅速进入了公司的决策核心。从2007年4月开始，集团内几乎所有工作均需向董事长父子直接汇报、由董事长父子决策，公司所有决策从公司战略到司机的聘用基本上都由董事长父子或者由少数家族成员做出决策，除个别高管外，其他非家族成员的中高层管理人员很少能参与决策。董事长父子开完董事会，接着开总经理办公会，再接着开部门会议，最后开专题会议，企业会议、家庭会议、朋友聚会混在一起。

2007年下半年，建筑公司准备招聘一位业务副总经理，他们需要一位综合素质较高、基础扎实的专业人士去负责生产、技术等专业性较强的工作。但最后陈建华听取了儿子的意见，否定了总经理办公会议的意见，让没有管理经验的陈耀光兼任业务副总经理。陈耀光到任后，将公司唯一一位具有高级职称的总工程师开除，公司生产经营工作一下陷入混乱，造成客户投诉和索赔，对士气造成了极大的打击。紧接着，有近25名生产骨干和中基层干部离职，对公司造成了极大的负面影响。

陈耀光掌握权力后，开始借助家族成员的力量帮助自己建立权力基础。2007年年底，他提议将董事长刚招为侄女婿的张某连升三级，直接任命其为一家子公司的总经理，将原颇有实绩的总经理降职为业务副总经理。集团总经理办公会议绝大部分意见反对连升三级破格使用张某，该子公司也是反对声一片。最后董事长坚持己见，坚持让张某上任。为了排除异见，上任不到1周张某就连续解除了3个业务骨干的工作合同，开始对原本运转有效的经营管理模式进行彻底的调整，并屡次与业务副总经理发生冲突。1个月后，业务副总经理辞职，接着陆续有近10名中层干部和业务骨干离职。由于经验不到位，张某上任后公司的运营管理出现了很多问题。其上任10多天后，该子公司管辖的一个工地由于监管不足，发生了公司组建以来从未出现过的严重安全事故，使公司经济效益和企业品牌受到严重影响。这次事件引发了更为严重的离职潮，整个集团共计有中高层管理人员近20人主动辞职离开，常务副总经理秦旭阳也在其中。

随着家族势力的增强，一些家族成员利用在公司里的地位为自己谋取更多的利益。集团60%以上中高层干部自己开办公司，另接业务，而且大部分业务与集团业务有直接关联，形成了复杂的利益关系，严重影响了公司的正常经营。一位集团董事、副总经理长期为建筑公司提供原材料，价格高于市场价，质量低于市场水平，现货现款，建筑公司上下怨声载道，但该集团董事、副总经理反而利用自身影响，通过董事长开除了提出反对意见的干部员工。员工与员工之间也存在复杂的裙带关系，一个员工进公司后，会通过各种关系把他的亲戚朋友一个个介绍进来，少则一两个，多则五六个，组成了一张盘根错节的关系网。

由于此前打下的基础较好，2007年集团仍取得了较好的经营业绩，营业收入和利润分别达到54.56亿元和11.16亿元，是集团成立以来的最好成绩。但员工并没有分享到集团增收的喜悦，集团内部7 000多名员工，包括家族成员在内，都没有获得承诺过应该分配的奖金。2008年1月1日新版《中华人民共和国劳动合同法》生效前，董事长听从了儿子的意见，取消了之前集团总经理办公会议集体决定的《广东建华集团关于签订劳动合同的若干意见》，与超过5年工龄的员工、伤病员工、高收入员工解除劳动关系，让其他没有家族背景的员工办理劳动派遣手续，引发轩然大波，恶评如潮。

　　2008年开始，公司的核心业务出现雪崩，尤其是建筑板块，由2007年近25亿的收入迅速跌落，到2011年仅仅维持在5 000万的规模，整个集团的营业收入也大幅下滑至1个多亿。

真功夫快餐连锁[①]

朱沆　利映雅　黄婷

> **摘要**　真功夫快餐连锁是蔡达标与潘宇海一家人携手创立的企业。然而伴随着企业的迅速成长,一个原本其乐融融的家族创业群体内部却出现纷争,夫妻亲情断裂、合作伙伴反目、企业领导人被捕的悲剧不断上演。到底是什么原因导致了这些变化的发生呢?

2012年9月,在真功夫创始人之一蔡达标接受庭审前的一个下午,曾经成功策划真功夫品牌营销项目的叶茂中给真功夫另一位创始人潘宇海打了个劝和电话。

"庭外和解吧,小潘。"

"我考虑考虑吧。"电话那头是潘宇海身心疲惫的声音。

"我很难过。"叶茂中哽咽的语音里带着深深的惋惜与失望,"我对真功夫还是有些'私心',毕竟是自己的策划作品之一。"

多年前这对形影不离的兄弟拿着《麦当劳神话》对他讲述他们共同的梦想的那个画面依然在叶茂中脑海里挥之不去。

"他们的敌人应该是洋快餐麦当劳,而不应该是彼此。"此时的叶茂中正要接手一宗新的策划项目,客户恰是兄弟两人联手创业的服装公司,"我要把真功夫的故事讲给他们听……"

[①] 本案例受国家自然科学基金项目"关系外部性、心理所有权与私营企业经理的侵占行为"(71072093)资助,由朱沆、利映雅和黄婷根据真实事件的公开报道整理编写而成。为适应课堂教学需要,作者对原始材料作了部分调整和修饰。作者编写此案例仅用于课堂学习讨论,不能作为商业活动现实的客观记录,也不能作为商业决策正确或错误的判断依据。

一、真功夫的创业史

（一）真功夫的前身——"168"蒸品店

1993年，因效益不佳，蔡达标夫妇决定关闭苦心经营的五金店，转而投靠小舅子潘宇海，当时潘宇海独自经营着一家"168甜品屋"。1994年，潘宇海与蔡达标商量后决定各自出资4万元将"168"重新选址于东莞长安镇霄边村107国道旁。"168"拓展经营范围，主营中高档蒸饭、蒸汤和甜品，面积仅有70多平方米，有4名员工。"168"取的是"一路发"的谐音——这便是今日潘蔡二人引以为豪的真功夫的前身。

尽管当时与蔡达标夫妇（两人各占25%）出资比例相同，各占50%，但实际上潘宇海和蔡达标在餐厅中扮演着轻重不同的角色：从甜品屋起家的潘宇海熟悉烹饪，全权负责菜品配方的研究与生产品质管理，而餐饮行业经验尚浅的蔡达标则负责公司总体策划推介和店面接待工作。潘与母亲6点钟到市场买菜，然后把买好的菜运回店里加工，并准备好所有待售产品直到中午11点正式营业。蔡达标之妻、潘宇海的姐姐潘敏峰则负责收银工作。一家人各司其职，有条不紊地经营着他们的共有财产——"168"蒸品店。

熟悉烹饪的潘宇海对于"168"蒸品店名气的积攒功不可没。当时，香港货柜车司机经常到东莞的星级酒店吃饭。潘宇海就和蔡达标一起到酒店偷师，做出了与酒店菜品同样美味的食物，并且价格还低一半。这吸引了过往的香港货柜车司机，来此用餐的司机络绎不绝。"168"蒸品店也因此名声大噪，生意蒸蒸日上。

半年后，"168"在东莞长安镇长源路开了第二家"168"蒸品店。同年年底，第三家分店又在乌沙管理区开张了。"168"蒸品店三地经营后，建立了一个加工、配送中心，将食品加工从餐厅分离出来。但在接下来的2年时间内，受不同厨师水平的影响，各分店出品的饭菜质量参差不齐，所有中式快餐面临的标准化的问题也开始在发展中的"168"蒸品店身上凸现。遭遇创业以来第一个瓶颈的潘宇海与蔡达标无奈之下决定停止开店扩张的步伐，开始找寻解决的办法。

一次偶然的机会，两位创始人参观了一家制衣厂，厂内的蒸汽烫衣设备给了他们灵感。他们意识到，洋快餐得以在全球扩张，其核心竞争优势在于标准化的餐食和管理，而这恰恰是传统中式快餐所欠缺的。于是，他们请教了很多资深人士，并开始与华南理工大学的几位教授一起研究中式餐饮的标准化制作课题。1997年，"电脑程控蒸汽柜"设备成功研发出来，解决了全球的中餐"标准化"难题。随着技术难题的解决，"168"蒸品店走上了标准化连锁扩张的道路。同年11月16日，潘宇海和蔡达标把"168"改名为寓意蔡潘合作的"双种子"，第一家"双种子"蒸品餐厅在东莞虎门镇开业。这是全球第一家实现"标准化"生产的中式快餐厅，门店可以不需找专门的厨师来烹饪，"千份快餐一个品质"，"员工只需培训45分钟就可操作"。凭着口碑和稳定下来的菜品质量，"双种子"在东莞的经营一路顺风顺水。

（二）从"双种子"到"真功夫"

2001—2003年，"双种子"开始在广深两地扩展。虽然投入的资金和管理精力更多，但是其效果却远不如在东莞的发展，单店赢利能力低、过往人群多而进店人数少、单次营业额始终徘徊不前，这些问题困扰着"双种子"的两位创始人。

在2003年之前，潘宇海一直是企业的总裁，到2003年，蔡达标要求自任总裁，并在董事会上公开承诺5年后换届再重新轮回潘宇海。考虑到蔡达标的策划才能有利于公司全局发展，潘宇海同意了蔡达标的要求，自己则以副总裁的身份承担全国各地的门店开拓工作。蔡达标认为靠"双种子"无法进一步打开市场，即便经过多年的经营，"双种子"的品牌积累了一定的美誉度与影响力，但在大城市仍缺乏品牌号召力，加之大城市的运营成本较高，扩张自然难以为继。于是，他决定做一个大胆的改变。

蔡达标不惜重金花费400万请叶茂中营销机构为"双种子"设计一个全新的品牌。叶茂中拿出了"真功夫"的品牌，并赋予其"征服自我，超越极限"的品牌内涵。虽然蔡达标非常喜欢这个方案，但这个和蔡达标性格一样张扬和充满挑战的方案受到了董事会的强烈反对，其中反对声音最强的就是潘宇海。一位当事人回忆："那段时间几乎天天开董事会，每次都和吵架一样，作为两派代表，蔡潘两人各自承受着巨大压力，潘宇海甚至数度落泪。"

在蔡达标的坚持下，公司尝试着在广州开出第一家真功夫餐厅，相比于之前"双种子"的窘境，真功夫餐厅的生意明显火爆。自此，公司决策层才下定决心，忍痛摈弃品牌价值已高达几千万的"双种子"，将"双种子"全面更名为"真功夫"。蔡达标也从这一次事件中开始强化了自己在公司的地位。

这次成功的策划打开了跨地域扩张的大门，短短数年间，真功夫的门店迅速增长，遍及广州、深圳、上海和北京等多个地区。重塑品牌使真功夫实现了飞跃式发展，蔡达标的远见和魄力也得到了员工的认可。潘宇海则承担起了门店开拓工作，踏实专注的他成为了公司理想的大内总管。侵略性强的蔡达标主外，重情重义的潘宇海主内，蔡潘二人形成了创业的黄金搭档。

此时真功夫的股权结构依旧是蔡达标夫妇和潘宇海双方各占50%，董事会由蔡达标、潘宇海、周明和万伟明组成。周明和万伟民均为真功夫的创业元老，两人分别在1997年和1999年从麦当劳跳槽到"双种子"，为真功夫的发展壮大立下了汗马功劳。

二、逐渐积蓄的创始人矛盾

(一) 婚变

就在真功夫攻城略地势如破竹之际，潘敏峰与蔡达标的婚姻亮起了红灯。其实，潘蔡二人的感情危机早在几年前就埋下了伏笔。早在1996年，当时还怀着小儿子的潘敏峰就发现蔡达标与一位胡姓女子有不正常的男女关系。后来蔡达标发誓一定与那名女子分手，考虑到双方这么多年的感情，潘敏峰相信了他。谁知道，1999年，一位周姓女子竟然主动找上门，跟潘敏峰表明了她跟蔡达标的情人关系，并表示愿意做蔡达标背后的女人。潘敏峰再也控制不住自己，与蔡达标大吵大闹，要蔡达标马上跟那个女人断绝关系。蔡达标哀求说马上分手对方会想不开去寻死的，请求潘敏峰给他几个月时间去处理这件事情。然而，接下来却并无收敛。[1]

2006年9月，潘敏峰与蔡达标长达15年的婚姻宣告结束，两人协议离婚。潘敏峰争得了两个孩子的抚养权及三处正在按揭的房产，但放弃了对双方共有的真功夫股权的主张，将其让给了蔡达标。如此一来，蔡达标和潘宇海各占真功夫一半的股权，形成了五五开的局面。此后，无论是蔡达标，还是潘宇海，都感觉到了这种五五开的股权结构所带来的问题，双方在决策时不得不相互妥协。蔡达标曾经对外埋怨过，他在做决策时要费尽口舌说服别人，有时候不能达成一致，双方都很冲动，说出一些伤害对方的话，让彼此都很伤痛。

(二) 风投的进入

离婚没过多久，蔡达标就开始对真功夫进行"脱胎换骨"。

自从2003年潘宇海基于认可蔡达标的管理能力同意了蔡达标提出的接替总裁职务、5年换届的要求后，蔡达标力主的品牌重塑行动使真功夫实现了飞跃式发展，领导真功夫在短短数年时间里迅速成长，不仅得到了公司员工的拥戴，而且在公司的核心地位逐步建立起来了。

当时东家还是霸菱投资的徐新第一次见到蔡达标，就觉得这个人是个"帅才"，前途无量，但对于真功夫由两个创始人联合控制的治理结构表示担心。不过，真功夫当时顺利地从银行获得了贷款，并依赖自有资金的积累得以扩张，蔡达标并没有引入徐新的资金。2006年，从南到北看了16家中式餐饮企业后，已成为今日资本总裁的徐新再次找到了蔡达标。双方会面之时，蔡达标并不急于争取投资，反而说自己不缺钱，缺的是人才。蔡达标出其不意的表态，坚定了徐新

---

[1] 曹顺妮：《潘敏峰曝蔡达标婚外情细节》，载于《中国企业家》2012年10月25日。

对他才能的信心和投资真功夫的决心。

2007年3月，欣赏蔡达标定力与悟性的徐新，与中山联动风险投资一并向真功夫投资3亿元，各占真功夫3%的股权。至此，真功夫的股权结构为蔡达标、潘宇海各占41.74%，双种子公司占10.52%（其中蔡、潘各占5.26%），两家风投各占3%。随着风投机构的进驻，真功夫的董事会结构亦发生了调整。原本董事会仅设4名董事，分别是蔡达标、潘宇海、周明和万伟明，风投进驻后，董事会席位增至5席，分别为蔡达标、潘宇海、今日资本、联动投资和双种子各一席，双种子的席位由潘敏峰出任。

（三）改革

引进风投后，蔡达标在公司内部开始紧锣密鼓地进行一系列的改革。在真功夫发展壮大这些年，他意识到自己已是一个企业家，而不再是一个青涩的创业青年。他心中充满了雄心壮志，想要放手大干一场。回顾这几年的经验与教训，蔡达标认为真功夫必须去家族化，推动管理的专业化变革，唯有如此，真功夫才有可能成为一家可以接受资本市场检验的现代企业。

在两家风险投资的支持下，蔡达标开始强力推进"去家族化"改革。真功夫从肯德基、麦当劳等餐饮连锁企业挖来众多职业经理人，组成新的高管团队。十几名高管中，八九成都来自麦当劳或肯德基，而且基本上都是蔡达标亲自请来的。新的高管团进驻后，真功夫原有的多位中高层经理离职或被辞退，包括与潘宇海关系密切的原董事周明、万伟民、华南区总经理易正伟3位真功夫创业元老"带队出走"，另创中式连锁快餐品牌"72街"，成为真功夫的竞争对手。

蔡达标在管理体制上也想了很多办法。他把各家以个体户形式存在的门店归并到一家有限责任公司麾下，实行统一管理，并提出原先的关联交易商也要引入市场竞争。蔡潘两家亲戚原本同时担任真功夫供应商、承包商，但在所谓的"去家族化"的过程中，只有潘宇海的亲戚陆续地退出，而蔡达标的亲属却先后控制了真功夫供应和外包的"肥缺"：弟弟蔡亮标垄断了真功夫的电脑供应、大妹妹蔡春媚掌控了真功夫的采购业务、大妹夫李跃义垄断了全国门店的装修及厨具业务、小妹夫王志斌垄断了真功夫的家禽供应。

（四）性格迥异的联合创始人

除了具有东莞人为人低调的一般特点，蔡达标的身上更多地带着冒险的基因。坚毅果断的性格在他的成长过程中表现得十分明显：他放弃进入大学的机会，选择了一条不被看好的路——高中毕业后出去闯荡一番；他在企业发展过程中做过的很多关键决策起初都让大多数员工感到不解，但最终结果证明了他的远见。在他带领下的真功夫成为餐饮界的一匹黑马，仅仅几年工夫已经从广州"打"到了上海。

欣赏蔡达标的不只是徐新一个人。在解释为何放弃在百亿元的大型企业的任职机会,投奔真功夫时,高管张帆和洪人刚不约而同地提到了蔡达标个人的感染力和远见卓识。"你能感觉到一个气场。"张帆说。在第二次见蔡达标并进入一些实质性话题时,蔡达标提问内容的专业精准,以及对事业追求的激情都让张帆自愧不如、敬佩不已。真功夫在蔡达标的领导下发展势头不错,也正是看好了蔡达标的管理能力,今日资本入股时便要求,必须由蔡达标出任公司的董事长兼总裁。

与蔡达标不同,潘宇海这个人比较重感情,这也是徐新认为蔡达标所欠缺的。从总裁位置退下来后,潘宇海严格遵守当初在董事会的庄严承诺,默默地做蔡达标背后的支持者,一切外联事务交由蔡达标作为公司代表全权处理,自己则转而从事开拓性的工作:2004年起负责东莞及粤西的全面工作;2005年负责华北地区的开拓工作;2006—2007年负责公司的发展工作以及华东地区的全面管理。然而,掌握控制权的蔡达标的一系列改革,不断挑战潘宇海的底线。一些老员工陆续离职的情况,让潘宇海很不开心。他出生在一个精通烹饪的家庭,钟爱各地美食,渴望游遍大江南北,尝尽天下佳肴,喜欢以"厨"会友,与各地名厨会面切磋时总有一种"相见恨晚"的感觉。他最钟爱"蒸"的烹饪方法,认为相比其他烹饪方法,"蒸"最能保持食物营养,一直梦想将"蒸"的烹饪方法发扬光大。广东人的实干打拼精神在潘宇海身上诠释得非常充分——从小镇国道边的小小蒸品店开始,走遍广东,面向全国甚至世界,潘宇海一步一个脚印地经营着自己的梦想。相比于蔡达标善于包装自己,潘宇海更倾向于用行动说话。只是这样一个"管家"式人物,却有点多变和优柔寡断。他可能头天晚上做了一个决定,但回家被妻子唠叨几句后,第二天回来就变卦了。在真功夫内部,员工也普遍认为蔡达标的经营才能高于潘宇海。

随着蔡达标改革的深入,潘宇海对蔡达标的不满日渐积累。随着自己地位的强化,作为总裁的蔡达标开始有意无意地将自己塑造为真功夫的唯一创始人。对外,潘宇海创立了真功夫前身"168"的事实被隐瞒,共同研发真功夫一系列标准化设备一事也被宣传成了蔡达标主导完成的项目。此外,蔡达标还将真功夫品牌的启用及发展壮大的功劳全都归到了自己名下,仿佛没有潘宇海开拓门店一事。蔡达标俨然成了真功夫的代言人,潘宇海的创始人地位被外界彻底忽视了。对此,潘宇海曾经非常有情绪地表示:"这极大地扭曲了真实的历史事实,也严重损害了原股东之间的情感。"于是潘宇海开始以一种焦躁的心态面对公司的决策,甚至把不满情绪带到了董事会上。2008年4月,真功夫召开高层会议,潘宇海不同意某项对其不公的决议,踢开了大门。随着彼此间猜忌的加深,经营上的决议越来越难以协调。2008年下半年以来,公司的董事会就成了蔡潘两家的吵架会,潘敏峰和潘宇海的妻子窦效嫘的激烈情绪往往让会议现场火药味浓重。在场的人士都十分无奈:"吵着吵着就把家里的旧账都翻出来,董事会又变回了过去的家庭会议。"

（五）潘宇海另创品牌

董事会上两个家族剑拔弩张、互不相让的情形让两家风投很是为难，多方协商之后，他们给蔡潘二人提出了一个彼此都能接受的解决方案。

2008年年底，潘宇海接受其他股东的建议，另立门户，在真功夫之下再创立一个新的快餐品牌"哈大师"。蔡达标在董事会上明确表态，真功夫未来将会向哈大师提供6 000万资金，双方独立负责各自品牌，互不干涉。伴随"哈大师"餐饮公司的成立，潘宇海遵守规定退出了真功夫的日常管理。

但是，当初较少人关注的快餐市场如今已成为一片红海。在如此激烈的竞争环境中，移师"哈大师"办公的潘宇海马上发现，要突破重围打响一个全新的品牌，再现真功夫当年的成功绝非易事。无奈之下潘宇海硬着头皮提出要重回真功夫管理层，通过参与管理吸取经验，但遭到蔡达标拒绝。为了阻止潘宇海干涉真功夫的经营，蔡达标单方面取消了潘宇海登录公司办公自动化（OA）系统的权限，使潘宇海无法了解公司日常管理方面的信息。2009年春节，潘宇海同往年一样以股东身份在内部网络上向全体员工拜年，蔡达标强行将潘宇海的拜年全文删除。不断遭到蔡达标排挤的潘宇海，从2009年年初开始就一直未在公司总部出现。

金融危机爆发后，真功夫也遭遇了现金流紧张的局面，中断了初期需持续投入的"哈大师"的现金供应。陷入经营尴尬状态的潘宇海冲动地采取了"报复举动"。在蔡达标向银行申请到一笔1亿元的无抵押贷款时，潘宇海向银行宣称公司两大股东有矛盾，贷款有风险。银行因此担心起来，于是把贷款压了下来。一家民营企业当时能申请到没有不动产做抵押的贷款实属不易，这件事几乎把蔡达标气疯了。"这个公司是我的梦，也是我的命……"损害公司就像伤害了蔡达标自己一样。后来蔡达标以个人连带担保，加之两家PE（风险投资公司）也帮着做工作，贷款才得以放行。在此之后，两家PE也更坚定地站到了蔡达标一边。

最终申请到贷款的蔡达标，在充实了真功夫资金的同时，也不再履行对潘宇海的承诺，即真功夫不再对哈大师继续投资。这对昔日的创业伙伴的关系也从此彻底决裂。

三、公开的冲突对峙

（一）"二奶"丑闻

公司的争端未息，蔡达标后院起火。2009年3月，贵州籍胡女士在广州街头召集媒体，自曝为真功夫老板蔡达标的"二奶"。她对外宣称，1995年与蔡达标相识，当时蔡达标还是国道边蒸品快餐店的小老板，两人相爱并于 2000 年在胡女士的老家贵州生下了蔡达标的儿子雄仔。后来两人在 2006 年分手。迫于雄仔的抚养负担过重，2009 年 1 月，她以儿子的名义起诉蔡达标，向其索要 5 000 万元抚养费。该案于 2009 年 3 月 5 日首次开庭，蔡达标提出的抗辩理由是雄仔是他儿子的证据不足，恼怒的胡女士遂向法庭申请做亲子鉴定。同年 3 月 31 日上午，双方相约来广州做亲子鉴定。鉴定结束后，胡女士到附近停车场取车，遭人阻挠，恼羞成怒的她致电各媒体，现场召开"新闻发布会"。胡女士之前也曾为了抚养费到真功夫总部大吵大闹，当众撒了很多照片，还寄了很多诽谤信到公司旗下的各个连锁店。①

事发突然，蔡达标万万没想到对方会将此事公之于众。当初他申请不公开审理关于 5 000 万元巨额抚养费的官司，就是希望低调处理，特别是不愿意前妻潘敏峰知道他还有一个私生子。然而，他最担心的事情还是发生了。

获知此事的潘敏峰非常愤怒，她顿觉自己像个傻子那样被蒙在鼓里多年——她虽然知道蔡达标生性风流，却一直以为蔡达标只是玩玩而已。她万万没想到蔡达标在与她长达 15 年的婚姻期间从未间断与其他女人的不正当关系，并且还生育了孩子。为了自己与蔡达标的孩子，她一直隐忍退让，当初平静地选择与蔡达标离婚，就是希望跟两个孩子平静地过，不想让孩子卷入大人之间的纷争。然而，"现在还能做到吗？孩子看见媒体报道会怎么想？"当初协议离婚时，潘敏峰那么爽快地答应了蔡达标的条件，就是因为蔡达标的一句话："你我的财产以后不就是留给他们吗？"现在突然得知蔡达标有一个私生子，潘敏峰气急败坏地对外宣称蔡达标不但有"二奶"，更有"三奶"，还向公众公布了蔡达标与"三奶"的照片。②

回想自己失败的婚姻，潘敏峰不禁黯然落泪。离婚以来，蔡达标的所作所为让潘敏峰伤透了心。当初以 25% 的股权换得了两个孩子的抚养权，谁知道，2008 年暑假，蔡达标的大妹妹蔡春媚提出把潘敏峰的儿子接到他们家小住，儿子却一直未回，潘敏峰打电话要求儿子回家，儿子不肯回，却打电话凶狠地质问潘敏峰："你怎么会骗我们公司的钱？"潘敏峰一惊，忙问缘由，儿子说亲耳听爸爸说的。不管潘敏峰怎么解释，儿子就是不听。潘敏峰万万没想到，蔡达标会一再出尔反尔，甚至连儿子的抚养权都想夺走。当初离婚时答应的条件本就没有全部兑现——没有把离婚时归属她的商铺所有权转给她，更藏起了她的户口不肯分户，最后还是她无奈之下请妇联出面强行帮自己分了户。现在又通过这种方式跟她争心爱的儿子。

---

① 练情情：《索要亿万富豪 5000 万》，载于《广州日报》2009 年 4 月 1 日。
② 吴秀云：《真功夫总裁二奶外有三奶　前妻逼宫详述恩怨内幕》，载于《南方都市报》2009 年 8 月 14 日。

在蔡潘两家矛盾激化之际，潘敏峰想到儿子对自己的不理不睬，想到蔡达标一而再再而三的食言，开始后悔当年协议离婚时所放弃的真功夫25%股权。她四处咨询律师，着手以法律手段维护自己的权益。

（二）审计风波

就在蔡达标的"二奶风波"还在沸沸扬扬之时，2009年6月，潘敏峰和潘宇海妻子窦效嬅带着审计人员两次欲进入真功夫进行财务审计工作，但都受到阻挠。两人抢走真功夫重要财务资料及部分合同原件，使得真功夫的财务部门一度陷于混乱，真功夫相关负责人当时就报了警。

由于审计工作进行不下去，潘宇海遂向法院提起了诉讼，要求对真功夫账目进行查封调查。天河区法院审理认为，潘宇海作为合营一方，有权指定一家在中国或外国注册的会计师事务所审计合营公司的账目，真功夫拒绝审计请求违背了法律的规定和章程的约定。同时法院还指出，潘宇海依法享有股东知情权，真功夫的做法侵害了其合法权利。最终天河区法院做出判决，真功夫将2007年7月至2008年12月间的财务报告、财务账册、会计凭证（包括与凭证对应的合同）、银行对账单提供给潘宇海委托的会计师事务所进行账目审计，并提供不少于10平方米的办公场所。

然而就在潘家获得审计资格后，针对审计风波所带来的冲击，真功夫董事会发表声明谴责潘宇海、窦效嬅、潘敏峰等严重干扰了公司的经营，并且向法院提起了上诉。真功夫方面的有关人士认为，股东行使审计权，均不得违背股东的法定知情权，并应维护全体股东利益，不得以损害公司正常经营管理为代价。声明指出，潘家要求的审计及其引起的风波一度被外界所误读，以为真功夫账户被查封或冻结，影响了真功夫的正常运营。

（三）难以上任的副总经理

2009年8月12日，真功夫广州总部来了一群不速之客，10多位男子护送着一名自称是真功夫副总经理的中年男子来到门前。中年男子自称受股东潘宇海委任，要求走马上任，并出示了潘宇海的委任状。一些老员工认出这名男子是潘宇海的哥哥潘国良，曾是真功夫的一名基层员工。真功夫员工拒绝让其上任，把潘国良堵在门口，一直不得门而入，潘国良心有不甘地离开了真功夫总部。[①]第二天，冲突事件进一步升温。

2009年8月13日，真功夫董事、蔡达标前妻潘敏峰和潘宇海的妻子窦效嬅陪着哥哥潘国良气势汹汹地前往真功夫总部。真功夫保安受指示拒绝让其入内，双方数次发生肢体冲突。彼时，总部办公室保卫森严，火药味浓重，出于安全考

[①] 吴笋林：《十多名男子强行护送"新官上任"》，载于《新快报》2009年8月13日。

虑，办公室所有员工不得正常出入，甚至连洗手间也不能去。此事件惊动了警方和媒体，潘敏峰告诉前来的记者，哥哥潘国良昨天到真功夫上班，"但是堂堂一个副总经理昨天在办公室等了一个上午都不得而入，我实在气不过了才跟我大哥一起过来"。潘敏峰表示，依据公司章程规定，潘宇海是公司5名股东签字同意并担任此项人事任命提名工作的责任人，他享有提名谁当副总经理的权力，而且一旦提名，公司其他几名董事必须批准，无需经过董事会的决议。董事会只能在该人选不能胜任时做出决议将其辞退。"你们评评理，他们凭什么不让我大哥进去办公！"潘敏峰生气地对周围的人说。

真功夫法务部涂经理赶到冲突现场，对前来的记者解释道："有关合营公司所有重要事项的董事会议，应有董事会超过半数董事投票赞成方可通过。公司章程还规定，公司任命任何总经理、副总经理，都需要董事会过半数批准。潘国良带来的'委任书'，是由个别董事擅自推荐委派，没有经过董事会的投票决议，不符合公司章程规定。我们希望双方通过正常途径来解决，而不是采用非法方式干扰公司正常经营。对于严重干扰公司正常经营的行为，我们公司保留通过法律途径采取行动的权利。"在警方和部分媒体撤离之后，潘敏峰和窦效嫘一度情绪激动，脚踹公司玻璃门并大声呼喊"开门"。双方僵持了好久，直至最后潘敏峰一行人愤愤离开。

2009年8月18日，真功夫董事会发出决议，强烈谴责"股东潘宇海侵害公司利益的行为"，并指出潘宇海个人以公司股东、董事或监事身份为借口对公司进行的侵害、破坏行为严重干扰了公司的经营管理。真功夫股东之一潘宇海未经公司董事会认可，私自委任哥哥潘国良为副总经理，违反了真功夫的公司章程。就在潘宇海与蔡达标的冲突愈演愈烈之际，事情却出现了重大变化。

四、控制权角逐翻盘

（一）蔡达标被捕

2011年3月17日，真功夫位于广州的公司总部和位于东莞市长安镇的后勤总部同时被广州市公安局和东莞市公安局方面搜查，蔡达标等公司高管及公司相关的财务单据等材料被一并带走。随后，广东省公安厅网站发布公告称，广州市公安局对真功夫公司个别高管人员涉嫌经济犯罪展开调查，已在广州、东莞两地与该公司部分管理人员接触并核实情况。仅仅1个月之后蔡达标就被正式批捕，同时被逮捕的还包括蔡达标的高级秘书丁迪以及真功夫副总裁洪人刚。

蔡达标被捕给之前蔡强潘弱的格局带来了转折，真功夫的控制权角逐似乎正要进入一决雌雄的决战场。即使身陷囹圄的蔡达标依旧想尽办法动用一切力量想平息此事，这场争夺之战也因此进入"白热化"阶段。

(二) 祸出有因

蔡达标的被捕无疑与这场权力争夺的对头潘宇海家族的举证直接相关。

让蔡达标担心的"二奶"和私生子丑闻爆出后，前妻潘敏峰一直在收集蔡达标重婚的各种证据，准备以重婚罪状告蔡达标，索回 25% 的真功夫股权。在蔡达标被公安机关采取强制措施后，潘敏峰公布了她收集到的一份新证据。潘敏峰提供的证据显示，蔡达标 2009 年曾外聘专业中介机构，欲阻止潘敏峰状告其重婚罪并索回 25% 股权，证据中甚至提及了中介机构"周某某已向检察机关进行了相应布置"的字样。蔡达标出事后不久，潘敏峰便将其告上法院，要求蔡达标将其名下持有的真功夫餐饮管理有限公司 41.74% 股权中的一半以及东莞市"双种子"饮食有限公司 50% 的股权中的一半转给自己，或折价补偿潘敏峰共 4.7 亿元人民币。①

潘家人对蔡达标的另外两宗起诉是真功夫监事、潘宇海之妻窦效嫘在广州市天河区法院对蔡达标的起诉，其中一宗是要求蔡达标"返还其在担任公司董事长及实际控制人期间，非法占用的公司资金 3 000 万元"。潘家人指认，这 3 000 万元绝大部分直接由真功夫公司划入东莞赢天公司。东莞赢天是蔡达标全资拥有的企业，注册于 2009 年 2 月 12 日，注册资金 10 万元，并于当年 8 月 1 日和 8 月 26 日分两次增资 150 万元。2009 年 11 月，东莞赢天获取了中山联动 66.67% 的股权，成为中山联动的第一大股东。②

潘宇海一方指控蔡达标先利用侵占（真功夫）公司的资金设立独资公司东莞赢天，再以东莞赢天的名义与中山联动的股东签署转让协议，约定用 1 亿元价格收购中山联动股东的股权。蔡达标已向中山联动股东支付人民币 6 000 万元，其余 4 000 万元约定于 2011 年 8 月前支付。潘宇海一方称，经审计查账发现，蔡达标向中山联动股东支付的 6 000 万元都是利用签订虚假合同、虚开发票、关联交易等非法手段从公司窃取而来。蔡春红否认了上述说法，并特别强调："绝对不是潘宇海所说的金额，一切结果需要等待警方的调查。"

窦效嫘提起的另一宗诉讼是要求蔡达标返还其在担任公司董事长期间，利用公司名义外聘两家专业中介机构从事"脱壳"、"去家族化"等非公司事务而产生的 300 万元的费用。据潘敏峰公开的《真功夫脱壳工作计划》等 3 份书面材料显示，蔡达标曾委托中介公司制订详细计划，将现有真功夫的资产、业务、供应链、商标等转移到新的法人主体下，使得原企业成为一个空壳，从而彻底实现

---

① 李静：《蔡达标被起诉雇中介转资产》，载于《新京报》2011 年 4 月 9 日。
② 叶碧华：《真功夫"去潘化"密件惊现千万争议款》，载于《21 世纪经济报道》2012 年 4 月 25 日。

"去潘化"。①

根据媒体公开的材料，上述计划大致分为三个步骤：首先是控制董事会；接着是做"脱壳"准备，将真功夫母公司旗下 3 家全资子公司北京真功夫、东莞哈大师和深圳千百味的法人代表，通过董事会投票方式，由潘宇海更换成蔡达标及其心腹，再将真功夫的商标与餐料车间转移到子公司下；最后将真功夫所有资产、业务全部纳入子公司旗下，由蔡达标牵头按股权比例（将潘宇海排除在外）成立一个新的法人公司，通过董事会投票将几家子公司的股权全部转让给该公司。在上述密件中，甚至在细节上还提及了"谨慎做账的同时，对潘宇海的查账要求，以投资人会议或者董事会会议予以驳回；以书面表决方式代替召开董事会，从而避开潘宇海设置的出席障碍"。在人事方面，当前"双种子"公司由潘宇海任法定代表人，"双种子"公司已经委派一名董事（潘敏峰），这样一来，潘宇海在董事会中就享有两票表决权。密件中提出，可不予办理"双种子"的年审及续期手续，以暂停其委派董事资格。

作为一直以来蔡达标一方的支持者、今日资本掌门人徐新有点担心，倘若上述三宗诉讼有任何一宗胜诉，都将影响蔡达标一方在真功夫的股权比例，改变蔡达标在真功夫中的绝对控制地位。而这只是潘家人对蔡达标的民事诉讼，蔡达标面临更大的问题是对其经济犯罪的起诉。若经济犯罪事实确凿，蔡达标可能判数年的有期徒刑。除此之外，蔡氏家族不少成员也涉嫌其中，目前已知被公安机关带走的还包括蔡达标弟弟蔡亮标、蔡亮标小舅子王树坚、蔡达标大妹妹蔡春媚的丈夫李跃义以及蔡达标的高级秘书丁迪共 4 名高管。

风雨飘摇之中，真功夫将何去何从？

（三）谁是董事长

蔡达标被捕，潘宇海家族仿佛看到了机会。蔡达标被带走后，潘宇海向内部员工发布信件称蔡达标不能履行职务的情况下，将由他代为主持工作。然而潘宇海却未能如愿。蔡达标似乎对自己可能被警方限制行动自由早有防备，蔡达标之妹蔡春红在其出事前已经拿到了蔡达标签署的委任状，委派她为公司新任董事长。2011 年 3 月 18 日，新任董事长蔡春红即向董事会成员提请正式任命冼顺祥为新任总经理。次日，今日资本总裁徐新和中山联动派出的董事周晓即给予了书面确认，加上蔡春红自己的董事席位，已有过半数董事签署同意，任命新总经理的决议生效。潘宇海在这一轮公司控制权争夺中再次失利。但"蔡达标被限制人身自由"这么个千载难逢的机会，潘宇海又怎么会愿意错过呢？况且潘宇海发现，蔡达标已经暗中通过控股中山联动，在公司的股权超过自己，在董事会内自己这方已经处于下风。

---

① 胡笑红：《真功夫脱壳计划曝光》，载于《京华时报》2011 年 4 月 14 日。

就在新任董事长蔡春红行使董事长权力提请任命新任总经理的同一天,潘宇海、潘敏峰到达公司办公区,要求蔡春红和法务部经理涂晓翔交出公章,涂晓翔在当日还遭到了不明身份人士的殴打。2001年3月19日,蔡春红与涂晓翔等人被"限制人身自由"到晚上7点多钟。此后,保存公章和财务章的两个保险柜先是被身份不明人士堵住锁孔,后被撬。2011年3月22日,潘敏峰等还到公司要求财务员工交出财务付款密码。新任董事长蔡春红对外称:"3月18日以来,股东、董事潘宇海等人以胁迫抢夺的方式,将公司的公章、财务专用章和付款密钥占为己有……为保障公司的资金安全,维护全体股东和所有员工的合法权益,她以董事长身份特向政府相关部门及银行发出公函,要求非经其亲笔签名同意,停止办理相关的手续。"为了稳住真功夫的阵脚,蔡春红对外表示,真功夫的财务往来并没有受到影响,根本不存在全体员工工资无法发放、供应商货款无法支付的情况。此后,一份有真功夫27位中高层管理人员签名的报告出炉,该报告指责潘宇海一方干扰公司正常经营管理致使公司陷入危机。

这一场场惊险而又慌乱的争夺战被徐新看在眼里,之前她的担心也正在变成现实:潘宇海家族对公章的抢夺的确使得真功夫难以正常运作,甚至因此被迫放弃福州机场投标、厦门湖里万达进驻等重要市场拓展项目。如果双方继续无休止地内斗下去,真功夫的成长必然将遭遇更严重的挫折。

在公章争夺战告一段落之后,真功夫内斗又出现新董事长任命书的"罗生门"。[①] 2011年清明假期前后,一直保持沉默的副董事长潘宇海与姐姐潘敏峰开始联络媒体,称蔡达标任命了新董事长蔡春媚,废止不久前刚刚任命的原董事长蔡春红。蔡春红马上否认了人事变动的消息。而真功夫法务经理涂晓翔则对外表示,潘宇海是想通过公司章程中所规定的"董事长如果不能履行职责,应由董事长委托副董事长履职"一条,通过指派下落不明的蔡春媚来使得真功夫出现"权力真空",让作为副董事长的潘宇海能够执掌大权。

此后的2011年4月7日,潘宇海首先向媒体公布,真功夫准备在2011年4月8日召开临时董事会,要求所有董事、监事按时参加。而蔡春红随后以真功夫现任董事长的名义表示,她作为真功夫现任合法董事长、法人代表,可以正常履行职责,她将作为公司最高管理人员出席会议,并提出合理合法的建议来稳定公司正常经营。蔡春红的回应进一步明确了自己作为真功夫掌舵人的地位。然而到了2011年4月8日,原定于上午召开的临时董事会却因故取消了,真功夫方面称是潘宇海、潘敏峰二人的缺席导致会议的取消。

在蔡达标被捕消息传出后,真功夫公司公关部于2011年5月11日发表了一份声明。声明指出,蔡达标等部分高管被捕事件与真功夫餐厅无关,目前真功夫公司

---

① 江海波:《人事大换血 董事长委任书上演"罗生门"》,载于《中国经营报》2011年4月11日。

已恢复正常运转。鉴于真功夫公司原董事长蔡达标已被依法逮捕,目前不能履行董事长职责,根据真功夫公司章程、《中华人民共和国公司法》及《中华人民共和国工商登记管理条例》等相关规定,由真功夫公司创始人兼副董事长潘宇海先生代为履行公司董事长职务,对外代表公司。这是事件爆发以来一直三缄其口的真功夫公关部发布的首次正式声明。从这份声明可看出,潘宇海开始掌权真功夫。

教学指引

一、教学目标与用途

1. 本案例适用于 MBA 和工商管理专业本科的创业管理、公司治理和家族企业管理课程。案例既可以作为一个长篇案例使用,也可根据教学目标的需要着重选取探讨案例的部分内容。我们根据案例进展顺序及章节主题内容依次设定了 3 个教学目标,由于每个教学目标的侧重点不同,我们为每个教学目标分别编写了案例使用说明。

2. 本案例分 3 个课时,采用案例讨论的方式以达到如下教学目标:

(1) 帮助学生理解家族企业成长过程中代理问题出现的一个重要的一般性诱因——内部关系的变化(在本案例中则是创始人婚姻关系的变化),思考企业的公司治理结构如何适应家族关系的变化。

(2) 帮助学生理解公司的联合创始人之间为何会为公司控制权爆发争斗,并以此为基础了解避免这类争斗的一般性思路。

(3) 引导学生理解创业企业代理内部问题激化的原因,以及企业领导人侵占动机的成因。

二、启发思考题

针对三个不同的教学目标,可以分别引导学生思考以下问题。

1. 由蔡潘二人婚姻的破裂开始,提问引导学生思考家族企业中家族关系变化带给家族企业公司治理的冲击。根据讨论的焦点,可给学生提出以下几个问题:

(1) 真功夫创业及成长的早期阶段,蔡达标为何能与潘宇海家族亲密合作?

(2) 蔡达标和潘敏峰的婚姻破裂对两个家族在企业中的合作有何影响?

(3) 真功夫的成长对其公司治理有何影响?

(4) 潘宇海应该如何应对这类家族内部重大变故对企业治理的影响?

2. 思考题可围绕蔡达标和潘宇海的控制权争夺展开,引导学生思考联合创始人之间为何会出现控制权冲突，由此思考解决的思路。相应地，可考虑给学生留下以下思考题：

(1) 蔡达标和潘宇海为何都想担任总裁？
(2) 蔡达标为何能违背承诺，不让潘宇海接任总裁？
(3) 风险投资代表徐新应支持谁？
(4) 联合创始人轮流担任 CEO 是否合适？

3. 思考题可围绕蔡达标与潘氏家族之间的代理问题提示并展开：
(1) 潘宇海为何想委派哥哥到真功夫任职？
(2) 潘宇海为何会做出阻碍真功夫贷款的过激行动？
(3) 掌握真功夫控制权的蔡达标为何会涉嫌侵占公司财产？

三、分析思路

对不同教学目标的课堂讨论分析思路分别如下：

1. 第一阶段课堂讨论中，第一部分可让学生了解家族企业内部代理的主要非正式治理机制。可先借助问题来引导："真功夫创业及成长的早期阶段，蔡达标为何能与潘宇海家族亲密合作而未出现代理问题？"根据学生的回答，在黑板上画出两个家族代表人物之间的非正式治理机制，其中既有蔡达标与潘宇海合作过程中积累的信任关系，也有借助潘敏峰与蔡达标婚姻联结的家族联盟。接下来通过第二个问题的讨论，让学生意识到二人婚姻的破裂也瓦解了两个家族之间一个重要的非正式治理机制，同时蔡达标在婚姻存续期的过错也为两个家族之间的情感冲突埋下了伏笔。

第二部分讨论非正式治理机制为何会在企业成长过程中失灵。可以先启发学生思考为什么很多家族在没有钱的时候很和睦，在积累了很多财富之后反而容易分裂。借助讨论让学生认识到信任即使恒定不变，作为非正式治理机制，它能够抵御的经济诱惑也有限，企业成长带来的财富增长也意味着对代理人诱惑的增加。接着进一步让学生演绎性思考真功夫是否也面临这个问题，真功夫的问题是否更严重。

第三部分讨论如何解决非正式治理失灵。提出第四个问题，引导学生思考借助正式治理的手段来解决非正式治理弱化的问题，以及正式治理要解决的两个重要问题，即控制权的配置和对控制权的监督问题。由于这个主题之后仍会涉及，在此不作为重点展开。

在课堂讨论中可将重点集中在讨论联合创始人之间控制权争夺的原因上。可通过第一个问题引入讨论，逐渐展开。让学生认识到掌握控制不仅能发挥企业家才能，还能获取控制权的私人收益。在这个过程中，引导学生识别真功夫案例中控制权私人收益的内容，为后续问题的讨论打下基础。

2. 第二阶段讨论应该让谁来担任总裁。可以用第三个问题引入讨论，让学生站在徐新的角度来考虑在董事会中投票支持谁。首先可引导学生思考选择谁更有利于公司的发展，根据学生的分析在黑板上列出蔡达标和潘宇海的能力和决策风格，明晰结论。接下来再引导学生思考对控制权的监督问题，一方掌握控制权时如何保障另一方的利益，让学生具体指出蔡达标任总裁期间哪些问题引发了潘宇海的担忧，并进一步考虑如果让蔡达标担任总裁，如何解决潘宇海的顾虑。

3. 第三阶段的课堂讨论中可随事件进展逐步深入讨论两个创始人之间的争斗问题，分别从双方角度分析矛盾激化的原因，进而理解正式治理不完善会加速非正式治理机制的失效。

首先，可通过提出问题1，引导学生将潘宇海家族一系列行动串联起来分析，理解其中的逻辑联系，如潘宇海委派哥哥潘国良赴任是在查账遇阻之后，潘宇海家族要求查账又是在潘宇海退出真功夫管理层之后，由此可以理解是潘宇海家族对蔡达标缺乏直接监督后的行动。

接下来，可再带领学生讨论潘宇海移师"哈大师"办公为何曾一度缓和两个家族之间的矛盾，为何之后问题又进一步激化。在讨论中让学生明白"哈大师"虽让潘宇海取得施展个人才能的机会，但作为一个初创企业其控制权收益与真功夫不对等，并且受制于真功夫，从而了解通过分立方式解决控制权冲突的条件。

最后，讨论掌握着真功夫控制权的蔡达标为何会产生侵占动机？在讨论过程中不仅要让学生认识到来自潘宇海一方的原因，也要从蔡达标的角度分析。潘宇海一方的原因在于潘宇海家族对蔡达标的牵制，潘宇海家族作为大股东虽不能左右企业的决策，但仍能通过监督诉求对公司施加影响。而从蔡达标一方来看，一方面蔡达标的控制权不稳固，另一方面蔡达标企业家能力的贡献缺乏肯定。

四、理论依据与分析

根据不同的教学目标对应的案例讨论，分别予以不同角度的理论解析。

1. 第一个阶段解析本案例的理论基础是张维迎（2003）和其他国内学者对民营企业非正式治理的理论分析，以及国际学术界对非正式治理和正式治理作用的认识。根据上述理论分析，家族企业出现内部代理问题的原因存在于两个方面：一方面，随企业成长和财富的增加，对内部代理人机会主义的诱惑越来越大；另一方面，企业自身的内部治理机制也在企业成长的过程中逐渐弱化。因此，在企业成长的过程中，需要借助正式治理弥补非正式治理的不足。

从本案例来看，代理问题虽未完全显现，却正在孕育之中。从企业的治理需求来看，在解决了标准化问题和品牌推广问题之后，企业规模迅速成长，商业决策背后的利益诱惑越来越大，仅仅是一两项商品外购或服务外包，就可能带来很大的利益，控制决策权的蔡达标与潘氏家族股东之间的代理关系越来越受到利益的考验。而从家族对企业治理的供应来看，作为非正式治理基础的家族联盟却在企业成长中的过程中受损，对代理关系的治理作用下降。蔡达标与潘敏峰婚姻关系的破裂让蔡达标个人及其家族的利益与潘氏家族割裂开来，而蔡达标在婚姻存续期间的过错直接伤害了当事人潘敏峰对他的情感，也可能增加潘宇海对他的负面情感，从而导致两个家族的情感冲突。因此，婚姻关系的解除不仅给当事人双方的法律关系带来了变化，也给企业的公司治理带来了挑战，加速了非正式治理机制与企业成长之间的供需冲突。

家族关系的变化是家族企业加强正式治理作用的信号。相应地，在本案例中蔡潘二人婚姻关系的破裂前后应是真功夫完善公司治理、防范代理问题的重要契机。正式治理手段能够为非正式治理提供底线防御和保障，避免代理关系双方的信任遭受进一步的破坏，而双方维护既有的信任关系对于正式治理随企业成长良性发展亦有帮助。因此，处在此时的潘宇海应及时与蔡达标沟通完善董事会治理，对公司治理中的关键问题，如控制权的配置和双方的相互监督做出书面性的规定。

2. 第二个阶段解析本案例的理论基础是控制权收益的理论。根据上述理论分析，创业企业中出现联合创始人争夺控制权的原因主要有两个方面：一方面，企业创始人往往都有很强的事业心，希望获得施展自己企业家才能的机会；另一方面，掌握控制权可以获得和攫取控制权的私人收益。有些私人收益来自于工作需要，如下属的敬佩、媒体的曝光，而有些私人收益则缘于私欲的膨胀。在真功夫的案例中，蔡达标将创业的功绩归功于他个人、安排亲属做真功夫的供应商就明显存在私心。

在真功夫的治理结构中，风险投资起到了重要的平衡作用，这是真功夫股权结构相对于五五开股权结构的好处。一个有利于公司成长的CEO无疑是风险投资的首要选择标准。两个创始人比较起来，蔡达标视野宽阔，具有更好的营销管理思维，这对于规模迅速成长的真功夫更为适合；而潘宇海厨房管理能力在餐饮制作标准化后重要性已下降，而其重人情的管理风格更适合企业规模小的时候的管理。因此，选择蔡达标无疑更有利于公司的发展。然而必须注意，做出控制权的安排时必须同时完善对控制权的制衡，防范代理问题。从蔡达标掌握控制权之后的表现来看，他未能做到与潘宇海公平地分享控制权收益的情况，并且有假公济私的嫌疑——让自己的家族成员做重要的供应商，如果缺少监督就有可能将公司收益转移到自己家族手中，对其他股东造成损害。因此，风险投资方也应与潘宇海一方一起推动建立规范的监督机制。

蔡达标在领导真功夫走向专业化管理的过程中，将一些创业元老清退，与潘宇海产生了明显的意见分歧，这不仅因为潘宇海本身更重私人感情，更因为这样会让潘宇海对蔡达标的控制权缺乏监督，因此真功夫也需要同时建立潘宇海一方能够信赖的正式监督机制。

3. 第三个阶段解析本案例的理论依据是代理理论和企业家能力资本化的理论。从代理理论角度看，真功夫未建立起对控制权的有效控制。因为董事会逐渐为内部人所控制（风投一方倾向支持蔡达标，到后来蔡达标更并购了一家风投），因此潘宇海不得不寻求董事会之外的监督手段。在他还未从真功夫离职时，他还能借助参与内部管理直接监督蔡达标，而当他离职创业又感觉蔡达标承诺不兑现、代理问题风险很大时，就不得不诉诸审计和派亲属任职的方式。蔡达标控制的真功夫对潘宇海家族一方的要求一直拒绝，更加剧了双方的不信任与冲突，以至潘宇海一方不惜损害自身利益也要制约蔡达标。

潘宇海和蔡达标为何不能各管一家企业，通过互换质押、相互制衡的方式解决代理问题呢？原因在于两家企业发展不平衡，"哈大师"作为一个初创企业，大量依赖真功夫一方的投入，因此真功夫一方的股权价值明显高于"哈大师"的股权价值。当潘宇海发现自己不仅难以如愿施展个人企业家才能，而且也难以制衡蔡达标时，必然寻求其他的控制和监督手段。

理解蔡达标侵占行为产生的原因不仅应注意到潘宇海一方担心代理问题要求监督采取的行动干扰了公司的运作，也要考虑到蔡达标因为企业家能力的贡献未能资本化产生的不平衡心理。虽然蔡达标在控制真功夫以来的行动有攫取私人收益的嫌疑，然而他所发挥的企业家才能对企业成长的贡献有目共睹；相反，潘宇海一方在后期贡献较少，由于担心自身利益受损所采取的行动反而不利于公司利益。然而，蔡达标的利益得不到额外的肯定，潘宇海家族则可搭便车分享蔡达标的贡献，这种格局难以持续激励蔡达标，心理的不平衡反而会诱导他独占真功夫收益的动机。

五、关键要点

针对三个不同的教学目标及教学内容，分别予以三方面不同的关键要点提示。

1. 案例分析的关键在于把握代理关系这个讨论焦点，避免学生的讨论陷入对婚姻关系和法律问题的讨论中，错失了对核心问题的讨论与把握。教学中的关键知识点包括：

（1）企业成长对公司治理需求的影响。借助本案例帮助学生理解民营企业代理问题为何多在企业做大后爆发。

（2）家族关系变化对公司治理的影响。这是本案例的核心，应让学生理解家族企业的治理问题不仅仅受企业因素的影响，还受家族方面因素的影响，家族关系是家族企业中重要的非正式机制，分析其变化对公司治理的影响，才能深入把握家族企业的公司治理问题。领悟这一点，就可以理解李锦记为何在制定的家族宪法中对家族中的重要变化作出规定，以防范其对企业的负面影响，如规定家族成员离婚必须退出董事会。

（3）正式治理与非正式治理的关系。不少国人认为正式治理仅适用于陌生人之间，正式治理的实施会损害非正式治理，本案例及后续案例有助于学生认识正式治理对非正式治理的帮助。

2. 案例讨论的关键在于理解和把握创始人争夺控制权的根本原因，把握处理上述问题更全面的思路。教学中的关键知识点包括：

（1）控制权收益的概念，理解控制权收益与创始人控制权争夺之间的联系。

（2）理解代理问题是中国民营企业内控制权争夺剧烈的重要原因，因此在企业成长过程中，随管理职业化要同步解决对控制权的监督与制衡问题。

3. 理解本案例中两个家族控制权争斗的要点在于把握代理问题治理和企业家能力资本化这两个要点。教学中的关键知识点包括：

（1）创业企业和家族企业往往未建立起完善的正式治理结构，在一方退出管理后就丧失了对另一方的监督手段，往往导致代理问题激化。

（2）在缺少有效治理手段时，所有权和控制权重新统一是解决代理问题的根本解决办法。通过企业分立、相互质押的方式解决代理问题只在特定条件下有效，即双方的利益能相互制衡，由于企业发展情况不相同，原有的制衡关系很容易被打破。

（3）给企业家能力的贡献以适当的肯定既能保持企业家的工作激励，也能避免掌握控制权的企业家产生侵占动机，即使对于掌握较多股权的企业家也应如此。

六、建议的课堂计划

1. 第一阶段根据以往教学运用情况，可采用 1 小时时间组织本案例的讨论，作如下时间安排：

蔡达标与潘氏家族良好合作的基础（10 分钟）

蔡达标与潘敏峰离婚的影响（15 分钟）

企业成长对公司治理的影响（10 分钟）

潘宇海该怎么办（约 15 分钟）

小结：家族关系对企业治理的影响与家族公司治理的复杂性（10 分钟）

黑板板书可考虑分为三块，对真功夫非正式治理的讨论放在左边，可以通过人物关系图的描绘与标注让学生形象化地理解真功夫和一般家族企业的非正式治理机制。中间描绘企业成长带给非正式治理的考验，可借鉴张维迎教授（2003）描绘的经济诱惑与情感强度之间的关系图来描绘，同时在图上标示真功夫代理关系双方情感强度的降低，提示真功夫的内部代理问题会更早到来。最右边的部分列出可能采用的正式治理手段，归纳其中要点。

开场白可根据教师的个人偏好选择，参考的选择是倒叙式讨论，一开始就问潘宇海该怎么办，让同学各抒己见，再回头按案例分析思路的逻辑深入下来，让学生在自己的逻辑和建议的逻辑之间有对照，理解本案例所提供的理论知识与分析思路对他们的帮助。

2. 第二阶段对本案例的讨论预计可在 1 小时内完成，可考虑作如下时间安排：

蔡达标与潘宇海控制权争夺的原因（20 分钟）
谁当总裁更合适（10 分钟）
一方当总裁时如何平衡另一方的利益诉求（15 分钟）
小结：控制权配置与对控制权的监督与控制要同步（10 分钟）

黑板板书仍可按三块来计划，最左边列出蔡达标与潘宇海争夺控制权的原因，分两个部分列出控制权收益。最右边这部分记录学生提出的谁当总裁更合适的原因。中间部分记录如何解决潘宇海的利益诉求，可对应着左边部分的控制权收益做记录，以引导学生根据前面的讨论进行思考。

教师可根据个人偏好选择案例讨论的组织方式，可以一开始就提出面对两位创始人的控制权争夺，徐新该怎么办的问题。根据解决方案启发学生思考这样做的原因，理解一个全面的解决思路。也可如本案例分析思路那样，采用先分析原因再解决问题的逻辑。

3. 第三阶段根据以往教学运用情况，案例的讨论应可控制在 1 小时以内，考虑作如下时间安排：

潘宇海家族与蔡达标矛盾加深的原因（15 分钟）
蔡达标为何产生侵占动机（15 分钟）
为何真功夫支持潘宇海创业不能解决双方的冲突（10 分钟）
真功夫如何解决双方利益冲突最佳，其依赖条件是什么（10 分钟）
小结：创业企业和家族企业代理问题的产生原因、防范与治理（10 分钟）

黑板板书可考虑分为三部分，在分析潘宇海家族行动的原因时，可在黑板左边记录学生的发言要点，概括脱离管理一方的诉求与关切。而黑板右边用于记录蔡达标侵占动机的产生原因，反映控制人一方的利益诉求。黑板中间用于记录真功夫解决双方冲突的手段为何无效，以及什么样的解决方法更合理。学生由此可以在从平衡双方利益诉求的角度考虑解决方案。

课堂讨论的组织建议采用本使用说明的思路，明晰问题再来讨论解决方案，符合思维的逻辑，也一定程度上符合事件发展的先后顺序。

DT 创业团队的三次股东变更

邓靖松　郑芳　劳志松

摘要

DT 装饰有限公司（简称"DT 公司"）成立于 2001 年，先后经历了 3 次股东变更。第一次因销售收入没有达到预期而出现股东退出，第二次因股东之间的信任出现危机而导致股东解散，第三次股东合作建立了有效的内部合作机制而推动企业稳健发展。本案例通过考察 DT 装饰有限公司的三次股东合作，分析合伙创业成功的关键要素。

DT 装饰有限公司是东莞市 AB 集团有限公司名下的子公司。AB 集团有限公司由原东莞市某建筑工程公司改制后组建，是国家房屋建筑工程施工承包一级、市政工程总承包一级企业，是东莞 50 强民营企业之一，是一家以建筑施工及相关产业为基础，以房地产开发、高速公路和环保产业为主营范围的建筑企业。主要经营各类型工业与民用建筑、市政工程、装饰装修、道路桥梁、消防、机电安装、桩基础、土石方工程、古园林建筑、建材贸易、酒店饮食等行业工程。

2000 年，AB 集团收购了一家国有装修施工企业 DT，继承了其装修经营资质。但当时集团的主营业务在房地产和市政工程方面，装修业务在其整体业务中的比重很小，于是集团就对其实施了租赁经营的管理策略，即集团收取一定的管理费和保障金，把 DT 分部的经营权移交给当时集团的市场开发部负责人郑女士进行管理，而集团只负责经营资质的维护和管理，并不参与具体的经营。

DT 分部成立之初，是作为集团内部的一个装修部，承担内部的装修业务。作为 AB 集团旗下的一个分支机构，DT 公司名义上是集团的一部分，但在实际经营过程中，集团只以施工资质的管理方身份出现，并未对该企业进行任何投入，只对 DT 每年收取管理费 10 万元，以及要求它达到一定的业绩指标。

一、第一次股东合作：强强联手，英雄用武之地

在 2000 年前后，建筑装修业在东莞是一个高速增长而且毛利率很高的行业。在经济高速发展大势的带动下，东莞市场对第三产业的需求十分迫切，这使得酒店和休闲娱乐设施的建筑工程如雨后春笋般遍布城市的每个角落。建筑业的兴

旺，自然带动装修装饰设计的需求。由于在装修设计和施工过程中存在着大量的信息不对称，业内的毛利率一直保持在 30% 以上。AB 集团内负责市场开拓和内部管理工作的郑女士在市场上打拼多年，市场嗅觉灵敏。她在收到集团将对其装修装饰业务采取租赁经营的消息后不久，就迅速把握住这个机会，取得集团装修业务的经营资质，希望趁着经济发展的大潮，在装修行业上大展拳脚。

有了创业的想法，但郑女士感觉在资金和人手方面都还不足，而集团公司又不愿投入。如果要把企业运作起来，高薪聘请设计和工程人员是行不通了，除了资金不足，郑女士觉得对技术人员的激励和管理也需要投入很多精力。如果采用业务外包的形式，即找到装修装饰项目后再外包给其他设计和工程公司做，质量难以保证，也难以形成公司自身的核心竞争力。思来想去，郑女士觉得还是合伙创业更好，入股股东不但能带来资金和技术，更为重要的是他们会全身心地投入到公司运作当中。

于是，郑女士开始寻找合伙人。很快，AB 集团某项工程的设计师李先生进入了她的视野。李先生原是香港的设计师，有 20 年的行业经验。在内地经济腾飞的大形势下，他的很多业务都在珠三角进行，因此，他希望把今后的发展重心转移到内地。相对于香港的成熟市场，当时的内地装修业还处于刚起步的阶段，业务发展前景十分诱人。面对这样的香饽饽，李先生决定加入 DT。就这样，两人于 2001 年 3 月成立了 DT 公司，并招聘了 6 位行政和业务人员，正式开张营业。

这次合作可谓强强联手，两位股东在各自的领域都有资深的经验和优厚的资源。一方面，作为前 AB 集团管理人员之一，郑女士和 AB 集团具有良好的信任关系，让 AB 集团能够放心将其装修业务资质交由郑女士所组建的团队使用，并将其内部装修业务给 DT 公司承接。她的市场开拓和内部管理的经验也使她"出得厅堂，入得厨房"——对外部市场，能快速反应，市场嗅觉灵敏；对公司内部，能管理得当。所以，如果说 DT 公司是 AB 集团的孩子的话，那么郑女士就是亲手赋予这孩子生命的接生人。另一方面，李先生原本就有资深的装修设计行业经验，其香港设计师的设计理念和精细化的执行能力在东莞装修业内具有很好的竞争优势，而他为 AB 集团所做的工程项目，更使他在东莞业内树立了良好的专业口碑。两位股东擅长的领域不同，各司其职，形成优势互补。

就这样，两位股东按照各自擅长的领域分配职权，郑女士负责内部行政管理以及对外的公共关系和市场开拓，李先生负责项目的设计和运营以及与客户的沟通，设计后的施工则转包给施工队或其他公司。在收入分配上，完全按照股权分配，郑女士占 30%，李先生占 70%。在资金投入方面，由于创业初期公司以李先生的设计为主，流动资金占用不大，由双方各自按股比投入运营资金。

公司成立之初，由于李先生之前在 AB 集团的工程项目的设计作品非常成功，很多客户慕名而来，前三个月的营业额就有 200 多万元。但是由于当时东莞本地的客户对设计价值的认知水平处于早期阶段，很多客户认为一个工程装修要付出几十万的设计费，简直是狮子开大口。由于设计要价高，新客户对李先生的设计业务能力不再像以前那样信任，在洽谈业务时常常犹豫不决，有时还表现出对李先生的不尊重。例如，在一次洽谈中，客户提出先让李先生设计一个大厅的一部分，看其效果后再决定是否让他设计整栋楼的各个功能区。但是李先生认为一个设计作品不论其面积是大是小，从形成设计理念到完成作品，其工作量没有大的差异，换句话说，设计大厅一个部分的工作量和设计整栋楼的工作量没有大的差异。而且这种试探性的做法显然是在质疑李先生的设计业务能力，李先生自然心生抵触。但这样的客户心理在东莞地区的客户中比较普遍，因此公司在当地承接装修业务时往往事倍功半，造成当时公司的业务除了集团内部的自营楼盘外，有相当一部分是在外地，如珠海、重庆等地。

由于主要业务不在东莞，再加上本地顾客并不接受其设计理念和价值，李先生觉得英雄用武之地受限，这样还不如到深圳发展，那里的客户对设计师价值的认可度要高于东莞的客户，在深圳也可以接外地客户的业务，发展空间更大，而且深圳的设计师人才也比较多，人才集聚的优势也便于业务拓展。李先生平时作风公正透明，例如，当时很多业务都是直接收现金，只有白条的收据，他把每一笔业务收入都交回公司，郑女士对他既信赖又尊重。当李先生向郑女士提出去深圳发展的意向时，郑女士也非常尊重他的意见。这样，在 DT 成立的 5 个月后，李先生离开公司，而第一次股东合作也由此结束。

二、第二次股东合作：道不同，不相为谋

在与李先生的合作结束之后，郑女士对 DT 公司的资产和人员进行了清算。为重振旗鼓，再次组建公司，郑女士又开始积极寻找合作伙伴，她想到了相识的孙先生。孙先生之前是一个装修施工的包工头，具有 10 多年的施工经验。在第一次股东合作期间，DT 公司和他有过业务上的合作：一方面，孙先生承包 DT 公司的施工项目；另一方面，他有些自己单独接的业务也挂在 DT 公司名下进行。他本人对 DT 公司的经营资质资源和 AB 集团内部的业务量非常看好，因此愿意成为 DT 公司的股东。

此次合作，由于具有装修施工经验的孙先生的加入，DT 公司的业务重点由侧重设计、施工外包，转变为侧重施工、设计外包。由于施工工程需要占用一定量的流动资金，而郑女士和孙先生都难以在短期内筹集到这笔资金，这使得 DT 就像一辆性能出众却因为没有汽油而启动不了的汽车。为了解决资金的供应问题，使这"汽车"能开动并向前疾驰，郑女士找到了林先生，他虽然没有在装修行业经营过，但具有资金运作经验，他同意投入资金但不参与经营。最后，三人协商决定，股比结构为林先生占 40%，郑女士和孙先生各占 30%。

新股东团队成立后，郑女士提供经营资质和客户资源（AB集团内部装修业务），同时也负责市场开拓。孙先生由于做过10多年的包工头，自然负责技术方面的施工。林先生则提供施工过程中的运营资金，为了监督资金的使用，管理公司的资金收支，他也有权决定DT公司的出纳人员。由于此时DT公司的业务以施工为主（或者说设计和施工一体化），公司招募了4名新员工，新设立了工程部；在设计方面，DT只承担简单的设计，对较复杂的设计则进行外包。当时的装修行业仍处于起步阶段，具有较高的毛利率，在合作的2年时间里，DT的业务规模达到每年1 000万元，每个股东都获得了丰厚的回报。

然而好景不长，这次基于优势互补的合作，跟第一次那样，很快出现了裂痕。与第一次不同的是，这一次的裂痕不是出现在公司和市场之间，而是出现在3位股东之间。

首先，林先生出资义务的履行不够顺畅，他以自己的利益为出发点来运作DT公司的资金，而并没有把其投入的流动资金视作是DT公司的资金。林先生只有在公司出现资金缺口时才逐步把自己的资金转到DT公司账户，而一旦资金没被使用，他就会把流动资金转回到自己的生意中去，而且常常事先不与另外两位股东商量，孙先生对此颇有微词。

其次，孙先生由于掌管装修施工方面的工作，因而会涉及装修物料的批量采购事宜。然而，孙先生以前是个体户出身，不习惯于采购和预算信息在股东之间的分享，导致另外两名股东认为装修施工过程中的信息很不透明，不够顾及另外两个股东的利益。但是孙先生觉得预算很难控制，占用其精力，所以预算工作总是草草了事，结果导致每次预算和实际差别很大，这更让郑女士和林先生觉得难以接受。例如，孙先生曾经单方面接过一个装修业务，起初他给出的预算不高，客户也接受其报价，但郑女士和林先生都觉得这个业务有可能亏损，认为孙先生不应该接这单生意，而孙先生反而觉得他们不信任自己，他努力为公司接单还要受到干预和指责。项目完成后，可能是由于面积测算方面存在误差，实际成本只是预算的一半，该业务还为公司赚到不少钱。然而孙先生不透明的工作作风，却让另外两位股东觉得利润率有被他操控的风险，因而多番要求他做好预算工作。孙先生仍然不听劝告，一意孤行，他表示即使做出详细的预算，另外两位股东也看不懂。

终于，在2004年，林先生提出终止本次合作，另外两位股东表示同意，遂对公司进行清算。由于信息沟通机制不畅，导致股东之间出现分歧，而且也没有冲突协调机制化解分歧，导致了2年合作关系的黯然结束。事后，郑女士反思，这次股东合作的失败主要是由于没有一个控股股东的存在，大家在沟通时都不能说服对方。

三、第三次股东合作：退一步，海阔天空

虽然前两次的股东合作都不成功，但郑女士并没有放弃，个性坚韧执着的她打算再次重建 DT 公司，誓要在这个男性主导的建筑装修行业中创出属于自己的一片天地。2004 年年底，在第二次股东合作失败后不久，她又找到了东莞一家装修设计公司的设计总监黄先生，邀请黄先生加盟 DT，并再次以股东合作的形式重建 DT 公司。

黄先生以前也跟 DT 公司有过合作的经历。在 DT 公司的一个大型项目中，由于客户需要提供比较详细和合理的工程报价，当时孙先生没有能力完成该项业务，于是把该项目的工程预算业务外包给黄先生所在的公司，黄先生又快又好地完成了该项目建议书，帮助 DT 公司顺利拿到项目。黄先生性格温和，脾气好，凡事多能忍让，他是美术专业出身，有十几年的行业经验。虽然当时也有其他人向郑女士推荐合作伙伴，但是她最后还是选择了黄先生。

郑女士之所以选择他作为合作伙伴，一方面是看重了他在设计和施工预算方面的良好专业背景，另一方面是在之前的合作过程中，她了解到其对现在公司的某些管理方式不是很满意，有跳槽的想法，比如他抱怨公司对设计总监也要考勤。

股权合作的谈判很顺利，郑女士希望依赖黄先生的专业技术和丰富经验以承接各种装修工程，而黄先生则很看重郑女士的客户资源和内部管理及经营资质。黄先生提出以专业技术入股 DT 公司，并负责公司的设计和施工业务，他占 40% 的股权，但他进入公司初期并不需要投入资金，这部分技术入股资金在他以后的分红中扣除出来。郑女士接受了以上条件，自己占股 60%，主要负责公司的内部管理和市场开拓工作。这一次，她吸取了以前的合作经验，比较注重于公司内部的制度和流程建设，她在各个业务的关键环节都建立了规范化的流程和制度。在新 DT 公司业务与日俱增的吸引下，最初的一些设计师也回到公司，DT 公司重新焕发生机。

合作初期，黄先生和郑女士也存在一些意见分歧，例如，郑女士非常重视合同管理流程，而黄先生则不以为然。在一次对外合作中，公司和转包方对客户的报价方面使用了一份合同，而公司和转包方的真实合同金额与提交给客户的不一致。在与转包方的合同没有落实的情况下，黄先生就进行了项目投标，后来发生了定金数额的纠纷。由于没有合同作为依据，DT 公司面临风险。最后，郑女士通过努力签下了与转包方的合同，为公司避免了风险。而通过这一次的事件，也使黄先生认同了郑女士重视制度和流程的观点。

由于郑女士掌握控股权，并且对装修行业也有丰富的经验，所以在这次合作的过程中显得比较强势。但是，郑女士在一些方面也对黄先生做出让步。例如在

公司承接项目的过程中，有些环节需要按行规给付定金，而不一定有合同，这时郑女士也不再坚持一定要看到合同才支出现金。而且，虽然郑女士也听说黄先生在自己做一些项目而没有算到公司的收入里，但只要公司的业务不受到大的影响，她也睁一只眼闭一只眼，当作不知道。除此之外，郑女士也很注意保护黄先生的权益。比如，郑女士很注重股东之间的信息沟通，每个月的财务报表都会给黄先生看，尽管黄先生从来没有提出过要求，也没有提出过异议。

在合作期间，两位股东由于制度和流程方面的不同观点也产生过几次冲突。比如，郑女士对项目利润率和物料领用等都建立了标准化的流程，并坚持以一定的标准来规范业务的进行。但黄先生对此不太赞同，认为有时候应该以业务为先，应该先把事情做出来再进行流程化。但考虑到公司经营业绩一直处于上升态势，双方对分歧也都保持了一定克制，并没有将日常的冲突演变为股东合作关系的结束。在总体上，黄先生会接受郑女士的观点，而在细节上郑女士也接受黄先生的看法。在性格方面，黄先生性格温和，郑女士则相对强势，一柔一刚，具有很强的互补性，而且碰到分歧时双方也愿意沟通。由于信息沟通机制明确，双方股东在经营信息和财务信息上沟通顺畅。再加上有效的冲突协调机制，当黄先生和郑女士意见不一致时，双方都愿意做出一定的让步，让合作关系得以持续。因此，这一合作关系从2004年一直维持到现在。

近年来，由于金融危机的影响，DT公司的业务有所下滑。郑女士认为DT公司已进入成熟期，进一步发展的潜力不大。在公司外部，装修行业的高增长时期已经过去，目前的竞争很激烈，毛利率不断下降。由于长期负责市场开拓和客户关系维护方面的工作，郑女士具有很敏锐的商业投资嗅觉，她希望以后投资其他行业。并且DT公司的运作模式已经相对流程化和制度化，郑女士遂逐渐退出了公司的运营管理，转而重点维护重要客户关系和AB集团对经营资质的管理，以及在重大事项和危机解决时参与实际管理。黄先生在实际的运营管理中，随着从原来纯粹的设计总监转变为股东而全面负责项目运作，其对公司的运营管理也有了更强的控制力，对行业和市场的把握能力也更强。

从营业额方面来看，从最初的白手起家，到目前具有年收入2 000万元的业务规模。公司具有完善的管理架构，设有施工部、设计部、采购部和综合管理部，员工规模达到20多人。所承接的业务范围涵盖了酒店、休闲娱乐场所和商业地产的装修，客户范围从原来的集团内部工程，扩展到了从市场招标获得的客户，集团内部的工程只占了30%的比例。

此时，郑女士希望把一部分股权转让给黄先生，一方面是想把精力放到其他商业项目的投资上，另一方面是让黄先生具有实际控制权，激励其全身心地挑起DT公司的担子。郑女士心想，将股权结构调整为自己占20%，黄先生占80%，黄先生应该会接受自己的好意吧。

教学指引

一、教学目的与用途

（1）本案例主要适用于创业管理课程，也适用于组织行为学课程。

（2）本案例从团队信任出发，通过总结合伙创业中团队信任的影响因素，分析合伙创业成功的关键要素和管理机制。本案例期望通过比较DT公司三次股东合作的经历，分析股东合作可能面临的问题及其注意事项。在此基础上，对股东合作的机制提出一些建议。

二、启发思考题

（1）三次股权合作的股权比例有何变化，需要根据什么因素确定股权比例？

（2）第一次合伙创业时，为什么强强联手却在市场上失利，合伙创业成功的要素有哪些？

（3）第二次合伙创业时，为什么创业团队会产生裂痕，创业团队管理的关键要素是什么？

（4）第三次合伙创业时，股权设计中怎样体现了控制权分配的思考？起到了什么作用？

三、案例分析

中小民营企业创业股东合作机制研究是当前创业研究关注的主要问题之一。本案例以DT企业的创业股东合作历程和发展特征为例探讨中小民营企业创业股东合作机制及其演化特征，具有重要的理论价值和实践指导意义。

（一）三次合伙创业中股东合作面临的难题与对策

在第一次股东合作中，DT公司最大的问题是李先生不愿意改变自己去适应市场环境。当时DT公司的主要业务在于工程设计，而李先生作为该业务的负责人，其一举手一投足都关系到公司的发展前景。尽管李先生具有出众的项目设计和运营能力，并在东莞已经打响名气，但当时东莞本地的客户对设计价值的认知水平还不高，因而不太赞同李先生的设计理念和价值。这时李先生面临一个两难的抉择：要么保持个人风格而放弃市场，要么适应市场而改变自己。最后，他选择了前者。而郑女士在面对这一公司的困境时，选择了迁就李先生的意愿，一方面是因为后者为人公正,具有良好的职业道德,这使郑女士对他相当尊重;另一方面是因为后者握有70%的控股权,对DT公司的生死存亡更具操控实力,这使郑女士在面对他的决定时保持相应的克制,即使她明知这样会使DT无法经营下去。

其实,李先生为了保持自身设计理念而拓展深圳方面的市场,不必把退股作为其唯一的选择,但他确实需要有所忍让。李先生直接抛下DT公司,毫无顾虑地轻身前往深圳发展,这对他自己而言自然是最轻松的,但若要维持DT公司的运营,他就不得不作出让步。李先生适应不了东莞的市场,他可以聘请熟悉这方面的人才,必要时允许其入股;而他则可以专注于外地市场,尤其是深圳的市场。至于市场开拓,这向来是郑女士的工作,所以这需要她的协助。

在第二次股东合作中,3位股东分别控制企业的部分关键资源:郑女士控制装修业务资质和市场资源,孙先生控制工程运营,林先生控制企业资金。再加上3位股东股权比例相近(郑女士和孙先生分别占30%,林先生占40%),这使得他们谁也说服不了谁。在这种情况下,每个人都应该作出让步,找到折中的办法。

对于林先生随意挪动DT公司资金的问题,他本人自然要多考虑郑女士和孙先生的利益和感受,而郑女士和孙先生也应该对资金保留监督权。较好的办法是,3个人达成协议,一方面,允许林先生对公司资金有最终动用的权利,但对每次动用的金额大小和动用期限都应有相应的规定;另一方面,允许郑女士和孙先生派出监督和审计方面的人员,监督出纳人员的工作。

对于预算工作疏忽的问题,孙先生应该尽快改正。另外两位股东对他的不满主要在于他有意隐瞒项目预算的信息,不顾及他们的利益。大家一起合作做生意,应该讲求信任,各尽其责。孙先生以耗费精力和股东看不懂为由,疏于做预算工作,显然是不负责的表现。如果孙先生确实觉得这耗费精力,他可以聘请助理,减少他的工作量。

在第三次股东合作中,郑女士负责内部管理和市场开拓,黄先生则负责设计和施工。虽然他们在各自领域中都有优势,但这次因为郑女士占股60%,掌握控股权,所以显得比较强势。这一次的合作之所以能持续下去,有赖于两人在遇到冲突时都能做出让步。一方面,在合同管理上,黄先生做出让步,接受郑女士管理制度化、流程化的观点;另一方面,郑女士也变通地接受了黄先生先给定金、再签合同的做法。

第三次股东合作具有以下特点:一是控制权分配比较清晰,郑女士处于控制地位。二是信息沟通机制明确,双方股东在经营信息和财务信息上沟通顺畅。三是冲突协调机制有效,当黄先生和郑女士意见不一致时,双方都有一定的让步,让合作关系得以持续。四是有较高的相互信任机制,如郑女士对黄先生的业务处理即使有不认同的地方,也还是信任和尊重黄先生的做法。

(二) 影响创业股东之间合作关系的因素

1. 单一控制权

对处于创业阶段的中小企业而言,控制权常常和所有权相伴而行。在此案例中,除了承担出资责任的林先生外,其余股东都参与到实际的运营管理中。通常来说,股东对企业控制权的大小与其所占股份成正比,换句话说,占的股份越多,说话就越有分量。

但是,企业控制权除了与股份相关外,还跟股东所掌握资源的重要性有关。在 DT 公司的案例中,最初的股东之一李先生具有 70% 的股份,具有的绝对控制权。但是在 DT 公司成立初期,郑女士在客户资源和经营资质维护方面具有很强的控制力,所以实际上两位股东的控制权差别不大。至于第二次合作,股权结构更加分散(郑女士和孙先生分别占 30%,林先生占 40%),且差别不大。再加上另外 2 位股东分别控制着重要资源(郑女士控制装修业务资质和市场资源,孙先生控制工程运营),所以,在 3 位股东中,没有一个人有足够的控制权来说服对方。到了第三次股东合作,郑女士具有 60% 的股权,而且负责企业内部管理和维护客户关系,掌握名义和实际上的控制权。结果是,这种合作的模式比前两次股东合作更加稳定。因此,从这一案例中可以看出,单一控制权的存在能使创业企业的股东合作更加有效而且稳定。

2. 优势互补

纵观 DT 公司的三次股东合作,每一次合作都是基于优势互补。DT 公司成立之初,李先生具有资深的装修设计经验,以及在装修设计行业内的良好声誉和口碑,而郑女士则具有工程装饰经营资质和稳定的客户资源(AB 集团内部装修业务)。同样地,第二次合作是技术资源、资金和市场资源的结合,而第三次合作则是技术资源和市场资源的结合。

但是,资源互补的优势并非无条件的,该资源应该能满足市场的需求。在第一次合作中,由于李先生的设计理念不能适应东莞市场的需求,最终不能实现其价值。相反,在后来的两次合作中,DT 公司无论在设计还是施工方面都紧贴东莞市场,所以连年获得厚利。

3. 共同目标

当 2 个有共同利益的人走在一起,合作就会产生。在 DT 公司的案例中,三次合作都是在共同利益目标的吸引下促成的。

在 21 世纪的头 10 年,建筑装修业在东莞是一个高速增长而且毛利率很高的行业。DT 公司的股东们,包括郑女士、李先生、孙先生和黄先生,都在业内有着多年从业经验,对行业的光明前景自然看得通透。在高利润的吸引下,他们先后合作经营 DT 公司,希望在这发展的大潮中分一杯羹。

如果当初他们是在利益的驱使下进行合作的话,那么一旦发现现实并不如愿时,他们自然各自飞散。在第一次合作中,当李先生发现东莞市场并不认可自己的设计,因而导致业务发展受阻时,他毅然结束与郑女士的合作关系。在第二次合作中,当林先生怀疑孙先生操纵利润,觉得自己的利益受到威胁时,他也选择结束合作关系。而第三次合作能够维持至今,一方面是因为 DT 公司还在快速成长,两位股东均有利可图,另一方面是因为黄先生和郑女士都没有对对方利益有实质性的侵害。

4. 相互信任

当企业有 2 个或 2 个以上握有实权的股东时,股东间的信任关系将对企业稳定有很大影响。在 DT 公司中,合作比较稳定的第一次和第三次合作,都是只有 2 名股东,这两次合作的信任度要高于第二次合作中 3 名股东之间的信任度。在装修工程中,存在大量的材料采购、工程外包等环节,不是专门领域内的行家就很难从表面看出工程质量的差异,因而存在大量信息不对称的现象。如果股东之间不信任,就会聘请专门人员,设立专门流程以监督对方,这势必产生很高的成本;而且,一旦使监督表面化,就会加深彼此间的不信任感,进而导致股东之间的合作关系破裂。DT 公司第二次股东合作终止,就是因为孙先生不愿意做出能够让另外两名股东理解的工程预算,致使他们怀疑他的居心,同时,孙先生也因被怀疑而心生不满。

(三)合伙创业的关键成功要素

以 DT 公司的三次股东合作为例,对于创业型的中小企业在构建股东合作机制时,提出如下管理建议以供参考:

1. 机制先行

在中小企业成立之初,股东即为管理层,但是对于多个股东而言,仍然存在委托—代理问题,企业的控制权和管理权处于分离状态。在股东合作之初建立有效的合作机制,对于创业企业而言,能够避免今后股东之间的利益纷争。在控制权分配、信息沟通机制、信任机制等方面事先约定好基本的原则,有利于降低股东之间合作的风险,避免今后因重大问题产生分歧,影响到企业的发展。

例如,在第一次股东合作中,李先生虽然处于控股地位,但是其为人公正,具有良好的职业道德,即使具有对设计业务的信息垄断优势,每一笔业务也都会按照公司的制度和程序进行。这样,郑女士的股东权益中的剩余索取权没有受到威胁,这种良好的股东合作机制保障了小股东的权益。

2. 动态调整

根据本文研究的结论，股东之间的合作机制是一个弹性的系统，需要不断地沟通和协调。一种机制的建立需要长期的适应过程，不仅要适应不同的环境，另一方面股东自身也需要有适应能力。因此，股东合作机制的动态调整是保障股东合作机制持续高效的必要手段。这种动态调整是对股东合作内外部环境的一种适应性，在合作机制建立之初股东之间约定合作机制在调整中持续改进，才能确保创业企业的可持续发展。

例如，在第三次股东合作中，郑女士和黄先生由于制度和流程方面的不同观点也产生过几次冲突。但是两位股东都注重不断地沟通和协调，对管理机制中的分歧彼此让步，从而有效地化解了冲突。

3. 终极追求

在 DT 公司的案例中，创业股东的目标追求都是为了财务利益，他们并没有把 DT 公司的发展当作终生事业的寄托和价值理念追求，只是把它作为一个赚钱的工具，具有很强的工具性目的。这种以股东财务利益为先的理念，容易使股东们在创业企业出现短期的风险的时候，以自己的利益为目标选择退出（例如案例中的第二次股东合作），或者当公司的业务利润率下降的时候，选择投资更加有前景的项目（例如案例中的第一次股东合作），而没有一种终极的价值追求，把创业企业当作百年老店来经营。没有终极共同目标的股东合作是非常短视的，这使创业企业的生命周期很短，自我更新能力受到极大制约。

四、后续发展

半年后，郑女士和黄先生再一次协商了股权比例，黄先生坚持之前的分红比例，即郑女士占 60%，他占 40%。DT 公司的后续发展非常快速，在营业额方面，已发展到目前具有年收入 3 000 万元的业务规模。

目前，DT 公司在郑女士和黄先生的经营管理下进入了稳定的发展期，人员队伍稳定在 20 余人，客户资源随着经营年限的增长越来越多。DT 公司逐渐在行业内有了一定的影响力，是具有一级施工设计资质的单位，其业务规模虽然受到东莞当地经济发展速度放缓和金融危机的冲击，但始终保持在比较稳定的水平。

在今后的发展中，由于 DT 公司具有承接 AB 集团内部装修业务的稳定基础，在外部客户开发方面，也具有了成熟的经验，经营范围已经由东莞本地拓展到了珠三角地区的其他城市和地区。展望未来，郑女士和黄先生信心十足。

GY集团下属子公司高管层的年薪制改革

邓靖松　吴仕满　梁彦呈

> **摘要**
>
> 本案例描述了广东省GY资产经营集团公司（简称"GY集团"）进行的经营者薪酬体系改革，详细阐述了原体系的弊端及新体系的设计过程，主要涉及管理团队的激励问题。笔者期望通过本案例分析，理清如何设计合理的薪酬体系方案以激励企业经营管理团队，进而达到改善企业绩效的目标；同时归纳出经营者薪酬体系设计的基本原则及设计中需要注意的问题等，以方便读者更好地理解并运用到实际中去。

F总最近忙得焦头烂额，作为GY集团人力资源总监，他受公司董事会委派，全权负责GY集团下属子公司的经营者薪酬体系改革。F总深感责任重大，各部门也都期待着能向F总述说自己的诉求，在新薪酬体系改革中获得更多的利益。F总不辞劳苦地在子公司中奔波，听取大家的意见和建议，作为新体系设计的参考。

意见和建议收集得差不多了，看到厚厚一叠的参考资料，F总情不自禁地叹起气来。这次改革的难度与复杂程度大大超出了他的预想，既要考虑新方案的激励效果，又要兼顾薪酬待遇的公平性；既要确保新方案能从根本上改变过去子公司经营者出工不出力的情况，又要尽量避免公司整体运营不出现大的动荡。如何才能设计出一个尽量完美的薪酬方案来解决这一系列问题，让薪酬真正发挥激励作用？F总不由仰躺在办公椅上，再一次回想这些天的工作。

一、公司背景

GY集团成立于2000年9月，由16家当时分别原属广东省轻化厅、建材局、机械厅、重化厅、煤炭工业总公司等的国有厅局级企业合并重组而成，经广东省人民政府批准设立，为国有全资企业。作为综合性省属国有大型企业，GY集团负责经营管理广东省政府授权范围内的国有资产，以工业板块为主，融产品经营、产业经营和资本经营于一体，主要从事资本经营和产业经营、组织资产重组调整与合作、项目投资经营和管理、资产受托管理以及广东省人民政府国有资产监督管理委员会赋予或批准的业务等。

公司以新型高效材料、环保工程装备、清洁再生能源和电子机械设备四大主业为基础，通过主业产业链的延伸与聚合，形成了以绿色环保工业产业为特色的产业集群。作为广东省政府重组后的三大资产经营公司之一，GY集团的新型高效材料等四大主营业务均处于所在行业前列。目前GY集团资产总额146亿元，注册资本12.8亿元，公司下设12家产业集团，管理全资及控股企业152家，科研设计院所18家，拥有员工16 800人。

二、GY集团管理体制与运行机制

接手任务后，为了弄清GY集团的整体情况，摸清家底，F总首先跑遍了公司各部门，通过访谈和查阅公司档案资料等方法，理清了GY集团的管理体制与运行机制，由此对将来的薪酬体系改革有了更清晰的认识。

1. 管理体制

根据GY集团经营运作实践，公司分为资本经营层、产业经营层、生产经营层。

（1）资本经营层：以公司本部为第一层次，以资本经营为主，通过产业规划、资产重组、投资调控、资本运营，保证国有资产的安全和增值。

（2）产业经营层：以一级企业为第二层次，以产业经营为主，负责部分资金经营，以产业经营为中心，组织管理全资控股企业进行专业化、规模化经营。

（3）生产经营层：授权委托各一级企业管理的全资、控股企业为第三层次，按照专业化生产和主营业务突出的方向进行生产经营，作为公司的利润中心。

2. 运行机制

董事会是决策机构，监事会是监督机构，经营班子是执行机构，党委会参与公司重大问题的决策，保证党的路线、方针、政策和国家法律法规在公司的贯彻执行。

公司本部建成高效运作的六大中心，即战略决策中心、人力资源中心、资本经营中心、协调服务中心、技术开发中心、财务运作中心，使其成为公司经营的运行中心。

三、原年薪制概况

理清了GY集团整体组织结构与运行机制，F总对薪酬激励问题也有了更深的认识。然而F总深知，只有摸清原年薪制的情况以及存在的问题，才能更好地去设计新体制以改善状况，完成董事会下达的任务。经过一段时间的研究与调查，F总对公司正在实行的年薪制有了深入的了解。

年薪制作为GY集团成立之初引入的新概念，只选择了3家在经营管理上比较规范且赢利能力较强的全资一级子公司作为试点对象，年薪的制定和执行也主要参照当时广州市政府对市管企业经营者的年薪制内容。年薪制主要由基础工资和效益工资两部分构成。

基础工资部分以企业效益高低划分企业级别，共分为三类三级，子公司经营者根据所任职企业的级别领取基础工资（见表1）。

表1 子公司经营者月基础工资标准

（单位：元／月）

类别 级别	一类	二类	三类
一级	30 000	20 000	12 000
二级	4 000	3 500	1 800
三级	3 000	2 500	1 600

资料来源：GY集团内部资料。

一级一类企业是指经营利润1 500万元/年以上，总资产60 000万元以上的一级公司；一级二类企业是指经营利润1 000～1 499万元/年，总资产40 000万元以上的一级公司；一级三类企业是指经营利润500～999万元/年，总资产15 000万元以上的一级公司；二级一类企业以下的类别是指经营利润不足500万元/年，总资产不足15 000万元的二级公司。

效益工资部分包括资产增值工资和上交国有资产经营收益奖励两部分。资产增值工资以企业每年实际实现的净利润，区别不同情况按照超额累进比例计提（见表2），不设上限。

表2 子公司经营者年度资产增值工资

净资产增值额（万元）	提取率（％）	提取金额（万元）
50以下	3.0	0～1.5
50～100	1.0	1.5～2.0
100～200	0.8	2.0～2.8
200～400	0.6	2.8～4.0
400～600	0.5	4.0～5.0
600～1 000	0.4	5.0～6.6

续上表

净资产增值额（万元）	提取率（%）	提取金额（万元）
1 000～2 000	0.7	6.6～13.6
2 000～3 000	1.0	13.6～23.6
3 000 以上	2.0	23.6 以上

资料来源：GY集团内部资料。

对于超额完成核定的保底利润者，净资产增值工资＝保底利润×相应档次提取率＋超额部分×相应档次提取率×1.5。对未能完成核定的保底利润者，净资产增值工资＝实际完成净利润×相应档次提取率－未完成保底利润差额×相应档次提取率×2（净资产增值工资为负数，则以零计）。

此外，净资产增值工资还跟企业的资产负债率直接挂钩，具体挂钩方法为：经营者接任时企业资产负债率低于75%的，每年年底的资产负债率均不得超过75%，超过75%的，每超过1个百分点，扣减经营者净资产增值工资的2%。经营者接任企业时企业资产负债率高于75%的，根据不同情况调整经营者净资产增值工资，一是每年净资产负债率降低至董事会下达的目标或以下的，不扣减经营者净资产增值工资；二是每年净资产负债率未降至董事会下达目标的，每少降1个百分点扣减经营者净资产增值工资的2%；三是每年净资产负债率未降低反而提高的，每提高1个百分点，扣减经营者净资产增值工资的4%。

另外，经营者在任期内发生积压1年以上的存货及超过合同规定的收款期1年以上的应收账款（含预付款和其他应收款），在计算经营者净资产增值工资时，从净利润中直接全额扣除。

子公司经营者上缴国有资产收益奖励，在规定上缴比例内按实际上缴金额的1%计提，超额上缴利润的，按实际上缴金额的3%计提。

经营者基础工资按照GY集团核定的数额由其任职企业按月支付，效益工资的70%于当年年终结算后予以兑现。剩余30%中的70%从经营者任职第七年起，每年可预取其中的20%，其余的30%在退休后领取。

四、抱怨多多

接下来，为了了解年薪制实行当中存在的问题，F总又不辞劳苦地四处奔波，亲自到试点子公司去，与直接利益相关者（各子公司的管理层人员）面谈。出乎他意料之外的是，这一次行动就像捅了马蜂窝一样，各试点子公司的管理层人员都期盼着与他见面，一坐下来就开始大吐苦水，抱怨年薪制的各种弊端。

经过长时间的收集整理后，F总得到了厚厚的一叠参考资料。他一遍遍地翻阅着这些意见想法（更准确地说，是抱怨），同时心中也在思考着解决的方法。

以下就是一些典型的试点子公司经营者的自述：

（1）"我们 A 公司虽然规模小，只属于二类三级的子公司，但是我们的企业效益一向都很好，在同等规模的公司当中绝对是领头者，为什么却得不到相应的待遇？就拿基础工资来说，我们拼死拼活，努力把 A 公司经营管理工作做好，企业运作效益非常可观，但每个月才拿 2500 元的基础工资；而那些一级的企业的经营者，即使经营效果比我们差远了，投入产出比很低，也能因为他们公司的规模大，绝对数值大，每个月拿万元以上的基础工资，是我们的 5～10 倍！难道我们的努力就不如他们的 1/5 或 1/10？这公平吗？"

（2）"效益工资这方面，那些一级公司掌握着这么庞大的资产，只要他们稍有利润，绝对数值也比我们这样的小公司高多了，能拿到的资产增值工资也比我们高多了；而如果他们的公司零利润，甚至出现亏损，他们的管理层效益工资也只是为零，而没有惩罚的措施。举个例子，某个一类的一级子公司多年来都是利润零增长甚至是亏损，他们的经营者没有效益工资收入，但是他们光拿着每月的基础工资，加起来，也比我们这些赢利的二类三级子公司的经营者的年薪高。亏损公司的管理者，拿着远高于赢利公司管理者的年薪，只因为他们规模大，级别高！这种情况持续下去，谁还愿意努力做事啊？"

（3）"F 总，你可要帮帮我们啊！我们公司的经营层流动率很高，在劳动力市场上又很难招到合适的替代者。这使得我们的经营总是处于一种动荡的状态下，效益也很不好。我想来想去，认为这归根结底还是工资的问题。其一，基础工资只占年薪的 20%，这对于像我们这样的传统行业公司来说太低了，很难吸引人才过来，也很难留住人才。其二，每年年终只能拿当年效益工资的 70%，剩下的部分总额也不多，还要在公司任职满 7 年后才能开始兑现，兑现期实在太长了。尤其是那些年长的管理者，等拿到这部分的效益工资时，说不定都已经到退休年龄了。这样的安排，说是为了留住管理者，倒不如说是在赶走管理者！"

（4）"我们公司效益好，每年能上缴高额的经营收益，但是对于经营者效益工资当中的上缴奖励，却完全是一句空话，因为我们每年上缴的经营收益都由母公司的董事会决定，我们这些子公司的管理者完全只能是按照决定上缴，根本就谈不上得到上缴经营收益的奖励。还有一个问题不得不提，我们公司规模大，高管多，他们很多时候把自己的私人消费，诸如餐饮、旅游等费用转化为职务消费，累加起来也是很大的数额，让我这个总会计师很难办。要是遵章不批准吧，我就得罪了很多高管，日子也不会好过了；要是睁一只眼闭一只眼吧，公司的账又会很难看，管理费用很高，我也会有麻烦。你说，我该如何是好？"

五、问题整理

面对这样一大堆抱怨式的意见和建议，F 总就是再有耐心也难免感到头痛。

为了更清晰地抓住问题关键,从诸多意见和建议中理出一个头绪来,F 总和他的团队不厌其烦地一遍遍阅读这些资料,最后总算是总结出了以下对原来方案的评价:

(1)基础工资分类定级不合理,过于简单。一般来说,基础工资有两个功能,一是保障经营者的基本生活需要;二是体现岗位经营者的高级人力资本价值和实际的劳动付出。因此,基础工资的分类定级仅考虑企业的规模与效益是不够的,也是不公平的,基础工资占工资总额比例偏低(2004 年和 2005 年的测算标准平均约为 20%),对于一个正在成长和经营投资回报率较低的传统行业公司来说,很难吸引和留住其高管人员。

(2)考核指标的设置不够科学合理。衡量企业的经营管理水平除了净资产增值率和资产负债率外,还应包括净资产收益率、资产良好率、销售增长率等重要指标。此外,对考核指标和相关的概念以及财务数据的计算依据等没有进行明确界定或界定模糊,在实际操作中易产生纠纷。

(3)风险与收益不对称,激励与约束不统一。原来的年薪制方案并未体现经营者的收益风险和对其应有的约束,即便是企业产生亏损,经营者也无须承担任何责任。

(4)原年薪制构造和操作方式过于凌乱,不够明晰。其中设置上缴国有资产经营收益奖励,实际上没有任何意义,因为上缴国有资产经营收益每年由董事会决定,经营者没有任何分配收益的权力。

(5)兑现时间设置太长。GY 集团设置贡献积累的本意是希望留住经营者,但实际上贡献积累兑现的时间太长而且数额较低,很难约束经营者,更谈不上激励经营者。

(6)没有规范经营者的职务消费。在许多情况下,公司的经营者可以非常容易地将一些私人消费转化为职务消费,造成公司管理费用的剧增。

原体制存在的问题整理出来之后,F 总并没有感到欣喜。相反,他的眉头皱得更深了。F 总深深地意识到,摆在他面前的问题远比他所设想的要多,要复杂。要解决这一系列繁琐多样而又根深蒂固的问题,单纯的小打小闹、渐进调整已经没多大效果。"重病需用猛药",F 总对这句话大为赞同。只是"说时容易做时难",很多问题,如"基础工资应该如何分类分级才合理"、"如何能做到风险与收益相称"、"如何规范职务消费",等等,并不是拍脑袋便能得出具体可行的解决方案的。正确的道路究竟在何方?F 总再一次陷入深思。

六、薪酬改革

虽然知道新年薪制体系的设计不是一朝一夕能够完成,期间还有很多问题和麻烦需要解决,但是 F 总却并不担心,经过充分的调研和讨论,F 总已对薪酬改革方案心中有数。

1. 新原则设立

万丈高楼平地起，路总是要一步一步来走。现在要走的第一步，就是要确立好新体系设计的改革原则。经过薪酬委员会讨论，最后得出的新原则看似简单明了，却能抓住公司现行体系的关键问题，F总也较为满意。

（1）权利与义务对等原则。F总认为，公司的经营者在经营过程中，有义务履行经营职责，保障投资者的合理利益和资产的保值增值，但同时经营者也应分享相应的权利，即经营权力和享有获取利益的权利，包括基本薪金，以及根据经营者绩效参与利润分享的权利等。关键是必须实现两者的对等和平衡。

（2）风险与利益相称原则。公司经营者承担的风险应与其获取的收益成正比，承担的经营风险越大，其可能取得的收益也应越高。要避免原年薪制中管理者拿高收益，却不用承担风险的缺陷。

（3）激励与约束并举原则。F总明白，仅有激励作用的薪酬机制是远远不够的，因为缺乏必要约束的经营者，不可能每个人都具有自觉的约束行为。所以在设计经营者年薪时，不但要给经营者必要和应有的利润分配权，更应注重与激励对等的职位约束，如职务消费的问题必须得解决好。

（4）长期激励与短期激励结合原则。原来的年薪制当中，短期激励效果明显，然而长期激励效果有限，难以吸引和留住人才，同时也容易导致公司管理者的短视行为。如何实现短期激励与长期激励的有机结合是新体系必须要考虑的问题。

（5）符合法律与政府规范原则。GY集团是广东省政府授权的国有资产经营公司，其适用年薪制的一级子公司仍是国有企业，因此，必须遵守国家和地方政府对国有企业实行年薪制的各种政策规定。

（6）坚持"两个低于"原则，即工资总额的增长幅度低于本公司经济效益的增长幅度，职工平均工资的增长幅度低于本企业劳动生产率的增长幅度的原则。这是合理控制企业人工成本（费用），推进企业收入分配规范化、透明化和市场化的必然要求。

2. 新方案出炉

F总知道，要激励公司经营层，改善公司效益，单纯依赖薪酬的手段是远远不够的。为此，在重新进行年薪体系设计之前，他完整而清晰地向GY集团董事会报告了试点年薪制的实行状况及存在的问题，向他们征求意见，建议开展以年薪制设计为核心的系统工程。F总的报告获得了GY集团高层的高度赞赏与认同，并授权他进行各项必要的工作。

终于可以放手大干一场的F总与他的团队首先做的，是广泛借鉴国内尤其是广东本地同类国企已实施年薪制企业的经验,执行政府关于实施年薪制的有关政策和规定,按公司法的规定,重新选举或任命了一级子公司的董事会成员。随后又向各一级子公司派驻监事会主席并全面检查审计各公司的财务状况,按照公开、公平、公正的原则选拔了各一级子公司的经营者,建立了较为完善和科学的经营者选拔机制。

在宣传动员方面,F总和他的团队对一级子公司及其经营者进行了广泛的调研、宣传和访谈,很好地传递了公司实行经营者年薪制的意图和方法。这场大变革引发了GY集团不小的震动,众多利益相关者争先与F总会面,述说他们的意见与诉求,F总的办公室一时间变得门庭若市。F总也早有准备,认真倾听了不同人的意见和建议,也一一给予答复和承诺,并从中得到了很多年薪制改革的实用良方,使年薪制实施方案不断完善,得到了众人的好评。

眼看前期工作已经全部完成,公司上下已经做好了迎接年薪制改革的充分准备。经GY集团董事会同意,新的年薪制设计方案终于出炉,新方案包含以下内容。

(1) 明确激励对象。明确公司的激励对象是年薪制设计必须首先考虑的问题。因此,F总在设计GY集团年薪制时,首先对经营者,即适用年薪制的对象进行了明确的界定。被列为经营者的有:各一级子公司的董事长、总经理、副总经理、董事会成员、党委会成员、纪委书记、工会主席、总工程师、总会计师、总经济师、总经理助理和企业总法律顾问。他们各自的职责和作用不同,按不同比例领取年薪。

(2) 确定年薪总额。根据之前制定的设计原则,F总认为,要做到吸引、留住和激励优秀的企业经营者,在确定年薪总额时,GY集团必须充分考虑人才竞争的全国化和多样化等各种因素,因此年薪水平的确定应放眼全国,主要是以略高于深圳、上海等沿海发达地区相同或类似规模和效益的经营者平均收入水平为参考。

(3) 设计年薪结构与比例。GY集团一级子公司的规模和效益相对较小,获利能力较差,因此,为了稳定经营者,降低管理层流动率,F总有意识地提高了基本薪酬在年薪制结构中的比例。GY集团的新年薪结构仍然是分为基本薪酬与绩效薪酬两部分。

基本薪酬:按照GY集团一级子公司领导班子成员基本薪酬的有关规定,确定企业负责人的基本薪酬构成和标准。基本工资是指企业支付给员工的金额相对固定的基本报酬,其标准主要根据职务和岗位等因素参照社会同行业及劳动力市场工资价位水平等因素确定。

绩效薪酬:指公司根据经济效益和员工的工作绩效支付给员工的工资或奖金。根据GY集团的实际情况,它主要是根据子公司经营者在当年完成的内部经营业绩考核参考指标后,按照确定的比例计提绩效薪金基数。

（4）明确考核方法。子公司经营者的基本薪酬基本上是固定的，绩效薪酬的考核包括如下指标：

主营业务（销售）收入15分，权重10%；利润总额20分，权重30%；净资产收益率15分，权重15%；国有资产保值增值率15分，权重15%；总资产15分，权重15%；净资产10分，权重15%。（见表3）

表3　子公司经营者基本薪酬综合调整系数表

计分基数	经营绩效部分（60%）			经营规模部分（40%）		
	净利润额（万元）	总资产报酬率（%）	净资产收益率（%）	总资产（万元）	净资产（万元）	销售额（营业收入）（万元）
	权重30%	权重15%	权重15%	权重15%	权重15%	权重10%
上线100分（含本数）	1 500万元以上	全国同行业良好值及以上	全国同行业良好值及以上	60 000万元及以上	25 000万元及以上	60 000万元及以上
75～100分区间	75～100分区间单项指标分数计算办法： 单项指标分数 = 本项指标下线75分 +（本项指标上年实际完成值 − 本项指标下线值）/（本项指标上线值 − 本项指标下线值）×25（上下线分数差额）					
下线75分（含本数）	200万元以下	全国同行业较低值及以下	全国同行业较低值及以下	20 000万元及以下	8 000万元及以下	20 000万元及以下

资料来源：GY集团内部资料。

考核周期与时间：以年度为考核周期，即从每年的1月1日至12月31日。

考核主体：考核主体是指由谁对考核对象进行考核，GY集团由资金财务部、人力资源部、企业管理部、党群工作部、监察审计部负责人组成考核责任中心，责任中心分为业绩考核领导小组和执行小组，执行小组负责收集相关数据并统计定量指标及得分，领导小组根据具体情况打分，分值最后报董事会确认。

3. 新问题产生

新年薪制方案公示后得到了广大子公司管理者的认同与赞赏，然而F总知道，条文规则再完善再全面，如果不能落到实处，也只是一纸空文，毫无用处。要落到实处，就要做好业绩的考核，根据考核的结果支付相应的薪酬待遇，这才能真正发挥薪酬的激励作用，做到权利与义务相称。接下来，F总和他的团队又制定了一系列的考核实施细则，以及对于实施考核管理的指导性规范，很好地提高了新方案的可操作性。

回想新年薪制从无到有，从最初的问题发现到最后的实施细则等，这样一个庞杂繁琐、牵涉甚广的系统工程在自己手下一步一步地完成，F总感到非常自豪。然而F总也知道，问题远远还没到完全解决的程度，新方案虽然解决了一部分原来存在的问题，但仍有很大的改善空间。如职务消费规范的问题，以及薪酬体系中的长期激励问题等，在新方案中依然是一片空白。

薪酬委员会在调研后发现，新体系的问题主要集中在以下三个方面：

（1）基础工资的设计基本上与原体系相同，改进不大。基础工资是保障员工体面的物质生活所必需的，而且体现岗位价值与人力资本价值。如何更好地发挥基础工资这两个作用仍有待探讨。

（2）长期激励依然缺失。新体系中管理者短期的薪酬待遇会得到较大提高，但长期激励方面改进不多，难以保证员工长久的忠诚度。在无法实行股票期权的国有独资企业当中，如何能做到长期激励仍然是较重要的问题。

（3）未能对职务消费这个国企"老大难"问题进行有效解决。如何公平合理地规范职务消费，给企业和经营者一个公平的交代仍需探讨。

纵然如此，新方案依然收获了良好的效果，GY集团的整体业绩有了较大的提升，广大经营者的工作积极性有了不小提高，薪酬待遇也增长了一大截，F总感到非常欣慰。而他接下来要做的，就是进一步地探索和改善。F总深知，没有完美的方案，只有更好的方案。他坚信，方案的进步，也代表着自己的进步，公司的进步，一切都在向好的方向发展。

教学指引

一、教学目的与用途

（1）本案例主要适用于薪酬管理课程。

（2）本案例的教学目的是：以大型国企经营者年薪制改革的过程为研究素材，通过发现与总结案例中旧薪酬体系中存在的问题，并据此重新设计更为有效的年薪制体系过程，帮助学生了解影响企业管理团队工作积极性的关键因素，掌握薪酬体系设计的要点，以期激发企业管理者的工作积极性，提高企业经营绩效。

二、启发思考题

(1) GY 集团原来试点实施的经营者年薪制存在什么缺陷？
(2) 影响企业管理者工作积极性的主要因素有哪些？
(3) 尝试总结企业管理者薪酬体系设计的步骤与注意事项。
(4) GY 集团新的经营者薪酬体系仍存在哪些问题？应如何解决？

三、分析思路

本案例描述了 GY 集团经营者薪酬体系重新设计的全过程。像 GY 集团这样的大型国有企业，其面临的关键问题之一，往往是员工工作积极性的缺失，进而导致企业资源的低效利用，影响企业绩效。以下分析主要阐述案例中 GY 集团原年薪制中存在的问题，新体系中对这一系列问题的解决结果，以及新体系中存在的问题，试图找出影响企业经营者工作积极性的因素，并采取有针对性的薪酬激励措施。

此外，在分析中可以指出，薪酬体系只是企业整体中的有机组成部分，并不能指望薪酬改革能完全解决所有问题。相应配套的诸多制度和措施仍有待完善，以真正发挥出薪酬的作用。

1. 原体制存在的问题

(1) 基础工资分级不合理，差距大。GY 集团简单地以一级子公司的资产规模和销售规模为依据，把子公司分为三类三级别，再根据不同的类型和级别发放对应的基础工资，且级别之间基础工资差距较大，容易导致管理者当中不公平感的滋生。一般来说，基础工资有两个功能，一是保障经营者的基本生活需要；二是体现岗位经营者的高级人力资本价值和实际的劳动付出。因此，基础工资的分类定级仅考虑企业的规模与效益是不够的，也是不公平的。

(2) 权责不对称。不同类型和级别的子公司当中，管理者所经营的资产的规模大小是不同的，甚至存在巨大差异。像案例中提到的一样，某子公司掌握着巨大规模的资产，但是经营业绩长期欠佳，然而其经营者却不用为此接受惩罚，而只是没有效益工资。毫无疑问，这间公司的经营者享有更大的资产经营权，却没有承担相应的责任，这对于低级别公司的经营者是不公平的。

(3) 基础工资比重低，人才吸引力低。案例中提到，某子公司的管理层流动率较高，在劳动力市场上也难以吸引到替代者，其中一个原因是基础工资比重过低，大约只占年薪总额的 20%。在这种传统的比较稳定的行业当中，这样的薪酬体制是难以吸引人才和留住人才的。

（4）效益工资留存部分数额小，兑现期长，长期激励缺失。GY集团年薪制试点的子公司中，效益工资的30%要在任职7年后才能兑现，并且还不是兑现全部，而是逐年提取。其本意是想留住人才，达到长期激励的效果，但实践效果恰恰相反，数额低、兑现期长的留存效益工资无法有效激励员工长期努力工作，反而让员工对此比较反感排斥，这也降低了公司对人才的吸引力。

（5）条款设计混乱，缺乏实操性。原年薪制当中，效益工资中有上缴国有资产经营收益奖励，所描述的收益也非常可观，但实际上公司上缴多少经营收益完全由董事会决定，经营者无权分配。这种空头条款极为打击管理者的工作积极性。从中应得到的教训是，进行薪酬设计时要实事求是，成文的条款应该都是明确的，可操作的。

（6）职务消费的约束机制缺失。原年薪制当中对于经营管理者把私人消费转化为职务消费的不合理行为没有有效的监督与约束，由此造成公司账面上的管理费用大大高于实际支出。长此以往，公司的资产会受到严重侵蚀，基层员工也会对管理者缺乏信任，进而严重影响公司整体士气。

2. 新年薪制的改进之处

（1）增加了业绩考核中经营绩效考核的比重（占60%），提高了管理层员工的工作积极性。原体系中基础工资与效益工资的发放主要依据的是企业的规模而非经营效益，这对不同规模子公司是非常不公平的。新体系较好地弥补了这一缺陷，使子公司之间薪酬待遇更加公平，有利于激发管理者的工作积极性。

（2）权责对称，风险与收益相符。新体系中增加了相应的惩罚手段，经营业绩不好的管理者将不再享受"无处罚"的待遇，这样能保证管理者为了自身的报酬而努力工作，提高了工作积极性。

（3）基础工资比例提高，同时效益工资的考核更能体现管理者的努力程度，对于吸引和留住人才发挥出比原体系更大的作用。

（4）新体系设计更规范，操作性更强。减少了空洞无实际意义的条款，为新考核体系制定了一系列具体清晰、操作性很强的规定，对于新体系的执行与推进有很大作用。

四、理论依据与思考

分析本案例的主要理论基础是激励理论。激励是薪酬众多功能中最重要的功能之一，如何通过薪酬杠杆激励员工的工作热情和工作效率，是薪酬研究、设计和管理的核心内容。合理、公平和富有竞争力的薪酬是激励员工努力工作的最重要因素之一，有效的薪酬体系及其管理机制与激励之间是一个良性互动的过程，有效的薪酬机制必然激励员工以更高的数量和质量完成工作，而更高数量和质量的工作必然带来更高的薪酬。

对众多传统的国有企业而言,"福利高,待遇好"是常态,这也导致劳动力市场上很多人希望能在国企工作。虽然已经不是计划经济时代的"铁饭碗",但其福利待遇一般来说还是比同级别的私营企业高出不少。改革前的GY集团也不例外。然而,这种高福利待遇并没有真正提高员工的工作热情和工作效率,反而是导致国企普遍效率低下、管理问题突出的症结所在。究其原因,笔者认为是个人目标与企业目标没有捆绑到一起所致。国企的福利待遇在市场上处于高位,而且很多情况下与个人、团队绩效之间的关系不大。这种情况在很多劳动者眼中是理所当然的,而国企自身在设计薪酬体系的过程中似乎也默认这一点。由此,很多国企内的员工不用努力工作,不管工作绩效如何,他们的福利待遇都会处于高而稳的状态,从而削弱了员工工作的积极性。

GY集团改革前的试点年薪制是一个典型例子。管理者的年薪,无论是基础工资还是绩效工资部分,主要的影响因素还是子公司本身的规模,而非管理者个人的努力而获得的业绩进步。基础工资方面,三类三级别的基础工资分级,其依据只是子公司本身的资产规模、净利润规模等,并没有考虑管理者所在岗位的人力资本价值、在市场中的水平等个人因素和岗位因素。绩效工资部分存在的问题尤为明显:一是绩效工资的提取基础主要还是根据子公司规模方面的因素,只要管理者所在的公司规模大,净资产增值额高,他便能提取大量的绩效工资。这种高收益主要来源于公司规模,而跟他本身的经营效果关系不大,容易导致管理者工作积极性不高,出工不出力,甚至会使管理者只着眼于短期的绩效提成而进行短视行为,损害公司长远利益。二是绩效工资最低为零,并没有设置合理的处罚机制。这意味着经营者对他所在子公司的效益只需担负较小的责任,不会损害到经营者的个人核心利益。权利大与责任小造成的不平衡,也容易导致管理者的工作松懈,危害公司利益。这些影响公司绩效的问题在案例当中都有所体现。

上述种种问题,导致GY集团原年薪体系在追求效率、公平、富有竞争力等方面都没有发挥到应有的作用。这样一套年薪制并没有真正发挥激励的功效,当然无法提高员工的工作积极性,进而提升公司业绩。

要让薪酬体系发挥激励员工工作的作用,关键是要把员工的个人追求与企业的目标捆绑到一起,让薪酬真正成为连接公司目标与个人目标之间的桥梁。这要求管理者的薪酬待遇必须要与他的工作业绩高度挂钩,而工作业绩又必须对企业目标有所贡献。薪酬体系的设计必须充分考虑这一点,实现企业与员工的有机互动。员工因工作积极努力,取得优秀业绩效果,使公司整体获得发展;而公司的整体发展又让员工享受到更好的福利待遇,进而刺激他更努力地工作,这样一种良性循环是公司设计薪酬体系时必须重点追求的效果。

GY集团改革后新的年薪制体系在一定程度上实现了这样一种良性循环。管理者基础工资部分的分类分级基础,除了子公司规模因素之外,也考虑了相应岗位的人力资本价值、在劳动力市场中的水平等因素；而绩效工资部分，经营者绩效工资提取的基础由过去的规模为主导转化为经营效果为主导（权重占60%），较好地把管理者对高薪酬待遇的追求与公司整体经营发展捆绑到一起，起到了较好的激励作用，公司与员工双双获利便是水到渠成的了。

要激励员工积极努力工作，除了现实的工资、福利等物质手段以外，还有诸多其他手段，如信任激励、授权激励、目标激励等。在众多激励理论中，马斯洛需求层次理论认为，人的需求是有层次的，归结起来可以分为五个层次，从下到上依次为生理需求、安全需求、社会需求、尊重需求和自我实现需求。人的需求是多样而逐层上升的，人的低级需求被满足后，曾经为满足这些需求所提出的措施就不再具有激励作用，但人的高级需求越是得到满足，越能产生令人满意的激励效果。

需求层次理论给我们的启发是，人的需求层次是不同的，每个人处在不同的阶段，相应的主导需求和次要需求也是不一样的。在设计新年薪体系时，除了要考虑工资等物质激励手段外，也要考虑管理者的其他种类的需求，如权力的获得、自我的实现等。

目标激励，是通过目标的设置来激发人的动机、引导人的行为，使设计对象的个人目标与组织目标紧密地联系在一起，以激励对象的积极性、主动性和创造性。在新年薪制实践当中，通过设置合理而又有挑战性的目标，引导管理者不断努力积极工作，追求实现目标的成就感与自豪感，有利于公司整体的发展，是一种可行的手段。

信任激励，即通过对下属的充分信任，提升下属自我感知价值，进而努力工作以回报上级的一种激励手段。上下级之间的相互理解和信任是一种强大的精神力量，它有助于单位人与人之间的和谐共振，有助于单位团队精神和凝聚力的形成。对员工的信任主要体现在平等待人，尊重下属的劳动、职权和意见上，重点表现在"用人不疑，疑人不用"，让员工自己放手去做。授权是充分信任员工的一种好的激励方法。人人都想实现自我价值，授权的手段很好地提供了这种机会，这体现了对人才的充分信任。信任可以缩短员工与管理者之间的距离，使员工充分发挥主观能动性，使企业发展获得强大的原动力。

当然，影响员工工作积极性的因素有很多，激励的手段也层出不穷，上述手段与方法只是较为典型的代表。我们在制订公司薪酬体系与管理机制的过程中，要综合考虑多方面的因素，采取有针对性的激励措施，真正实现员工目标与企业目标的一致，让薪酬体系与管理机制真正发挥作用，帮助企业向前发展。

五、案例后续参考

GY集团通过对下属一级子公司经营者薪酬体系进行重新设计，较好地调动了经营者的积极性，取得了很好的经营效果。2006 年 GY 集团实现主营收入 118.2 亿元，比上年增长 38.5%；实现利润总额 3.09 亿元，比上年增长 18.2%；资本增值 2.86 亿元，保值增值率为 110.5%；实现净利润 2.39 亿元，比上年增长 23.6%；净资产收益率为 7.3%，总资产报酬率为 5.1%，盈余现金保障倍数 3.3，比上年水平提高 10%；实现利税总额 6.32 亿元，比上年增长 21%（流动资金周转率为 2.6 次，比上年水平提高 42.7%），各项工作目标全面完成。

公司职工工资平均增长了 11.4%，人均增加收入 3 000 元，部分有效益的企业经营者年薪可达 65 万元以上，新的经营者薪酬体系基本符合经济性原则，其公平性、竞争性、激励性和合法性都较明显。

诺基亚的窘境：破坏性创新下的溃败[①]

周延风　魏婷婷　李骅熹

> **摘要**
>
> 一向以锐意提高竞争力、认真倾听消费者意见、积极投资新技术研发的诺基亚，在全球市场上持续15年占据市场份额第一后，突然丧失了市场主导地位。诺基亚在当前市场上的遭遇犹如雪上加霜，首先是全球手机市场、全球智能手机市场、芬兰市场、新兴市场、操作系统市场的全面溃败，随后又是由iPhone和Android引导的智能手机风潮将诺基亚推入市场低谷。本案例从价值网的视角分析了诺基亚市场失宠的原因。

昨晚又是一个无眠之夜，一大清早，李强就起身来到了办公室。1月的北京，已是寒意袭人，然而，跟手机巨头诺基亚刚刚交出来的成绩单相比，这或许还算不了什么。李强发红的眼睛盯着各种市场分析报告，表情凝重，若有所思，想来已经好久没经历过这样痛苦的时刻了。虽然已经将报告来回折腾看了好几遍了，但是李强越看心中越觉得混乱："这几天没日没夜地进行反思，要是今天自己还理不出一个头绪来，明天在全球总部的视频会议上将无法交差。"一想到这些，李强心中的焦虑又加深了。

最近诺基亚市场情况"告急"，其市场份额不断被竞争对手蚕食，一夜之间江山已易他人之手。市场的变化来得太突然，各高层表现得手足无措。作为大中华区的执行总裁，李强前几天接到总部的指示，要求重新审视市场环境的变化，找出公司发展的困境，以重新制定战略。

一、冰火五重天：领导者的哀歌

一向以锐意提高竞争力、认真倾听消费者意见、积极投资新技术研发的诺基亚，为什么突然丧失了市场主导地位呢？李强再次陷入沉思：我们到底哪一步走错了？

正当李强还在为思路烦恼的时候，助理小张进来了："李总，会议还有10分

[①] 本文中的人名均为化名，场景与对话也均为模拟。

钟就开始，这是会议的资料，我先去给大家冲杯热茶暖暖身。"李强起身接过资料，伸伸懒腰，望望窗外，早晨的阳光透过办公室的落地窗温和地射进了这百平米的空间，仿佛能把所有的疲倦和坏心情都一扫而光。

调整好心态后，李强拿起资料往会议室走。今天出席会议的有来自研发部资深员工老郑、产品战略部总监吴玉、市场部部长王伟以及财务总监黄慧。今天必须得把问题分析透彻了。

李强走进会议室，大家都已经就座，表情沉重，看来这几天大家过得都很煎熬。简单寒暄之后，李强开始直切主题："各位同事，大家这段时间都经历了失去江山的痛苦，我们现在需要直面现实，大家打起精神来，我们的战役还没结束。今天会议的目的有三个，第一要全面分析我们诺基亚现在的处境，找出反戈一击的转折点；第二是反思我们最近在市场上受挫的深层原因；第三是讨论如何重新制定公司下一步的战略。"

"现在我们进入第一个议题。首先我们先来看看我们公司最近几年的市场表现，分析一下我们的转折点。大家手中都拿到了这两张市场份额图，在全球手机市场上，2010年我们的份额为28.9%，这是诺基亚近年来首次跌破30%。并且市场表现持续走低，2011年市场份额则进一步跌至23.8%。"（如表1所示）

表1　2007—2011年全球手机整机市场份额排名

2007年		2008年		2009年		2010年		2011年	
品牌	市场份额（%）	品牌	市场份额（%）	品牌	市场份额（%）	品牌	市场份额（%）	品牌	市场份额（%）
诺基亚	37.8	诺基亚	38.6	诺基亚	36.4	诺基亚	28.9	诺基亚	23.8
摩托罗拉	14.3	三星	16.3	三星	19.5	三星	17.6	三星	17.7
三星	13.4	摩托罗拉	8.7	LG	10.1	苹果	7.1	苹果	5.0
索尼爱立信	8.8	LG	8.4	摩托罗拉	4.8	LG	3.1	LG	4.9
LG	6.8	索尼爱立信	7.6	索尼爱立信	4.5	中兴	2.9	中兴	3.2
其他	18.9	其他	20.4	其他	24.7	其他	30.4	其他	33.7

资料来源：根据赛思数据整理。

"在全球智能手机市场上，在两家强势竞争对手苹果和三星的挤压之下，2010年我们将连续保持了15年智能手机销量第一的王者地位拱手让出，排名降到第三。数据显示,我们 2010 年在智能手机市场的份额已经从 33% 降至 15.7%,低于苹果和三星。"(如表 2 所示)

表2　2008—2011 年全球智能手机市场份额排名

2007 年		2008 年		2009 年		2010 年	
品牌	市场份额(%)	品牌	市场份额(%)	品牌	市场份额(%)	品牌	市场份额(%)
诺基亚	40	诺基亚	38.9	诺基亚	32.9	三星	19.1
RIM	15.6	RIM	19.8	苹果	15.6	苹果	19.0
苹果	9.1	苹果	14.4	RIM	16.0	诺基亚	15.7
HTC	5.0	HTC	4.6	三星	7.5	RIM	10.4
三星	3.6	三星	3.3	HTC	7.1	HTC	8.9
其他	26.8	其他	19	其他	20.9	其他	26.9

资料来源:根据赛思数据整理。

李强又拿出另一份资料:"这是昨天下午从芬兰总部传过来的一份资料,还没来得及给大家。我们在芬兰市场上的受欢迎程度也锐减。数据显示,截至 2011 年第三季度,诺基亚在芬兰智能手机市场的份额已从 2010 年的 76%,大幅下滑至 31%,下滑幅度达 59%。同期,我们的竞争对手三星、苹果在芬兰智能手机市场的份额则分别从 2010 年的 3% 和 10%,大幅上升到 25% 和 16%。"李强还没有等大家从芬兰市场大幅下滑的恐惧中缓过来,又抛出了另一组数据。

"这里还有一份来自新兴市场的报告,来自新兴市场的竞争者也杀入了我们的腹地,如华为、中兴通讯这两个此前几乎在芬兰市场无市场份额可言的公司,却在 2011 年第三季度分别攻占到 11% 和 6% 的市场份额。"

李强一口气抛出的这一串残酷市场数据,让在座的陷入了沉默。他们都感觉到诺基亚四面受敌,已经从繁花锦簇的暖春步入了严冬。要如何直面现实,成为勇敢的破冰者呢?

财务总监黄慧首先打破沉默:"李总,从市场份额的角度看,我们是从 2010 年出现了转折,可是从我们财务报表中看,其实不然。我们的财务报表显示 2007 年诺基亚手机的全球销量达到了 11 亿部,纯利润为 35 亿美元。可自从 iPhone 出现之后,我们的利润已经从领先行业的 35 亿美元降为 13 亿美元以下,市值也在不断缩水。我们公司出现近 10 年来的首次季度亏损是在 2009 年发布的第三季度财务报表上,而且亏损数额高达 8.34 亿美元。而苹果在 2009 年第二季度的销售收入达到了 48 亿美元。"她合上手中厚厚的财务报表接着说,"是苹果出来后搅乱了整个市场的局面,真没想到苹果掀起的风浪竟掀翻了我们这艘巨轮。"

一提到苹果,就戳到了产品战略部总监吴玉的痛处。这几年在市场上跟各种竞争对手打打杀杀了上百个回合,她对市场上两个极具攻击性的对手深有感受:

"苹果是这场飓风的制造者。苹果公司在 2007 年 1 月正式公布了旗下智能手机 iPhone,并由此开启了新的智能手机市场。除此之外,还有另外一股强势力量,那就是谷歌公司 2008 年发布的智能手机操作系统 Android(安卓),它成为了市场新的变革者。由 iPhone 和 Android 引导的智能手机风潮成为市场主流。"(如表 3 所示)

表 3　2007—2010 年全球智能手机操作系统市场份额排名

(单位:%)

操作系统	研发公司	2007	2008	2009	2010
安卓系统	谷歌	NA	0.5	3.9	22.7
塞班系统	诺基亚	63.5	52.4	46.9	37.6
IOS 系统	苹果	2.7	8.2	14.4	15.7
Windows Phone 系统	微软	12.0	11.8	8.7	4.2
RIM 系统	RIM	9.6	16.6	19.9	16.0

资料来源:根据赛思数据整理。

"2001 年,第一款基于 Symbian(塞班)操作系统的诺基亚手机问世,Symbian 还是智能手机操作系统的老大。当 Google 公司和苹果公司分别推出 Android 和 IOS 操作系统后,基于 Symbian 操作系统的其他品牌如摩托罗拉及索尼爱立信市场表现急速下滑。所以,我们诺基亚并不是特例。"市场部王伟指着竞争对手的报告说,"遭殃的不仅是我们,这是整个 Symbian 系统的衰落。"(如表 4 所示)

表 4　2008、2009 年全球移动手机终端市场销售量和市场份额(千台)

公司	2009 年销量(千台)	市场份额(%)	2008 年销量(千台)	市场份额(%)
诺基亚	440 881.6	36.4	472 314.9	38.6
三星	235 772.0	19.5	199 324.3	16.3
LG	122 055.3	10.1	102 789.1	8.4
摩托罗拉	58 475.2	4.8	106 522.4	8.7
索尼爱立信	54 873.4	4.5	93 106.1	7.6
其他	299 179.2	24.7	248 196.1	20.3
总数	1 211 236.6	100	1 222 252.9	100

资料来源:根据赛思数据整理。

李强听完各位的讲话,心中一震,原来下属们对市场颓势也多有了解。他不禁回忆起下属们与他一起打江山时的辉煌,曾几何时,插满了诺基亚红旗的江山一片辽阔,但这片江山一步步地被 IOS 和 Android 系统所占领。李强叹息道:"我们连续 15 年位居世界手机市场第一位,最鼎盛时占据着世界 40% 以上的市场份额,如今却可谓是遭遇冰火五重天,全球手机市场、全球智能手机市场、芬兰市场、新兴市场、操作系统全面溃败。下面我们来讨论一下第二个议题,诺基亚走到今天的深层原因是什么?"

二、傲慢与偏见

坐在前排的老郑一直听着大家在讨论,却一言不发,神情严肃,心中好像愤愤不平一样。李强知道老郑有话说,便问道:"老郑,你作为资深的老员工,一直见证着公司的成长,你觉得我们哪里出错了。"

老郑望望李强,又望望其他人员,发现大家都期待地看着他。他终于开口说道:"我也不怕得罪人,我觉得问题是出在组织和管理层面上。由于自满于早期取得的成功,我们诺基亚表现出了令人窒息的官僚主义企业文化,从而错失了一系列重大创新和发展机遇。"

"此话怎讲?我们公司一直致力于提高竞争力、认真倾听消费者意见、积极投资新技术研发,从研发投入角度,我们有足够可以与苹果叫板的自信,公司有着 17 000 名科研人员,每年的科研投入是苹果的 3 倍以上。"黄慧激动地说道,"公司对研发一直都是很重视的,在财务支持上也从不吝啬,大家可以看看下面的数据。"(如表 5 所示)

表 5 2007—2009 年五大智能手机厂商的研发和现金流明细(百万美元)

品牌	费用	2007	2008	2009	研发/现金流(%)	同比增长率(%)	估价同比增长率(%)	3 年总额
苹果	研发费	782	1 109	1 333	13	19	38	3 224
	现金流	5 470	9 596	10 149		23		25 215
谷歌	研发费	2 190	2 793	2 843	34	9	12	7 825
	现金流	5 775	7 852	9 316		17		22 943
微软	研发费	8 160	9 000	8 714	40	2	1	25 884
	现金流	21 612	19 037	24 073		4		64 772
RIM	研发费	359	684	964	33	39	16	2 007
	现金流	1 576	1 451	3 034		24		6 061
诺基亚	研发费	8 317	8 413	8 478	121	1	-13	25 208
	现金流	7 519	8 596	4 659		-26		20 774

资料来源:根据赛思数据整理。

老郑看着黄慧，摇了摇头，说道："我并未指责公司在研发投入上的问题，你听我给你举两个例子，你就明白了。在 iPhone 未发布之前，我们已经研发出自己的触摸屏产品。工作过多年的技术研发人员阿里·哈克兰曾于 2004 年在我们芬兰总部艾斯堡市的一个展会上向消费者演示了这一款原型机，这款原型机的最大特征是具有互联网功能以及可触控大显示屏。哈克兰相信，这款新型手机将会深化诺基亚在智能手机领域的固有优势。我当时也见证过这台机的诞生。但内部测试却显示消费者并不喜欢触摸手机体验，于是管理层选择了放弃，他们扼杀了它。被一同放弃的，还有他设计出来的在线应用商店。这项比苹果早 3 年拥有的技术，并没有让诺基亚开拓出新的利润点，倒是 3 年后苹果的线上 Apple store 获得了极大的成功。"老郑激动地说，"当时市场部的人说顾客体验不好，所以当时我们放弃了这一个计划。"

李强和王伟都知道这个小插曲，因为顾及到批量生产这种新型手机会有很大的风险，依托原 12 格键位手机已经占领了智能手机市场的诺基亚放弃了哈克兰的计划。

"塞班系统是在电子时代研发出来的系统，本身并不是 PC 时代的产物，相比于安卓等新型系统，它并不适合新型智能手机搭载。可当时我们公司的人竟然嘲笑谷歌安卓系统仅仅是个短期解决方案，甚至直到我们深感苹果、谷歌威胁的 2010 年，我们依旧豪言'将对塞班不离不弃，2011 年再发布 10 款搭载塞班的新机型'。最让外界诟病诺基亚自大的是我们在塞班上保守顽固的傲慢态度。我觉得是这个傲慢的态度让我们失去了这个机会。"老郑继续愤愤地讲完。作为资深的老员工，他见证了诺基亚登上顶峰的历程，现在却得承受诺基亚衰落的事实，心中的落差实在是太大了，难免得发泄一下存在心中已久的郁闷。

见大家一下被自己的发言给镇住了，老郑意识到可能刚才语气有点重，于是缓声继续说道："其实在当下与智能手机密不可分的移动互联网领域，我们的起步一点儿也不晚。1999 年我们推出世界首款搭载 WAP 浏览器的 7110 手机；在 2007 年甚至将之提升到战略性层面，并立志打造'互联网公司诺基亚'而非'手机制造商诺基亚'。因此在 2007 年我们完成了公司 146 年来历史上最大的一笔收购——斥资 81 亿美元收购了全球最大的地图供应商 Navteq。这次收购壮举定将大大促进移动互联网服务产品的多元化。"

"可惜的是，思想前沿的我们在实施过程中并不出彩，这可能与我们公司以前积累的技能和知识的类型有关系，互联网需要具备与我们积累的经验大相径庭的知识，因此我们在这里遭遇了挫折。"说到这里，大家不禁都为诺基亚的遭遇感到惋惜。

三、价值网陷阱

王伟看大家心情都平复了,从身边的公文包里面抽出一叠资料,适时说道:"对于老郑所说的事件,这几天我也在思考。从价值网的角度来看,我突然发现面对新技术和新市场,往往导致失败的恰好是完美无瑕的管理,我们是落入了价值网的陷阱。"

老郑不解地问道:"你这是什么意思,我们的傲慢也算是完美无瑕的管理吗?"

"老郑,你别急,听我慢慢解释。大家看看,这是我这几天所整理的资料,是从产业链价值网角度来进行的分析。我觉得问题的来源在于我们忽视了市场发生了一个颠覆性的变化,那就是'延续性技术'与'破坏性技术'之间的问题。"

大家都好奇地翻阅着王伟的资料,希望里面的东西可以解答他们的疑惑。李强赞许地看着王伟,王伟这人聪明好学,涉猎广泛,遇到问题总是能从关键角度来分析,且看看他怎么说。

"我从头开始讲讲我的思路。毫无疑问,手机市场已经开始从功能手机向智能手机过渡了。我们可以从这个图中(如图 1 所示)看到,智能手机时代自 2008 年兴起,并在 2010 年全面超越传统手机。2010 年是全球智能手机爆发增长的一年,其重要标志是 iPhone4 全球范围内热销断货和谷歌 Android 系统的崛起。"王伟看大家正认真地看着图,便暂停了一下。

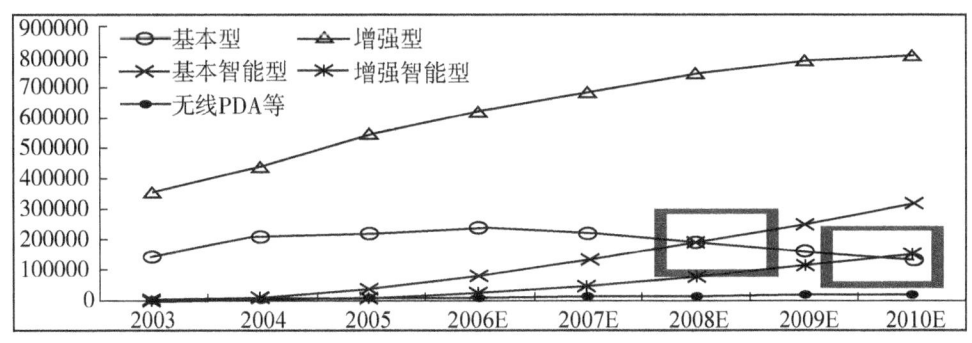

图 1 2003—2010 年智能手机发展趋势

资料来源:2005 年 Gartner 对智能手机发展趋势的预测。

"我们以前的成功可以说是在传统的功能手机时代,大家看看功能手机时代的产业链(如图 2 所示)。作为一家手机厂商,在技术上更多的只能跟随芯片和系统厂商的步伐,而在技术之外,进行产品的市场开拓、销售、售后服务才是手机厂商更重要的工作。因此,功能手机市场的发展一直以来主要是受硬件(尺寸、颜色、翻盖等)差异化的推动。相应地,在功能手机时代,消费者对于手机功能属性的要求集中在短信、拍照、彩信等上面,这些都是可以从我提供的资料(如图3所示)中论证的。"

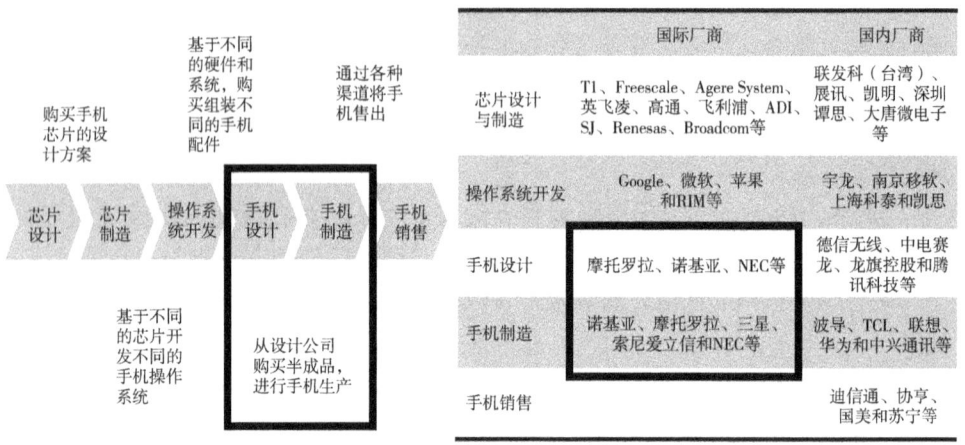

图 2　传统功能手机产业链

资料来源:方正证券研究中心。

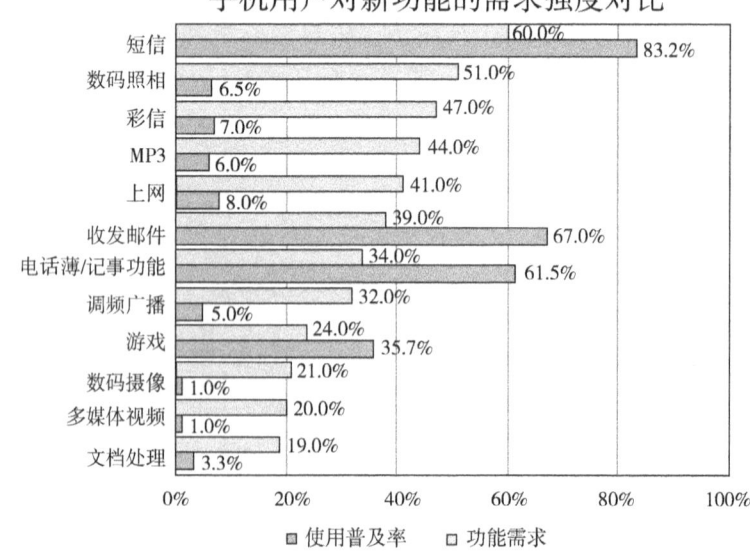

图 3　2004 年手机用户对新功能的需求强度对比

资料来源:艾瑞集团数据,根据易观国际《移动通信用户选择运营商的关键因素分析报告 2004》数据整理。

诺基亚的窘境：破坏性创新下的溃败

"是的，想当年，我们在手机市场上开创了很多的第一呢。1997年，诺基亚的产品设计师们想出一个绝妙的新点子，在诺基亚6110手机上内置了一款非常适合12键手机操控的单机游戏——贪吃蛇。在6110之前，没有人会想到手机竟然还能有娱乐的功能，而诺基亚大胆颠覆了人们固有的观念，于是6110和它装载的贪吃蛇一夜之间风靡全球。几个月后，诺基亚又第一次发布了能够随意换壳的手机5110。当时世界为之惊叹，因为没有人想象过手机竟然还能随意换壳。"吴玉回想起当时的情景，脸上不禁泛起自豪的神情。

"我们当时有数条生产线，产品横跨十几个系列，覆盖低、中、高三个市场，所以我们在市场上占领了相当份额。这是我们以前的成功之道，可谓是顺应了功能手机产业链的要求。而我们所进行的创新只能算是'延续性创新'，也就是推动产品性能的改善，是根据主流市场的消费者一直以来所看重的性能层面来提高成熟产品的性能。我们不断地改进手机的外形设计、拍照像素、色彩搭配、键盘设置，等等，这都是我们主流消费者所已知并看重的属性。当时我们只要在这些方面可以比竞争对手速度更快、款式更多，就能够取得消费者的青睐。"

大家都被王伟的分析吸引了，"大家再看另一张图，这是智能手机时代的产业链（如图4所示），我们可以看到手机设计和制造不再单独主导着行业，而操作系统、移动互联网和应用服务等方面则慢慢成为决定性的因素。移动互联网时代，手机厂商面临更加开放的产业环境。只有成功进行跨行业合作以及对产业链进行垂直整合，才能推出满足消费者需求的差异化产品。我们看看苹果、谷歌和微软都是操作系统开发阵营的，他们掌握了智能手机时代的核心技术。因此，一夜之间，全球最成功的公司苹果、谷歌、微软突然都成为了我们的竞争对手，

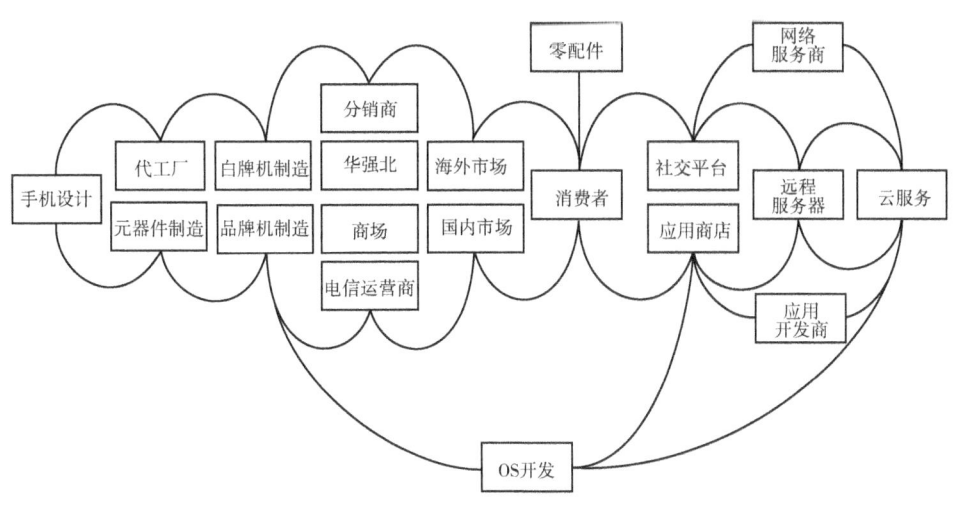

图4 智能手机产业链

资料来源：中金公司研究部。

iPhone让世界震撼的触屏技术、互联网功能就属于破坏性创新。这些属性可能并不是主流市场所看重的属性,但是它们更方便消费者使用,等发展成熟就会冲击到主流的功能手机市场。现在这个冲击已经来临了,我们现在的处境就是在这个破坏性创新性下的溃败。"

"智能手机区别于功能手机的核心的要素是其强大的功能扩展。其核心属性之一是与互联网的紧密融合。所以在智能手机时代,手机的核心竞争力已经从以硬件为核心的娱乐功能属性过渡到以整合软硬件和互联网为核心的网络与信息管理属性,而我们却固守在我们以前以硬件为优势的核心竞争力,这已经与市场脱节了。"吴玉看着那张消费者属性比重图(如图5所示)说道,她现在已经明白了王伟的分析思路。

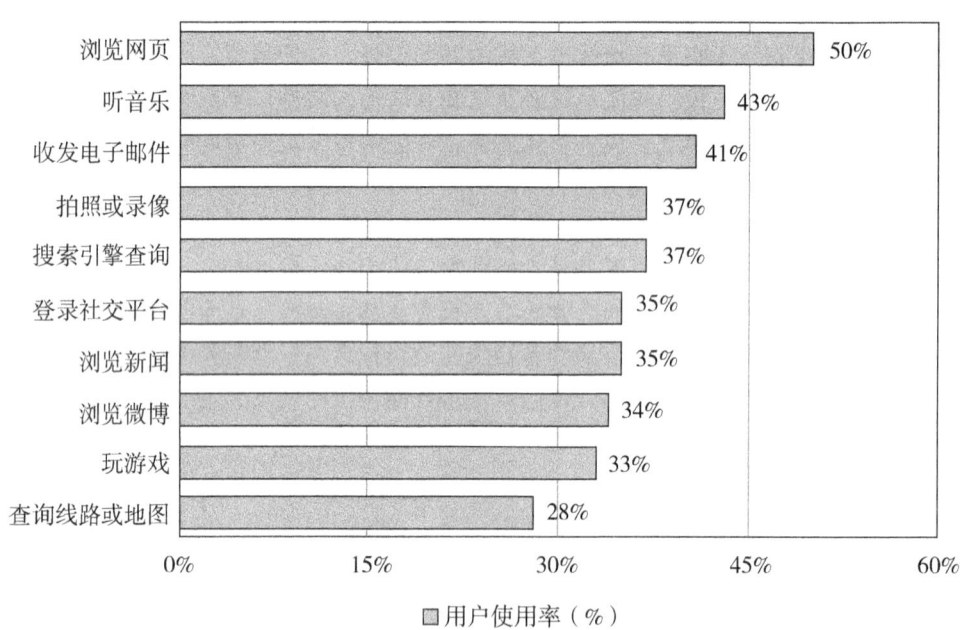

图5 2011年中国城市地区智能手机用户使用智能手机十大用途
资料来源:艾瑞咨询集团《2011年中国城市地区智能手机使用情况调研报告》。

"嗯,听你说完,我大概明白我们是在哪里栽了跟头,但我不明白你所说的我们的失败是源自我们完美的管理。"老郑说道。

"大家别急哈,我这只是个引子,重点还在后面呢。"王伟拿起茶杯,喝了一口茶水润润喉咙。

"那你赶紧讲讲你的重点吧,我们都快急死了。"吴玉说道。

"其实我们是陷入了价值网的束缚当中。就像我刚才分析的,在功能手机产业链中,我们主流的消费者看重的属性集中在短信、拍照、彩信等上面,功能手机市场的发展一直受到硬件（尺寸、颜色、翻盖等）差异化的推动，所以我们的一切都是围绕着这个价值网内的消费者的需求活动的。而当触屏和移动互联网等技术出现的时候，决定是否将它商业化的因素是它在何种程度上满足价值网内已知消费者的已知需求。我们经过内部测试发现消费者不太看重这个属性利益，于是放弃了它，我们认为合理的内部测试只能说明在功能价值网内它是不被看重的，可是在智能手机产业网内，它却是消费者所看重的。

"而我们企业在做决策的时候，往往是喜欢那些利润率更高、性能更高的产品，这不但能确保更高的收益率，还能减少企业的投入。换句话说，理性的资源分配流程就是推动企业不断地在原有价值网内进行改进，而对其他价值网内的资源置之不理。理性的管理者很少能找到充分的理由进入规模小、需求不充分而且利润率更低的市场。固守在当前的价值网能够满足当前客户确切的需求。而我们的员工也接受过相关培训，知道怎样做才有利于企业，有利于他们在企业内的发展前途。他们会主动向客户提供服务、乐于帮助企业实现销量和赢利。管理人员很难要求有能力的员工持续、积极地从事一些他们认为没有意义的工作。

"现在我们再回头看看我们当时的决策情境。（如图6所示）

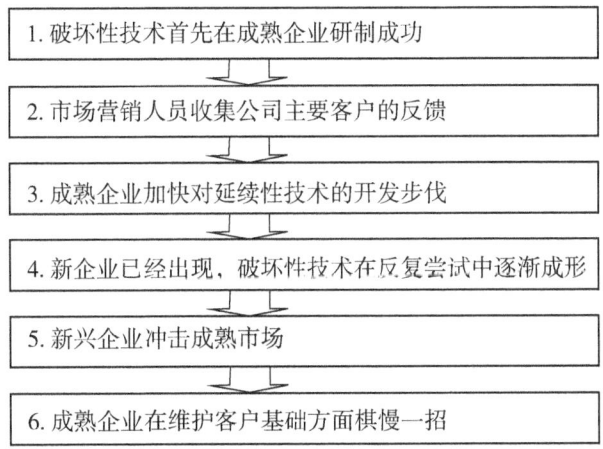

图6　管理决策过程与破坏性技术变革

资料来源：[美] 克莱顿·克里斯坦森. 创新者的窘境 [M]. 胡建桥译. 北京：中信出版社，2010.

"按照这个顺序来看，这跟我们企业的情境是一模一样的。我们虽然首先发明了破坏性技术，但内部测试显示消费者并不喜欢触摸手机体验，于是市场营销人员得出了悲观的销售预测。由于这些提案都在互相争夺同一种资源，所以管理者会以确保企业的最大利益为出发点，自觉或不自觉地剥夺了及时启动破坏性创新项目所必需的各种资源。同时企业加快对延续性技术的开发步伐。所以，当苹果的设计师们忙着研发大屏幕、3D效果、互联网接入技术、IOS系统的时候，我们诺基亚科研部门依旧固守自己 12 格键位设计、塞班系统。虽然破坏性技术一开始可能不足以满足市场用户的需求，但是一旦破坏性技术改善轨道与市场需求的轨道交汇后就会冲击成熟市场，我们就面临了现在遭遇的一切。"说到这里，王伟终于停了下来，因为他知道，自己的分析似乎已经让大家顿时发现了什么。

大家盯着图中（如图 7 所示）的交汇轨线，仿佛看到在交汇的那一刹那，诺基亚的江山已经动摇了。

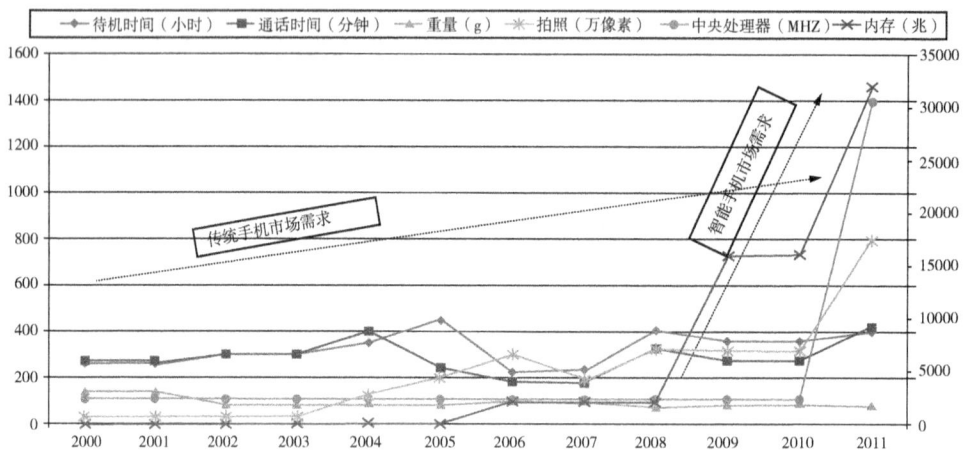

图 7　传统和智能手机市场需求与诺基亚 7 系列手机的性能参数之间的交汇轨线
资料来源：诺基亚公司内部数据。

四、尾声

"就算我们把每件事情都做对了，仍有可能错失城池。面对新技术和新市场，往往导致失败的恰好是完美无瑕的管理。太多的企业巨头因固守核心竞争力，而在新的竞争领域中给自己铺设了通向死亡的道路。"大家在心中反复念着王伟说的这句话，不知不觉会议整整开了 3 个小时。"现在大家疑惑已解开，不管怎么样，都得正视现实，新的挑战既然已出现，那就大胆地面对吧，我们要成为破冰者，再次崛起。"李强为这次会议画上了一个未完成的句号，"接下来就是我们第三个议题，相信大家已经有头绪了……"

教学指引

一、教学目的与用途

（1）本案例主要适用于营销管理和战略管理教程的教学，以及适用于MBA、高年级本科生在课堂上进行案例讨论。

（2）本案例的教学目标是让学生掌握市场环境分析、理解市场环境变化对企业经营的影响。

二、启发思考题

（1）在传统功能手机时代，诺基亚为什么能连续15年占领全球市场份额第一的位置？

（2）在智能手机时代，手机厂商需要具备哪些条件以满足消费者的需求？

（3）根据案例资料，你认为该如何理解破坏性创新以及价值网理论，请举出其他遭遇破坏性创新后溃败的企业实例。

（4）案例中第三个关于重新制定公司的战略的议题并没进行讨论，你认为诺基亚接下来的战略应如何制订？

三、分析思路

教师可以根据自己的教学目标（目的）来灵活使用本案例。这里提出本案例的分析思路，仅供参考。

（1）主要从功能手机产业链上各方的角色和相应的能力要求以及价值网内主流消费者看重的手机属性排序上来回答。

在功能手机时代的产业链上，作为一家手机厂商，在技术上更多的只能跟随芯片和系统厂商的步伐，而在技术之外，进行产品的市场开拓、销售、售后服务才是手机厂商更重要的工作。因此，功能手机市场的发展一直以来主要是受硬件（尺寸、颜色、翻盖等）差异化的推动。相应地，在功能手机时代，消费者对于手机功能属性的要求集中在短信、拍照、彩信等上面。

诺基亚根据主流市场的消费者一直以来所看重的性能层面来提高成熟产品的性能。不断地改进手机的外形设计、拍照像素、色彩搭配、键盘设置，等等，只要可以比竞争对手速度更快、款式更多，就能够获得消费者的青睐。诺基亚在功能手机时代采取高、中、低档产品全面开花的产品策略，产品线丰富，价格覆盖区域广,可以满足各个细分市场的需求。另外在渠道管理上,诺基亚采取多渠道的模式,以渗透到三四线城市,市场占有率因此得以保持。

(2) 主要从智能手机产业链与功能手机产业链的差别以及相应的各方力量的变化和价值网内主流消费者看重的属性排序的变化入手。

智能手机产业链内,手机的设计和制造不再单独主导着行业,而操作系统、移动互联网和应用服务等方面则逐渐成为决定性的因素。

"智能手机"是区别于传统意义上"功能手机"的新一代个人通讯终端,其核心属性之一是与互联网的紧密融合。智能手机在完善娱乐功能的同时,正逐步添加网络属性和金融属性,并成为个人信息管理中心。基于高速网络连接和强大的硬件处理能力,通讯终端融合支付手段、社交媒介、影音媒体、游戏设备等非传统通讯功能的未来已经展现在人们面前。

智能手机时代的来临,使得手机性能的提升建立在了电容屏和微处理器等核心技术发展的基础上,并在优秀的系统软件调配下发挥出来。在智能手机上,消费者最看重的就是体验。虽然操作系统是一样的,但是不同的手机厂商由于资源以及产业链的整合能力不同,其产品让消费者感受到的体验却是不一样的。手机制造商对操作系统和机器本身的整合能力,决定着最终用户体验,也决定其市场竞争力。

总之,移动互联网时代,手机厂商面临更加开放的产业环境。只有成功进行跨行业合作以及对产业链进行垂直整合,才能推出满足消费者需求的差异化产品。

(3) 关于遭遇破坏性创新后溃败的企业实例很多,可以结合不同行业进行分析。

在遇到破坏性技术和市场结构变化时遭遇失败的领先企业很多,例如,以胶卷为核心业务的柯达公司遭遇了"数码相机"的重创,以"高毛利率、低周转率"为赢利模式的西尔斯-罗巴克公司遭遇了折扣零售和家居中心"低毛利率、高周转率"赢利模式的重创,以微型机为主要核心业务的数字设备公司遭遇了台式计算机的重创,等等。所有失败的案例都具备一个共同点,那就是导致企业失败的决策往往是在被广泛誉为世界上最好的领先企业做出的。

(4) 根据数据显示,无论是增量新购手机用户,还是存量手机升级用户,都朝着智能手机方向发展,因此智能手机的市场容量还会继续提升。所以,诺基亚不能固守功能手机这一块,否则未来的发展将会更加惨淡。

由于操作系统是智能手机生态产业链的核心,因此软件平台和战略的差异在很大程度上决定了手机制造商的未来。诺基亚接下来的战略应该在手机操作系统上以及产业链的整合上下一番工夫。

四、重点理论解析

（1）延续性创新：根据主要市场的主流消费者一直以来所看重的性能层面来提高成熟产品的性能。

破坏性创新：重新定义了性能改善模式，其主要表现形式就是将成品元件组装在一起，但相比之前的产品，产品结构通常会变得更加简单。

破坏性创新带来了与以往截然不同的价值主张。破坏性创新并不能为主流市场的消费者提供更好的产品，因此这种创新首先发生在主流市场的可能性很小。相反，破坏性创新提供的是一种完全不同的产品组合，只有远离主流市场或对主流市场没有太大意义的新兴市场才会重视这些产品组合的属性，并且使得其在技术和成本管理上具有可行性。

（2）产业价值网，是指一种大环境，企业正是在这个大环境下确定消费者的需求，并对此采取应对措施、解决问题、征求消费者的意见、应对竞争对手的竞争策略，以争取利润最大化。在价值网内，每一家企业的竞争策略，特别是过去它对市场的选择，决定了它对新技术的经济价值的理解。这些理解反过来又反映了不同企业希望通过进行延续性创新和破坏性创新所获得的回报。在成熟企业中，预期回报反过来推动资源分配向延续性创新而不是破坏性倾斜。

价值网的一个基本特征是消费者按照产品属性的价值对其进行具体的排序，另一个基本特征是提供有价值的产品和服务所要求的特定成本结构。不同的价值网在产量、实现批量生产的速率、产品开发周期的长短，以及对目标消费者和消费者需求的预测等方面会存在很大的差异。每个价值网成本结构的特点都会对企业认为有利可图的创新类型产生巨大的影响。从本质上说，在企业价值网内受到重视或发生在基本毛利率较高的价值网内的创新将被视为有利可图的创新。

随着企业在某个特定的网络内逐渐积累了经验，它们可能会形成符合该价值网独特要求的能力、组织结构和文化。

围绕着价值网构建的失败框架以三个发现为基础：第一个发现是延续性技术和破坏性技术之间存在着重大的战略性差异。第二个发现是，技术进步的步伐可能会而且经常会超出市场的实际需求。这意味着，不同技术方法的相关性和竞争性会随着市场的不同和时间的推移而发生变化。第三个发现是，相比某些类型的新兴企业，成熟企业的消费者和财务结构更加倾向于看上去对他们具有吸引力的投资。

这些优秀的企业倾听了消费者的意见、认真研究了市场趋势，并将投资资本系统地分配给能够带来最佳收益率的创新领域，因此它们都丧失了其市场领先地位。

五、建议的课堂计划

本案例可以作为专门的案例讨论课来进行。如下是按照时间进度提供的课堂计划建议,仅供参考。

整个案例讨论课的课堂时间控制在80～90分钟。

课前计划:提出启发思考题,请学生在课前完成阅读和初步思考。

课中计划:

(1) 简要的课堂前言,明确主题"诺基亚的窘境:破坏性创新下的溃败"(2～5分钟)

(2) 分组讨论案例所附启发思考题,告知发言要求(30分钟)

(3) 小组发言(根据班级学生人数分成若干组。选择3组发言,每组10分钟,共30分钟)

(4) 引导全班进一步讨论(讨论各组没有涉及的内容,以及存在分歧意见的内容),并进行归纳总结,梳理案例中涉及的理论知识,并结合理论知识梳理案例逻辑(15～20分钟)

课后计划:下节课前,请学生以小组为单位,采用PPT报告形式上交更深入的思考并查找诺基亚的近期市场表现的相关资料。

附录

表1　诺基亚产品系列

手机系列	定位	目标市场	备注
1系列	低端系列		
2系列	入门级手机的低端系列		
3系列	真我个性系列	年轻一代	性价比特别高,大胆展现个性和外形的舞台
5系列	运动活力系列	年轻一代	款款个性独特,兼有特殊功能;5110是诺基亚里第一款可换壳的手机
6系列	商务精英系列	商务人士	体现出一种成熟的味道,更为成功人士多增添一份魅力

续上表

手机系列	定 位	目标市场	备 注
7系列	时尚先锋系列	年轻一代	造型以时尚著称
8系列	尊贵典雅系列	商务人士	手机造型独特，外壳用料考究
9系列	个人助理系列	商务人士	强大的个人信息管理功能，让商务人士如虎添翼
E系列	智能手机系列	面向商务人群；面向企业用户	主要和黑莓（RIM）手机对抗
N系列	偏向于娱乐性能的高端智能机	追求时尚的年轻人	将时尚、功能、商务定位结合的多媒体智能终端

资料来源：根据赛思数据整理。

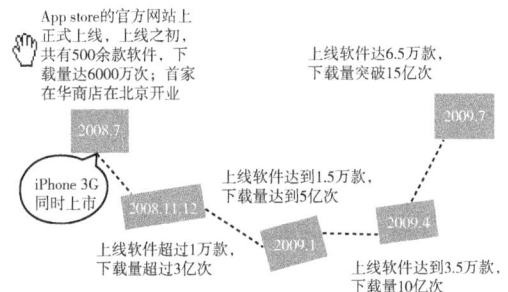

图1 App Store 的发展历程

资料来源：易观国际集团《在线应用商店系列战略专题报告2009——苹果App Store》。

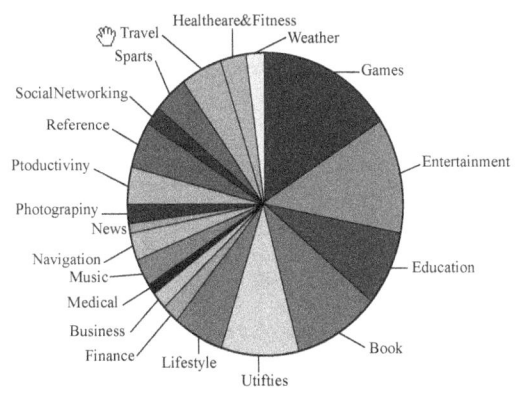

图2 苹果商店各类应用分类统计情况

资料来源：易观国际集团《在线应用商店系列战略专题报告2009——苹果App Store》。

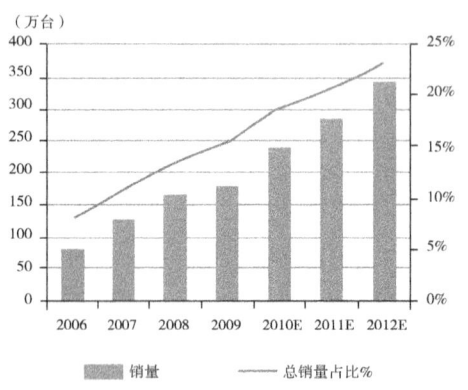

图3 智能手机销量与总销量占比
资料来源：瑞银估算。

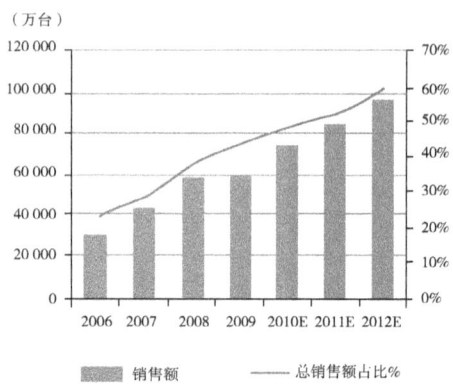

图4 智能手机销售额和总销售额占比
资料来源：瑞银估算。

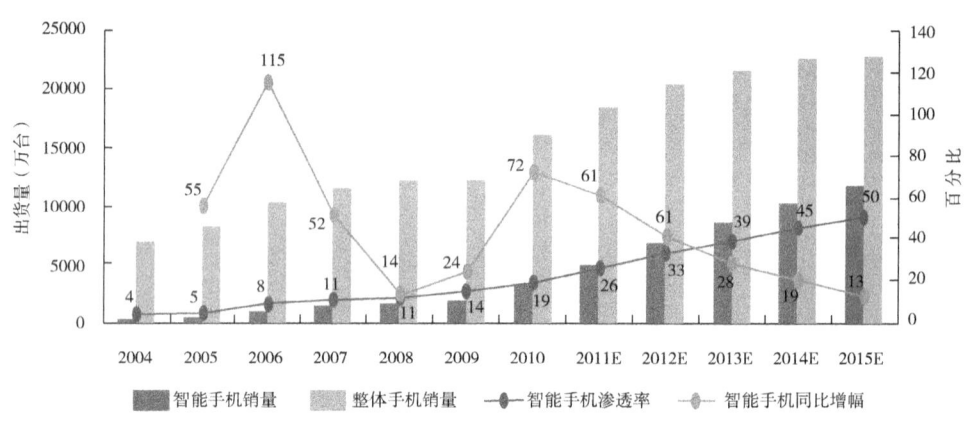

图5 全球智能手机年度销量
资料来源：Gartner, IDC, iSuppli, Canalys, 中金公司研究部。

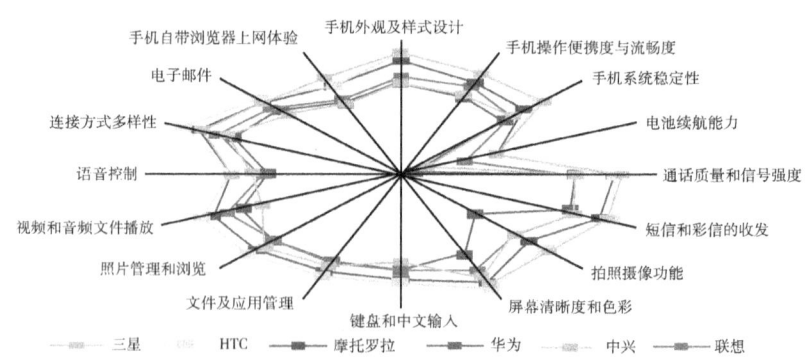

图6 2011年中国网民Android智能手机用户分品牌满意度得分情况
资料来源：艾瑞咨询集团《2011年中国王敏Android智能手机用户研究报告（二）》。

GS 食品有限公司的纵向一体化战略选择

李孔岳 谢琳 王振杰

> **摘要**
>
> 本案例描述了一家家族企业是否选择纵向一体化战略的决策问题。GS 食品有限公司（简称"GS 食品公司"）由家庭企业发展而来，主营提子干清洗和杏仁切片业务。公司上游原材料为人所垄断，下游购买者因为逐渐变为大型饼干生产商而有被锁定之虞，由此高层不得不考虑实施纵向一体化战略，进入上下游产业。然而，虽然公司近几年发展迅速，但公司治理还有待完善，内部能力也有待提升，使得公司走纵向一体化道路将遇到更大的问题，也面临更多的风险。

一、引言

GS 食品公司总裁王总在会议室听取各部门经理的汇报，并研究公司下一步的战略发展方向，空气显得有点沉闷。眼下一方面，主营业务（提子干清洗、杏仁切片）的供应商非常强势，自己仅是价格接受者；另一方面，自己生产的产品虽然销路非常旺，但随着需求方从以前的小店铺逐渐变成大型生产商，企业将来有被锁定之虞。各部经理对这个问题都谨言慎行，不敢随便发表言论。王总新招的秘书小李是 MBA 毕业生，憋不住脱口而出："我们为什么不进入供应商和需求商领域呢，比如去新疆、美国加州买农场种提子和杏，自己建零食加工厂消化提子干和杏仁片。"对这个意见，王总眼前一亮，但马上又陷入沉思：可行吗？到底该如何抉择？

突然，王总接到一个电话，完后冲着财务部会计说了声："小谢，去高铁站接下我妹妹！"小谢刚出门就听到后面王总的喊声："等一下，我自己去。各部经理，你们好好讨论下小李的提议。"接到妹妹后，在返回公司的路上，妹妹问哥哥："最近怎么样，有阵子不见了。"王总答复道："实在是太累了，整天闷在公司，特别烦闷。这不，本来让小谢来接你的，但我就是想透透气，吹吹风，让自己放松下，所以自己来了。如果再在公司憋着，都不知道会不会像上次那样病倒。"妹妹立刻就想起了上次哥哥生病的事——为了家里的企业，哥哥付出了太多，忙碌的工作压垮了他的身体，一个小感冒竟然让本来身体很好的哥哥住院

1个多月。在哥哥住院那阵子，公司立刻就没了主心骨，陷入半混乱状态，当月的业绩滑坡非常严重。想到这些，妹妹立刻安慰哥哥，让哥哥别那么累着自己，其实可以扶植一两个人来分担下自己的工作。妹妹又问哥哥："最近具体在忙什么？"王总回答："公司日子越来越不好过了，现在在想是不是应该扩大下公司的规模，进行纵向扩张，也就是要不要去美国买杏仁农庄，要不要自己做零食的事。"说到这，王总突然有点触动：父母传下来的一个批发公司，在自己手里做成一家国内最大的果仁切割生产商，而且在不断地扩张之中，觉得还是很对得起家族对自己的厚望。不过，接下来的路怎么走呢？

二、GS食品公司内部情况

（一）公司简介

GS食品公司的前身是创立于1991年的利源商行。利源商行是贸易公司，创始人是王总的母亲梁女士，创立之时以代理国外食品、饮料为主。梁女士凭借其在餐饮供应行业中的丰富经验，很快就将企业经营得有声有色，成为行业中之翘楚，并于1998年4月22日成立了利源贸易有限公司。在梁女士的经营下，利源贸易有限公司生意非常红火，很快完成了原始资本积累，公司得到了长足发展，企业也在这一时期完成了代际传承，由王总接替经营。2002年，一个偶然的机会，王总意识到果仁的切割有着巨大的发展空间，于是毅然成立GS食品公司，主营果仁切割加工业务。

目前，GS食品公司已经掌握了世界上先进的果仁切割加工工艺，能够对任何坚果进行分级切割，可生产片、碎、粉，现已有产品包括杏仁片、杏仁碎、杏仁粉、花生片、花生碎、花生粉等，并自主创新发明了一整套无核葡萄干（提子干）的清洗、加工机器，使公司加工生产的无核葡萄干（提子干）成为国内最洁净和质量最好的产品。

（二）GS食品公司内部能力

1. 技术能力

GS食品的研发主要依赖王总及3名全职研发/技术人员。虽然研发人员较少，但均具有很强的市场激励进行研发工作。

GS食品公司提子干生产线包括清洗、分拣、去杂、灭菌、包装等工序，拥有1个发明专利和3个实用新型专利。

杏仁（花生）切片生产线包括脱皮、塑化、切割、灭菌、干燥、分拣、包装等工序，和提子干生产线一样，切片生产线也是GS食品公司自主设计和自主制造的，拥有完全知识产权。表1是GS食品公司对杏仁片的分级情况，表2是

GS食品公司对花生片的分级情况。从表中可以看出，GS食品公司的切片水平已经达到世界一流水平，发展潜力不可小觑。

表1　GS食品公司杏仁切片规格一览表

	A		B		C	D	E		F		G
厚度	参数	水分	参数	整片	成片率	尺寸	原料	皮	带皮率	新货	风味	包装	仓储
厚片	1.5～1.8mm	熟/烤香	<3%	整片多	>90%	大片	23/25	带皮	>95%	往季	无	充氮	常温
标准	1.1～1.4mm	生/标准	<6%	标准	>80%	标准	27/30	脱皮	<0.1%	当季	甜	开口	冷气
薄	0.7～1.0mm			碎片	<5%								
超薄	0.5～0.7mm												

资料来源：GS食品公司内部资料。

表2　GS食品公司花生切片规格一览表

	A		B		C	
厚度	参数	水分	参数	整片	成片率
薄	0.7～1.0mm	熟/烤香	<2.5%	整片多	>80%
标准	1.1～1.4mm	生/标准	<6%	标准	>50%
厚片	1.5～1.8mm			碎片	<5%

资料来源：GS食品公司内部资料。

表3显示了GS食品公司目前拥有的专利情况。

表3　GS食品公司拥有的专利一览

专利类型	申请号	申请日	专利名称	当前状态
发明	200810026938.5	2008-3-21	一种杏仁片的加工工艺	发证
发明	200810026924.3	2008-3-21	一种杏仁粉的加工工艺	发证
发明	200810026923.9	2008-3-21	一种杏仁碎的加工工艺	发证
发明	201010618953.6	2010-12-31	一种花生的塑化贯穿加工工艺	意见陈述

续上表

专利类型	申请号	申请日	专利名称	当前状态
发明	201010618952.1	2010-12-31	一种杏仁的塑化贯穿加工工艺	意见陈述
实用新型	201020200038.0	2010-5-17	一种导热油炉	发证
实用新型	201020200040.8	2010-5-17	一种风冷柜	发证
实用新型	201020200044.6	2010-5-17	一种鼓泡清洗机	发证
实用新型	201020200024.9	2010-5-17	一种滚筒式拌料机	发证
实用新型	201020200033.8	2010-5-17	一种离心机	发证
实用新型	201020200029.1	2010-5-17	一种葡萄干再加工系统	发证
实用新型	201020200018.3	2010-5-17	一种振动布料机	发证
外观设计	201130013062.3	2011-1-24	提子干包装盒	发证
发明	200810026937.0	2008-3-21	一种葡萄干的再加工工艺	审查决定

资料来源：GS 食品公司内部资料。

2. 内部管理能力

GS 食品公司目前的管理机制还不够健全，一个很显然的问题是：虽然公司在不断推进权力的下放工作，但诸如监督成本高昂等困难，使得许多决策仍然只能由王总作出，这种权力高度集中导致的直接后果便是一旦总裁缺席，企业的重大决策就会有处于停顿状态的风险。另外，GS 食品公司是从一家小型家族企业逐渐发展起来的，其管理人员，尤其是高层管理者，需要在知识和实践层面加大努力以适应未来的管理难度。

3. 组织结构

如图 1 所示，GS 食品公司的组织结构是典型的职能式组织结构。在新的经济形势下，王总经常感觉到职能式组织结构对公司的多元化发展存在极大的阻碍。

4. 人力资源状况

员工是 GS 食品公司成长和发展的最大财富，员工对公司的贡献是公司发展的根本推动力。目前，GS 食品公司主要员工有 59 人，其中研究生学历的 2 人，本科学历的 2 人，大专学历的 5 人，中专学历的 5 人，高中学历的 6 人，初中及以下学历的 39 人，整体是典型的低学历人力资源结构。（如图 2 所示）

5. 企业文化状况

企业文化战略是一种对内文化的塑造，是企业在生产经营过程中逐渐形成

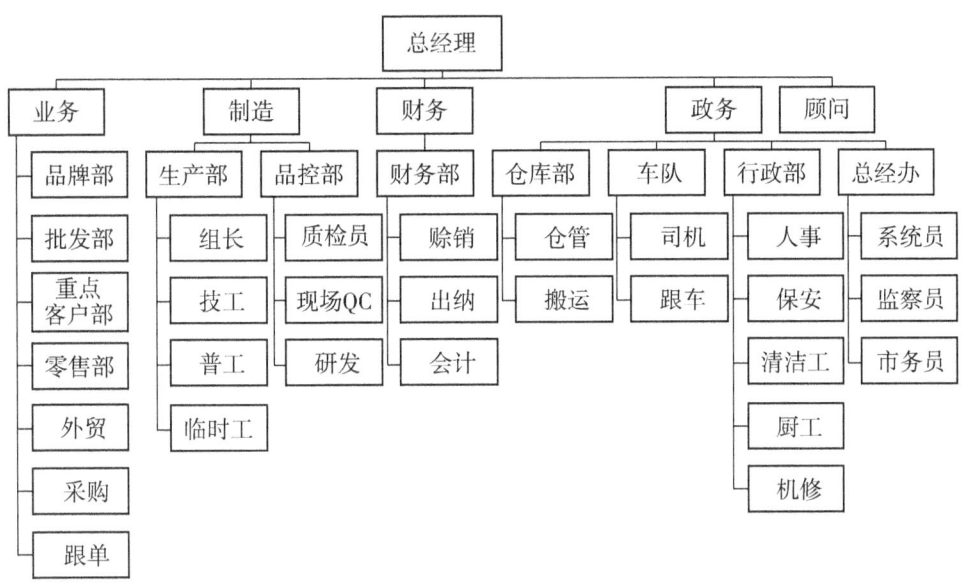

图1 GS食品公司组织结构图

资料来源：GS食品公司内部资料。

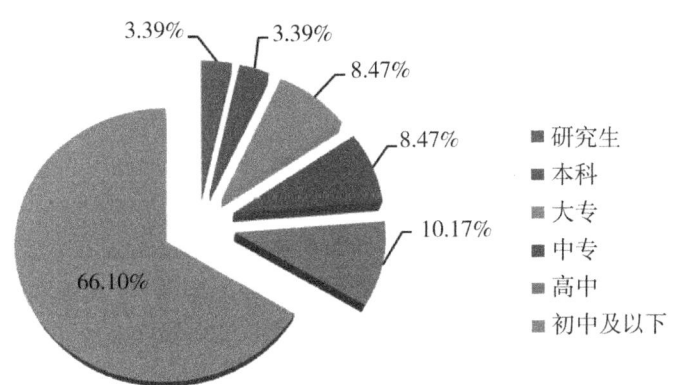

图2 GS食品公司人力资源结构

资料来源：GS食品公司内部资料。

的，并在很大程度上反映创始人的价值观。企业文化是生产力，可以外塑公司形象、内增公司凝聚力，对于塑造品牌形象、提升客户的忠诚度、增强公司的凝聚力，都能起到至关重要的作用。然而，作为相对年轻的企业，GS食品公司的企业文化还处于草创阶段，各个方面均未定型。如果像小李所说，扩张去新疆和美国，企业甚至还可能出现跨文化冲突问题。

6. 赢利能力

企业业绩一直在快速增长，GS食品公司每年的增长率达到30%，企业的业绩已经达到了相当的规模。以2011年为例，企业当年销售额达到5 798万元，毛利率超过40%。在快速增长的背后，是企业极低的资产负债率——截止到2011年年底，企业的资产负债率为21.56%。下面是GS食品公司各条生产线的赢利情况以及预测。

第一，提子干生产线赢利情况。目前，公司提子干生产线的生产能力为每小时1吨，一天生产8小时的话，则日产量8吨。生产线设计年满负荷产量6 000吨，实际产量为500吨，2011年完成产值900万元，毛利率超过40%。2012年，基于市场的调研情况，预计产量可以达到2 000吨，预计产值3 600万元。

第二，杏仁（花生）切片生产线赢利情况。2011年，GS食品公司的杏仁切片产量达到250吨，产值超过1 300万元，毛利率超过50%。目前，公司的杏仁切片处于供不应求的状况，只要新建生产线，基本不愁销路。2012年，在新的生产线建成后，每小时产量突破1吨，年产值超过1亿元人民币。在花生切片方面，2011年全年花生切片产量200吨，年产值超过520万元，毛利率超过40%。

GS食品公司的生产线基本为自主设计和自主制造，在设计和制造过程中非常注意对生产成本进行控制，因此GS食品公司在该领域有着比较突出的成本优势，从而在同等产品中获得了价格优势。由此，可以预期企业在将来一段时期内将可以获得更快的发展。

二、GS食品公司产业上下游环境

从产业的角度来看，正如本文一开始所提到的，一方面GS食品公司主营业务的供应商非常强势，自己仅是价格接受者，另一方面GS食品公司生产的产品虽然销路非常旺，但随着需求方从以前的小店铺逐渐变成大型生产商，企业将来有被锁定之虞。

（一）供应商情况

GS食品公司的原料供应分为三类，分别是杏仁、花生仁及提子干。GS食品公司对于不同产品的供应商有不同的议价能力。

第一，杏仁供应商。全世界的杏仁大约90%产自美国加州，GS食品公司的杏仁也全部来自美国。美国杏仁生产商联合组织了"美国加州杏仁商会"，隶属于美国农业部，主要通过资助与杏仁相关的推介活动来扩大美国杏仁的消费和销售。虽然杏仁商会碍于美国反垄断法而声称不规定杏仁价格，但实际上，由于商会成员众多（包括6 000多家农场和100多家加工厂），很多价格谈判均是以该商会为平台进行的,该商会对杏仁的价格有着强大的影响力,客观上已经构成了一个加州大杏仁的价格联盟,对外议价相当强势。因此,在隶属于杏仁商会的供应商面前,GS食品公司是居于弱势谈判地位的。事实上,美国加州的杏仁生产商有着较好的组织性,在2007年就出现过一致行动,导致杏仁加工生产商被迫接受相对高价的杏仁,以保证自己的生产连续性。更重要的是,GS食品公司很难直接和农户接触,基本上所有的杏仁都只能通过中间商进行交易,中间商则从中赚取差价。实际上,GS食品公司在拥有良好效益的同时发现已有产业的利润率实际比较低,杏仁的供应方更容易获利。例如,GS食品公司之前一直以来都是通过美国贸易公司SYNERGIC采购杏仁,该公司是仅有老板和1个雇员的两人公司。GS食品从美国HILL TOP农场采购的杏仁价格为每磅2.3美元(在没讲价的情况下),但SYNERGIC给GS食品公司的价格却是每磅2.36美元,其中的差价达到2.6%。

第二,花生仁供应商。花生仁主要来自山东,供应量大,价格随市场走,因此GS食品公司对花生仁供应商的议价能力较强。

第三,提子干供应商。世界上有多个国家及地区是提子干供应大户,但提子干的品质随地域的不同而不同。从GS食品公司掌握的信息来看,提子干成品品质从低到高依次为美国、南非、澳大利亚、中国新疆、土耳其、伊朗。GS食品公司最初从美国进口提子干,但很快发现美国的提子干品质较低,含糖量只到60%。在认识到新疆提子干的含糖量达到70%后,公司就开始从新疆购进提子干。但由于新疆吐鲁番提子干的优质性及供应量相对有限,新疆提子干一直是卖方市场,而且农民们更信任当地中间商(基本是维吾尔族人),很多提子干的销售实际为数量较少的提子干中间商所垄断。在中间商的垄断势力下,GS食品公司在提子干领域的议价能力较弱。

(二)购买者情况

GS食品公司的购买者主要包括面包房和蛋糕店的普通烘焙食品加工商、餐饮提供商以及饼干糖果制造商,下面分别进行叙述:

第一,普通烘焙食品加工商。烘焙食品加工商主要是各式面包房、蛋糕店,采购的主要是杏仁、花生切片和提子干。除中国本地采购外,国内的杏仁片和花生片主要从美国进口。由于一般蛋糕店和面包房所需的切片数量较少,且多为定制化切片,而美国方面局限于标准化规模化批发,这种供应的差异使面包房和蛋糕店一般选择购买国内本土产品。在国内,虽然有数家切片企业,但产品质量参差,市场主要由能够提供高品质产品的GS食品公司占有。从这个方面来看,面包房和蛋糕店对GS食品公司的讨价还价能力非常弱,这从款到发货的支付方式上便可看出端倪。

第二,餐饮提供商。餐饮提供商主要指需要用杏仁片和高品质提子干作为食品原料的高档酒店。杏仁片的情况和之前面包房和蛋糕店的情况类似，是卖方市场。在提子干方面，由于国内仅有 GS 食品公司可以提供最洁净的提子干，而品质感又是高档酒店最需要体现的，因此 GS 食品公司对高档酒店的提子干议价能力也较强。

第三，饼干糖果制造商。饼干糖果制造商（如嘉顿饼干）是果仁切片和提子干的采购大户，一般具有标准化、大规模采购的特性。正是由于这个特点，其采购地集中于量产的美国。但是美国产品价格过高，在生产成本压力下，各个饼干厂商都在寻找国内替代品，所以对 GS 食品公司的产品产生了浓厚兴趣。近几年，GS 食品公司在不断新建生产线以适应饼干糖果商的产量需求，但是这种 GS 食品公司看似强势的产品销售渠道却隐藏巨大风险——饼干糖果制造商的采购量往往非常大，这些制造商若在某一时期停止采购 GS 食品公司的产品，则 GS 食品公司的损失将难以估量，换句话说，GS 食品公司很有可能会被这些生产商所锁定。

在提子干领域，饼干对提子干的质量要求较高，一些饼干企业正在和 GS 食品公司接触，这些企业也将是 GS 食品公司很重要的市场。

从产业环境分析可以看到，GS 食品公司的主要优势在于其技术，其一为果仁的切割，其二为提子干的清洗。虽然这两项技术近年来助力公司的飞速发展，但很显然的是，这些技术有着极高的资产专用性：第一，机器笨重，厂房难以搬迁；第二，果仁切割和提子干清洗的机器不可能拿来做其他工作；第三，公司许多员工是果仁切割和提子干清洗领域的技术专才，而这种专才在其他领域难以发挥，使得人力资本的专用性也非常强。

正是由于这些原因，GS 食品公司很容易被上下游企业套牢——如果购买不到合适价位的杏仁、花生和提子干，那么企业将难以进行生产；如果生产的果仁切片和清洗好的提子干难以以合适的价格出售，那么企业就难以生存。事实上，情况确实不太乐观：除花生仁比较容易购买外，杏仁全部依赖进口，提子干也被新疆中间商垄断；除面包房和蛋糕店的小批量采购外，饼干和其他糖果制造商因采购批量大对 GS 食品公司有相当强的议价能力。

三、小李的方案

王总让小李把自己的想法写出来供公司高层讨论。经过 1 个多月的调查和讨论，小李最终给王总提供了一个 GS 食品公司纵向一体化的方案。

（一）GS 食品公司的后向一体化

1. 杏仁切割领域的后向一体化

杏仁切割领域的后向一体化实际就是进入杏仁的生产、采购领域，而进入这一领域则只能通过美国加州杏仁商会。目前，GS 食品公司是美国加州杏仁商会在华唯一的加工商，但是 GS 食品公司并不能因此获得过多的杏仁采购优惠价格。GS 食品公司通过中间商购买杏仁的价格至少比从农场直接采购的价格高 2.6%，于是，在美国购买农场作为原料来源和原料的采购基地成为一个很有吸引力的选项。

小李做过调查，在加州一个拥有 72 英亩、已经种有杏仁树的农场叫价 115 万美元，其投资回收期为 10～12 年，风险可控，而且近年来美国政府加大了对农产品的补贴力度，刻意提高农产品价格，因此投资回收期可能更短。

2. 提子干清洗领域的后向一体化

GS 食品公司的提子干主要从新疆采购，但因为当地农民更愿意和本民族人士打交道，所以公司的提子干供应主要为当地的中间商所垄断。在这些中间商面前，GS 食品公司难有大展身手的机会。鉴于此，GS 食品公司可以在当地成立贸易公司，招聘当地维吾尔族人士作为业务人员，深入农户，向他们购买优质价廉的提子干。与此同时，为了节省运输成本，GS 食品公司可以在新疆当地设厂，专门进行提子干的清洗工作。

因此，GS 食品公司在提子干领域的后向一体化可分两步走：

第一步，在新疆设立贸易公司，并依托贸易公司的人才基础，在当地建设加工厂。目前，GS 食品公司很大一部分的销售额在广东以及周边省份，然而之前的销售记录显示，外省的订单正日益增多，这就意味着，将提子干运往广东清洗，再运往全国将带来巨大且不必要的物流成本。基于此，GS 食品公司可选取合适的时机，在新疆吐鲁番建立一个葡萄干清洗加工厂，在节省物流成本的同时，还可以获得"来自吐鲁番"的品牌效应。

第二步，建立事业部制组织结构，整合新疆的贸易公司和葡萄干清洗工厂，组建 GS 食品公司的提子干清洗子公司。

（二）GS 食品公司的前向一体化

前向一体化是指生产原材料的企业通过一体化进而向生产的下一个环节的业务扩展，或者指一般制造企业通过一体化向销售领域等业务扩展。

GS 食品公司的主要客户是面包房、蛋糕店、高级餐厅以及饼干、糖果制造商。在果仁切片领域，前几种客户的单次采购量比较少，主要是个性化需求，对定制化要求高，所以 GS 食品公司对他们的议价能力比较强。但是，作为 GS 食品公司未来重要的客户，饼干和糖果制造商每次的采购量非常大，主要采购标准化产品，因此很容易就能以进口的切片来代替 GS 食品公司的产品。在提子干领域，虽然 GS 食品公司的提子干是全国最干净的，但许多客户往往对产品的洁净程度并没有那么敏感，只要 GS 食品公司稍微提价，他们就更愿意使用清洁度更低的产品，因此 GS 食品公司在提子干领域的议价能力也比较低，由此 GS 食品公司很容易被下游企业所套牢——如果 GS 食品公司不以低价出售自己的产品，其下游企业就会相对容易地去购买竞争对手的产品。GS 食品公司因此有了强烈的前向一体化的动机，即自己开发产品的消化渠道——零食生产。

以果仁切片和提子干生产零食工艺简单，在固定资产方面的投资也较小，且对 GS 食品公司现有产品的消化潜力和消化弹性都很大——当外部采购较多时，可以降低零食生产量；当外部采购较少时，可以提高零食生产量。基于这种收放自如的操作方法，GS 食品公司将不再有被套牢之虞。

当然，生产出来的零食必须及时销售出去，要求 GS 食品公司要有良好的销售渠道，这将得益于利源商贸了。GS 食品公司源于利源商贸，本以贸易起家，在渠道的开发管理方面都有着丰富的经验。目前，利源商贸主要销售 GS 食品公司生产的果仁切片、提子干，并代理了包括立顿、BOWSUN、雀巢等品牌的产品。经过几十年的苦心经营，利源商贸建立起了完善的直达珠三角以及周边省份每一角落的配送网络，为客户提供快捷、准时的物流和配送服务，已经和包括沃尔玛、百佳在内的诸多大型超市卖场建立起了良好的合作关系。正因为如此，GS 食品公司完全可以将生产的零食通过利源商贸的网络进入大型卖场，并辅之以相关市场活动，带动产品的销售。

总的来说，上述工作可分以下几步走：第一步，建立零食车间，进行试生产和试销售；第二步，新建零食生产线，整合 GS 食品公司和利源商贸人员，成立零食销售组；第三步，建立事业部制组织结构，增加零食品种，扩大零食生产线，招聘员工，组建 GS 食品公司的零食子公司。

（三）GS 食品公司的纵向一体化：一个路径框架

GS 食品公司的纵向一体化方向如图 3 所示。GS 食品公司实施后向一体化的途径为：第一，在美国加州购置农场，在获得原料来源的基础上将其建设成为杏仁采购基地；第二，在新疆招聘当地人士建立贸易公司，以获得稳定的提子干原料来源，且为节省物流费用，也在新疆设立提子干清洗工厂。GS 食品公司实施前向一体化的途径为：建立比较有弹性的零食生产线，以减少对果仁切片及提子干客户的依赖。

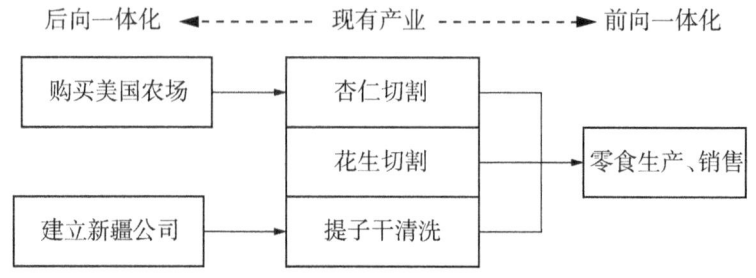

图3　GS 食品公司纵向一体化方式示意图

GS食品公司的前向一体化和后向一体化进程均分三步走，最终的目标是形成事业部制的组织结构。纵向一体化的路径如图4所示，第一步分别是在美国购置农场、在新疆建立提子干贸易公司、建立零食生产车间；第二步分别是在美国建立杏仁商贸公司、在新疆建立提子干清洗工厂、在广东新建零食生产线；第三步分别是组建果仁切割事业部、提子干清洗事业部以及零食制造事业部，组建公司的M组织架构，完善公司治理机制，实现公司的稳定发展。

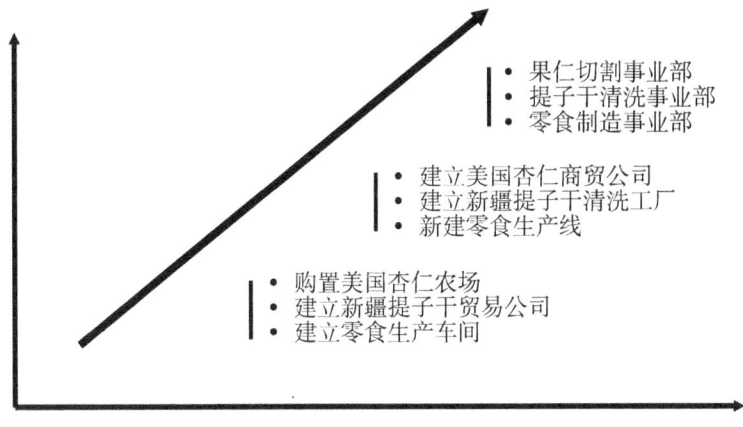

图4　GS食品公司纵向一体化路径示意图

四、艰难的抉择

看了小李的方案后，王总既激动又困惑：激动的是，自己父母传下来的一个批发公司，竟然也可以选择做那么大；困惑的是，以公司现有的条件，能做这样的扩张吗？公司的财力、人力、管理能跟上吗？万一失败又怎么办？尤其是小李的方案显示，公司要去新疆成立子公司，但经常会听到有关那边社会稳定方面的新闻；而去美国购买农场，先不说资金问题，就是语言、文化差异也让公司业务的展开存在较大障碍。种种疑虑，让王总不知道下一步应该采取什么样的行动。

教学指引

现代企业的发展往往伴随着纵向扩张，尤其是对于当代民营企业来说，随着一些被管制行业的开放，民营企业有了更大的发展空间，加上改革开放30多年来的资本积累，民营企业有了足够的实力来扩张自己的生意，于是纵向一体化成为当代民营企业发展中的一个显著特征。

一、教学目的与用途

（1）本案例主要适用于 MBA、EMBA 的企业战略管理、公司治理等方面的课程，也适用于商学院本科生和学术型研究生。

（2）本案例的教学目的是让学生认识纵向一体化的内在原因，以及实施纵向一体化过程中需要注意哪些问题。

二、启发思考题

（1）为什么 GS 食品公司会考虑到实施纵向一体化战略，其中最根本的原因是什么？

在新制度经济学框架内，交易成本经济学用以解释纵向一体化的主要因素是资产的专用性。资产专用性可以分为四类：第一，专用场地，即所使用的资产难以搬迁（如大型工业设备），所以一旦工厂投产，生产产品各个环节就必须进行垂直整合，实现互买互卖，以有效利用资产的生产能力；第二，专用实物资产，即某些资产即便可以移动，其物理特征却使其具有专用性（如专用模具），因这种设备很容易被锁定，所以企业家更愿意将买卖双方整合到一个企业中去；第三，专用人力资产，当人力资产的专用性增大时，企业更愿意将连续生产的各个环节用共同所有权统一起来；第四，特定用途资产，某些特定用途的资产很容易被合作伙伴"拉下水"，因此企业更愿意扩展合同关系，把对方也"拉下水"，以控制自己的风险。GS 食品公司的主要优势在于其先进的技术，其一为果仁的切割，其二为提子干的清洗。但是，这些技术有着极高的资产专用性，很容易被上下游企业套牢。

（2）如果 GS 食品公司决定实施纵向一体化战略，会遇到哪些问题？如果你是王总，你会选择走纵向一体化道路吗？

纵向一体化不一定就是正确的选择，它很可能是一个失败决策，除了企业可能本身就不适合进行纵向一体化外，企业也可能根本没有做好实施纵向一体化的准备，在实施一体化后，难以适应新的对公司治理的要求。

GS 食品公司是一家典型的由小型家庭经营型企业发展壮大而来的公司，拥有诸多家族管理的痕迹，其本身就存在诸多公司治理方面的问题，内部能力也亟待提升。如何在实施纵向一体化过程中控制风险，怎么样去完善公司治理和提升内部能力，是公司管理层必须思考的重要问题。GS 食品公司实施纵向一体化战略可能会遇到很多问题：一是融资难的问题，即企业的纵向一体化发展需要大量资金，而作为民营企业的 GS 食品公司难以从金融机构获取优惠贷款。二是创新性不足问题，GS 食品公司的研发主要依赖少数几名全职研发/技术人员，而且在实施纵向一体化战略后,在更大的组织里创新的激情可能没有现在那么高。三是官僚主义问题,即在更大的组织里,员工可能更愿意追求次要目标,更能容忍失败的投资和人情面子现象的普遍化。四是有效控制问题,即现有的制度难以适应大型企业的要求,且管理者、组织者的管理、组织能力都有待提升。五是人力资源管理问题,即人才少、结构失调,且公司缺少晋升空间,再加上因企业向新疆扩张会带来跨文化管理问题。所有这些都将对王总的决策产生极大影响。

三、分析思路

本案例内容大都来自企业调研资料。在老师提出问题后,由学生收集整理相关行业发展背景资料,再阅读本案例。学生在阅读本案例后进行分组讨论,根据讨论结果进行小组展示。

学生在案例分析过程中,应该明晰企业的内外部环境,发掘企业哪些部分存在资产专用性。另外,还应该从民营企业的特征出发,分析 GS 食品公司实施纵向一体化战略可能存在的问题,并有针对性地给出相关策略。

四、理论依据及分析

(1) SWOT 分析。
(2) 制度经济学关于纵向一体化的理论。
(3) 波特五力模型。

东鹏饮料公司的战略选择

傅慧　梁燕冰　蔡筱霞

> **摘要**
>
> 随着国内饮料行业的快速发展，深圳市东鹏饮料实业有限公司（简称"东鹏饮料公司"）也步入了成长的快车道。在消费需求不断攀升的背后，行业内企业的竞争愈演愈烈，各大饮料厂商纷纷通过增设饮料生产基地、扩建厂房、品牌间联盟实现企业的快速扩张。本案例在剖析国内饮料行业发展趋势与东鹏饮料公司成长背景的前提下，阐述了东鹏饮料公司未来发展的机遇、挑战、优势、劣势。如何选择合适的扩张路径成为东鹏饮料公司决策团队面临的重要战略抉择。

2013年5月的某一天，持续了两个多月的广东阴雨天气终于告一段落，迎来了难得的晴好天气。然而，东鹏饮料公司董事长林木勤先生的心情显然没有因为这明媚灿烂的阳光变得愉悦。他眉头紧锁，独自坐在办公桌后的老板椅上，思考着东鹏饮料公司下一阶段的发展战略……

一、东鹏问世

深圳市东鹏饮料实业有限公司是一家民营股份制企业，其前身为一家深圳市国有饮料生产企业，公司成立于1987年，是深圳市老字号的饮料生产企业，主要生产利乐包菊花茶、椰子豆奶、柠檬茶、芒果汁、冬瓜茶、清凉茶。1997—2003年，因生产经营不善，销售团队、研发团队力量薄弱，市场开拓力度不够，导致公司生产经营停滞。2003年9月，东鹏饮料完成由国企向民营股份制企业改制，由林木勤先生接手，率领东鹏饮料公司迈向新纪元。改制后的东鹏饮料公司凭借以食品流通领域为突破口的经营理念和管理机制逐渐步入快速发展的轨道。

东鹏饮料公司集技术开发、生产、销售于一身，拥有先进的生产设备和雄厚的技术开发队伍及一套完整的饮料销售、推广管理体系。公司现有13条利乐包生产线、3条瓶装饮料生产线、2条纯净水生产线及1条三片罐饮料生产线，年生产能力达28万吨。现有"东鹏"牌产品包括东鹏特饮维生素功能饮料、广东岭南特色食品九制陈皮、非物质文化遗产饮品清凉茶、茶饮料、果蔬汁饮料、清凉饮料、植物浸提饮料、果味饮料、植物蛋白饮料、饮用纯净水等 10 大类、3 种包装形式、6 种包装规格、26 个产品品种。

二、东鹏的成长

东鹏饮料公司成立至今，已经走过了 26 个春秋。过去的 26 年中，东鹏饮料公司经历了辉煌——低谷——腾飞的发展历程，同时也经历了由国企向民企转制的历程。

2003 年 9 月，东鹏饮料公司实现了由国企向民企的转制。近 10 年来，东鹏饮料公司以年均 30% 的速度腾飞。在 2011 年，公司实现了销售无菌包装盒饮料 2.5 亿盒，瓶装饮料 8 000 万瓶，纯净水 1.4 亿瓶，总量约 5 亿包的销售业绩。至 2011 年年底，公司拥有 20 条生产线，其中利乐包生产线 13 条，PET 饮料生产线 3 条，瓶装纯净水生产线 3 条，罐装生产线 1 条，年生产能力达 50 万吨，年产值达 4 亿元。

2006 年，公司率先使用"东鹏特饮"新型外包装瓶型，首创"防尘"外盖，并申请获得设计专利。之后，公司自主研发的"九制陈皮饮料"被认定为第一批"广东岭南特色食品"品牌饮料。东鹏饮料公司具有较强的生产能力，拥有一支较强的科研开发队伍，有一批经验丰富的熟练技工，技术力量雄厚，由公司自主研发的"东鹏"牌系列饮料曾多次荣获省、部级大奖（见图 1）。2006 年，东鹏饮料公司在广东增城购买 44 亩[①]土地建成广州生产基地；2011 年在东莞道滘租赁土地 60 亩，立项建立广东东鹏维他命饮料有限公司，并将其作为东莞生产基地，于 2012 年 5 月投产；2012 年在安徽滁州经济开发区购买 300 亩土地，准备建设东鹏饮料公司的第三个生产基地。在销售方面，东鹏饮料公司每年以 30%～40% 的增长速度持续增长。其中，东鹏饮料公司的主打产品东鹏特饮占公司总收入来源的 80%。2013 年公司的目标为 13 亿产值。

自 2009 年以来，东鹏饮料公司开始注重企业品牌形象建设，聘请了《外来媳妇本地郎》的主要演员——徐若琪先生、禤智红小姐做东鹏特饮的形象代言人，在广东卫视、南方电视台经济频道投放了电视广告，在各区域市场投入了以地方电视台电视广告、公交车体广告、地铁视频广告、户外路牌广告、店招等多种形式的广告宣传，并进行了各种促销拉动及有奖销售等促销宣传活动。此外，公司根据现代年轻人的消费习惯，优化了公司网站建设，与百度合作进行了东鹏品牌的网络推广，进一步增强了东鹏品牌在消费者中的影响力，提高了东鹏的品牌影响力、知名度。为进一步打开国内市场，东鹏饮料公司逐渐扩大内陆营销市场。2012 年度，东鹏饮料公司顺利通过投标，中标中央电视台 CCTV-1 黄金时

---

① 1 亩 ≈ 666.67 平方米。

间段宣传广告,并于 2013 年 3 月份起播出。2013 年 1 月 1 日,公司聘请香港影视红星谢霆锋先生为代言人,投放广告金额已超 1 亿元。此次签约帮助东鹏特饮树立了高端饮品品牌形象,同时吹响了进军全国市场的号角,依靠名人效应,东鹏特饮的品牌在市场及网络上快速蔓延开来,使这个深耕华南市场多年的饮料企业逐渐浮出水面。

图 1　东鹏饮料公司获奖情况

资料来源:根据东鹏饮料公司内部资料整理。

东鹏饮料公司未来的市场发展将在巩固现有市场的基础上,进一步开拓新市场。目前,公司以 4PS 经营理念为基础,根据公司实际情况,在传统的流通销售基础上,根据公司产品结构,实行了东鹏特饮的办事处销售模式,并制订出了系统化、规范化的办事处操作流程,以五项管理(心态管理、目标管理、时间管理、学习管理、行动管理)为基础,形成了东鹏特有的市场经营理念。东鹏饮料公司目前设有 88 个办事处,有近 300 人的营销队伍,其中 54 个办事处由集团直接进行管理,34 个办事处以东鹏集团投入费用、经销商管理的模式进行运作。建立了东鹏的核心经营模式及核心客户,近年来,东鹏饮料公司主打产品东鹏特饮的销售额以年均50%的速度增长。

三、东鹏饮料公司经营管理现状

作为广东省的老牌企业，东鹏饮料公司抓住各种机会促进企业自身的发展。经过26年的努力，东鹏饮料公司已经具备了不少竞争优势，当然也面临不少问题。主要表现在：

（一）东鹏饮料公司具备的优势

1. 产品品类较为丰富

东鹏饮料公司早期就开发了各类产品，包括瓶装饮料系列、无菌包系列和纯净水系列，其中瓶装系列的有东鹏特饮、九制陈皮、冰红茶、梅子绿茶、橙汁、绿茶等；无菌包系列有东鹏特饮、清凉茶、菊花茶、冬瓜茶、柠檬茶、芒果汁、真逗奶等；纯净水系列有东鹏纯净水、冷吧纯净水等，可以说产品有了多样性的选择（参见图2）。其中，东鹏饮料公司的主打产品东鹏特饮获得了国家保健批文专利，这是其他品牌难以伪造的；九制斋的陈皮类饮料更是行业第一品牌，市场潜力很大。

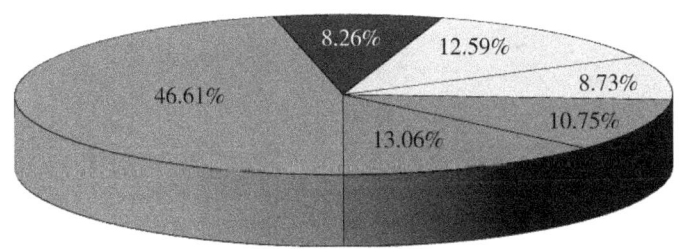

图2　2010年东鹏饮料销售百分比

资料来源：东鹏饮料公司内部资料。

2. 产能快速扩张

在2003年国企改制后，东鹏饮料公司的市场进入了快速增长阶段，销售量每年都在稳定持续地增长。通过表1可以看出，从2003年改制后开始，东鹏饮料公司的产能每年都得到一定的提升，特别是改制刚开始阶段，产能更是以超过100%的增长率提升。2010年，东鹏饮料公司的产能已经超过了8万吨，相比2009年，增长了26.28%（参见表1）。

表1 2001—2010年东鹏饮料公司产量分析数据

年份	2001	2002	2003	2004	2005	2006	2007	2008	2009	2010
产能（万吨）	0.452	1.799	1.612	3.291	3.968	4.14	4.189	5.213	6.408	8.092
增长率（%）		298	-10.39	104.16	20.57	4.33	1.18	24.44	22.92	26.28

资料来源：东鹏饮料公司内部资料。

同时，东鹏饮料消费市场发展速度迅猛，每年以几乎25%的速度增长。近年来，饮料市场结构变化明显，原来很受人们喜爱的碳酸饮料市场销售量逐渐减少，而以功能性的饮料为代表的饮品迅速成长发展，成为东鹏饮料市场的主力军，大有超越碳酸饮料的趋势。

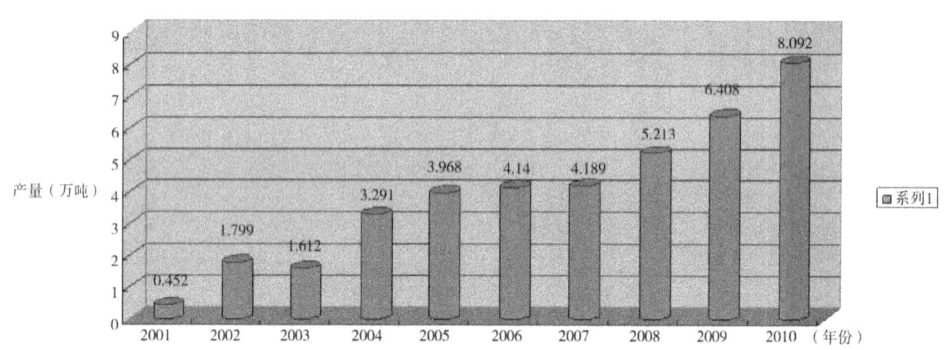

图3 东鹏饮料公司销售量增长趋势

资料来源：东鹏饮料公司内部资料。

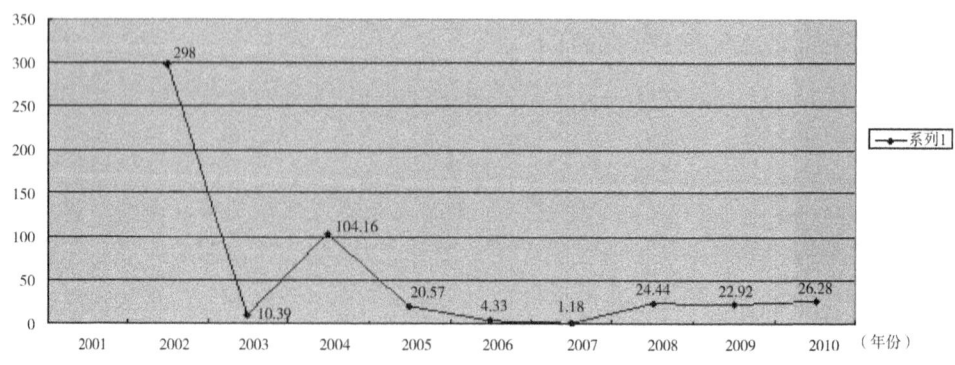

图4 东鹏饮料公司产值增量图

资料来源：东鹏饮料公司内部资料。

由图3和图4可看出,在公司产能经常性销量不能满足的情况下,公司产量以26%的速度增长,产值以30%的速度增长。另外,随着人们消费水平的不断提高以及公司投放广告的多样化,东鹏饮料公司的市场规模增长还在不断地扩大发展。

3. 灵活的经销商管理体系

东鹏饮料公司信誉好,又有一定的广告宣传支持,多样化的产品组合,包括东鹏特饮维生素功能饮料、广东岭南特色食品、非物质文化遗产饮品、茶饮料、果蔬汁饮料、清凉饮料、植物浸提饮料、果味饮料、植物蛋白饮料、饮用纯净水等,各有风味特色。由于东鹏饮料公司综合经营空间大,可以分摊经营成本,一线业务人员全方位多角度跟进、无偿地全力配合,使推出的优惠政策可以不打折扣地执行到位,给经销商提供品牌、业务、产品全方位的支持。

4. 财务状况良好

在总体经营当中,东鹏饮料公司的应收账款在返利体制的帮助下,回款率高,周期短,客户要获得月底返利就必须每月主动回款,如此货款周转次数至少每年12次。公司实行的保证金制度相当于预付款,保证金也成为公司重要的资金来源。东鹏饮料公司的收入从2003年的2 828万元增加到2010年的22 006万元,增长了6.78倍,年均增长率达34%。利润从2003年的27万元增长到2010年的1 148万元,增长了近42倍,年均增长率约为70%。东鹏饮料公司的总资产由2003年的852万元增长到了2010年的8 203万元,增长了8.6倍,年均增长率约为38%。由表2可见,东鹏饮料公司长期以来,都有较为良好的财务状况。

表2 东鹏饮料公司2003—2010年财务状况统计

(单位:万元)

年份	收入	利润	总资产	负债
2003年	2 828	27	852	365
2004年	4 288	-63	1 038	614
2005年	5 650	124	1 679	1 130
2006年	6 809	192	2 298	1 328
2007年	7 614	213	4 568	3 384
2008年	10 258	238	5 475	4 054
2009年	14 157	787	6 351	4 211
2010年	22 006	1 148	8 203	4 914

资料来源:东鹏饮料公司内部资料。

5. 有效的价差体系

价差体系是东鹏饮料公司营销网络运转的关键所在,公司在全国制定严格的统一批量价体系,确保各级经销商都能在价差中赚到利润。另外,为了防止渠道窜货引发的价差体系问题,东鹏饮料公司制定了客户窜货保证金制度。

除上述优势外,东鹏饮料公司还具有原材料提供和文化方面的优势,东鹏饮料公司有一些固定的提供原材料的供应商,一直以来密切合作,保持着稳定的合作关系。同时,由于深圳东鹏饮料公司在国企时期就拥有了一班技术过硬、经验丰富的中坚力量,在改制后,虽然企业性质发生了改变,但这班中流砥柱依然为东鹏饮料公司服务,企业在生产和文化底蕴方面还具有自己的特色。

(二)东鹏饮料公司面临的问题

目前东鹏饮料公司的销售组织结构为:销售总监—市场经理—10多个区域经理—300多个客户经理。从东鹏饮料公司的销售组织结构可以看出其真正的基层销售队伍建设仍不足,很多区域销售只能管理到经销商和二级批发商层次,难以全方位管理跟踪到零售终端。

同时,二三级市场和农村市场渠道优势受到威胁。国内一级市场竞争越演越烈,市场利润空间有限,而东鹏饮料公司的优势市场在二三级市场。原来只重视一线市场的品牌,如今逐渐开始重视二三级市场及农村市场。大家都看到国内二三级市场和农村市场有着巨大的消费潜力和消费能力。这些品牌通过省级代理直接进入县级市场,甚至直接经营终端。东鹏饮料公司原本在二三级市场及农村市场建立起来的渠道优势正慢慢远去。

另外,东鹏饮料公司主要采用电视广告来提高东鹏特饮的品牌知名度,从而拉动销售业绩,推广方式比较单一。随着科技的不断进步,网络传媒、移动传媒、报刊杂志等相关媒体正在受到广泛的关注。东鹏饮料公司需要借助更多的媒体渠道来提高自身的品牌知名度。

与其他相对优秀的企业相比,东鹏饮料公司的生产线和研发力量相对较弱,公司一些搞研发的人才,尤其是高水平资历深的人才,呈现出外流现象,导致企业出现短暂性人才缺失的现象,并且人才不可能在一时半刻能弥补得上。这与企业对人才的重视制度、人才挽留机制,以及企业所提供的发展平台密切相关。

四、行业激战

近几年来,我国饮料行业先后经历了娃哈哈、红牛、王老吉等几个具有代表性的饮料时代。饮料业是一个高成长性的行业,其市场发展不断涌现出新的特征。成熟饮品增长稳健,行业新的热点和增长点不断涌现,并且新兴的饮品增长速度很快。

(一) 竞争对手状况

东鹏饮料公司的产品涵盖了东鹏特饮、九制陈皮、冰红茶、梅子绿茶、橙汁、绿茶、清凉茶、菊花茶、冬瓜茶、柠檬茶、芒果汁、真逗奶、东鹏纯净水、冷吧纯净水,等等。产品的多样化导致东鹏在各个市场都要面临竞争对手的压力。以东鹏清凉茶为例,其功效类似于王老吉的凉茶,与东鹏饮料相比,王老吉在品牌上更具有优势。王老吉凉茶创立于清道光年间(1828年),至今近200年历史,被公认为凉茶始祖。凉茶起源于广东,经过企业的不懈努力与科技创新,王老吉已将凉茶文化从岭南一隅推广至全国乃至全世界,王老吉凉茶一直深受广大消费者的青睐与厚爱。从图5可以看出,自2003年以来,王老吉凉茶(绿盒)的销量一直稳步上升。

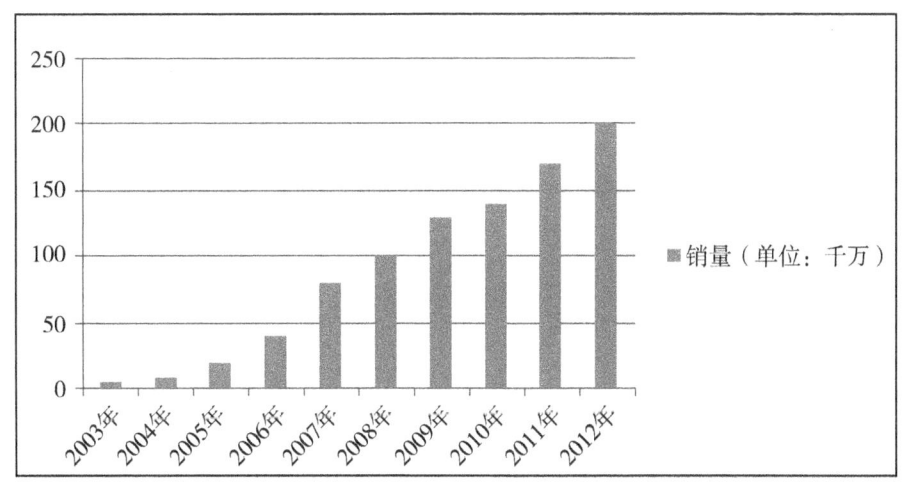

图5 绿盒装王老吉历年销量

资料来源:广州王老吉药业股份有限公司公开资料。

王老吉药业历经近200年的发展,现已成为我国中成药生产企业50强之一。2009年位列中国医药工业百强榜第68位。2012年王老吉药业的销售额有望达到30亿元,是广药集团旗下销售规模最大的制造业企业。

"王老吉"是广州著名老字号,2006年获得国家商务部颁发的首批"中华老字号"证书,2009年,"王老吉"成为全国驰名商标。2010年11月10日,广药集团联合国家中医药管理局、国家食品药品监督管理局、中国中药协会、中国社会科学院知识产权中心等共同在人民大会堂举办"中国知识产权(驰名商标)高峰论坛暨广药集团王老吉'大健康'产业发展规划新闻发布会",北京名牌资产评估有限公司郑重宣布:"'王老吉'品牌价值评估为1 080亿元,成为中国第一品牌。"

说到王老吉，就不得不提加多宝，这是东鹏饮料公司的又一竞争对手。王老吉与加多宝的风波暂且告一段落，双方的知名度也因此提升了不少。现在，加多宝也是东鹏饮料公司不可忽视的一个竞争对手。加多宝集团是加多宝（中国）饮料有限公司的简称，是在英属维京群岛注册的外资企业鸿道集团的全资子公司，其企业性质为外资企业（英资），主要从事饮料、矿泉水生产及销售。加多宝集团旗下产品包括红色罐装、瓶装"加多宝"凉茶饮料和昆仑山天然雪山矿泉水。近期王老吉与加多宝之间的激烈对抗在某种程度上显示了功能饮料市场愈演愈烈的竞争态势。

（二）东鹏饮料公司的发展机遇

1. 消费者对功能性便捷饮料的消费需求增加

随着我国人民生活水平的改善，消费者的健康消费观念及消费质量要求不断提高，保健饮料成为当今饮料市场的主要研发方向之一（如图6所示），消费者对饮料的需求不仅仅在于品牌、包装、口感，还在于功能性的保健功效。东鹏特饮是一种维生素功能性饮料，人在生理疲劳之时饮用东鹏特饮，能充分补充能量，快速消除疲劳，振奋精神，提高工作效率与生活质量。当前获得中国卫生部批文的维生素功能饮料只有两种，一个是红牛，一个是东鹏特饮，红牛价格相对更高，东鹏特饮经济实惠。

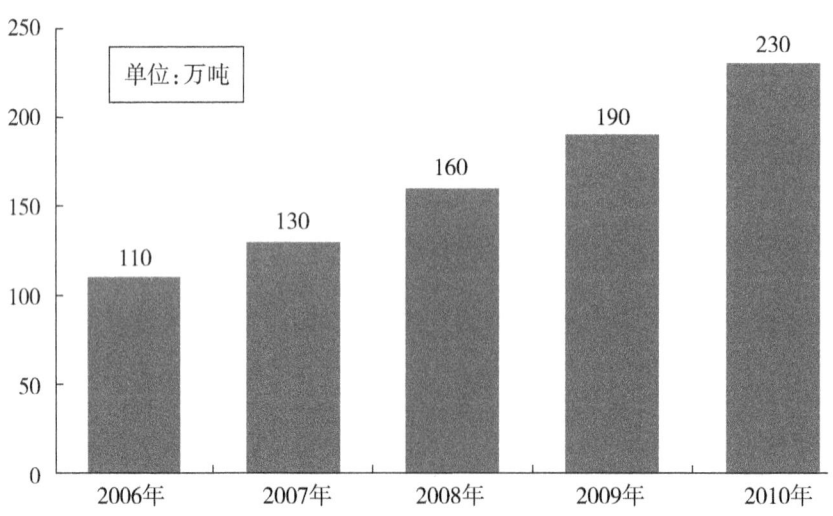

图6　2006—2010年我国功能性饮料产量增长趋势

资料来源：中国功能性饮料行业发展报告。

2. 消费者对饮料产品的多元化需求增加

消费者的需求是多样的（如图7所示），这种多样化不仅体现在包装、品味、价格上，而且还体现在时尚、健康、环保等方面上。消费者口味的多样性，对新兴产品好奇以及追求新鲜时尚的心理为东鹏产品提供了更大的市场空间，如何成功把握消费者的多元需求心理，已成为东鹏饮料公司今后研发的重点。

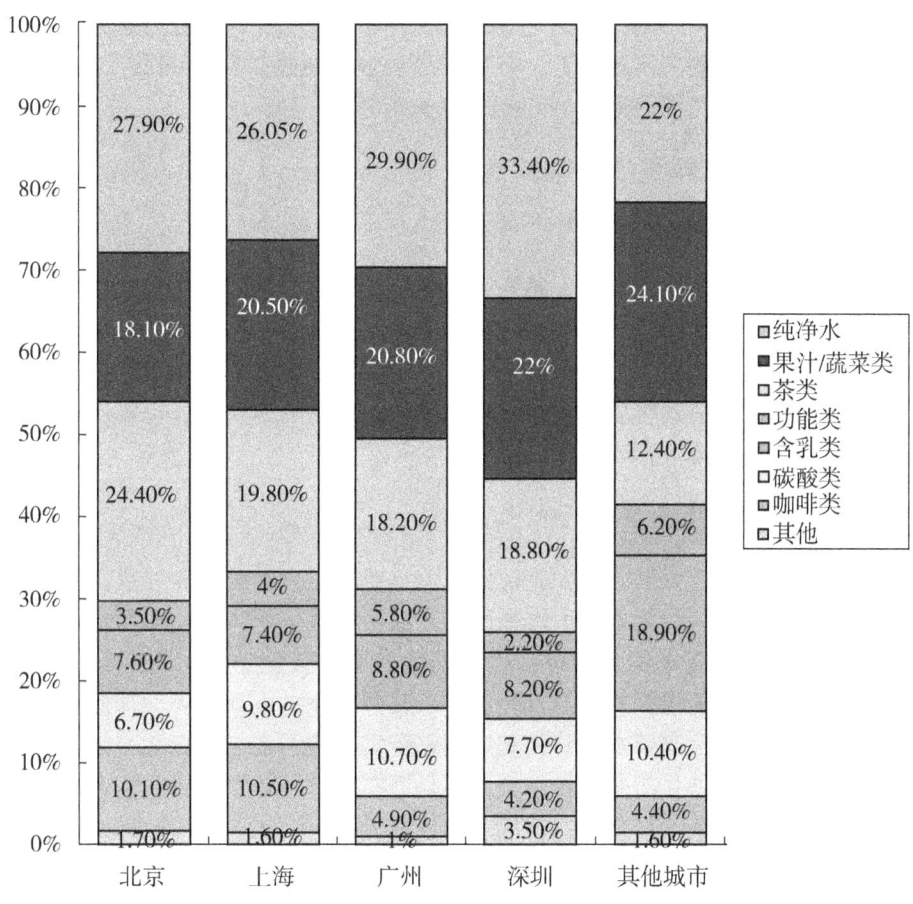

图7　2009年不同地区对饮料品类的偏好

资料来源：2009饮料市场需求调研报告。

3. 产业技术进步将推动东鹏饮料公司向前发展

随着我国饮料行业生产加工的各种技术的不断提高，以及各类饮料风味的调配技术的进一步开发突破，东鹏饮料公司将生产出更多风味各异、品质风味更佳的饮料产品。同时，东鹏特饮的功能成分的提取提纯技术不断提高，这种产品也可能逐渐占有较大的市场份额，吸引消费者的注意，推动功能型饮料的发展。

4. 西北部地区和一些中小城市及乡镇饮料消费实力逐步开发

近年来，国家西北部大开发和一些国家政策的不断深入和实施，为东鹏饮料公司在西北部地区、中小城市及乡镇市场的拓展提供了良机。特别在近两年，东鹏饮料公司在武汉、成都、西安等地开始推广东鹏饮料，发展势头迅猛，渗透率逐渐增长。中国传统环境下，人文环境优越，各地区的文化特色孕育了各种风味的饮料，这也有利于东鹏饮料公司对新产品的开发。此外，随着国家经济水平的提高，消费者消费能力不断提升，各城市经济发展迅速，同类的商品陆续上市，老百姓对东鹏饮料的消费潜力还有待进一步开发。

（三）东鹏饮料发展面临的挑战

1. 产品质量安全面临严峻考验

由于相关法律的模糊性，食品安全问题日益加重，问题食品陆续被揭露，这与东鹏饮料公司追求绿色健康的理念背道而驰。国家对饮料监管贯彻落实力度大大增强，消费者对饮料质量要求越来越高，为区别于市场上一些不符合国家标准的饮料，东鹏饮料公司将质量放在首要的地位，以使东鹏饮料公司的产品能在市场上屹立不倒，赢得"质量第一"的口碑。

2. 面临其他饮料企业的激烈竞争

随着社会的迅速发展，各大企业的竞争日益激烈，同类企业的成立数量有所递增，与此同时，同行业不断引进推出新产品，使得东鹏饮料公司面临的竞争压力加大，一些企业资本实力雄厚、销售网络健全、营销手段丰富、品牌响应激烈。面对新品种不断提升的产品宣传成本，某些企业也更具优势。与此相对，东鹏饮料公司受限于自身资本及营销和广告宣传实力的不足，正面临着激烈的市场竞争。因此，无论是目前的市场份额，还是潜在的市场开发，那些资金雄厚的饮料企业都威胁着东鹏饮料公司在市场上的地位。

3. 国内强势品牌对终端市场的全方位渗透

东鹏饮料公司在各城市、乡镇市场一直占有很大的竞争优势，但随着与深晖、中鹏等品牌在市场上日趋激烈的竞争，利润空间也明显下降。同时，很多国内外企业瞄准各城市、乡镇市场的优势，加大投资力度，开发营销网络渠道，不断研发新品并予低价出售等手段，逐步抢占市场领域。

4. 饮料市场很多企业的产品趋向于同质化

如今在饮料领域，众多企业所研发出来的产品虽然品牌和标志不同，但产品的营养成分和功能大多趋于同质化。这成为了企业持续发展道路上的绊脚石，社会存在许多的"山寨"品致使消费者无法正确地选择，这让企业陷入持续发展的困境。

五、东鹏饮料公司的未来

面对环境带来的机遇与挑战，东鹏饮料公司董事长兼总裁林木勤先生希望通过选择合适的战略来合理利用机遇并迎接挑战。2013年5月的某一天，林总裁召集了他的决策团队，希望通过会议，听听大家对于东鹏饮料公司目前的状况有哪些建议。

东鹏饮料公司决策团队包括董事会成员、总经理、分管各体系管理中心的总经理，他们均是在公司服务10年以上的老员工，对公司管理及企业文化有较统一的认知。决策团队核心成员共有9人，其中包括公司董事长林木勤、东鹏饮料集团副总裁兼营销计划中心（深圳东鹏）总经理林木港、东鹏饮料集团副总裁兼生产中心总经理肖光华、东鹏饮料集团财务中心总经理彭得新、东鹏饮料集团质量技术中心总经理胡海娥、东鹏饮料集团项目中心总经理刘伯春、东鹏饮料集团总裁助理兼营销计划中心（深圳东鹏）副总经理刘美丽、东鹏饮料集团综合管理中心副总经理梁燕冰以及东鹏饮料集团供应中心副总经理梁维钊（决策团队成员具体信息见附录）。

林木勤认为，要克服东鹏饮料公司目前面临的挑战，单从市场营销上考虑是远远不够的，应该从企业各个方面来考虑。在他看来，东鹏饮料的使命和愿景是以维护消费者健康为宗旨，以创立本地饮料名牌产品为目标，本着"质量第一、顾客满意"的原则，以科学管理为基础，致力于为众生提供健康食品，使人类生活更加健康和精彩，在公司领导及全体员工的共同努力下，最终实现将东鹏饮料打造成为国内知名饮料品牌的愿景。

林木勤指出，为了实现东鹏饮料公司的可持续发展，除了需要资金支持以外，还需要一些外部机构加入到企业管理中，使企业内部管理更加规范化。所以公司有意引入风投专业管理团队，这些专业管理团队在所关注的领域积累了丰富的投资经验和资源，有广泛和坚实的人脉网络储备，不仅能带给企业资金支持，还有重要的增值服务，如进行企业新市场开拓及销售网络扩张，提供国内外行业资源和帮助，为企业发展计划、组织架构、财务管理等整体管理提升提供战略指导，帮助引荐高级管理人才及信息，在企业融资、合并、收购、重组、上市的过程中提供专业咨询和帮助，等等。风投引进与否还需要结合自身实际情况和发展时机才能确定。另外，对于上市问题的考虑应尽量全面，例如，上市到底能为东鹏饮料公司带来什么，上市后在哪些方面会让企业的发展受到限制，上市后会给企业哪些方面带来制衡，在哪里上市更有利于企业的发展，等等。

决策团队成员围绕董事长林木勤提出的战略目标，纷纷发表意见。3小时后，会议结束了，决策团队成员相继离开，会议室里只剩下林木勤先生。他到底会带领东鹏饮料公司走向何方？到底应该借助何种途径实现东鹏饮料公司的跨越式成长？他应该采纳决策团队的建议吗？未来东鹏饮料公司的发展还会遇到哪些战略挑战？

教学指引

一、教学目的与用途

（1）本案例主要适用于MBA、EMBA课程，也适用于商学院本科生。

（2）本案例的教学目的是加强学生对企业战略选择的影响因素、战略选择与企业竞争优势、可持续发展之间关系的深入思考。

二、启发思考题

（1）你如何看待东鹏饮料公司面临的问题与挑战？

东鹏饮料公司目前正处于重要的战略转型期。一方面，企业的发展面临外部市场竞争格局变化带来的挑战；另一方面，企业面临从一个自发成长的企业到实现专业成长的企业的战略转变。

饮料行业属于近年来增速迅猛的行业。国内饮料品牌重新崛起，竞争日趋激烈并且进入重新洗牌阶段。目前迎来了以娃哈哈等"中国饮料十强"为代表的国内大品牌与境外著名饮料品牌重新瓜分市场的新一轮竞争格局。随着经济全球化以及中国经济转型升级，饮料行业的机遇与挑战并存。行业发展方面，东鹏饮料公司面临的挑战主要体现在：其一，来自其他饮料企业的激烈竞争。一些企业资本实力雄厚、销售网络健全、营销手段丰富、品牌响应激烈，面对新品种不断提升的产品宣传成本，某些企业也更具优势。与此相对，东鹏饮料公司受限于自身资本及营销和广告宣传实力的不足，正面对着激烈的市场竞争。因此，无论是目前的市场份额，还是潜在的市场开发，那些资金雄厚的饮料企业都威胁着东鹏饮料公司在市场上的地位。其二，国内强势品牌建立立体终端销售平台。东鹏饮料公司在各城市、乡镇市场一直占有很大的竞争优势，但随着与深晖、中鹏等品牌在市场上日趋激烈的竞争，利润空间也明显下降。同时，很多国内外企业瞄准各城市、乡镇市场的优势，加大投资力度，开发营销网络渠道，不断研发新品并予低价出售等手段，逐步抢占市场领域。其三，饮料市场产品趋向于同质化。如今在饮料领域，众多企业所研发出来的产品虽然品牌和标志不同，但产品的营养成分和功能大多趋于同质化。这成为了企业持续发展道路上的绊脚石，社会存在许多"山寨"品致使消费者无法正确地选择，这让企业陷入持续发展的困境。除了运作市场的困难，功能饮料多年来在行业内的一些负面消息诸如夸大功效之类，依旧会给功能饮料的发展带来隐患。

此外，过去10年，东鹏饮料公司的发展更多依赖于企业自身积累的资源能力，缺乏适应未来竞争环境的高端人才与专业化团队。人才的缺乏与战略的滞后会影响东鹏饮料公司未来的可持续发展。

(2) 你如何看待董事长林木勤考虑的东鹏饮料公司的发展目标与战略选择？

林木勤董事长期望通过上市与引进风投的方式完善企业的资本运营与治理机制，实现东鹏饮料公司的可持续、专业化发展。外部机构的加入固然可以使企业内部管理更加规范化，专业管理团队在所关注的领域积累了丰富的投资经验和资源，有广泛的人脉网络储备，不仅能带给企业资金支持，还有重要的增值服务与战略指引，如在企业融资、合并、收购、重组、上市的过程中提供专业咨询和帮助，等等，但是如何对东鹏饮料公司已有的核心层管理人员进行激励制度设计与未来发展安排，也是其未来实现战略突破需要深入思考的问题。

(3) 你认为东鹏饮料公司应该如何实现从区域品牌到全国品牌的跨越，进而实现快速成长？

能否有效突破区域壁垒是东鹏饮料公司实现战略成长的关键所在，东鹏饮料公司可以考虑从以下几个方面实现突破：其一，借力立体渠道和渠道下沉，实现品牌的跨区域扩张。其二，通过并购具有区域引领性的小企业，实现对区域市场的占领。其三，可以选择通过战略联盟的方式，实现区域渗透与全国范围的扩张。

三、分析思路

本案例内容部分来自公开资料，部分来自企业内部调研资料。在老师提问后，由学生收集整理相关行业发展背景资料，再阅读本案例。学生在阅读本案例后进行分组讨论，根据讨论结果进行小组展示。老师讲授案例的关键要点，为学生认识并深刻理解案例提供指引。学生在案例分析过程中，应该从行业背景、民营企业发展特征、决策团队角色等角度入手，深入思考进行企业战略抉择的重要因素，以及企业在实现区域扩张和战略成长中需要突破的障碍。

四、理论依据及分析

(1) GDPEST 分析。

(2) SWOT 分析。

（3）业务分析矩阵。
（4）竞争战略选择。
（5）战略联盟与并购。

五、建议课堂计划

本案例可以作为专门的案例讨论课来进行。以下是按照时间进度提供的课堂计划建议，仅供参考。

整个案例课的课堂时间控制在80～90分钟。

课前计划：提出启发思考题，请学员在课前完成阅读和初步思考。

课中计划：简要的课堂前言，明确主题（2～5分钟）

     分组讨论（30分钟）

     小组发言（每组5分钟，控制在30分钟）

     引导全班进一步讨论，并进行归纳总结（15～20分钟）

课后计划：如有必要，请学员采用报告形式给出更加具体的解决方案，包括具体的职责分工，为后续章节内容做好铺垫。

隐形冠军在员工招聘与保留方面的困境[①]
——以金发科技公司为例

黄桂　潘敏婷　付春光

摘要

> 经历20年的发展，金发科技股份有限公司（简称"金发科技公司"）无论在生产规模上，还是在产值上都有很大的飞跃，在改性塑料行业里更是占据了重要的位置。随着二次创业的逐步推进，公司亟待补充高素质的人才，尤其是高级管理人才，而作为隐形冠军的金发科技公司，虽然在业内及化工技术圈内很有名气，但在管理领域却并不为人们了解与认识。求职者对其的了解只是停留在表面信息的解读：地处郊区，一周上6天班的民企。因此很难吸引及留住合适的管理人才。公司该采取怎样的措施和手段改变这一局面，吸引更多优秀的人才，降低员工流动率呢？金发公司陷入了人才招聘和保留的困境。

2012年7月28日是一个阳光明媚的日子。这天，金发科技股份有限公司的新办公大楼正式投入使用。新办公大楼总建筑面积近5万平方米，行政办公人员近千人。尽管大家对此热情满满，相当激动，但人力资源部的王总却有些心情沉重。

王总是在1993年金发科技公司创办不久就加盟进来的管理硕士，他是随着金发公司的逐步发展一步步成长起来的，对公司有着深厚的感情。经过十几年的努力，金发科技公司已经成为拥有100亿元总资产和130亿元销售额的上市公司，近几年的净利润也稳步上升。虽然金融风暴对公司的发展有些影响，但还是阻挡不住公司持续向上的发展趋势。问题是，随着公司的不断发展壮大，公司的人才队伍素质却与公司的发展速度不相匹配，不仅很难招聘到名牌大学的优秀学生，年富力强员工的流动率也有上升的趋势。想到这里，王总不禁双眉紧锁。明天就要召开办公大楼落成后第一次人力资源管理会议了，王总希望通过这次会议让大家献计献策，探讨解决这个难题的办法。

---

① 该案例的数据是真实的，但案例中的所有人名均为化名。

一、企业背景

（一）辉煌的成绩

金发科技公司是一家专业从事高性能改性塑料研发、生产和销售的民营股份制高科技公司，是国家重点高新技术企业，其主要产品包括阻燃塑脂、增强增韧塑脂、塑料合金和功能色母等，广泛用于汽车、家电、农业、建筑、电子电气、轻工和军工等行业。公司前身为成立于1993年的金发科技发展有限公司。

经过20年三个阶段的创业期，金发科技公司目前已具备年产40万吨改性塑料的生产能力，注册资本16.465亿元，在中国的南部、东部、西南部、北部等地均设立了子公司和生产基地，年产改性塑料100万吨以上，是目前国内最大的改性塑料生产企业，也是全球改性塑料品种最为齐全的企业之一。2003年11月，公司技术中心被认定为国家级企业技术中心，公司建立博士后工作站的申请获得国家人事部的批准。2004年9月，公司在上海和绵阳成立了生产基地，在国内形成了横跨东、南、西部的生产制造格局。此外，为进一步开拓国际市场，公司先后在美国、加拿大、日本、马来西亚、泰国、墨西哥、印度、韩国等20多个国家注册了商标。近年来，完全生物降解塑料、碳纤维及其复合材料、耐高温尼龙、无卤高效阻燃剂等一批具有世界先进水平的新材料项目成功实现量产，金发科技公司逐步实现从改性塑料到化工新材料的成功升级，不断向产业高端和高附加值方向延伸。

（二）光鲜外表下的辛酸

尽管金发科技公司经历了近20年的创业改革发展成为国内最大的改性塑料生产民营企业，在行业内也有相当高的知名度，但是在员工招聘和保留上却面临着无奈与心酸。

由于公司在改性塑料行业内知名度较高，技术类岗位招聘基本不成问题。但作为一个大型的高科技制造型民企，其生产的又是非终端产品，所以其在管理类学生中则少为人知，此类岗位很难招聘到优秀的名牌学校的毕业生。从公司的员工流动率情况来看，2007年的流动率为10.74%，2008年为13.88%，2009年为8.49%，2010年为6.83%，2011年为7.62%。虽然员工流动率不高，但是在流动的员工中有80%是司龄在两年以下的，而且大部分流动员工的年龄是40岁以下的。因此，如何吸引及保留优秀的管理类人才，成为金发科技公司二次创业面临的主要挑战之一。

二、面临的困境

2012年7月29日一大早,金发科技公司的几位人力资源管理者就早早起床准备了,因为公司今早将在新的办公大楼召开人力资源管理会议,核心议题是人才的招聘和保留。王总希望通过高层管理者和人力资源部的讨论交流,全面深入地分析问题,改变人才招聘难和员工流失的现状。出席这次会议的人员有副总经理吴建国、人力资源部部长程飞,除此之外,还有人力资源部门下的绩效管理工程师林伟和招聘培训师李丽。

副总经理吴建国在金发科技公司工作已经有12年了。12年前,由于专业等方面的原因没去成外企和国企,而当时党政机关的薪酬太低,家里经济情况不佳的他在朋友的介绍下到了薪酬待遇不错的金发科技公司面试。尽管当时他觉得金发科技公司不是最理想的单位,但是当他第一次见到老板时便被打动了:原来靠自身过硬技术创业的老板自己在公司中所占的股份并不高,才百分之三十几,其他的股份都分给了愿意与之一起打拼的骨干员工。也就是说,吴建国一到公司就会拥有公司的股份。这位刚出学校血气方刚的小伙子立刻激动不已,这意味着一开始他就不仅是给老板打工,自己也能成为老板了。确实,在这12年里他随着公司的发展,慢慢成为了公司的重要管理者,薪酬待遇的提升自不用说了,他所拥有公司的股份随着公司的上市价值也大大提升。这样想想,吴建国非常满意当初的选择。关于人才招聘和保留的问题,他曾和多名员工谈过话,觉得公司在激励员工方面还应该多加考虑。

人力资源部部长程飞虽不是名牌大学毕业的,但他兢兢业业为金发科技公司工作差不多10年,算是公司的老员工了。他很纳闷,员工的福利随着公司的发展也越来越好了,公司对员工这么好,为什么就招不到特别优秀的人才,员工流失率为什么又这么高呢?程飞若有所思地来到公司。

林伟是北方一所非重点普通高校毕业的硕士研究生,在校期间成绩优异,有出色的学生工作经历。林伟毕业以后就来到金发科技公司,已经4年了,现在担任绩效管理工程师,主管绩效考核部分。他早早就起床了,想起刚来时公司就分配了一套130平方米的房子给自己,还解决了自己的户口问题,心里对公司是很感激的。而且自己快要结婚了,一想到这里,林伟的心情就大好,哼着歌儿往会议室走去。

招聘培训师李丽是当地"211工程"大学毕业的本科生,两年前到金发科技公司工作。生活和办公地点都在工厂附近,虽然离市区较远,但现在公共汽车可以到市区,公司也会有班车直达市中心等。只是周末经常要加班,使她没有机会交男朋友,更重要的是,在这里一直感觉比较孤独,没有很好地融入集体。刚来的那一年,公司正值二次创业期,随着制度化管理的推进,她的工作越来越受限。李丽琢磨着自己的职业和生活，心里有种不痛快的感觉。

会议开始了，王总首先打开了话题，他说道："今天会议讨论的话题非常重要。通过近20年的发展，我们公司在规模和效益上都有了巨大的飞跃，业绩也得到一定程度的提升。但是，大家也看到了，我们公司的人才队伍素质还没跟上企业发展的脚步，在管理岗位上我们公司遇到了招聘难的问题，主要表现在招不到优秀的名牌大学学生。虽然前几年的员工流动率有下降的趋势，但核心员工流动率却呈上升的趋势。我希望大家能够对我们公司人才的招聘、保留问题提出一些建设性的意见和建议，大家集思广益，有什么想法都直接说出来吧。"

副总经理吴建国首先说："前不久我请中山大学的导师帮忙看看有没有管理学的优秀学生可以推荐给我们，老师的回复是很多学生都没听过我们金发科技公司，宁愿选择名气大点的外企、国企，或者是做终端产品的大家较为熟悉的一些民企。虽然说我们在改性塑料行业已经是做得最好的企业了，比起外企、国企也有自己的特色和优点，但在管理类学生中还是没什么名气。在管理学上，我们公司可以称为'隐形冠军'，也就是几乎主宰着所在的市场领域，占有很高的市场份额，有独特的竞争策略，但几乎不为外界所关注的企业。这就导致了我们很难招到名牌大学管理类的优秀学生。"

人力资源部部长程飞发表了看法："其实观察这几年的招聘和员工流动的情况，我觉得我们在招聘问题上存在误区。其实我们要招的是适合我们金发科技公司的人才而不是单纯追求名校生，即使不是重点大学的学生进来后我们也一样可以把他们培养成为我们需要的人才。"

副总经理吴建国回答说："当然不是单纯追求名校生，但是从近几年招聘的行政管理人员来看，我们管理人员的情商和灵敏度明显有待提高，这不利于我们公司的进一步发展壮大。我们现今需要一批优秀的人才加入我们公司，在管理方面要有专业扎实的知识，在管理领域里能为公司的进一步发展献计献策。"

主管招聘培训的李丽接着吴副总的话说："从我们公司这两年的校园招聘和培训来看，材料技术类岗位的招聘情况远远比管理类岗位的热门，我们在管理类岗位的招聘确实很不理想，主要是因为我们公司在管理类学生中的知名度不够。想当初，我也是因为考公务员耽误了找工作的最佳时间，后来没有办法误打误撞来到金发科技公司的，后来发现其实金发科技公司在业内非常有名气，薪酬待遇也不错。假如能让同学真正了解我们公司，他们肯定不会那么轻易地错过。所以，为了让我们这个隐形的冠军为大众所知，我觉得我们要从企业的宣传入手，比如我们的管理人员去担任一些名牌大学校外导师或职业导师之类，争取成为名牌大学的实习基地，等等。办法很多，总之，要让大家知道我们公司，对我们公司感兴趣。"

人力资源部部长程飞："我仔细分析过我们公司的福利制度，和很多企业相比，我们公司的福利是非常具有吸引力的，尤其对于行政管理人员。说到吃，我们的员工饭堂不仅花色品种多,而且干净卫生,大家吃饭只收象征性的几块钱。说到住,我们的员工宿舍可以说是一流的,硕士毕业生能住两室一厅,一天提供24小时的热水,实行公寓式的管理。说到行,以前我刚来的时候,这里位置离市区很远,去一趟市区要花很长时间,随着公司和这个地区的发展,现在的员工不仅有公交可以到市区,我们公司还安排班车接送,不久地铁即将开通,出行就更不成问题了。还有其他方面的各种隐性福利,例如前不久生产部刘副经理的父亲得病要住院,我们老总一个电话就解决了大医院的住院问题。要知道,如果要排队的话,不知道要等多久才有床位。还有去年财务部小陈的孩子要上重点小学,也是老总帮忙找的好学校。可以说,金发科技公司的待遇比国企还国企!户口不用愁,小孩上学、生病问题等都不用愁。"

绩效管理工程师林伟也发表了看法:"确实我们公司的福利待遇还是很好的。前不久我参加同学聚会说起自己的情况,我的同学还很羡慕我,觉得我进了一家好公司大企业,福利很好呢。而且现在我们的绩效考核体系也逐步完善,员工的绩效和薪酬待遇挂钩,体现了公平性。如果要说如何留住员工的话,我觉得可以通过授权,让员工有更大的平台可以发挥他们的才能。我觉得这才是我们民企比国企和外企更具有吸引力的地方,同时在人力资源上也更具有灵活性。"

听林伟这么一说,李丽心想,你可是内地二流大学的毕业生,像你这样能够落户广州,又在薪酬待遇不错的金发科技公司工作自然会成为大家羡慕的对象,我作为沿海地区"985"高校的高材生,同班的很多同学都去了知名的外企、国企或者政府机关,除了外表光鲜之外,薪酬待遇好像都很好。而自己只是去了家民企,虽然说在改性塑料行业内是大企业,但是在管理学的圈子里实在没什么人气,说起自己的公司,大家都不怎么感兴趣。出于面子考虑就再也没去同学聚会了。想到这里,李丽忍不住说:"我觉得要保留员工,就要站在员工的角度上为员工考虑问题,我觉得公司很多岗位的目标管理绩效制度让他们周末仍留在公司工作十分劳累。而且虽然现在的出行比以前方便多了,但是如果员工工作时间太长的话,无疑会影响他们的工作动力。另外,我们处于二次创业期阶段,很多工作细节都制度化了,这对我们工作的灵活性是一个挑战,很多工作不像刚来的时候可以按照自己的思路做,而是每一步要按照规章制度来做,这样就会导致僵化和保守,员工体现能力的平台也慢慢受限了,也不能充分发挥员工的主动性了。"

李丽话音刚落,林伟就对目标管理提出不同意见:"我觉得在我们公司实施目标管理没有什么不好的。刚来公司的年轻人最想要的就是提升自我,获得可观的收入。要获得高的收入当然需要努力工作,把工作量完成啊。我认为我们可以为员工构建一个在金发科技公司明朗的、可持续的职业规划,让他们在为公司付出的同时对自己的职业生涯有清晰的认识,更能投入工作。"

吴副总想了想这两年公司的各个岗位和各项工作的制度化,说:"制度化还是必须实行的。我们在这个行业里算是做得最大的企业,那么要进一步做大做强就要有制度体系的完备和精细化的分工。我们也不能只看到制度化的负面效果，还要看到这是我们公司发展成熟的一个必经过程。对于员工保留，我们公司流动的员工大部分是司龄在两年以下的，这可以看出新来的员工和我们公司存在一定时间的磨合期。相比国企、外企的待遇，刚来的员工可能会觉得我们公司的薪酬少，但是我们要在这磨合期里让员工了解到金发科技公司所能带给他们的收入和回报是实在的、长远的，而不应该拘泥于现今薪酬的多少。"

人力资源部部长程飞补充说："我觉得可能我们在招聘策略上要做调整。我初步地分析了一下，流动率较高的年轻员工大部分来自名牌高校，这可能与这些学生的定位有关，或者是我们需要修正我们的招聘策略，少从名牌高校招聘学生？但是这样一来，我们的管理队伍素质如何提升呢？"

王总说："你们自己说说，名牌高校的学生与一般高校的学生到底有多大的差距？"大家都不吭声了。因为在座的各位这两类出身的都有，怎么说都是得罪人的话题。王总看大家都闷着，就接着说："不过，总体说来名牌高校的学生一般而言还是比较灵气，比较符合我们二次创业期对员工的要求。我们企业在草创阶段各方面条件不具备吸引出身名门的学生，现在我们都已经成为广州市的明星企业了，为什么还不能招聘到我们心仪的人才呢？"

这时程飞若有所思地说："王总的话让我想起，我们企业在发展阶段不也没有仅仅依靠名牌学校的学生也成长起来了吗？只要调动积极性，是否出身名门可能不是最重要的，上次有位管理大师过来培训时讲到松下的'70分人才'或许能对我们的招聘策略有所启示。"

"哦，那次我出差了。'70分人才'？"王总问道。

"'70分人才'是松下在发展过程中不得已而为之的措施。当时松下公司没有名气，也无法提供丰厚的薪水，因此很难吸引到优秀的人才来公司工作。松下认为，他的事业迅速成长，是这些被视为次级人才的人一手建造出来的成果。"

看着大家都望着自己，程飞越说越激动："当时我们也问培训师为什么。首先，这些'70分人才'一般很容易融入团队。那些所谓的'聪明人'则相反，他们常常恃才傲物，看不起上级，瞧不起同事，鄙视下级，因此很难融入团队。而'70分人才'就不一样了，他们更多地反思自身的不足，希望借助团队的力量使自己成长，因此他们能够很好地融入团队。

"其次，他们有追逐'顶尖'者的动力。这种明确的目标和心理就会产生强大的动力，促使他们去达到顶峰。就像马拉松比赛，跑在第一位的选手前面漫漫长路，于是他常常回头，看看后面的人在哪里。而第二位的选手就不一样了，他们眼睛死死地盯着第一名，一旦时机成熟，便一举超越。

"最后，他们心存感激，更加忠诚于公司。'顶尖'人才常常埋怨自己怀才不遇，明珠暗投，对公司并不特别感激，他会认为那是他应该得到的。而70分的中上等人才就不同，他们认为他们能够取得今天的成绩，与主管和公司对他们的培养和器重是分不开的。于是他们心存感激,更加忠诚于公司。"

一时之间,大家又都陷入了沉默。过了好一会,王总说:"有道理。但是话说回来,金发科技公司之所以发展那么快,跟我们拥有一批能力超强的出身名门的技术骨干有关。其实,员工流动的关键因素应该是员工是否认同公司的价值观与理念,所以,招聘员工的时候要进行价值观的测试。"

"我赞同。"吴国强说,"价值观是一个方面,另一方面,人是群体的动物,如果一个名牌高校只来了那么一两个学生,他们会感觉孤单的,因为他没有归属。你可以说是物以类聚,人以群分。人家校友在一起可以聊聊学校的趣事啊,可以一起打球啊,一起打牌啊,很自然地就凑到一起了。但是,不同学校的学生几乎不可能融入其他校友的圈子。就像我们前一段时间招来的小林,国内顶尖学校的,可全公司就他这么一个宝贝,来了一两年了他一直没有融入进来。所以,让这些名牌高校的学生都有同类,都有自己的圈子是留住他们的关键。"说到这里,李丽很有同感地点点头。

王总接着说:"确实我们需要从了解员工的需求入手。我们的福利待遇确实不错,但是这是不是员工需求的全部?了解员工的需求有两个层面的意思,一个是不能出于投射心理,也就是'为你好'的心理而设计组织的'供给',领导觉得好的,下属未必有同感;另一个是不同年龄、不同性格、不同追求的员工的需求肯定不同……对要求上进的员工而言,授权其实也是一种非常有效的激励手段。"

大家越讨论越觉得问题明朗了。

三、尾声

这次会议开了整整一个上午,大家各抒己见,把心中的想法都说了出来,对员工的招聘和保留提出了自己的意见和建议。王总对今早的会议还是很满意的,心中对员工招聘难和保留难的问题有了一定的认识。

新办公大楼的落成搬迁希望预示着好的开始,王总带着这些问题陷入了深深的沉思……

教学指引

一、适用范围与对象

(1)适用范围:企业管理、人力资源管理。
(2)适用对象:人力资源管理、企业管理专业本科生、MBA、EMBA、研究生课程班等。

二、教学目标

（1）在企业的实际运作中，管理者会遇到人力资源的招聘和员工保留问题。分析案例企业的困境，让同学们认识到要解决企业人力资源的招聘和保留问题必须对企业内外部环境进行深入探究，建立有效的激励机制，激发员工的积极性和创造性，并加强外部自身形象的宣传提升。

（2）让学生系统地学习企业人力资源的招聘流程和员工保留相关理论，包括激励理论、马斯洛需求层次理论、激励—保健双因素理论等，锻炼学生运用所学知识思考、分析实际问题的能力。

（3）训练学生的逻辑思维能力，分析案例企业困境产生的原因及解决问题的关键是建立有效的激励机制，提高学生根据案例提供的情境因素进行管理决策的能力，激发学生理论联系实际的兴趣，提高他们处理复杂问题及思辨的能力。

三、教学指引

引导学生从企业的实际情况出发，通过结合企业所在行业的特征和发展方向分析企业的人力资源状况和面临的问题，从而采取有效措施解决问题，使企业的人力资源结构和企业的发展相匹配。解决员工招聘和保留问题可以从激励机制入手，建立适合企业的、良好的激励机制，激发员工的工作动机，调动员工的积极性和创造性，使员工努力去完成公司的任务，实现公司的目标。同时，企业的宣传对于招聘优秀学生来说也是相当重要的。分析报告必须给出较为完备的解决问题方案，学生在制订方案时，要充分考虑案例材料中企业所处行业和招聘、流动情况。

（一）案例的现实意义

本案例通过详细的材料充分展现了案例企业面临的人力资源困境。学生通过阅读、分析和讨论不仅能够经由这些情景的叙述增长自己的见识，也能够在案例分析过程中，尝试运用自己学过的管理理论来解决现实社会中存在的问题。我们希望这样的案例教学能够激发学生理论联系实际的兴趣，增强他们处理复杂问题及思辨的能力。

（二）可供讨论的问题

本案例通过平实的叙事风格，尽量模拟了当时的决策情境。在2012年年中，金发科技股份有限公司的人力资源管理部门在面临员工招聘和保留问题时，该选择怎样的措施招聘优秀的员工和降低员工流动率呢？

对于这一个核心问题的探讨，将引发招聘对象的选择问题。具体问题如下：

（1）在公司管理类岗位的招聘上，是加大在名牌大学中的宣传力度，还是主要面向非重点大学的优秀学生？

（2）员工保留方面，公司如何采取有效的激励措施减少员工流动，摆脱这一困境，为企业的稳定发展提供保障？

（三）分析思路

1. 从人力资源管理的角度思考

金发科技公司应该结合企业所在行业的环境、企业发展的方向和在人力市场上的招聘情况，按照企业的经营目标和业务要求，做好人力资源规划，把握招聘方向。在人力资源规划的指导下，根据工作描述，把公司所需要的优秀的人才招聘到合适的岗位上。在招聘的过程中，公司要了解每个岗位所面向的招聘对象，制订招聘选拔计划，选择好招聘渠道，并逐步提升企业的外部形象。

2. 原因分析

作为制造型民营企业，案例公司属于隐形的冠军，不为管理类学生所熟知；短期薪酬较国企、外企少，不利于吸引优秀的人才；采用目标管理的绩效考核模式，在一定程度上增加了员工的工作压力；在制度化过程中难免出现僵化，使员工展现自己的平台受限。

3. 解决公司招聘、保留问题的思路

根据岗位要求做好工作分析、工作描述，以更好地招聘岗位需要的人才；建立良好的激励机制，提高员工绩效，降低流动率；加强公司外部形象的宣传提升；在制度化过程中保持员工工作灵活性。

（四）理论依据及分析

（1）人员配备：根据岗位工作需要，经过严格的考查和科学的论证，招聘培训为公司所需的各类人员；把具备不同素质、能力和特长的人员分别安排在适当的岗位上；充分挖掘每个成员的内在潜力，实现人员与工作任务的协调匹配，做到人尽其才，才尽其用，从而使人力资源得到高度开发。

（2）激励理论：行为科学中用于处理需要、动机、目标和行为四者之间关系的核心理论。

期望理论：为员工设定有价值的目标，提高员工的积极性。目标既要有一定难度又要有实现的可能性。员工的薪酬待遇可能在刚来公司时不及外企、国企，决策者可以激励员工使其了解通过努力为公司带来绩效就能获得长期可观的收入

和成就。

目标设置理论：把公司的目标与员工个人目标协调起来，目标的设置要是具体的、能够观察和测量的。

归因理论：了解员工需要的是什么，采取的激励的手段要灵活多样，要根据不同的工作、不同的人、不同的情况制定出不同的制度。

(3) 制度化管理：建立制度，必须充分考虑其可行性和可操作性；推行制度，必须维护其严肃性和权威性；增强创新意识，防止制度僵化。

制度创新是企业增强核心竞争力的重要途径，也是激发员工创造性地开展工作的有效措施之一。因此，企业在建立制度时，要为制度的健全与完善及持续改进留有余地，为制度创新搭建好平台。在实施制度化管理的过程中，必须随着企业的发展和环境的变化，及时对一些制度内容进行修改和调整，使企业的制度符合企业的实际情况并满足企业发展和环境变化的需要，从而增强企业的应变能力和市场竞争力。

（五）关键要点

(1) 根据激励等其他相关理论，从公司的人力资源情况出发，分析问题产生的原因，建立良好的激励机制是解决问题的根本，在一定程度上也可以有效地吸引求职者。

(2) 解决问题必须从企业的实际情况出发，通过结合企业所在行业的特征和发展方向分析企业的人力资源状况和面临的问题，运用人力资源管理的相关理论知识采取有效措施解决问题。

四、建议课堂计划

整个案例课的课堂时间控制在 60 分钟。

课前计划：教师提出启发思考题，请学员生在课前完成阅读和初步思考。

课中计划：简要的课堂前言，明确主题（2～5 分钟）

　　　　　　分组讨论（20 分钟）

　　　　　　小组发言（每组 5 分钟，控制在 20 分钟）

　　　　　　引导全班进一步讨论，并进行归纳总结（15 分钟）

课后计划：如有必要，请学生采用报告形式给出更加具体的解决方案，包括具体的职责分工，为后续章节内容做好铺垫。

路在何方?[1]
——宝丰能源集团发展战略选择的困境

黄桂　黄晔　付春光　何妍斐

> **摘要**
>
> 宁夏宝丰能源集团有限公司（简称"宝丰能源集团"）是宁夏回族自治区的大型民营企业之一，有煤电、煤化工、物流、文化四大业务。虽然集团历经了跳跃式的发展，已成功创立了自己的品牌，赢得了较好的口碑，但国家为抑制能源行业产能过剩而颁布了一系列的政策法规，行业随之出现新变化，集团企业内部也日益浮现出各种问题。在集团公司制定的第二个五年规划的关键时期，宝丰能源集团应该选择怎样的发展战略，使集团在激烈的竞争中得以生存，并进一步提升集团赢利能力呢？

2011年对于宝丰能源集团来说，是充满机遇的一年，也是充满挑战的一年。春节长假的余温还没有散去，街上尽是欢声和笑语。宝丰能源集团的黄刚总经理一早来到了熟悉的办公室。春节特有的喜庆气氛并没有让他的脸上多挂一丝微笑，因为他确实没有什么心情，他知道自己手头还有更重要的事情要处理。

黄刚是在宝丰能源集团刚成立时经朋友介绍加入的。通过十几年的努力，集团业务蒸蒸日上，在行业内建立了自己的品牌并赢得了较好的口碑。但是，近一两年以来，国家对能源行业的调控政策，以及日益激烈的竞争环境，使得集团在今后的发展中日益艰难。黄刚希望通过下一个5年的努力，能够逐步提升集团的利润水平。但是，这几年能源行业的竞争越来越激烈，最近国家又颁布了一系列的政策抑制能源行业产能过剩，作为一家本土的能源集团企业，宝丰能源集团的生存空间逐渐减小，想到这里，黄刚不禁双眉紧锁。

一、公司介绍

宁夏宝丰能源集团有限公司是宁夏回族自治区的大型民营企业之一，注册资本金20亿元，主体部分坐落在宝丰能源循环经济工业基地。集团在煤炭开采的

---

[1] 本案例中公司的名称和各项资料均为真实的，但案例中的人名均为化名。

基础上，通过焦化、气化、油化、电化等先进技术，开创国内煤化工多联产的独特工艺技术路线，达到工艺技术、设备技术、环保技术、节能降耗等综合指标领先，实现煤炭资源利用多元化、清洁化、低碳化。近期的目标是通过5年左右的努力成为陕、甘、宁、蒙"能源金三角"地区十强企业之一，中长期目标是努力实现全国百强民企。

宝丰能源集团一期项目自2006年3月开工建设，已于2009年12月底全部投产，主要包括煤矿、洗煤、焦化、甲醇、化产回收、余热发电、铁路综合物流等项目。为达到推进科技创新、资源节约、环境友好、循环利用的发展目标，最大限度提升循环经济工业产业价值，宝丰能源集团规划在"十二五"期间全面建设新型煤化工多联产项目，即宝丰能源集团二期项目建设。二期项目总投资142亿元人民币，将于2013年底全部建成投产。

（一）纵向一体化

宝丰能源集团主要有煤电板块、煤化工板块、物流板块及文化板块四大板块。煤电板块的投资情况是，洗煤项目设计能力1 000万吨，洗煤项目总投资9.2亿元，现已投产600万吨/年洗煤能力，是宝丰能源循环经济工业基地煤化工产业转化的重要环节。为了实现资源循环利用和安全清净的健康环境，余热发电项目设计能力2×300兆瓦，总投资27亿元，建设2×25兆瓦余热发电机组，安装空冷抽凝机组，配备2×240吨/小时级循环化床锅炉以及配套的化水、除尘等设施。

煤化工板块包括焦化项目、煤焦油深加工、焦炉煤气制甲醇项目、粗苯加氢项目和煤化工深加工项目。物流板块主要负责建立宝丰能源集团自己的物流中心，同时设立自己的铁路站场，主要负责宝丰能源集团自己生产的产品如甲醇、柴油、汽油、焦油、渣油、苯、醋酸等液体原料和产品的储运及装卸设施以及连接A、B区生产系统的栈桥、管线工程等。

为了响应自治区党委、政府关于大力发展商贸流通业、繁荣地方经济指示精神，2010年，宝丰能源集团旗下汇丰祥公司斥资36亿元打造"中国穆斯林国际商品交易中心暨中国宁夏国际小商品交易中心"。该中心以自主批发经营小商品、穆斯林商品为主，是集批发、贸易、展览、休闲、娱乐、餐饮、酒店、旅游、商务办公为一体的大型现代国际商业综合体。

（二）公司经营理念

宝丰能源集团在产业发展的过程中始终坚持自己的理念，有效利用资源，节能环保。通过技术创新和产业链优化，宝丰能源集团努力实现煤的分级综合利用和上下游的产品互补，做到经济效益、环保效益、社会效益最大化。即通过焦化、气化、油化、电化等先进技术，开创国内外煤化工新型技术路线，达到工艺技术、设备技术、环保技术、节能降耗等综合指标水平领先,实现煤炭资源利用的多元化、清洁化、低碳化和高附加值。万元产值能源消耗约0.5吨标准煤,吨原煤可增值到1560元。另外,煤矿采用国内先进的采掘技术,使用综合机械化采掘装备,矿井建设与生态环境建设同步进行,实现经济与环境保护协调发展,是现代化安全高效矿井。

宝丰能源集团可就地消化吸收1300万吨/年洗煤生产线副产品中的煤190万吨,每年为配套建设的6×240万吨/年循环流化床锅炉提供燃料煤168万吨。二期化工项目的建成有效延伸DMTO和焦油加氢产业的链条,并解决了生产甲醇所需原料的问题,形成产业链上下游的互补,实现煤的分级、综合、高效利用。

为使"三废"得到充分的综合利用,宝丰能源集团年回收各类废气(合成弛放废气、焦炉气等)约10.4亿标准立方米,采用自主知识产权的非催化转化方式,最大程度实现氢碳平衡,降低能耗,与同类规模单一的煤制甲醇相比可减少147万吨/年二氧化碳排放。集团还致力于废水综合利用,废水经处理后循环分级利用,浓缩后的高离子水制成无污染的无机盐,整个园区实现零排放。此外,集团还将各类废渣分级利用,如利用煤矸石发电,将锅炉灰、渣及气化炉渣综合利用生产各类建材。

通过规模化、集约化的煤化多联产项目,宝丰能源集团实现了煤转变各类化工产品的高效利用,做到煤的分级综合利用、吃干榨净,产品附加值高、能耗低、成本低,符合国家能源的发展战略。

总的来说,宝丰能源集团循环经济工业基地建设规划超前,产业链合理,生产工艺世界领先,目前拥有焦炉气综合利用制烯烃的非催化转化装备技术,形成了具有技术创新、产业链创新、运营管理创新、发展理念创新的宝丰模式,惠及员工、惠及社会。产品由煤综合利用转化为多种工业产品,带动农业、装备制造业、建材、运输业及相关服务业的发展,促进地方经济可持续发展,具有重大的意义。

二、行业竞争态势

(一)行业背景

目前,我国经济正处于稳步快速发展阶段,国内对能源的需求在不断增长。从我国改革开放以来,经济和社会发展快速增长,人民生活水平得到提高。随着种类繁多的能源产品和煤化工产品更多地进入我们的生活,煤化工行业在国民经济中的地位也越来越重要,我国煤化工产品需求潜力巨大。

在能源方面,"富煤、贫油、少气"是我国能源发展面临的现状,在我国经济快速增长、对原油及天然气的需求逐年增加的形势下,发展煤化工对我国能源结构的调整具有重要意义,有利于推动石油替代战略的实施,保障我国的能源安全，实现能源多样化，有利于促进我国经济和社会的全面协调发展。[①]

从宏观经济上说，首先，煤炭的地位依然重要。据国外预测，目前所有新能源技术都不足以在所需的规模上取代传统的能源结构。在 2025 年之前，新的能源技术可能不会在市场上普及。一项新的生产技术被广泛采用，平均需要花费 25 年。由此观之，新能源和可再生能源要大量取代化石能源是一项十分艰巨的任务，预计 21 世纪前半叶，化石能源仍将在我国的能源结构中占主要地位，煤炭仍将具有不可替代的重要地位。

其次，宏观经济有利于煤化工产业发展。结合各新型煤化工项目产品在"十二五"期间的供需形势和国家推广政策，预计煤制天然气、煤制烯烃、煤制油、煤制乙二醇、煤制芳烃均有很大的发展空间。"十二五"新型煤化工发展目标中，煤制烯烃计划产能 400～500 万吨，煤制油产能 500～600 万吨，煤制天然气产能 250～300 亿立方米。

最后，经济发展质量要求国家调高煤化工准入门槛，特别是提高煤制烯烃、煤制天然气、煤制乙二醇等准入条件。国家发改委、商务部日前全文发布《外商投资产业指导目录（2011 年修订）》，自 2012 年 1 月 30 日起施行。新目录中，为抑制部分行业产能过剩和盲目重复建设，将煤化工等条目从"鼓励类"中删除。尽管如此，也改变不了外资已经进入中国的格局。

由于煤炭企业的污染比较严重，近几年企业的发展受到国家法律的限制，行业处于萎缩状态，替代竞争不明显。煤炭企业面临的替代品竞争主要是石化企业。另外一个很大的挑战来自电力企业。电力作为清洁能源认可度越来越大，应用范围越来越广。预计随着科学的发展，发电手段越来越环保，其竞争力会越来越大。同时，国际、国内油品市场的剧烈波动，和较高的石油价格，也使得人们逐渐转向使用更经济、更环保的清洁能源——液化石油气和天然气。

在技术上，宁夏的银川和宁东地区科技水平落后，科技力量薄弱，科技体制、政策以及立法跟不上形势的发展，没有出名的大学和科研机构，拥有高新技术的高科技企业为数极少，网络信息技术的应用并不普及。总的来说，银川和宁东地区的技术环境比较落后。

（二）竞争态势

宝丰能源集团最大的竞争对手是神华集团有限责任公司（简称神华集团），最直接的竞争对手是神华集团有限责任公司的控股子公司——神华宁夏煤业集团有限责任公司（简称神华宁煤集团）。以下重点介绍神华集团有限责任公司。

神华集团有限责任公司成立于 1995 年，主营业务是煤炭、煤化工、物流和电力。中国神华品牌在世界品牌价值实验室（World Brand Value Lab）编制的

[①]《石油替代迫在眉睫 煤化工行业前景广阔》，载于《中国证券报》2011 年 7 月 26 日。

2010 年度《中国品牌 500 强》排行榜中排名第 8 位,品牌价值已达 986.43 亿元。

同时,神华集团还是世界 500 强企业。2011 年 7 月 7 日,神华集团进入 2011 年《财富》世界 500 强排行榜,以营业收入 32 446.10 百万美元、利润 4 256.40 百万美元排第 292 位(2010 年为 356 位)。

截至 2010 年年底,神华集团原煤产量达到 3.52 亿吨,发电 1 600 亿度,销售收入将近 2 200 亿人民币,利润突破 570 亿人民币。

在外资加大对中国投资力度的同时,中国民营企业也迅速发展。随着国家对民营企业发展政策的放宽,特别是"非公 36 条"的出台,中国民营能源和化工企业有了很大发展,突出表现在煤炭开采和加工、石油沥青、成品油销售、燃气开发利用、聚酯及聚酯纤维、焦化和甲醇煤化工等领域。

目前,《财富》杂志中排名在世界前 500 的大型能源公司几乎全都在华投资建厂设点,如英美资源集团、壳牌、道达尔、陶氏、美投国际集团煤业投资控股公司、通用电气(GE)、索斯泰克、环球油品(UOP)、鲁奇(Lurgi)、南非 Sasol 公司等,大多已全面进入中国能源行业上、中、下游各领域。

目前,由于特殊的地理环境,外国资本在西北地区的竞争还不明显。但估计将来随着其他地区市场的饱和,西北地区也会遇到外国资本的强有力的竞争。

三、艰难的抉择

2011 年 2 月 25 日,宝丰能源集团在总部办公大楼举行了新年第一次高层管理会议,核心议题是集团下一步的战略方针。黄刚总经理希望通过各部门经理的讨论交流,全面深入地分析问题,并达成战略发展的共识。出席这次会议的人员除了市场部经理王其、人力资源部总监吴颐外,技术总监张科、客户经理马涛也都悉数到场。

黄刚首先打开了话题,他说道:"今天的会议话题非常重要。通过这几年的发展,我们集团的业绩确实得到了一定程度的提升,但是,大家也看到了,我们集团所处的行业十分狭隘,而我们的四大板块又很难相互呼应。在座的各位都是企业的老员工了,现在我想先让大家说说在这几年发展中企业存在的问题。"

技术总监张科接上了黄刚的话题:"黄总既然这么说了,我就先发表我的看法吧。我认为目前宝丰能源集团的创新意识不强,虽然我们具有一定的技术实力,也有过不俗的技术成果,但是由于近年来集团管理工作没有跟上,加上地处西北地区的宁夏市场体制并不十分成熟,导致我们集团的创新意识不强,专利成果不多,大的技术创新和技术突破与我们集团所倡导的跨越式发展不相吻合。"

市场部经理王其也接着说:"确实啊,我认为集团内部的市场经济观念也尚未完全形成。市场经济观念没有完全渗透到集团的生产经营和管理的各个环节中去,因此集团内部各经营管理部门的联系比较松散,造成集团的资金、人才、技术等各种生产要素得不到合理的配置,在运行过程中不能创造出最佳的经济效益。"市场部经理王其是从一家国有企业跳过来的,当初是想着与宝丰共发展,现在看到企业存在的困境也十分着急。

人力资源总监吴颐也按捺不住:"现在我们集团的管理成本真是非常高。首先,由于我们实行的是高工资高福利政策,难免会有个别职工的薪水远远高于其绩效和对集团所作的贡献,在一定程度上给集团的战略管理和财务管理形成了较大的压力。其次,集团的管理专业化水平不高。我们的管理模式基本以项目为主,由于管理人员素质的限制,其管理的专业化程度不高。最后,集团管理的系统性和协调性不强。由于集团成立的时间不是太长,管理以项目为主,管理区域又横跨宁夏和内蒙古等地区,难以从全局的角度出发统筹整个企业,达到集团各部门、各层级资源的优化配置。作为人力资源总监,我深感集团在人力资源管理和经营管理等方面尚缺一套完善的运行机制,没有完全形成符合能源企业运行规律的人力资源管理机制。各个部门之间、主营业务的四大板块之间、各个项目之间的联系不是很密切,往往各自为政,难以统筹,信息也很难共享。此外,岗位职责也不是很完善,各部门资源配置不尽合理,经常出现该严不严、该松不松的情况,使战略目标完成难度加大。除了以上这些,在工资体系、培训体系、绩效管理体系、人力资源结构体系、激励机制上都存在着不同程度的问题。"

黄刚听见三大部门对企业目前现存的情况都提出了那么多的意见,心里不禁一沉,看来问题还真是不少。企业要发展,确实离不开这些问题的解决。自成立以来,宝丰能源集团只是忙于业务活动,急于外延式的扩张,满足于跨越式的发展,而没有对集团进行深入的战略研讨,更没有进行 PEST 分析和 SWOT 分析,因此没有形成清晰的宝丰能源集团发展战略。现在,集团已经初步构建了四大板块业务,各项工作也在逐步走上正轨,迫切需要有新的发展思路了。

黄刚清了清嗓子:"大家都有各自有不同的看法,说得都挺到位的,那么接下来,我们讨论一下企业的发展战略吧。"黄总说完,大家面面相觑,没有人敢出声。

黄刚继续说道:"基于我们现在的外部环境形势和内部资源,我的意见是以煤炭板块为依托,走煤、电、化、油一体化的道路,积极拓展国内市场,通过多元化发展的战略,把公司办成西北地区实力最强的大型能源企业之一。"

市场部经理王其自从来到宝丰集团工作,表现突出,办事认真负责,是企业重点培养的人才。他第一个对黄刚的说法发表意见:"目前,我国经济正处于稳步快速发展阶段,国内对能源的需求在不断增长。煤化工行业在国民经济中的地位也越来越重要,我国煤化工产品需求潜力巨大。发展煤化工对我国能源结构的调整具有重要意义,有利于推动石油替代战略的实施,保障我国的能源安全,实现能源多样化,有利于促进我国经济和社会的全面协调发展。结合各新型煤化工项目产品在'十二五'期间的供需形势和国家推广政策,预计煤制天然气、煤制烯烃、煤制油、煤制乙二醇、煤制芳烃均有很大的发展空间。我们集团所在的地区位于宁夏回族自治区中东部,是一个全国罕见的储量大、煤质好、地质构造简单的整装煤田,被列为国家 13 个重点开发的亿吨级矿区之一。我认为黄总的战略是可行的,我们具有天时和地利。在实施的过程中,我认为还需要我们加强与政府合作。我们集团自成立以来,一直得到国家和宁夏回族自治区的高度重视和大力支持,它们希望集团公司在加快项目建设的同时,加大环保及节能减排工作力度,把宁东基地打造成国家级循环经济示范园区而努力贡献力量。下一步的战略发展要继续保持与政府的密切合作,在资金、技术、人才、市场和运营环境的改善等方面继续得到政府的关怀和支持。"

"王经理的提议有一定道理,但与客户之间的合作也不能忽略。"王经理话音刚落,客户经理马涛就急忙补充道,"与客户的合作也是十分重要的。站在战略发展的高度,集团应当与客户建立良好的合作关系,以图共赢发展。宝丰能源集团之前对客户的目标是不明确的。集团产品的目标客户是谁,即哪些行业、哪类企业是集团产品的首选目标?如果没有明确的目标客户概念,市场营销战略就会无的放矢,毫无章法地做营销,客户不会满意,效率自然不会高。此外,还应该加强与新老客户的信息共享,结成战略合作伙伴。"听到这,黄总不禁点了点头。的确之前由于企业的过快发展,集团在客户方面一直没有明确的战略,现在由马涛提出来了,说明问题还真是存在。

市场部王其经理听完,环视了一下四周,见大家都默许地点头,接过话来:"既然马经理提出要和客户合作,那我也把竞争对手的情况陈述一下吧。我们最大的竞争对手是神华集团有限责任公司,除此之外,我们还面临着民营企业的竞争。近几年民营企业也迅速发展,随着国家对民营企业发展政策的放宽,特别是'非公 36 条'的出台,民营能源和化工企业有了很大发展,突出表现在煤炭开采和加工、石油沥青、成品油销售、燃气开发利用、聚酯及聚酯纤维、焦化和甲醇煤化工等领域。外国资本的竞争也不容忽视。目前,世界 500 强的大型能源公司几乎全都在华投资建厂设点,并且大多已全面进入中国能源行业上、中、下游各领域。但是由于特殊的地理环境,外国资本在西北地区的竞争还不明显,估计将来随着其他地区市场的饱和,西北地区也会会遇到外国资本的强有力的竞争。形势不容乐观啊。"王经理说到这,不禁摇头叹息。

黄刚微笑了一下说道:"竞争对手的问题,是危也是机。现代市场不再是你死我活的红海,任何一个企业都不可能也没有必要消灭全部竞争对手。与同样身处宁东能源化工基地的神华宁煤集团合作,一是要学习先进的管理体制,二是要学习经营实力强、主营业务突出的煤炭、煤化工、煤炭深加工及综合利用四大支柱产业,三要学习先进技术。神华宁煤集团的技术装备先进,煤炭、煤化工、煤炭深加工及综合利用能力强,正因为如此,神华宁煤集团先后荣获'中国矿业十佳企业'等桂冠。宝丰能源集团要通过加强与神华宁煤集团合作与学习,构造核心竞争力!"

此时人力资源部总监吴颐也开口了："大家都很有雄心壮志,但是我认为必须养好'内功',事实上内部人员的问题确实不容忽视。"吴颐显然有不同的意见,"目前,我们的员工闯劲不足。前几年的快速发展,使得部分员工特别是既得利益者安于现状,不思进取,竞争意识不强,市场观念薄弱,开拓精神不足;企业内平均主义盛行,干好干坏、干多干少一个样。一段时间以来,集团奉行所谓的'情感管理',以情代规,规则意识淡薄,严格管理难以落到实处;此外,在企业内形式主义盛行,做事摆花架子,外强中干,花钱如打水漂,这些都严重违背了集团的企业精神和企业宗旨。这些事情没解决好,谈何发展。"黄总的神情顿时严肃了起来,吴颐接着说:"现代市场竞争就是人才竞争,集团要想立于不败之地,必须建立人力资源战略。集团现在虽然员工总量挺大,但是具备专业职能技能的人才却并不充足。集团急需煤化工方面的高级技术人才和各类其他人才,为此宝丰能源集团必须全面实施人才强企战略,完善企业的人力资源管理体系。设计科学管理机制,重奖有突出贡献者,建立科学的培训体系,建立合理的激励机制。"吴颐的提议一出,立刻得到了大家的一致认可。吴颐的说法给了大家一个提醒,要实现企业的宏图大计,企业目前的人才储备确实十分不足,没有人才有再多的计划也只是纸上谈兵。

此时技术总监张科再也沉不住气了："我也说说我的观点吧。由于煤炭企业的污染比较严重,近几年企业的发展受到国家法律的限制,行业处于萎缩状态,替代竞争不明显。煤炭企业面临的替代品竞争主要是石化企业。另外一个很大的挑战来自电力企业。因此宝丰能源集团要创新发展,必须通过技术创新走集约发展道路,建立技术创新战略联盟,实施把煤炭吃干榨净的战略,继续走循环经济道路。目前,我们集团的经营范围包括了煤炭、洗煤、焦化,焦油加工、甲醇、苯加氢等煤炭能源和相关的煤化工产品,产品齐全,具有互补性和关联性。在实际经营中,各品种受不同因素的影响,市场价格此起彼伏。因此,宝丰能源集团的市场机会比经营单一品种的其他企业多。现在煤化工项目遍地开花,产能严重过剩,环保要求更加严格,因此我建议集团走出去。集团应该借鉴神华集团、云南煤化集团等公司的做法,从战略角度考虑与资金、技术和市场都有优势的外资企业进行良好合作。在这一方面,可以利用宝丰能源集团本土的特殊优势,通过利用自身的优势为外资企业带来政策上的便利,来获得外资企业的先进技术以及先进设备等,从而达到双赢效果。另外,我们可以积极发展以煤炭为基础的煤化工多元化战略,并大力发展第三方物流。此外,我们集团还有文化项目,即中国穆斯林国际商品交易中心暨中国宁夏国际小商品交易中心。我觉得还可以大力发展文化项目。"

此时市场部王其经理迫不及待地发表了不一样的看法,他说道："这么说,我认为纵向一体化战略也是可行的。宝丰能源集团有资金、有信誉,管理比较规范，有较强的发展能力。选择一体化战略，向上游和下游延伸发展，向上游发展主要应当考虑多渠道增加煤矿数量，兼并收购煤矿，扩大煤炭产量；往下游延伸发展就是延长煤化工产业链。我认为重点应该放在丙烯生产方面。将来能源发展的重点是'煤的清洁高效开发利用、液化及多联产'，实际情况是，我国甲醇产能严重过剩，与此成鲜明对比的是，丙烯产能却严重不足。2010年，我国丙烯总产量近1 100万吨，对丙烯的当量需求将达到1 905万吨，缺口达800万吨。故此，集团应该把重点放在有广阔市场前景的流化床甲醇制丙烯（FMTP）方面。"

黄总听了大家的意见，说道："你们所提到的战略都很有道理，我们集团现在有四大板块的业务，在发展上确实需要作出一些选择，或者说是取舍吧。在这点上，我认为归根到底是要考虑我们的竞争优势和政府方面的政策，不能所有板块都用力，要有侧重点。例如提高生产质量标准、节能减排就是大势所趋，在战略的制定上还是应该协调发展。"

四、尾声

这次会议开了整整一个上午，大家依然各抒己见，争论不休，各自为企业的发展出谋划策，看来通过此次会议达成"共识"的希望非常渺茫了。通过讨论，虽然大家对集团内部存在的问题已经有了比较深刻的认识，但是更大的抉择困难摆在了黄总的面前，新一轮的五年计划就要开始制定了，黄总望着窗外热闹的厂房陷入了沉思……

教学指引

一、教学目的与用途

（1）本案例主要适用于战略决策和战略管理课程。

（2）本案例的教学目的：让学生融入案例呈现的决策环境中，通过纷繁复杂的决策情境，抓住转型决策的核心问题，认识到要解决企业决策的两难困境必须对企业内外部环境进行深入探究。让学生系统地学习决策过程的相关理论，包括SWOT分析、PEST模型、SCP行业研究理论、决策制定理论等，运用案例提供的行业和企业背景信息进行分析决策，锻炼学生运用所学知识思考、分析实际问题的能力，训练学生的逻辑思维能力，充分根据案例提供的有利因素和制约条件进行决策。

二、启发思考题

（1）你如何看待宝丰能源公司的战略选择问题？

（2）与会人员都提出了哪些意见和建议？你如何看待他们的看法？

（3）从战略管理角度如何分析案例中提出的问题？

（4）如果你是黄刚总经理，面临这个局面你将如何决策？决策的过程是怎样的？

（5）公司一直以来都立足于能源行业，如今确实应该实行多元化战略，向其他行业进军吗，又或是应该进行纵向一体化呢？

（6）煤炭市场的前景确实不错，但是作为一个污染大的行业，它的风险有多大？外部环境的影响有多大？

（7）你认为公司的人才应从哪里来？如人力资源总监所说，企业的人才资源足够支撑企业的战略发展吗？

三、分析思路

教师可以根据自己的教学目标（目的）来灵活使用本案例。这里提出本案例的分析思路，仅供参考。

1. 从战略管理的角度思考

集团应该利用自身现有的优势，抓住机遇，制定新的发展战略，尽快实现战略转型。总体看来，目前集团拥有优质的行业口碑、广泛深厚的人脉关系资源以及优厚的能源资源。集团的战略制定刻不容缓，应抓住机遇，抢占先机，加大对节能环保型产品的研发，将自身打造成国内该领域的领头羊，而不应被眼前的资金或风险等问题束缚手脚，贻误战机。其实集团信誉良好、资源丰富的话，融资根本不成问题，风险均在可控范围以内。

2. 内在的原因

集团目前面临着国内外形势、管理环境发展的要求、集团发展的内在要求和国家各种政策（如发展低碳经济）的要求。

3. 解决集团战略转型决策问题的思路

按照战略管理等相关科学理论要求，根据集团的实际情况，充分利用集团的优势资源，制定新的发展战略。

4. 决策制定思路

首先要查找一些信息和资料，然后在所掌握的资料里找到可用的解决问题的几个方案。在几个方案中相互比较，寻找最好的方案去执行，最后监测和评价选择的解决方案。

四、理论依据及分析

（1）SWOT 分析：分析集团内外部的环境，集团的优势、劣势、机遇以及威胁。

外界环境中的机遇：国家鼓励和扶持发展新型节能环保产品，优先发展现代服务业和改造优势传统产业的产业政策。

外界环境中的威胁：国家抑制能源行业产能过剩，限制高耗能行业的发展；建材行业市场竞争日趋激烈；区域成本劣势。

集团内部可以利用的资源与能力：占有区位优势的能源资源，优质的品牌资源，广泛深厚的人脉关系资源。

集团内部相对薄弱的资源与能力：自主创新和研发能力。

（2）PEST 理论：从政治经济环境、技术环境、竞争环境对企业所处的外部环境进行综合的分析。

（3）转型理论或产业结构优化升级理论：产业结构的演变规律是从第一产业向第二产业和第三产业演进，第三产业的比例越来越大。因此，集团发展第三产业顺应了时代和市场的需求。

（4）聚焦战略：集团的业务不能太多太广，要聚焦主营业务，剥离非主营业务（如水泥、玻璃钢）。

（5）多元化战略和垂直一体化战略：企业要发展，多元化和垂直一体化战略是立足于自身内部的资源情况，为企业创造更多的价值。

（6）决策制定理论：在有用的信息和资料基础上，利用所掌握的资料找到适用于企业的战略。在几个战略中相互比较，寻找最好的方案去执行。

五、关键要点

（1）根据战略管理和其他相关理论，认清管理形势，分析管理环境，制定正确的发展战略是解决问题的根本。

（2）解决问题必须顺势而为，认清管理形势，分析管理环境，集思广益，统一思想，在符合国家政策法规的基础上，制订科学可行的新一轮的五年计划，完成转型，创造并赢得新的竞争优势。

六、建议课堂计划

本案例可以作为专门的案例讨论课来进行。如下是按照时间进度提供的课堂计划建议，仅供参考。

整个案例课的课堂时间控制在 80~90 分钟。

课前计划：教师提出启发思考题，请学生在课前完成阅读和初步思考。

课中计划：简要的课堂前言，明确主题（2~5 分钟）

     分组讨论（30 分钟）

     小组发言（每组 5 分钟，控制在 30 分钟）

     引导全班进一步讨论，并进行归纳总结（15~20 分钟）

课后计划：如有必要，请学生采用报告形式给出更加具体的解决方案，包括具体的职责分工，为后续章节内容做好铺垫。

群众满意度的是是非非[①]

——以中共荔越区委组织部为例

黄桂　叶锦祥　付春光

> **摘要**
>
> G市荔越区是2005年由原来的两个行政区合并而成的,合并后,荔越区辖22个街道,辖区人口是原来的1.5倍,面积扩大近1倍,公务员干部队伍也增加了近1倍。在这种情况下,加强干部队伍建设,提高群众满意度,建立科学、公正、合理的干部考核体系便日显重要。于是,荔越区改革干部考核制度,建立了以群众满意度为核心的考核方式。没想到一石激起千层浪,这一考核方式一付诸实施便引起了广大干部群众的强烈反应:有人认为这一改革对于推进干部工作科学化、民主化、制度化,及使优秀人才脱颖而出等方面起了积极的作用;有的人却强烈反对,认为这一考核改革导致考核指标不明确,绩效评估根本就是走过场,糊弄领导,糊弄百姓,不实用。群众满意度评估到底出了什么问题?为什么会出现这些问题?应该如何解决这些问题?

2005年5月28日下午,南国大都市G市已是酷热难耐,中共荔越区委组织部长周大民坐在办公室里,虽开着空调,却还是感觉热。他眉头紧锁,心事重重,表情凝重。

周大民部长今年40岁,重点大学研究生毕业,22岁大学毕业后先在基层工作,因头脑灵活、严谨细致、不计个人得失而深得领导赏识,从科员逐步升到科长、处长、部长。一向顺风顺水的周部长为何愁眉不展呢?事情还得从两区合并谈起。

一、背景信息

2005年4月28日,国务院批准(国函〔2005〕35号):撤销G市芳村区,将原芳村区的行政区域划归荔越区管辖。截至2005年12月31日,荔越区辖22个街道,辖区人口是原来的1.5倍,面积扩大近1倍,公务员干部队伍也增加了

[①] 本案例中的地名、人名均为化名,但案例是真实的。

近1倍。因此，加强干部队伍建设，提高群众满意度，建立科学、公正、合理的干部考核体系便提到议事日程。

事实上，我国的干部考核评价也有一个从定性到定量再到定性与定量结合的发展轨迹，科学性、合理性、导向性日益增强。2006年7月，国家颁布了《体现科学发展观要求的地方党政领导班子和领导干部综合考核评价试行办法》，提出了坚持德才兼备、注重实绩、群众公认的考核原则，绩效考核开始向综合考核、分类考核迈进。2009年，在总结试点经验的基础上，中央办公厅印发了《关于建立促进科学发展的党政领导班子和领导干部考核评价机制的意见》（以下简称《意见》），中共中央组织部制定了《地方党政领导班子和领导干部综合考核评价办法（试行）》《党政工作部门领导班子和领导干部综合考核评价办法（试行）》《党政领导班子和领导干部年度考核办法（试行）》，考核内容的科学性增强、差异性得到体现，群众满意度在考核评价中的分量得到提升。

荔越区坚持先行先试，在全市率先推行了处级干部量化考核工作，开发了处级干部量化考核信息系统，实现了干部考核从封闭式到开放式、从"领导评"到"领导和群众一起参与评"、从评价难到评价准的转变，为提高选人用人准确度和公信度奠定了基础。2008年，又率先制定实施了《荔越区属党政领导班子和领导干部落实科学发展观评价指标体系年度考核评价办法（试行）》《荔越区重点项目建设考核奖惩办法》和《荔越区重点项目建设工作落实情况督查办法》，紧紧围绕区内重点工作，如河涌整治、迎亚运人居环境综合整治、旧城改造等重点项目建设，注重对干部在急难险重任务中表现情况的考核，提高了考核的针对性、科学性和完整性。

干部绩效考核制度的建立，对提高政府工作效率、促进地区经济发展、增强综合实力发挥了重要作用，但由于过于注重考察工作实绩，尤其是经济发展指数，形成了一种"GDP崇拜"，忽视了百姓的生活需求和可持续发展，经济的发展并没有带来人民群众幸福感、安全感的增强，反而导致群众的不满和怨恨情绪日益高涨，群体性事件、环境灾难等此起彼伏，给下一步的平稳较快发展带来了变数。这促使组织部门对当前的干部考核制度进行反思。

二、群众满意度的争论

2005年5月30日下午，在荔越区委组织部办公室，一个重要的会议在举行，会议主题是群众满意度问题。会议由常务副部长李明亮主持，参加者有研究室主任马玉明、干部考核处处长王明辉、特邀基层代表老党员黄宽和其他相关人员。

常务副部长李明亮："各位同志，下午好！现在开会，今天会议的主题是干部人事制度改革，中心是群众满意度问题。下面先请部长讲话。大家欢迎！"

周大民部长："我先说几句吧。一直以来，我们荔越区党的干部人事工作自觉服从服务于党和国家工作大局,大力推进干部人事制度改革,取得了显著成效,如在推进干部工作科学化、民主化、制度化,及让优秀人才脱颖而出等方面起到积极的作用。但一种崭新的制度有一个成长发展到逐步完善的过程。"

说到这里,周大民部长环顾四周,语调一转,语气沉重地说:"我们荔越区干部人事制度的一些深层次的矛盾和问题并未得到根本解决,在改革中又出现了一些新矛盾新问题。一是干部绩效考核体系不科学,考核指标的导向过于短视,使得干部只注重短期政绩和本位主义,不注重长远发展和全局利益,导致了大量的政绩工程、形象工程、作秀工程。二是干部的评价体系结构不合理,缺乏公众满意度评价维度,人民群众的知情权、选择权、参与权、监督权无法落实,使得干部只对上负责、不对下负责,严重脱离人民群众。三是干部选拔任用制度的设计系统性不够,给少数人特别是一把手说了算留下了空间。主要表现在初始提名权过于集中,以及民主推荐、民主测评的科学性和真实性不够等问题上。这些问题导致当前选人用人过程中存在着跑官要官、买官卖官、拉票贿选、封官许愿、任人唯亲等现象,严重影响了干部队伍士气和社会风气以及人民群众对干部选任工作的满意度。人民群众对此反映强烈,近年来关于干部工作的网络热点事件也此起彼伏,直接影响了干部选任工作在人民群众心目中的印象。四是存在考用脱节和考核失真问题。上述问题在两区合并前就存在,如果不尽快解决,今后会更加严重。为此,我们部里早已委托研究室进行系统研究。下面请研究室主任马玉明同志谈谈吧。"

常务副部长李明亮对研究室马主任笑了笑:"部长点将了,你就谈谈吧。"

研究室马玉明主任:"好的。谢谢部长!既然部长点将,我就补充一点。我们发现一个最大的问题就是绩效指标不明确。一是现行的公务员考核制度中规定的'德、能、勤、绩、廉'五项标准只是原则性规定,缺乏对各个职位的科学系统分析,部门之间、被考核者之间缺乏可比性,质量得不到保证。二是绩效考核虽然明确强调采取定性与定量相结合的原则,但在实际的考核中,往往定性有余,定量不足,忽视定量测评。三是考核过程过于单一化。现行考核一般实行被考核者自我鉴定、部门负责人进行评价、考核小组确定考核结果的考核模式。这种单向的考核模式造成考核既缺乏科学性,又难以避免随意性和片面性。四是注重年度考核,忽视平时考核。目前仍缺乏一套系统且实用的平时考核办法,一些部门也没有平时的考核工作,仅凭个人的主观印象下结论。五是绩效管理功能缺失。主要表现为绩效结果的反馈不足,绩效考核结果与公务员的职位、待遇关联不大,不能利用绩效考核为公务员的发展提供依据,考核结果的运用力度不强。例如荔越区的考核办法虽然强调考核评价意见和结果应当作为领导班子和领导干部选拔任用、培养教育、奖励惩戒等工作的重要依据,但在实际操作中很难做到。因为考评的距离难以拉开,而且考核结果与各部门在全区所处的重要性排序惊人一致。这种结果如果作为选拔任用干部的依据,也难以服人。而与此相映成趣的是，如果导入公众满意度，让公众参与到对机关的评价中来，则结果都比内部评价要低（关于这一点，大家可以参见表1）。这充分说明，只有扩大考核参与范围，让更多的知情者参与到考核中来，才能提高考核的真实性和公信力。"

表1 2009年度荔越区属党政领导班子内部与公众评议对照表（部分）

序号	单位	内部评议	公众评议	对比值
1	区民宗局	97.08	94.28	-2.80
2	区发改局	95.38	94.00	-1.38
3	区经贸局	96.15	94.79	-1.36
4	区科技局	96.95	92.22	-4.73
5	区民政局	97.87	91.78	-6.09
6	区司法局	97.56	92.14	-5.42
7	区人力社保局	97.07	91.69	-5.38
8	区环保局	98.40	88.90	-9.50
9	区文化广电局	96.45	88.16	-8.29
10	区卫生局	95.58	88.55	-7.03
11	区城市管理局	97.58	89.30	-8.28
12	区公安分局	97.98	92.85	-5.13
13	区体育局	95.93	87.22	-8.71
14	逢源街	94.13	86.67	-7.46
15	多宝街	95.37	86.67	-8.70

资料来源：荔越区考核数据。

周大民部长插了一句话："据你们看来，原因是什么？"

马玉明："根据我们的调查研究，当前，干部选拔任用工作中存在的问题，有的是制度本身造成的，有的是文化传统造成的，有的是趋利避害本性造成的，原因复杂多样，不能一概而论，但最根本的原因是以群众满意度为基础的绩效考核制度缺乏公众满意度导向。"

听到这里，周大民部长和副部长会意地点点头，这无疑鼓励了马主任。

马玉明清了清嗓子，继续说："干部考核评价是选准用好干部的基础，但绩效考核制度的建立对于提高政府效率发挥了重要作用，而对于促进公平却乏善可陈。其中的重要原因是以群众满意度为基础的评价指标缺乏公众满意度导向。公众满意度理论认为，公共权力源于公民授权，公共管理的行使及公共政策的形成必须以多数人为依归。共产党的宗旨是'全心全意为人民服务'，立党为公、执政为民是党的本质特征。作为我们党的指导思想的马克思主义权力观认为，权为民所赋,权为民所用。权为民所赋指明了权力的根本来源和基础,权为民所用指明了权力的根本性质和归宿。但在现实生活中,有些领导干部不能正确对待和使用权力。有的认为权力是上级给的,想问题、办事情不怕群众不满意,只怕领导不注意,逢迎拍马、唯上是从;有的认为权力来源于个人努力、个人奋斗,把'有权不用、过期作废'奉为信条,滥用权力甚至以权谋私。这与我们当前的干部考核评价机制、干部选拔任用机制、干部监督管理机制有关。当前制度的现实情况就是有人觉得领导的权力来自更上一级领导的'恩赐',导致了大量的人身依附关系,也导致很多问题的产生。这就要求我们必须把公众满意度导入干部管理体制,在干部的考核评价、选拔任用、监督管理等方面都要充分体现民意。"

马玉明越说越激动,他抬头看了看,两位部长听得很认真,其他与会同志也都听得很认真,多数人都在不停记录,连特邀群众代表也听入了神,频频点头,于是他便继续讲下去:"当前的首要任务就是要以公众满意度为核心导向完善干部绩效考核制度,引导各级干部把提高公众满意度作为一切工作的出发点和落脚点,建立人民满意的服务型政府。但从当前的干部绩效考核制度的设计来看,作为消费干部这种'公共产品'的人民群众参与度极低,他们根本无法有效表达自己的意见,官僚系统形成了一个封闭的自循环系统,完全是自我考核、自我评价、自我选拔、自我监督,而不是民主选举、民主决策、民主管理、民主监督,知情权、参与权、选择权、监督权根本无法落实。比如荔越区的干部考核评价办法规定,对领导班子和领导干部的民主测评,参加人员范围为:①测评对象的领导机关有关领导成员;②测评对象所在单位领导成员;③测评对象所在单位有关工作部门或者内设机构和直属单位主要领导成员;④其他有关人员。测评对象属街道序列的,社区居委会和经济联社主要负责人应列为测评人员范围。其他有关人员视情况也可参加测评。测评指标的设计比较笼统模糊,评判标准不清晰(关于这一点,大家可以参见表2)。无论是评价内容还是评价要点都是宏大而模糊、抽象而生硬。怎么评价完全取决于评价人与评价对象的私人关系,甚至是评价人一时心情的好坏。它导致的结果只能是人与人之间的互相猜疑与钩心斗角,损失的是团队的凝聚力和战斗力。"

表2 荔越区党政领导班子民主测评的评价要点

类别	评价内容	评价要点	优秀	良好	一般	较差
思想政治建设	政治方向	政治鉴别力和敏锐性,大局观念,工作指导思想				
	精神面貌	团结协调,艰苦奋斗,开拓进取				
	贯彻科学发展观	自觉性和坚定性,联系本地实际贯彻落实的能力				

续上表

类别	评价内容	评价要点	优秀	良好	一般	较差
领导能力	驾驭全局	总揽全局（维护大局），协调各方（围绕中心），科学决策（依法行政），执行民主集中制				
	务实创新	求真务实，攻坚克难，探索创新				
	选人用人	贯彻执行公务员法和《干部任用条例》情况，发现人才，培养干部，知人善任				
工作实绩	经济建设	发展质量，发展速度				
	政治建设	民主法治，政务公开，基层民主政治建设				
	文化建设	思想道德建设，舆论导向，群众性精神文明创建活动，文化艺术				
	社会建设	统筹城乡、区域发展，劳动就业和社会保障，社会治安综合治理				
	党的建设（政府效能建设）	基层党组织和党员队伍、干部队伍、人才队伍建设（行政效率，公务员队伍建设）				
党风廉政建设	反腐倡廉	思想道德和纪律教育，履行廉政职责，班子自律，纠正损害群众利益不正之风				
	廉政制度建设	建立健全廉洁从政的规章制度，完善党内监督机制和依法行政的监督机制				

资料来源：荔越区内部资料。

李明亮做了一个总结："部长讲话很中肯，分析很透彻，马主任发言也切中要害，我完全同意。现在两区合并了，人多了，事多了，加强干部队伍建设的任务更重了，提高群众满意度的要求也更高了。建立科学、公正、合理的干部考核体系便提到议事日程。大家看看如何建立健全干部考核体系。根据我们的了解，正如马主任所说，问题主要集中在群众满意度问题上，请大家继续发表意见。"

王明辉："考核问题更大，群众满意度决定干部升迁，大家很关注，千方百计想打高分。很多单位和部门通过群众满意度测评指数来检验工作绩效，了解民愿民生，反思存在不足，改进工作方法，这一做法值得肯定。但同时我们也要看到，少数单位、个别部门在'满意度'测评工作上搞形式，走过场，群众对此并不满意。比如，有的单位认识不到位，在组织满意度测评上，形式做到，程序走完就算完事，测评工作只是应景而已；有的单位在参评对象上搞内定，不对系统外服务对象征求意见，群众测评成了自测自评；还有的单位在测评内容上动脑筋，要么大而化之，不着边际，要么趋利避害，为我所用，测评结果形势大好，等等。"

黄宽："刚才各位领导讲得都很好，我们基层也感觉到用群众满意度来测评有很大问题，有的群众满意度测评根本就是走过场，糊弄领导，糊弄我们老百姓，不实用。"

李明亮接过话说："黄宽同志代表基层，他的意见也很重要。群众满意度测评问题确实很大，其一，指标太宽泛，测评者太分散，过于追求绝大多数人的满意，容易被操控。其二，追求高分，很多人的高分都是被操控的，打分者与被测评对象没有多大关系，有的根本就是拼凑的。例如，公安局的王德文同志工作能力很强，连破4个大案要案，可是因为原则性很强，工作中得罪了不少人，每次群众满意度测评得分都不高，总是升不上去，工作这么多年，还是正科级，和他同时参加工作的同事有的已是正处级，最低的也是副处级。还有财政局的文邹同志，整日埋头苦干，踏踏实实，勤勤恳恳，因为不会经营关系，领导不喜欢，群众满意度不高，他本人也很苦恼。"

黄宽："偶尔上级为了体现民意，也让我们基层给他们打分，这是因为一般群众不了解他们，打出的分数不能反映真实情况。我们整日在基层，根本不了解公安局、财政局，几乎不和王德文同志、文邹同志等官员打交道，怎么打分？没法打分！如果一定要让我们群众打分，只能乱来。"

李明亮副部长："好。今天大家谈得都很好，因为时间关系，今天的会议先到这里，请部长讲话。"

周大民部长却意犹未尽："今天的会议开得很好，很有新意，现在我们找出了群众满意度测评的问题或不足。找出问题其实不难，关键是下一步怎么办？"

研究室马玉明主任早有思想准备，脱口而出："应该是建立以公众满意度为导向的领导干部考核评价机制。"

王明辉也接过话："我们在具体实施群众满意度测评时，干部群众反映强烈，纷纷对群众满意度提出批评和改进意见，都一致倾向于公众满意度。"

马玉明："我十分赞同王处长的观点。"

周大民部长："好，你们二位的发言触及了问题的本质。我在大学里就深入研究过群众满意度的是是非非，它确实有其先天不足，而应该被公众满意度取代。公众满意度源于企业管理中所研究的顾客满意度。美国学者奥里弗（Oliver）认为，顾客满意是顾客需要得到满足后的心理反应，是顾客对产品和服务特征或产品和服务本身满足自己需要程度的一种判断。20世纪80年代以来，西方发达国家为了解决政府公众信任危机而兴起了'新公共管理运动'，把顾客满意度引入公共管理领域，公众导向的服务理念使得公众满意度成为衡量公共行政的重要指标。公众满意度是指熟悉组织的公众对组织的绩效、服务能力、服务环境等与自己的期望进行比较后的一种心理反应和情感感受，是一种组织是否满足自身需求的主观评价。如果可感知效果低于期望值，公众就会不满意；如果可感知效果超过期望值，公众就会满意或欣喜。它的特征是模糊性、主观性、相对性、可测性和动态性。"

周大民部长喝了口水，停顿一下，继续说："对于干部选拔任用工作来说，其选出来的干部就是要让党委满意、让群众满意、让干部满意。其中公众满意并不意味着没有原则地讨好，而是结合中国的传统文化，即'巧言令色足恭，鲜矣仁'、'乡愿，德之贼'，既关注公众满意度，又防止出现片面地追求公众满意而被公众舆论牵着鼻子走的情况。在理论上，公众满意度并非是一个绝对的概念，而是一个相对的概念，并不是越高越好，只要多数正直老百姓的满意，而不是所有利益相关者都满意。如果是人人皆言好，极有可能是'乡愿'之士，即'和稀泥'的和事老，而不是坚持原则的党的好干部。因此，公众满意度与党委、干部的适度满意相结合，各占一定权重，能够较好地平衡原则性与满意度之间的矛盾冲突。党的十七大提出了要提高选人用人公信度，中组部随后开展了'一报告两评议'和组织工作满意度调查工作，体现科学发展观要求的干部综合考核评价也把民意作为测评的一个重要环节，可以说是对公众满意度理论的运用，但这种运用还存在范围狭窄、标准模糊、指标设计不科学、结果不公开等弊端，没有达到预期目的。干部作为一种特殊的'公共产品'，必须把公众满意度作为一个核心价值导向引入干部选拔任用以及干部管理的各个环节，促进选人用人风气的好转和干部队伍素质的提高。"

两位部长简单交换了一下意见，然后常务副部长李明亮宣布："会议今天就开到这里，总的来说，会议分析了问题，找到了原因。下一步是对策，请马主任牵头，和相关同志回去后制定一个方案，拟定一个以公众满意度为核心的干部考核机制，供下个月讨论。"

三、从群众满意度到公众满意度

2005年6月30日下午，又一个重要会议在荔越区委组织部办公室举行，会议主题是公众满意度问题。会议还是由常务副部长李明亮主持，参加者有研究室主任马玉明、干部考核处处长王明辉同志、人事处处长薛梅、特邀基层代表黄宽和其他相关人员。

副部长李明亮："根据上一次部务会议精神，今天重点研究公众满意度考核机制问题。先请部长讲话。"

周大民部长："我不讲话了，先请研究室主任马明亮同志把以公众满意度为核心的干部考核草案介绍一下。"

马玉明:"好的。根据上次会议精神,我们和相关部门认真研究,反复斟酌,起草了一个方案,就是以公众满意度为导向的干部绩效考核制度。"

马玉明扶了一下眼镜,继续说:"我们认为,考核是干部管理的基础,考核结果是选准用好干部的基本依据。要进一步健全促进科学发展的党政领导班子和领导干部考核评价机制,着力提高考核评价工作的科学化水平,从我区近年来的量化考核工作实践来看,重点和难点都是应该建立和完善以公众满意度为导向的干部考核评价机制。一是要扩大公众参与考核范围。测评范围要涵盖上级评下级(民主测评要征求上级领导意见)、内部评价、部门互评、下评、外评5种评价方式,真正实现全方位考评。二是要完善考评指标设置。要根据不同区域、不同层次、不同类型领导班子和领导干部的特点,建立定量和定性相结合、领导班子和领导成员相连、各有侧重、各具特色的考核内容和考核指标体系。三是要注重平时考察,完善考核评价办法。四是要强化干部考核成果的运用。"

黄宽心直口快:"我不太明白,请您说详细点,特别是这个方案的优点在哪里。"

马玉明:"这个方案的优点是真正体现了公众满意度。我们的想法是增强公众满意度测评分值的权重,使公众满意度真正成为干部奖优罚劣的决定性力量,促进干部把对上负责与对下负责、对内负责与对外负责结合起来。领导干部身处政策实施、决策执行的核心,其行为直接影响着广大干部群众的切身利益。干部绩效如何,公众最有发言权。因此要增加外评,要把领导干部的政策行为涉及的人员都纳入测评范围,使尽可能多的人能够对官员的施政行为表达意见,增强考核结果的群众公认性。"

黄宽瞪大了眼睛:"我好像听明白了,能不能说具体点,如何操作?"

大家一齐盯着马玉明,这也是他们共同关心的问题。

马玉明不慌不忙地说道:"具体做法是,区(县级市)党政领导班子公众满意度评价内容从依法办事、政务公开,基层民主政治建设,机关服务水平和效能建设,社会治安综合治理,群众信访事件处理,群众性文体活动开展,公民道德教育,创建文明城区(村镇、单位),扩大就业和社会保障,道路交通管理,改善生产生活环境,中小学教育管理,公共卫生管理,党的基层组织和党员队伍、干部队伍、人才队伍建设,党风廉政建设等方面进行评价(关于这一点,大家可以参见表3、表4)。"

表3 荔越区党政领导班子群众满意度的评价要点

序号	评价内容	满意	比较满意	不满意	不了解
1	依法办事、政务公开情况				
2	基层民主政治建设情况				

续上表

序号	评价内容	满意	比较满意	不满意	不了解
3	机关服务水平和效能建设情况				
4	社会治安综合治理情况				
5	群众信访事件处理情况				
6	群众性文体活动开展情况				
7	公民道德教育情况				
8	创建文明城区（村镇、单位）情况				
9	扩大就业和社会保障情况				
10	道路交通管理情况				
11	改善生产生活环境情况				
12	中小学教育管理情况				
13	公共卫生管理情况				
14	领导班子思想政治建设、党的基层组织和党员队伍、干部队伍、人才队伍建设情况				
15	党风廉政建设情况				

注：①群众满意度总分值为100分。选择"不了解"的不计票、不记分。

②领导班子群众满意度得分（Q）＝（A×1＋B×0.7＋C×0.4）÷（A＋B＋C）×100。其中，A为"满意"个数，B为"比较满意"个数，C为"不满意"个数。

资料来源：荔越区内部资料。

表4 荔越区党政领导干部公众满意度的评价要点

填表人类别：党代会代表□ 人大代表□ 政协委员□ 镇（街）村（居）干部□

辖区内群众代表□

项目	政治素质	工作作风	开拓创新	履行职责	公众形象
内容	理想信念，执行党的路线方针政策的坚定性，政治纪律，理论学习	实事求是，求真务实，群众观念，深入基层，为群众排忧解难办实事情况	与时俱进，有开拓创新与敬业精神	按照班子分工履行职责完成工作任务，分管部门工作推进情况	廉洁自律和接受监督情况，道德品行、践行"八荣八耻"情况

续上表

项目\姓名	政治素质				工作作风				开拓创新				履行职责				公众形象			
	满意	比较满意	不满意	不了解	满意	比较满意	不满意	不了解	满意	比较满意	不满意	不了解	满意	比较满意	不满意	不了解	满意	比较满意	不满意	不了解

注：①公众满意度总分值为 100 分。选择"不了解"的不计票、不记分。

②领导干部个人群众满意度得分（正职 Q1，副职 Q2）＝（A×1＋B×0.7＋C×0.4）÷（A＋B＋C）×100。其中，A 为"满意"个数，B 为"比较满意"个数，C 为"不满意"个数。

资料来源：荔越区内部数据。

周大民部长："考核主体如何确定？谁来考核？"

王明辉："公众满意度评价一般应结合每年区（县级市）党委全委会议，或在年初人大、政协召开例会期间，采取填写调查问卷的方式进行。参加评价的人员，包括来自基层、未参加民主测评会议的区（县级市）党代会代表，人大代表，政协委员，街（镇）村（居）干部，及其辖区内群众代表，各占 20%，参评人员可以随机抽样选择，人数不少于 100 人。群众满意度评价意见分为满意、比较满意、不满意、不了解四个等次。评价表由各区（县级市）党委组织部负责统计、汇总后，报组织部门。根据实际情况，组织部门还可委托有关部门或社会中介组织采用发放问卷调查表、政府网站评议等多种方式，在社会各阶层干部群众中开展群众满意度评价。"

李明亮副部长问："考核指标是否有改进？"

马玉明答："有改进，我们已经完善考评指标设置。新方案根据不同区域、不同层次、不同类型领导班子和领导干部的特点，建立定量和定性相结合、领导班子和领导成员相连、各有侧重、各具特色的考核内容和考核指标体系（关于这个问题，大家可以参见见表5、表6、表7）。指标设置坚持以人为本，着眼长远，体现科学性、全局性、系统性、规律性，防止以偏概全，一叶障目，避免引导干部只注重短期利益、陷入本位主义，要把干部从'GDP崇拜'引导到改善民生福祉上来。指标设置首先要体现职能对应原则。其次要体现公众满意原则。公共权力源于公民授权，公共管理的行使及公共政策的形成必须以多数人为依归。公众满意是政府施政的归属点，不论是评价绩效的指标层，还是具体指标，均必须以民意作为导向，体现民意需求，满足民众愿望。我国的权力是自上而下授予的，地方政府首长并非直选产生，民调监督公共政策的条件远不完善，但党和政府'立党为公、执政为民'的执政理念始终未变，所以地方政府绩效评价指标体系必须体现公众满意度导向。最后是要体现规范性原则。指标层和具体指标要相对成熟和稳定，并且同类地区统一，具有可比较性；同时，要方便操作，满意度指标调查简单易行，力求节约资源；要遵循第三方操作原则，增强公众满意度调查结果的客观公正性。"

表5 荔越区党政领导班子定量评价指标

指标组	代码	权重	指标名称	指标性质	分值	数据来源
经济发展	A1	30	GDP发展速度	正	4	区统计局
	A2		人均GDP发展速度与GDP发展速度之比	正	4	区统计局
	A3		人均本级地方财政一般预算收入发展速度	正	3	区财政局
	A4		行政运行成本占财政一般预算支出的比重	逆	3	区财政局
	A5		民营经济增加值发展速度	正	4	区经贸局、统计局
	A6		单位建设用地产出率	正	3	区国土房管分局
	A7		高新技术产品增加值占GDP的比重	正	3	区科技局
	A8		R&D经费占GDP比重	正	3	区科技局、统计局
	A9		现代服务业增加值占第三产业增加值的比重	正	3	区统计局

续上表

指标组	代码	权重	指标名称	指标性质	分值	数据来源
社会发展	B1	22	社会事业和公共服务支出占财政一般预算支出的比重	正	3	区财政局
	B2		每万人拥有公共文化设施面积	正	3	区文化局
	B3		符合政策生育率	正	2.5	区计生局
	B4		每10万人法定甲乙类传染病和食物中毒发生率	逆	2	区卫生局、食品药品监督局
	B5		社会安全指数	正	2	
			1. 亿元GDP生产安全事故死亡人数	逆	0.5	区安监局、统计局
			2. 每十万人群体性事件数	逆	0.5	区公安分局
			3. 万人治安和刑事警情数	逆	0.5	区公安分局
			4. 万人刑事案件立案数	逆	0.5	区公安分局
	B6		民主法制建设指数	正	3.5	
			1. 人大政协提案议案答复满意率	正	0.5	区依法治区办、区政协提案委
			2. 行政复议胜诉率	正	0.5	区法制办
			3. 行政诉讼胜诉率	正	0.5	区法制办
			4. 法院案件审结率	正	0.5	区法院
			5. 法院上诉案件维持率	正	0.5	区法院
			6. 民事纠纷调解成功率	正	0.5	区司法局
			7. 群众上访求外结率	正	0.5	区信访办
	B7		信息化发展指数	正	2	区信息办
	B8		高中毕业生升学率	正	2	区教育局
	B9		社区卫生服务体系建设合格率	正	2	区卫生局
人民生活	C1	23	城镇登记失业人员就业率	正	5	区劳动保障局
	C2		基本社会保险覆盖率	正	5	区劳动保障局
	C3		居民人均收入发展速度与人均GDP发展速度之比	正	5	区统计局
	C4		城市环境管理案件交办整改率	正	4	区建设和市政局、城管办
	C5		城市住房困难户占总户数的比重	逆	4	区国土房管分局

续上表

指标组	代码	权重	指标名称	指标性质	分值	数据来源
生态环境	D1	25	环保投入占地方财政一般预算支出的比重	正	3	区环保局
	D2		绿化覆盖率	正	3	区绿化办
	D3		耕地保有量	正	3	区国土房管分局
	D4		主要污染物总量减排完成率	正	3	区环保局
	D5		新建和改造项目、区域雨污分流率	正	3	区建设和市政局
	D6		河涌综合整治任务完成率	正	3	区农业水利局
	D7		新建和改造道路"三线"下地率	正	3	区建设和市政局
	D8		取消化粪池任务完成率	正	2	区环卫局
	D9		市容环境卫生综合评价指数	正	2	区环卫局

资料来源：荔越区考核数据。

表6 荔越区街道领导班子定量评价指标

指标组	权重	指标名称	指标性质	分值	牵头部门
经济发展	16	地区税收收入发展速度	正	4	区财政局
		单位区域面积税收产出发展速度	正	4	区财政局
		招商引资项目数	正	4	区经贸局
		引进总部企业数	正	4	区经贸局
社会发展	54	符合政策生育率	正	5	区计生局
		街道社会事业和公共服务支出占预算支出的比重	正	5	区财政局
		全民法制宣传教育普及率	正	4	区司法局
		民事纠纷调解成功率	正	4	区司法局
		万人治安和刑事警情数	逆	5	区政法委
		万人刑事案件立案数	逆	5	区政法委
		每万人群体性事件数	逆	5	区政法委
		每万人法定甲乙类传染病发生率	逆	4	区食品药品监督局、卫生局
		每万人食物中毒发生率	逆	4	区食品药品监督局、卫生局
		"五个一"工程	正	5	区发改局
		违法用地数	逆	4	区国土房管分局、规划分局
		违法建设数	逆	4	区国土房管分局、规划分局

续上表

指标组	权重	指标名称	指标性质	分值	牵头部门
人民生活	52	基本社会保险覆盖率（养老、医疗）	正	5	区劳动保障局
		城镇登记失业人员就业率	正	5	区劳动保障局
		城市环境管理交办整改率	正	5	区建设和市政局、区城管办、城管分局
		危破房户数改造完成率	正	5	区国土房管分局
		城市住房困难户占总户数的比重	逆	5	区国土房管分局
生态环境	5	人均绿化绿地面积发展速度	正	5	区绿委办

资料来源：荔越区考核数据。

表7　荔越区区属领导班子成员定性评价要点

类别	评价内容	评价要点	优秀	良好	一般	较差
思想政治建设	政治方向	政治鉴别力和敏锐性，大局观念，工作指导思想				
	全局观念	贯彻落实上级的决策部署，围绕中心、服务大局				
领导能力	推动科学发展	自觉性和坚定性，联系本部门实际贯彻落实的能力				
	依法办事	树立法制观念、依法行政、严格执法、制度建设				
	科学决策	贯彻执行民主集中制，健全班子议事规则，重大决策征求意见				
	统筹协调	总揽全局，协调各方				
	团结协作	共同维护团结，相互配合支持				
	务实创新	求真务实，攻坚克难，探索创新				

续上表

类别	评价内容	评价要点	优秀	良好	一般	较差
工作实绩	完成目标任务	年度计划完成，工作推进，落实上级重大工作部署				
	服务水平	服务意识，工作质量，工作效率，统筹发展				
	党的建设（政府效能建设）	基层党组织和党员队伍、干部队伍、人才队伍建设（行政效率，公务员队伍建设）				
党风廉政建设	部门（系统、行业）管理	思想道德和纪律教育，履行廉政职责，班子自律				
	执行党风廉政责任制	建立健全廉洁从政的规章制度，完善党内外监督机制和依法行使的制约机制				
	行风政风建设	行业规定、部门规章的制定和实施				

注：民主测评总分值为100分。领导班子民主测评得分（P）＝（A×1＋B×0.8＋C×0.6＋D×0.4）÷（A＋B＋C＋D）×100。其中，A为"优秀"个数，B为"良好"个数，C为"一般"个数，D为"较差"个数。

资料来源：广州市组织部区级干部考核表。

周大民部长插了一句："大家关心的考核方式有没有新的举措？"

马玉明信心满满："有！我们的考核方式更加科学化。因为我们的方案注重平时考察，完善考核评价办法。把年度考核、任职考察、平时考察结合起来，完善任前考察，改进年度考核，强化平时考核，注意考核方法的整体性、连续性、系统性，增强考核的全面性、准确性、完整性。重点是要强化经常性考核，坚持以平时考核、年度考核为基础，以换届（任期）考察、任职考察为重点，相互补充，相互印证。加强平时考核，注重在应对重大事件、完成重大任务中以及涉及个人利益时跟踪考核领导班子和领导干部。健全年度考核，发挥年度考核对领导班子和领导干部的管理监督和激励鞭策作用。完善换届（任期）考察，了解干部的长远意识，通过届中、届满考核考察，防止短期行为和急功近利的意识。改进任职考察，强化实地调查和延伸考察，实行差额考察和考察公示，扩大考察范围，切实增强考察的准确性，使考核真正成为干部'德、能、勤、绩、廉'表现的'晴雨表'。"

突然，人事处处长薛梅插了一句话："有一个问题需要注意，即大家可能在反映考核时轰轰烈烈，完了之后就杳无音信，不知方案对这个问题有没有考虑到？"

马玉明不慌不忙地答道："考虑到了。本方案的亮点就是强化干部考核成果的运用。考核的一个重要目的就是借此客观公正地认识和评价干部，让想干事、能干事、干成事的干部上升到更高层次，得到更大实惠；让不干事、好惹事、干坏事的干部没有市场，受到批评教育。但现在，干部的考核还没有严格与干部的选拔任用结合起来，导致干得好与干得坏一个样、干得多与干得少一个样、干与不干一个样，严重挫伤了那些真正干事创业干部的积极性，使大家不能严肃认真对待考核工作，敷衍了事，只把考核作为一个纯粹的程序性工作对待，降低了干部考核的权威性和严肃性。所以，必须把考核结果作为干部选拔任用的重要依据，让考核优秀的得好处，考核庸劣的受惩戒，这样才能充分发挥考核的指挥棒作用，真正让考核成为促进科学发展的助推器，树立正确的考核导向。"

常务副部长李明亮说："今天的会开得很好。请部长总结讲话。"

周大民部长总结："新方案建议以公众满意度为导向的干部绩效考核制度比起群众满意度总体上是更合理的，从大家的反应看是好的，值得肯定。谢谢！"

至此，周部长感到这次会议开得成功，新的方案设计也合理，关键问题是实际执行情况如何？将来会不会有出现新的问题？

教学指引

一、适用范围与对象

（1）适用范围：行政管理、人力资源管理。

（2）适用对象：人力资源管理、企业管理专业本科生，MBA、EMBA、研究生课程班等。

二、教学目标

（1）让学生融入案例呈现的决策环境中，通过纷繁复杂的决策情境，抓住问题产生的原因，认识到要解决行政决策的困境必须对最优方案深入分析探究。

（2）系统地学习人力资源的相关理论，包括群众满意度理论、公众满意度理论、绩效管理理论等；锻炼学生运用所学知识思考、分析实际问题的能力。

（3）训练学生的逻辑思考能力，提高学生根据案例提供的情境因素进行管理决策的能力。

二、教学指引

教师可引导学生从组织的实际情况出发，通过结合组织所在单位的特征和发展方向分析其管理中面临的问题，从而采取有效措施解决问题，使组织的绩效管理和组织的发展相匹配。解决干部选拔和晋升问题可以从绩效入手，建立以公众满意度为核心的干部考核制度，激发干部的工作动机，调动其工作积极性和主动性，使员工努力去完成组织的任务，实现组织的目标。分析报告必须给出较为完备的解决问题方案，学生在制订方案时，要充分考虑案例材料中组织所处地区实际情况和干部利益诉求情况。

（一）案例的现实意义

本案例通过详细的材料充分展现了案例中单位面临的绩效管理困境。学生通过阅读、分析和讨论不仅能够经由这些情景的叙述增长自己的见识，也能够在案例分析过程中，尝试运用自己学过的管理理论来解决现实行政管理和人力资源管理中存在的问题。我们希冀借此案例教学能够激发学生理论联系实际的兴趣，增强其处理复杂问题及管理决策的能力。

（二）供讨论的问题

本案例通过平实的叙事风格，尽量模拟了当时的决策情境。在2005年两区合并之后，荔越区区委组织部领导在面临干部考核和晋升问题时，该选择怎样的干部考核管理制度呢？

对于这一个核心问题的探讨，将引发干部考核的制度设计问题。具体问题如下：

在干部考核与晋升的重大问题上，是采用群众满意度为导向的绩效管理制度好，还是采用公众满意度为导向的绩效管理制度好呢？

群众满意度为导向的绩效管理制度是否有其天然的不足或制度设计的缺陷？公众满意度为导向的绩效管理制度是否有效克服了群众满意度为导向的绩效管理制度的不足？理由何在？

（三）分析思路

1. 从人力资源管理的角度思考

荔越区区委组织部领导应该结合单位所在地区变动的实际情况、干部队伍的利益诉求，按照上级领导的要求和地区经济与社会发展的需要，加强对干部队伍的管理，处理好干部考核与晋升问题。在人力资源管理和行政管理理论的指导下，设计新的公众满意度为导向的干部考核管理制度，科学、客观地评价干部业绩，把组织所需要的优秀的干部安排到合适的岗位上，并逐步提升公务员队伍的外部形象。

2. 原因分析

基层公务员工作辛苦，晋升缓慢，多数工作业绩难以量化，其价值不易为上级尤其是外界所认可。由于晋升通道狭窄，千军万马争过独木桥，便不可避免地出现群众满意度的操控情况。

3. 解决干部绩效管理的思路

根据岗位要求做好绩效管理，设计公众满意度为导向的干部考核管理制度，真正科学合理评价干部业绩，切实做到能者上，平者让，庸者下。在制度化过程中保持干部队伍的活力。

（四）理论依据及分析

（1）公众满意度是指熟悉组织的公众对组织的绩效、服务能力、服务环境等与自己的期望进行比较后的一种心理反应和情感感受，是一种组织是否满足自身需求的主观评价。如果可感知效果低于期望值，公众就会不满意；如果可感知效果超过期望值，公众就会满意或欣喜。它的特征是模糊性、主观性、相对性、可测性和动态性。

（2）绩效管理：绩效管理是指为实现组织发展战略和目标，采用科学的方法，通过对员工个人或群体的行为表现、劳动态度和工作业绩以及综合素质的全面监测、考核、分析和评价，充分调动员工的积极性、主动性和创造性，不断改善员工和组织的行为，提高员工和组织的素质，挖掘其潜力的活动过程。

绩效管理主要内容可以简要地概括为6W：何时考核？何地考核？谁来考核？考核谁？采用何种考核方式？考核标准是什么？

绩效管理的主要作用是：①人员培训与开发；②劳动工资与报酬；③工作岗位的调配；④员工提升与晋级；⑤人力资源管理的专题研究；⑥基础管理的健全与完善。

（五）关键要点

（1）根据公众满意度等其他相关理论，从真正的人力资源情况出发，分析问题产生的原因，建立良好的干部考核管理制度是解决问题的根本。

（2）解决问题必须从组织的实际情况出发，通过结合组织所在地区的特征和发展方向分析组织的干部管理特别是绩效管理所面临的问题，运用人力资源管理和行政管理的相关理论知识采取有效措施解决问题。

三、建议课堂计划

整个案例课的课堂时间控制在 60 分钟。

课前计划：教师提出启发思考题，请学生在课前完成阅读和初步思考。

课中计划：简要的课堂前言，明确主题（2～5 分钟）

           分组讨论（20 分钟）

           小组发言（每组 5 分钟，控制在 20 分钟）

           引导全班进一步讨论，并进行归纳总结（15 分钟）

课后计划：如有必要，可请学生采用报告形式给出更加具体的解决方案，包括具体的职责分工，为后续章节内容做好铺垫。

立白"去渍霸"洗衣液定位问题探讨

杨宇帆　杨斌　林业欣

> **摘要**
>
> 　　2007年,全球金融危机给中国日化行业带来不小的冲击,日化产品成本大幅飙升,某些原材料价格涨幅已经超过50%。为了应对原材料价格上涨问题,企业纷纷推出利润率高的新产品——洗衣液。然而,立白洗衣液的发展并不尽如人意,它不仅面临行业竞争对手的威胁,还面临来自新替代品以及传统洗护产品洗衣粉的威胁。近两年来,立白"去渍霸"洗衣液的市场份额频频下滑,引发了立白集团管理层对其定位问题的深思与探究。
>
> 　　本文通过对立白洗衣液的竞争环境、市场份额、自身定位以及营销策略存在的问题进行阐述,引导读者运用营销知识围绕产品如何定位,企业的战略定价、品牌形象、销售渠道如何适应和支持新产品的推广进行思考,深度挖掘产品定位的内涵和外延,并在此基础上为立白洗衣液的再定位提出意见与建议。

　　星期一一大早,立白董事长陈凯旋就忧心忡忡,脸色黯然。他拿起桌上的关于立白"去渍霸"洗衣液的市场调研文件,皱了皱眉头,叹了一口气。调研文件显示立白"去渍霸"洗衣液的市场占有率偏低,2010年5月份数据显示该洗衣液的市场份额仅占4.7%,与蓝月亮等洗衣液相比简直是望尘莫及,且还落后于洗衣液的后发者奥妙。回想起3年前,他曾豪气地定下目标:"我们的目标就是要做到洗衣液市场的冠军!"而如今……

　　当年的意气风发为何换来今天的无力叹息呢?

一、企业概述与立白洗衣液的诞生

　　1994年,立白企业集团有限公司(简称"立白")在广州成立,主营日化产品。产品涵盖衣物洗涤、衣物护理、洗洁精、个人护理、口腔清洁、家居清洁、纸品、消杀八大类100多个品种。现在,立白销售额已突破百亿,综合实力雄居中国洗涤行业前三强。图1是立白的品类结构,其主要产品集中于织物护理品类。

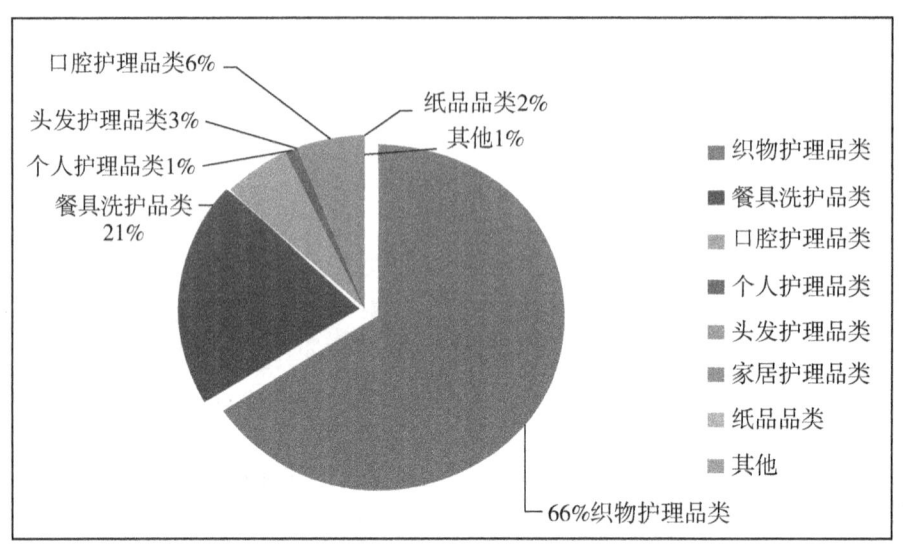

图1 立白品类结构

资料来源：杨斌论文《LB集团基于营销导向的竞争战略研究》。

立白以LB为核心品牌，其他品牌为辅助品牌的"大品牌、多品牌"发展战略。主要品牌包括LB、CQ、LT、CW、AN、东兰等10多个品牌。品牌的建设一般采取自创与收购两种方式，其中收购的品牌有LT、LBZ、AN和GZ，随着规模不断扩大，立白不断收购新品牌。目前，立白各品牌的功能比较明晰，LB品牌主要统领核心业务即洗涤类产品，CW统领家居清洁类产品，LT则立足于口腔护理类产品，GZ主要用于高档个人护理如化妆品行业。

近年来立白的销售额保持每年30%以上的增长速度，营销网络遍布全国，特别是在产品深度分销方面，更是闻名于中国洗涤行业。随着销售额的不断增长，立白的生产规模迅速扩大。截至2010年，立白在全国各地已经拥有12大生产基地、30多家配送中心、20多家OEM工厂，1万多名员工。全国各大生产基地生产设备先进，生产管理规范，环境保护严格，建立了"花园式工厂"，被国家环保总局授予"中国环境标志企业优秀奖"。

至2010年，立白拥有3个"中国驰名商标"、4个"中国名牌"产品、2个国家级"高新技术企业"，被国家批准为"博士后科研工作站"和国内首家日化企业"院士企业工作站"。此外，立白还广泛开展国际合作，同时与中国日化研究院、华南理工大学等科研院校进行校企合作，不断提升自身的科技研发水平和自主创新能力。今天立白已经发展成为代表民族日化工业的标杆企业和旗舰型企业，并得到了政府和社会各界的广泛认可及信赖。

业内调查显示，洗衣粉的利润空间越来越小，毛利润率已经低到20%以下，但是洗衣液等高端产品的毛利润率则可以达到30%以上，因此洗衣液被日化企业视为新的利润增长点。虽然目前立白洗衣粉占据了市场2/3的份额，但是在2009年11月，立白仍然高调宣布立白进入洗衣液市场，并携手当红明星周迅代言产品，在央视黄金时段投放大量广告。同时，在全国各大零售终端启动"洁净行动"，定位高端的立白"去渍霸"A级洗衣液等四款产品隆重上市，一夜间"超强去顽渍，不伤衣，不伤手"的广告语响彻全国。

二、洗衣液市场的竞争状况

2007年，全球金融危机给中国日化行业带来不小的冲击，日化产品成本大幅飙升，某些原材料价格涨幅已经超过50%。为了应对原材料价格上涨问题，企业纷纷推出利润率高的新产品——洗衣液，其中佼佼者当属蓝月亮，紧接着立白、奥妙、芭菲、斧头等知名日化企业也纷纷进入该市场。

（一）行业内主要竞争者

（1）奥妙洗衣液。作为刚进入洗衣液市场的老品牌，奥妙从价格、广告等多方面出击。2009年10月20日，奥妙洗衣液以低于同类产品30%的零售价格亮相市场，此举引起了洗衣液先行者终端零售价连环跳水反应。奥妙在广告上沿用联合利华的一贯风格，画面干净温馨，携"品牌与价格"两支大棒挺进洗衣液市场。奥妙的侵入直接打破了洗衣液市场中蓝月亮与威露士"两雄争霸"的局面，"三国演义"布局由此形成。

（2）汰渍、碧浪洗衣液。汰渍同奥妙一样作为老品牌有其品牌和价格的优势。宝洁公司对于在中国市场推出洗衣液产品相当谨慎，甚至有点踌躇。一是考虑到市场始终偏小，自2003年到2007年，洗衣液在整体市场的份额一直在1%～3%；二是切入点问题，如果在失去先发优势时入市，价格、概念等应如何定位确实需要谨慎考虑。宝洁旗下的汰渍和碧浪在美国其实主要是洗衣液品牌，不过价格较高，若直接引入中国，市场或许难以接受，因此宝洁需要找到利润与定位比较合适的切入点。

（3）蓝月亮洗衣液。蓝月亮是中国洗衣液市场的领导品牌，市场份额连续3年第一，市场占有率高达44%。2009年，蓝月亮洗衣液凭借在中国市场上高达50.27%的销售份额荣获"洗衣液冠军大奖"。蓝月亮一直走专业化模式，在洁净力方面不断强化和升级，推出去污力比国家标准洗衣粉高20%的深层洁净洗衣液。蓝月亮无论是在请明星作为形象代言人方面，还是在投放广告拉动消费上，运作手法都很凌厉，表明了要担当洗衣液第一品牌的决心与信心。但是，它也面临着其他洗衣液品牌的竞争。

（4）威莱—卫新洗衣液。卫新的策略比较谨慎，步步紧跟和针对蓝月亮。

两者的战术手法都差不多，终端陈列、特价买赠、导购拦截，卫新的销售渠道也与蓝月亮高度重叠，渠道重点在大卖场和综合超市。产品诉求"比一般干净更干净"，矛头直指大部分洗衣液洁净力不强的劣势，而且在配方中加入了消毒液作为产品的卖点。赛场上实力稍逊一筹的人，获胜的希望就寄托在对手的失误上，卫新现在就是这种心态。

（二）替代品竞争

洗衣液的最大替代品竞争来自洗衣粉，长期以来，洗衣粉市场份额始终保持在60%~70%，人们已经形成了相对稳定的消费心态。洗衣粉相对洗衣液价格便宜，而且洗衣粉产品的功能和品种尚能满足目前消费者的需求。所以，在洗涤市场洗衣粉仍然占主导地位。

三、立白"去渍霸"洗衣液的市场定位与营销策略问题

立白"去渍霸"洗衣液定位高端。对公司而言，洗衣液是第一次进入全新领域的新产品，是公司洗涤类产品线的延伸产品，进入的市场仍然是原来的洗涤类产品市场。而对于市场而言，立白洗衣液是后来者，市场上已经存在着同类竞争产品。立白洗衣液究竟会采取什么样的营销策略，与第一阵营的品牌建立差异化呢？

（一）中国洗衣液市场现状

中国的洗衣液市场正在以年均27.2%的速度增长，最近3年的复合增长率超过了100%。同时，洗衣粉市场的年均增速仅为2.2%。据尼尔森预计，中国洗衣液市场份额将在2010年达到整个洗涤市场的19%，2015年之后达到30%。而在美国，目前洗衣液的市场份额已经超过了洗衣粉，占比达到80%以上，大有替代洗衣粉之势。

洗衣液克服了传统洗衣剂的缺点，凭借其易溶解无残留、温和无刺激、不伤衣物不伤手等优点赢得消费者的青睐。而以蓝月亮为代表的一线大品牌推出了超强去污力洗衣液产品，消除了消费者对洗衣液洁净力的疑虑，加快了消费者由"粉"向"液"的转变，洗衣液迅速上位成为洗衣新宠。洗衣液顺应了国家"节能减排"的可持续发展潮流，是未来衣物洗涤剂发展的必然趋势。

洗衣液的功能以去污为主，市面上的大多产品也宣称具有柔软或杀菌等附加功能。但这些功能只起到辅助功效，无法达到像专门的衣物柔顺剂或消毒液那样的效果。如今消费者对洗涤剂产品的要求越来越高，即要安全环保、不伤皮肤和织物，又要使用方便且效果好。可以真正替代多种洗涤产品的多功能洗衣液，必然会受到广大消费者的喜爱。许多超市增加了洗衣液的产品陈列，洗衣液品牌数量也上升到十多个，可以预见，洗衣液将在不远的未来完全取代洗衣粉。

（二）洗衣液定位

洗衣液作为一种新型的洗涤剂，承载着时尚、环保的生活文化，属于洗涤用的高端产品。"去渍霸"A级洗衣液一方面延续了"去渍霸"洗衣粉能够去除顽固污渍的品牌认知度，另一方面也用实力证明了立白公司开发新产品的实力。

产品的市场定位是为了在消费者的心中区别于竞争对手，即要给消费者一个"我为什么要购买你产品"的理由。成功的产品定位能够为消费者提供一种价值方案，而这种价值方案包括高质高价、高质同价、同质低价、低质更低价和高质低价。立白洗衣液的价格是17元/千克，属于中高端产品，但是，相对于同类中高端其他品牌而言，定价较低，属于高质低价的定位。表1是目前市场上各大品牌洗衣液的价格定位。

表1 各大品牌洗衣液的价格定位

高端 （30元以上）	安利	78元/千克
	芭菲小天使	30元/千克
中高端 （15～30元）	汰渍洁净熏香	22元/千克
	奥妙	21元/千克
	汰渍360度炫白	20元/千克
	斧头净透快干	18元/千克
	蓝月亮	18元/千克
	立白	17元/千克
中端 （10～15元）	斧头除菌	15元/千克
	开米	15元/千克
	浪奇	15元/千克
	碧珍	15元/千克
	威露士	12元/千克（促销价）

资料来源：根据2012年9月实地调研广州天河城吉之岛超市相关产品的数据制作。

从表1中可以看出，立白"去渍霸"A级洗衣液定价于中高端位置，试图建立高端品牌形象。

降价和低价促销会影响消费者的忠诚度。图2是洗衣液品牌认知度和使用度调查结果。调查发现，消费者对立白洗衣液的认知度和使用度仅有17.2%，而对蓝月亮品牌的认知度和使用度最高，其次是奥妙，占29.5%。可见，消费者对立白洗衣液的质量满意度与其市场定位有出入，而消费者对产品质量的满意度可以体现在品牌的忠诚度上。

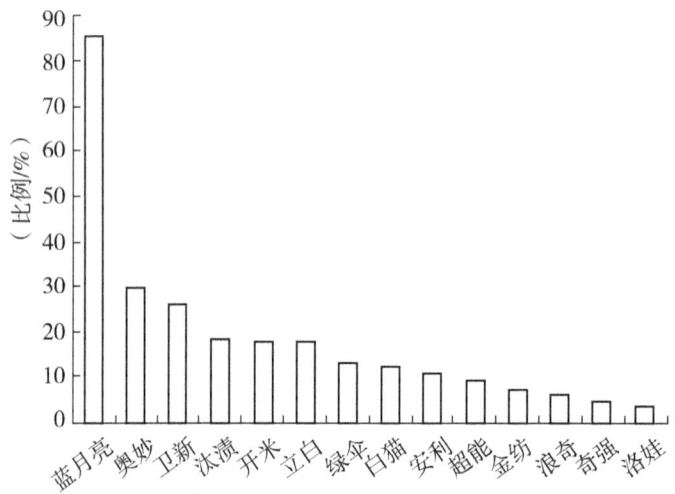

图 2　洗衣液品牌认知度和使用度调查

资料来源：摘自智研咨询集团《2011年中国洗衣液行业品牌研究报告》。

自1994年以来，立白采取"农村包围城市"的策略成功占领了广大农村洗涤市场的大量份额。但是，由于长时间在农村、二三线城市的中小型商店中销售，再加上价格低廉，立白为许多农村家庭所知，农村味儿遍布全身。虽然经过了两次成功的品牌转型，但仍然无法摆脱"大众化、朴素实惠"的中低端品牌形象。

（三）渠道问题

有调查指出，消费者购买洗衣液主要在大型超市（如图3所示）。而因独特渠道发家的立白，在全国建立了强大的分销网络，拥有近1 000个专销商。低价产品传统渠道的运作能力强，使得立白在二三线城市保持了30%以上的增长速度。但是洗衣液主要依赖超市销售而不是传统的经销商，立白的渠道问题关键在于超市终端资源的控制力不强，例如在沃尔玛、家乐福、华润万家等连锁超市里的产品陈列面积远远小于其他外资品牌。

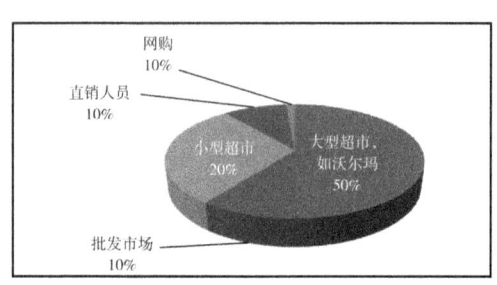

图 3　消费者洗衣液购买地点调查

资料来源：摘自陈菁《立白洗衣液媒介投放前期分析》，2010年。

四、结语

高调入市的立白洗衣液,如今却销量平平,市场占有率偏低(2010年5月份数据4.7%市场份额)。与蓝月亮等洗衣液老大相比望尘莫及,又落后于后发者奥妙洗衣液。这让身为董事长的陈凯歌很是不解,究竟问题出在哪里?

教学指引

一、适用范围

本案例内容难度适中,适合具备一定知识背景的学生阅读,建议二三年级学习市场营销原理、战略管理、品牌管理、渠道管理等课程的学生使用。

二、教学目标

(1)加强学生对产品定位理论的理解,包括企业的发展战略如何影响企业的产品定位,产品定位又对企业各方面产生怎样的影响。

(2)通过利用安索夫矩阵对快速消费品的分析,加深学生对产品/市场理论的理解,提高学生运用理论模型分析现实问题的能力。

(3)通过本案例让学生了解品牌形象对消费者产品感知的影响,培养学生营销学的思维方式。

三、建议课堂计划

本案例可以作为专门的案例讨论课来进行。如下是按照时间进度提供的课堂计划建议,仅供参考。

整个案例课的课堂时间控制在20分钟。

课前计划:提出"什么是定位"思考题,请学生在课前完成阅读和初步思考。

课中计划:引入立白集团,简单介绍背景(2~5分钟)

  分组讨论(10分钟)

  ①小组成员中有多少人赞成洗衣液定位中高端,多少人反对。

  ②从定位的角度看立白推出高端洗衣液产品的优势和劣势。

小组发言（每组5分钟，控制在30分钟）
引导全班进一步讨论，并进行归纳总结（10分钟）
①企业作出一个决策，有利有弊，应两利相权取其重，两弊相衡取其轻。
②产品定位是否正确，市场说了算。
③企业战略、资源影响产品定位，产品定位反过来也会影响企业战略的实施情况以及竞争实力。

四、案例分析

这是一个日化行业竞争白热化的时代，在市场饱和的前提下，立白顺势推出洗衣液的举动极具市场代表性。它以"街知巷闻"的名气以及高额的广告费打入高端市场，备受市场关注。本案例针对洗衣液的定位，从企业战略、定价、品牌、渠道等多方面进行分析，来探讨以上种种条件能否适应洗衣液这一中高端的定位。

本案例以立白集团的背景作为引入，首先，介绍了立白的创立过程以及洗衣液诞生的原因，使之前没有了解过立白的读者有一个基本认识，对立白洗衣液的诞生有一个初步的认知。其次，案例描述了如今日化行业的特征以及洗衣液市场的竞争状况，以企业性质划分了洗衣液市场三大阵营，比较了每一阵营的优势和劣势，以此阐述立白洗衣液现有的市场地位及竞争状态。本案例的重点在于，围绕产品的中高端定位，讨论企业的战略、定价、品牌形象、销售渠道如何适应和支持新产品的推广，深度挖掘产品定位的内涵和外延。读者可以从四个方面进行思考，发散思维（如图4所示）。在文章最后，对立白洗衣液的定位分析进行了总结，回应了案例开头的悬念。

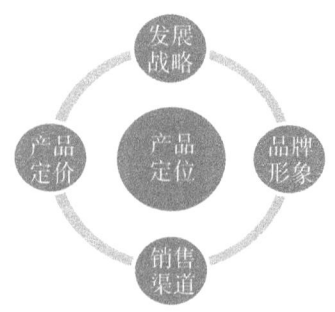

图4　影响产品定位的四个方面

五、思考题

（1）你认为立白集团推出"去渍霸"洗衣液，进入高端市场是必须的吗？

（2）立白集团的渠道优势在于专销商、中小型商店、士多。如果你是陈凯旋，你会选择在原有渠道中推广洗衣液，打入中低端市场，还是开拓新的终端渠道销售洗衣液？

（3）尽管立白携手当红明星周迅在央视黄金时段播放广告，但依然改变不了消费者对立白"大众化、便宜货"的认知，因而洗衣液的使用度较低。你认为立白应如何摆脱这种"低端"的品牌形象？

（4）除了安索夫矩阵模型之外，你还学习过什么与产品/市场分析有关的模型？请结合生活中的实例阐述该理论模型。

（5）结合当今中国日化市场的竞争状况，从品牌、定位两个方面，谈谈陈凯旋如此忧伤的理由。

六、理论依据分析

（一）定位理论

定位是对产品在未来的潜在顾客的脑海里确定一个合理的位置。定位的基本原则不是去创造某种新奇的或与众不同的东西，而是去操纵人们心中原本的想法，去打开联想之结。定位的真谛就是"攻心为上"，消费者的心灵才是营销的终极战场。消费者有五大思考模式：消费者只能接收有限的信息，消费者喜欢简单、讨厌复杂，消费者缺乏安全感，消费者对品牌的印象不会轻易改变，消费者的想法容易失去焦点。掌握这些特点有利于帮助企业占领消费者心目中的位置。而定位的方法有多种，如强化自己已有的定位、比附定位、单一位置策略、寻找空隙策略、类别品牌定位、再定位等。

（二）安索夫矩阵

策略管理之父安索夫博士于 1975 年提出安索夫矩阵。安索夫矩阵以产品和市场作为两大基本面向，区别出四种产品/市场组合和相对应的营销策略，是应用最广泛的营销分析工具之一。

市场渗透：以现有的产品面对现有的顾客，以其目前的产品市场组合为发展焦点，力求增大产品的市场占有率。采取市场渗透的策略，借促销或是提升服务品质等方式来说服消费者改用不同品牌的产品，或是说服消费者改变使用习惯、增加购买量。

市场开发：提供现有产品开拓新市场，企业必须在不同的市场上找到具有相同产品需求的使用者顾客,其中往往产品定位和销售方法会有所调整,但产品本身的核心技术则不必改变。

产品延伸:推出新产品给现有顾客,采取产品延伸的策略,利用现有的顾客关系来借力使力。通常是以扩大现有产品的深度和广度,推出新一代或是相关的产品给现有的顾客,提高该厂商在消费者荷包中的占有率。

多样化经营:提供新产品给新市场,此处由于企业的既有专业知识能力可能派不上用场,因此是最冒险的多样化策略。其中成功的企业多半能在销售、渠道或产品技术等方面取得某种成功,否则多样化的失败概率很高。

市场巩固:以现有的市场和产品为基础,以巩固市场份额为目的,采用产品差异化战略来加强客户忠诚度。同时,当市场份额总体有所下降时,缩小规模和缩减部门成为不可避免的应对措施。通常,市场巩固在安索夫矩阵中与市场渗透占据同一格。

七、使用方法

本案例主要用于营销管理、品牌管理课堂教学的案例参考。若用于营销管理课堂,可在学习定位及4P的产品、价格、渠道部分使用本案例;若用于品牌管理的教学,可在建立品牌资产、品牌定位、品牌形象部分时使用本案例。建议教师将此案例分发给学生,让他们回去讨论,讨论以小组的形式进行。

八、补充的背景信息

表2 立白集团内部资源分析表

	优势	劣势	改善途径
渠道资源	●建立了强大的分销网络 ●二三级市场分销力强	●经销商缺少多品类 ●现代渠道管理能力不足 ●经销商的内部管理能力的持续提升	●加强培训指导
品牌资源	●拥有2个驰名商标 ●多个中国名牌 ●拥有良好商誉	●现有品牌缺少行业外延伸能力 ●优势品牌集中于中低利润领域	●积极培育高利润领域的新品牌

续上表

	优　势	劣　势	改善途径
渠道运作能力	• 拥有较强中低价产品传统渠道的运作能力，近年来保持了30%以上的增长速度 • 拥有近1 000个经销商	• 大卖场、高价产品渠道运作力较弱 • 渠道分销、信息、物流渠道不完善，管理不够精细化	• 加大对大卖场渠道建设的投入 • 加快信息系统的建设
品牌运作能力	• 在洗涤行业内对LB品牌的运作能力较强 • 在口腔护理行业、杀虫剂行业分别对LBZ、CW品牌运作有一定能力	• 对个人护理品牌运作能力弱 • 对品牌美誉度、忠诚度管理能力较弱	• 从集团高度提升对品牌管理的支持与认可 • 持续建设专业的品牌管理团队
新品类运作能力		• 对洗涤品行业外的经营不熟悉，并且缺少培育决心、耐心	• 作好新品类的培育规划，并保证规划的完整执行

资料来源：杨斌论文《LB集团基于营销导向的竞争战略研究》。

"雅芳"渠道冲突问题研究

杨宇帆　杨奇志　杨曲曲

摘要

2006年4月,当雅芳产品有限公司(简称"雅芳")全球CEO钟彬娴宣布雅芳获得中国唯一的直销试点企业资格时,众多媒体就把焦点聚集于雅芳。不久后,雅芳内部经销商的"逼宫"事件再一次把雅芳推到了舆论的风口浪尖上。即使强大如雅芳这样的直销企业也不得不直面经营模式转变所带来的渠道冲突"阵痛"。雅芳如何妥善处理目前渠道冲突的局面,解决渠道转型过程中存在的冲突和问题,成为行业关注的焦点。

本文通过对雅芳所处行业的背景、市场竞争环境、自身优劣势以及面临的问题、挑战与威胁等方面的分析,引导学生从营销渠道的角度来探讨引起相关问题的原因,分析影响营销渠道的因素,以及渠道管理中可能存在的一些问题,并根据营销学理论知识提出一些有效的解决意见和措施。

2009年6月底的一天,哈尔滨市12家雅芳专卖店联合向雅芳(中国)有限公司要求退货,在与分公司协商不成后,又向地方政府举报雅芳"涉嫌传销",引发当地工商局突击检查。

部分经销商反映,雅芳每月强行制定逐渐递增的销售任务,在退货换货方面没有给予任何保障。12家专卖店联合向雅芳总公司要求退货的主要理由是:

第一,雅芳公司的分支机构以出国游为诱饵,以取消经销合同为要挟,威逼利诱服务网点(专卖店)大量囤货,造成相当一部分产品过期,而雅芳公司却拒绝召回;

第二,雅芳公司在现有服务网点周围无序开店,不顾现有服务网点的死活;

第三,雅芳公司的直销员和服务网点严重冲突,相争客源,相互砸价,造成货物积压。

雅芳公司有关负责人表示,公司已经派专员到哈尔滨跟进雅芳"涉嫌传销"事件。之前,该公司已经接到哈尔滨工商部门要求协助调查其哈尔滨分公司"涉嫌传销"的通知书。该负责人表示,"涉嫌传销"事件未了前,公司暂不会就经销商退货一事再另作声明。

此次事件不仅引起社会各界的广泛争议,也在雅芳公司上下引发高度热议。

雅芳中国区总经理王总决定召开公司内部领导层大会，商议解决雅芳渠道冲突的问题。直销型的雅芳不可能放弃原有的庞大的专卖店系统，而专卖店经销商和直销员之间又存在竞争。雅芳的直销员虽然挂靠店铺，指定从专卖店进货，但直销员不可能只在店铺内销售，这又造成与专卖店抢客源的问题。雅芳一直在两者之间寻找平衡点。雅芳要怎样解决渠道转型过程中存在的冲突和问题呢？

一、雅芳在中国的发展历程

雅芳产品有限公司（AVON Products, Inc.）是美国 500 强企业之一，1886 年创立于美国纽约。作为世界领先的美容化妆品及相关产品的直销公司，雅芳 2009 年销售总收入近 104 亿美元，其中直销人员销售额占 74%，专卖店销售额占 19%，专柜渠道销售额占 7%，向全球 145 个国家和地区的女性提供 2 万多种产品。

雅芳 1990 年进入中国，是最早在中国注册的外资直销公司，第一个把直销模式引入中国，也是第一个获得中国政府颁发的直销牌照的外资直销企业。目前，雅芳（中国）有限公司有 70 家分公司、6 300 多家雅芳授权产品专卖店和 1 700 多个美容专柜，覆盖国内 23 个省、5 个自治区及 4 个直辖市，拥有雇员约 2 000 人，76% 的经销商是独立的女经营者。

雅芳在全球首创了"单层次直销模式"。但是，进入中国 20 多年的雅芳其经营模式经历了两次重大转型。1998 年，中国禁止传销经营活动后，雅芳投入大量资源向完全依靠店铺批发零售的传统商业模式转变。这对于拥有 100 多年直销经验的雅芳而言，是一切从零开始。此后，雅芳在中国保持了近 40% 的年增长速度。2004 年收入为 20 亿元人民币，其中专卖店的收入约占 70%，此时的雅芳更像一个传统的化妆品公司。

但是，2005 年，雅芳业绩出现较大幅度下滑，主要原因却是受累于店铺销售方式。雅芳在传统商业模式中，全国开设了 6 000 多家专卖店，而 500 平方米的专卖店辐射范围不可能承载太多业务员，加上消费者较少直接到店购买的消费习惯，雅芳单店营利能力有限。

2005 年，雅芳凭借其"单层次直销模式"成为首家获取中国商务部和工商总局批准的直销企业。在外资直销企业中，雅芳被允许在中国最大范围内开展直销经营活动。2009 年 4 月，雅芳（中国）宣布包括原中国区总经理高寿康在内的四位高层被行政停职，曾任南拉丁美洲地区总经理的奥多内兹（Rene Ordonez）被任命为雅芳中国区总经理。雅芳（中国）正式启动"推进直销计划"，从"两条腿走路"逐步转向直销。

二、中国市场宏观环境分析

（一）政治及法律环境

2005年11月1日和12月1日中国分别开始执行《禁止传销条例》和《直销管理条例》，标志着中国真正走上法治直销轨道。条例规范了直销行为，防止欺诈，保护公民合法权益和社会公共利益。条例也为直销企业的发展带来了新的机遇。例如取消了店铺数量、标准等限制，提出了"服务网点"的新概念，将直销企业定义为"经批准采取直销方式销售产品的企业"，充分体现了政府为直销企业创造发展宽松环境的政策。

条例规定了"单层次直销"才是合法的直销形式，并规定直销员的报酬总额不得超过直销员本人直接向消费者销售产品收入的30%，这在一定程度上抑制了直销的优势和发展空间。条例还规定只有直销企业及其分支机构才可以招募直销员，且直销员只能在一个分支机构所属的省、自治区、直辖市行政区域内已设立服务网点的地区开展直销活动，并规定经销商不能招募直销员，这对于雅芳（中国）6 000多家专卖店来说是资源的极大浪费。

目前，中国直销业的行业管理以严厉监管和服务指导相结合为主，一方面鼓励和支持中国直销企业依法直销，对直销企业申牌和经营进行管理和服务指导，另一方面重拳打击各种形式的传销。

从国际上看，世界直销业对中国直销发展的关注度空前加大。一是希望中国直销能稳定发展，不希望直销法规实施后出现重大负面影响，不希望外资直销企业的利益受到影响；二是中国直销业的发展虽然目前还赶不上直销业发达的国家，但中国直销市场最大，中国直销发展的好坏将对世界直销业产生重大影响；三是以美国为代表的西方国家对中国直销法规的出台和实施一方面表示支持，另一方面对还没完全与世界接轨颇有"意见"，希望中国政府尽快完善直销法规。因此，如果中国直销业走势下滑，以美国为代表的西方国家会对中国政府采取经济外交手段，敦促中国政府完善法规，以保护西方国家在中国的经济利益。

（二）经济环境

中国正处在一个社会及经济转型过程中，人们更加迫切需要增加收入，在失业率高企的情况下，直销业给个人创业带来了良好的发展机遇。同时，随着经济的发展，个人消费者购买力提升，为高价位的直销商品提供了生存的空间。社会经济实力的逐渐提升也使消费更加趋于精致化，激起以直销商品的发展为契机的服务业的发展。

例如，全球保健食品已占整个食品销售的5%，销售额达到上千亿美元，而且每年都以相当高的速度增长。美国市场的保健营养食品年均销量达2 000亿美元，占食品销售额的1/3；日本近两年的保健食品销售额为15 000亿日元，年产保健食品3 000多种；欧洲的保健食品也有2 000余种，销售额以每年17%的速度递增。中国保健品消费市场的增长空间极大，按2009年的销售额计算超过800亿元，也仅占当年社会消费品零售总额的0.8%，人均支出仅为71元/年，是美国的1/8，日本的1/6。

我国老年人口以每年约3.2‰的速度增长，预计到2015年老年人口将达2亿人。据有关数据显示，目前中国肥胖者已经超过了7 000万人，超重者则超过2亿，减肥消费额达到60～100亿元。此外，中国有8 000万左右的高血脂患者，保健市场潜力在100亿元以上。凡此种种，在中国保健品市场中，直销企业开始显示出营销方面的独特优势。2004年安利纽崔莱产品在中国销售一举突破100亿元就是最好的证明。中国保健科技协会证实，2004年非传统营销模式完成的销售额已经超过了传统营销模式。

据悉，直销企业约占据中国日化市场15%的份额。2009年中国化妆品销售额超过1 400亿元，已成为全球第三大化妆品市场。行业协会提供的数据表明，中国化妆品市场在未来几年将以每年15%的速度增长；而香港的官方机构认为，中国内地美容市场在2004年的美容服务需求更高达2 200亿元人民币，中国化妆品市场潜力巨大。

（三）社会人口文化环境

一方面，随着中国教育水平的提高以及媒体的积极教育，消费者的价值观发生了很大的改变，中国直销市场成为全球最大的消费品市场。另一方面，中国人讲人情、重人际关系的民族特性也非常适合根植于亲朋好友之间推广的直销模式。加上直销模式的弹性工作时间，使部分工薪阶级能够通过兼职来增加家庭收入，为直销提供良好的发展基础。而且中国人喜好自立门户，不喜欢捧人饭碗，直销可以让从业人员靠自身努力，用较低的资金面对较高的风险建立自己的事业，这种自我实现的成就感以及实质收入很有吸引力，从而成就了直销。

（四）技术环境

新科技不仅应用在产品开发方面，还应用于销售和服务模式方面。例如，在订货、收货、接受培训等方面，以及对顾客服务、提供信息方面，在销售人员的日常管理方面，甚至在顾客主动寻找获取销售服务方面，新科技都发挥了越来越多的作用。

随着时间的推移，国内外新科技的不断创新加速了新产品的研发，产品的生命周期因为科技的发展而加速缩短，产品的更新换代时间不断加快使产品竞争更加激烈。因此，通过面对面的沟通方式即时掌握消费者需求，重视顾客导向以及详细描述产品特质的直销方式，具有成功销售产品的优势。

综合所述，不难看出，雅芳面临复杂的外部环境，众多影响因素有利有弊，共同作用影响着雅芳的生存和发展。当然，中国的大环境对雅芳的发展比较有利，只要多方努力，采取适宜的措施，就可以实现可持续增长。

三、中国市场竞争分析

通过分析竞争结构，不仅能知晓自己所在产业的利润前景，了解产业的赢利能力，同时也可以使企业处于最佳的竞争位置，或根据自己的竞争地位制定行之有效的竞争策略来保证企业的可持续发展。迈克尔·波特的产业竞争理论认为，一个产业存在着五种基本竞争力，这五种基本竞争力分别是现有竞争者之间的竞争、新进入者的威胁、替代品的威胁、用户讨价还价能力和供应者讨价还价能力。下面我们通过分析雅芳的市场竞争关系来了解雅芳所处的竞争环境。

（一）与现有竞争者之间的竞争

直销业是我国较早对外开放的领域，因此，中国直销市场基本是完全竞争市场，对雅芳来说竞争十分激烈。表1是中国市场主要直销企业目前的竞争情况。

表1 中国市场主要直销企业目前竞争力分析

项目	公司简介	产品	制度	时机	系统
雅芳	美国企业，历史悠久，历经考验，信守承诺，文化优良，财务优良	化妆品品质领先，产品定位明确，拥有独立的长久持续的研发能力	单层次直销模式，制度上有所创新，具有活力，可是制度也是造成业绩徘徊的原因	低调稳健，尊重中国政府的态度获得高度好感，在国内已经开始进入稳定期	有成熟的系统运作，团队本土化已完成
安利	美国企业，历史悠久，信守承诺，文化优良，创办人家族有着清晰的信念，财务优良	拥有强大的产品群，产品研发主要集中在营养品方面，有点孤芳自赏	级差制直销模式，历经考验仍具活力，弊端是造成低价囤货现象普遍	在国内已经开始进入稳定期，发展空间有限	有成熟的系统运作，有一大批具有很强人格魅力的领导人

续上表

项目	公司简介	产品	制度	时机	系统
如新	美国企业，"善之力"的企业文化帮助了很多无助的人们，财务优良	护肤品品质领先，营养品广受欢迎，特别是中草药类保健品走在同行前列，拥有独立的、长久持续的研发能力	公司制度在20世纪90年代初期成为公司业绩爆发的利器，可是现在却是造成业绩徘徊的最大原因	还处在市场磨合期，但是由于制度前期伤人无数，不太可能会出现如同安利的发展情形	有成熟的系统运作，团队本土化还未完成
优莎纳	美国企业，有着明确的企业文化和使命，财务优良	营养品品质第一，产品定位明确，拥有独立的、长久的持续研发能力	稳健双轨制度的代表，简单易复制，兼职也能赚到不错的收入，符合消费致富的趋势	低调稳健，尊重中国政府的态度获得高度好感，已经静悄悄地作好一切准备，时机一到，必将爆发	国外已经有很成熟的系统和团队，国内一定会经历一段时间的团队混战期

资料来源：杨奇志论文《雅芳销售渠道混合模式研究》。

（二）新进入者的威胁

由于中国直销业是一个很早就向国际市场开放的行业，改革开放20多年来，中国直销市场开放程度已经达到了较高的水平，市场竞争十分激烈。目前国际上主要的直销企业都已进入中国市场，实现了本地化运作。而且直销业本身是一个很成熟的行业，再加上直销市场上的"品牌效应"和"圈地效应"，使这个行业对于新进入者来说，进入壁垒较高。因此，总体来说，中国直销市场基本上不会有更强的竞争对手进入，对雅芳来说，"新进入者的威胁"较低。

（三）替代品的威胁

直销是专业性很强的行业，它对管理先进性和产品适用性的要求很高。替代品是指能够实现同样功能，但价格更低，或是价格一样，但质量更好、功能更完善的产品。

对雅芳来说，来自替代品的威胁主要是来自于流通领域日新月异的发展导致的替代效应，即新流通方式对旧流通方式的替代。例如用网上购物替代直销等。但是直销与网上购物概念不同，网上购物主要是利用互联网传递信息并且在网上进行交易的方式,直销则是人对人的销售方式,是通过人与人之间的关系网进行销售。虽然直销公司可以利用互联网,但是网络销售不能取代直销。因此,对雅芳来说,"替代品的威胁"还是存在的。

(四) 用户讨价还价的能力

雅芳的用户主要是指个人消费者。由于市场竞争日益激烈,他们对于折扣的期望有着越来越高的要求。经历了市场的洗礼,今后消费者对产品在功能、价格方面的要求将更加苛刻,市场竞争的压力必将越来越直接地传递到企业身上。由于中国直销市场是一个充分竞争的市场,各企业为了获取相应的市场份额,必将拼得头破血流。对雅芳来说,"用户讨价还价的能力"随着用户自身知识水平的提高和市场竞争的加剧,将变得越来越强。

(五) 供应者讨价还价的能力

雅芳的供应者主要是指处于上游的原材料及产品供应商。目前,直销产品的生产成本大幅降低。同时由于中国市场的产品研究、设计和生产水平在不断提高,供应渠道更宽广,对供应商的选择空间日益加大,因此,对雅芳来说,"供应者讨价还价的能力"相应变弱了。

四、雅芳渠道的特点与营销策略

(一) 立足直销,积极帮助专卖店向服务网点过渡,拓展新的赢利模式,稳定经销商队伍

继第三代专卖店形象之后,雅芳又推出第四代形象专卖店,新的形象店不仅体现在形态、功能、产品陈列方面,更体现在增加的功能区域和新引进的收费美容项目上。树立了品牌的大众性后,雅芳不断挖掘品牌深度,调动各方资源,通过更为时尚、新颖的店面包装和更具人性化的服务为专卖店吸引尽可能多的新消费者。通过将收费美容等增值服务纳入店铺经营系统,雅芳从仅仅销售产品转向产品销售+美容服务,提升了店铺的服务质量,拓宽了店铺的顾客承载量,稳定了经销商队伍。

2006年年初,雅芳推出了"三层楼"策略:第一层零售,维持现有顾客群体,以零售为主;第二层美容,增加美容项目,增加超值服务稳定老顾客,同时拓展新的顾客群体;第三层直销,积极推荐直销人员,服务于他们,实现店的职能的延伸。"三层楼"策略很好地稳定了经销商队伍,提高了经销商发展直销队伍的积极性。

同时,雅芳加大力度发展直销渠道。"零售会员制度"是雅芳帮助经销商维

护零售客户，同时兼具发展潜在的直销队伍作用而采取的措施。零售会员制度以较低的入门门槛、周到细致的发展策略和促销手段来吸引客户，并努力使其往直销队伍方向发展。自 2005 年转型以来，雅芳的新发展直销员人数稳步上升，销售额也逐步上扬，这充分证明了雅芳直销转型的必要性、重要性和正确性。

（二）以直销为根本，支持经销商、直销员点对点物流

直销企业竞争优势的基础是产品和服务，即生产出满足顾客需求的产品是直销企业的根本，企业能否在货物供给上给予销售人员最大的便利是决定直销企业成败的主要因素。

直销网络高覆盖率的特点决定了它的产品配送系统必须强大、高效而且延伸面广。目前雅芳采取的是"直达配送物流管理系统"，该系统 2002 年起率先在广州、武汉实行，并逐步延伸至北京、上海、重庆等地，如今已陆续扩展到全国 74 个大中城市，覆盖所有的经销商。直达配送物流管理系统的运作模式建立在 DRM 系统之上，在互联网载体和 DRM 系统平台的共同作用下，通过第三方物流实现对全国几千甚至几万个终端销售网点的统一管理，包括对销售人员的订单管理、配送管理、库存管理、账户管理、人员管理等。目前对所有销售终端都能保证 72 小时直达配送，对重点城市已实现 48 小时送达。对雅芳销售人员而言，如今足不出户就能轻而易举地完成过去耗时费力的付款、提货、运输等繁琐工作。

直销业竞争的优势是能够把货品通过直销员直接送到顾客手中。但是受店铺距离的限制，直销员必须囤货，否则接到顾客订单后，将需要一定的时间才能把货送到顾客手中。而雅芳目前已铺开的近 8 000 个网点及为此配套的快捷物流配送系统，将能保证直销员快速从终端提货、把货品送到顾客手上，取得一定的时间优势，从而提升顾客的满意度和忠诚度，也避免了直销员囤货所带来的风险和不稳定因素。

雅芳这几年在物流管理上下了不少功夫，实现了直销人员点对点的物流服务，不仅可以提高服务质量和效率，对直销行业来说更重要的是可以提高对直销人员的控制程度，强化直销系统的监督。

（三）围绕直销，逐渐将店铺打造成具有自身赢利和提供支持的服务网点的双效系统

将店铺打造成具有自身赢利和为直销员提供支持的"双效系统"，是直销企业的创新。雅芳（中国）1998 年以来一直使用的是店铺经营方式，在雅芳进行直销以后，也对店铺系统经营条件下的直销员模式进行了探索。

多层次直销中，店铺所起的作用十分有限，大体有四个：一是物流服务；二是销售服务；三是形象提供；四是便于政府管理。应该说雅芳的店铺更多的是经营功能，较少有象征意义。雅芳的双效模式可以最大限度地利用雅芳已有的资

源，这包括店铺、获得的直销许可、花费巨资打造的物流系统等，也包括在中国经营多年所积累的特殊品牌效应。

在雅芳的直销模式里，店铺的作用非同小可。雅芳改变了直销传统模式中直销员单打独斗，或是个人支持个人、大经销商支持小经销商的惯性，而是一方面为店铺开发新的产品线、创造新的赢利空间，另一方面将其打造成信息终端、物流终端，大大增强了销售管理的透明度。

为了强化自身的管理能力以及提升总体竞争力，雅芳自行研发了 DRM 经销商管理系统、专卖店 POS 终端销售系统、PDP 绩效管理和 KPI 量化业绩指标评估系统、高效数据仓库 CIA 系统等，这些系统不但帮助经销商解决了棘手的库存、资金、订单、人员等管理难题，也使总部的标准化运营得以妥善落实。特别是这一系统体现出的强大监控功能，使经销商自愿将所有确切的运营数据都输入系统，从而享受信息化管理带来的竞争优势。同时，只要在总部的高效数据仓库中取样分析，就能了解和评估销售策略、管理力度是否合理，以便给销售前瞻性的指引。

（四）以直销为重点，逐步建立了公司、店铺（服务网点）、直销员的新型铁三角关系

在美容护肤品市场，消费者的个性消费特点越来越明显，店铺的服务和直销员的服务更有特色，满足了不同类型消费者的需要。

雅芳的三角系统是从"公司—直销员"的两点一线关系发展为"公司—店铺—直销员"三者互为依托、共同发展的新型铁三角关系。在这个稳定的三角关系中，雅芳公司用强大的信息化管理和物流体系，支持和重塑了店铺网点与直销业务员的全互动系统，使两者在市场中有不同的分工和效用。

直销员可以借助店铺增加消费者的信心，也可以在物流上得到店铺的支持，遍布各处的便捷服务网点为独立销售提供了强大的支撑后盾；店铺也可以借助直销员的口碑增加相应的影响力，直销新模式的地位以及公司提供的一体化电子管理系统和更多产品线及新赢利点的实际支持，也使店铺感受到可持续发展的信心。"雅芳—经销商—直销员"的新业务模式结成的坚不可摧的铁三角合作伙伴关系共同缔造成功的直销事业，同时也将为更多的消费者提供优质的产品与完善的服务。

（五）混合渠道体系中存在的问题

1998 年，雅芳转型为零售业的经营模式，建立了 6 000 多家雅芳专卖店和 1 000 多个美容专柜的庞大渠道。在成功获得国内第一张直销牌照后，雅芳又开始了从传统专卖、专柜渠道与直销渠道融合的探索，企图建立"公司—专卖店—直销员"的"铁三角"渠道关系。曾被冠上"中国转型最成功的直销企业"美

誉的雅芳，其"直销渠道+零售渠道"的渠道模式却遇到越来越多的麻烦。

星罗棋布的雅芳专卖店是一笔庞大的渠道资源，对雅芳来说，丰富的产品系列足以支撑专卖店的运作。但是这些专卖店大多以加盟形式存在，很多店主认为雅芳的知名度高，因此在选地址的时候并没有选择繁华的商业区，这使得雅芳的店铺分布在各个角落。最初，这样的布局的确对雅芳的渠道渗透大有好处，但在一定程度上也抵消了雅芳作为国际品牌的神秘性。

由于店铺赢利性的需要，以及雅芳渠道价格的混乱，雅芳产品的价格显得十分混乱。不同的店铺价格不同，没有形成专卖店的统一性，这让消费者对雅芳产品的信任度大大降低。再加上频繁的促销活动，使雅芳的基础护肤类产品的价格一度远远低于市场其他产品甚至超市货架产品，这也大大削弱了雅芳的品牌形象。甚至在很多商场超市的电梯零售摊位，雅芳的产品比比皆是，价格便宜得令人匪夷所思。

随着大街小巷本土化妆品专营店的诞生，与之对比的雅芳专卖店显得店面小、选择性不强、促销活动不吸引人等种种劣势。在向直销转型的过程中，直销员渠道对专卖店业绩的挤压作用开始显现。雅芳在重新开辟直销渠道后，很多专卖店的老顾客都转型为直销员，这直接影响到了专卖店的销售收入。

五、问题提出

作为历史悠久的直销巨头，雅芳在海外市场一贯采取的是直销模式，在中国却实行"两条腿"走的传统零售与直销渠道同时进行的策略，然而这种共存的模式却存在难以调和的矛盾。

为改善这种混合渠道模式现状，2009年4月底，雅芳方面在美国对媒体表示，将调整在中国的业务模式，即将传统的直销和零售相结合的模式转为全直销，此转变预计在18个月内完成。

向直销转向的雅芳不可能放弃原来庞大的专卖店系统，而专卖店经销商和直销员之间存在竞争。雅芳的直销员虽然挂靠店铺，指定由专卖店进货，但直销员不可能只在店铺内销售，这又造成抢客源的问题，雅芳一直在两者之间寻找平衡点。

目前雅芳在中国是混合模式的销售渠道，之前雅芳的销售模式出现过三次转型，第一次是在1998年，因为当时的直销业已经发展到非常混乱的地步，很多非法和不良企业钻监管的空子牟取暴利，导致很多消费者被欺骗钱财，甚至影响到"安定团结"，而直销业的监管对中国政府来说又是一个陌生的行业，没有监管经验，所以中国政府干脆"一刀切"，停止所有直销企业的经营，要求它们转型。这是政府法律法规的要求，虽然不是雅芳的错，但雅芳也必须转型。第二次转型是在2005年，中国加入WTO后，政府需要重新开放直销业，所以在制定了相当严格甚至苛刻的法规后，中国政府有条件地允许部分企业开展直销业务，而雅芳参与了这个立法过程，甚至被当成典范，即符合中国国情的单层次直销模式。第三次转型是在2009年，雅芳的业绩一直徘徊不前甚至下降，而其他直销企业发展很快，必须转型。

每次的转型过程实际就是一个很大的决策过程，它需要评估内部和外部的多种因素。例如，它既要考虑法律法规的要求，或者说法律风险，又要考虑到现有的渠道和销售渠道的转型成本和风险，即"穿着衣服改衣服"的难度，还要考虑雅芳全球资源在中国的充分利用，以及新模式的竞争力和竞争优势。

然而2009年以来，雅芳作为获得中国第一张直销牌照的先驱公司，虽长期坚持遵纪守法经营，但在市场业绩方面发展缓慢，而其他直销企业发展很快。期间雅芳也多次试图以转型来适应政策变化和业绩考量，从直销模式到专卖店销售模式，再到"专卖店+直销"的混合模式。

那么，如何解决雅芳向直销模式转型中存在的一系列问题？目前使雅芳经营现状仍乏善可陈的问题在哪里？雅芳的机会在哪里？如何才能保持可持续发展？这些成了雅芳乃至整个直销行业关注的焦点和思索的课题。

教学指引

一、教学目的与用途

（1）适用课程：营销管理、国际市场营销、渠道管理。

（2）教学目的：让学生了解渠道，分析影响营销渠道的因素，以及渠道管理中可能存在的一些问题，学会运用现有的营销学理论知识去分析这些问题存在的原因。

二、思考题

（1）你如何看待雅芳公司的销售渠道混合模式问题？
（2）王总采取了哪些办法？你如何看待王总的做法？
（3）从渠道管理角度如何分析渠道问题产生的原因？
（4）如果你是王总，面临这个局面你将如何决策？

三、分析视角

教师可以根据不同课程的教学目标（目的）来灵活使用本案例。这里提出本案例的分析思路，仅供参考。

本案例从营销的视角探究雅芳渠道的问题。雅芳混合模式销售渠道中包括合适的产品、合适的价格、合适的分销策略和合适的促销策略，那么企业的营销目标也可以借以实现。

1. 产品策略（Product）——丰富

雅芳（中国）转型直销后，以丰富的品牌种类为消费者提供选择的余地和众多的可能。在中国，雅芳在广州从化太平工业区拥有一座占地8万平方米的现代化生产基地，年生产能力可达1.2亿件产品。雅芳的产品种类包括护肤品、化妆品、个人护理品、香品、流行首饰、女性内衣/时装、健康食品等，而每一类产品又拥有众多的品牌系列，每一个品牌都是系列产品，有各自的名称、形象、个性、价位。它们既像是雅芳大家族中的小家庭成员，又像是一架高速运转机器中的每个零部件，丰富着雅芳的品牌种类。

2. 价格策略（Price）——有序

雅芳在转型直销过程中，品牌众多，很好地针对不同的细分市场，合理地安排品牌层次。例如，在女性化妆品市场，由于年龄、职业、收入、趣味、家庭等因素的不同，消费者对化妆品的需求和选择也大不相同。雅芳众多的品牌正是针对处于各个年龄层次、采用不同生活方式的女性，按照其对化妆品的各种需求来安排的。品牌层次划分所依据的标准，除了产品的功能和效果，还有一项非常重要的标准就是产品的价格。

对于化妆品这种附加值极高的特殊商品，其价格常常对产品档次具有暗示作用。不同档次的化妆品，是女性身份和地位的象征。正是这种明确的品牌层次，使雅芳的众多品牌处于一种多而不乱的有序状态，使消费者既有选择的余地，又能找到最适合自己的产品。

3. 渠道策略（Place）——整合

雅芳公司实现转型直销模式后，终端销售主要以直销为主，以专柜、专卖店员为辅。据调查显示，雅芳的终端网络近80%为专卖店。雅芳公司比竞争对手先行一步抢占销售网点、提高市场覆盖面的大方向是正确的，但庞杂的销售网络，也给经营和管理工作带来严峻挑战。

由于公司发达的物流体系的保障，使专柜、专卖店、直销员的进货成本相同，但日常的运营成本存在差异，从而造成了专柜无法灵活变动价格，所受的冲击最大。而专卖店也因装修等初始投入和房租等运营成本的存在，导致无法与在家经营的直销员比拼价格。

鉴于渠道冲突现状，雅芳曾采取过两种解决方案。一是实行"商场专柜、专卖店产品区分销售",如通过商场专柜走高端路线、专卖店实行"收费美容"的方式,来达到安抚经销商的目的;此后又调整为将所有200多个专柜转给经销商,达到了协调利益的矛盾。二是将直销员划拨到一定的经销店铺管辖范围,从而实现对直销员的二级管理,协调直销员与经销商利益冲突。然而,渠道冲突的目标差异与领域冲突仍然存在,而且经销商和直销员存在利益冲突,一方面,经销商不愿大力发展直销员队伍;另一方面,收费美容存在卖产品少但服务的赢利空间大的特点,导致专卖店不愿尽力卖产品,而更重视美容服务,从而对雅芳的产品销售产生消极影响。

此外,网上直销势头不可逆挡,会对渠道形成冲击。随着技术的不断创新,相信将有更多的渠道形式涌现。渠道冲突将会是另一种不同的局面。因此,从长远来看,雅芳的渠道仍需整合。

4. 促销策略(Promotion)——创新

雅芳在转型直销过程中,每个月都会推出一些新产品,并重点推介几项品牌,再对部分产品给予低折扣。对上市时间较长的个别产品给予全年最低价,售完即止。这样循环往复,不断地积累新产品,淘汰旧产品,既在近期内起到促销的效果,又保证了长远时期中产品的更新换代。例如,雅芳新产品的开发和推出与时令季节有密切关系。2002年2月,适值羊年春节,针对冬季寒冷的特点,雅芳推出了一款红色包装、印有羊形图案的"新年好运"倍润护唇膏。

产品生命周期的理论告诉我们,企业得以生存和成长的关键在于不断地创造新产品和改进旧产品。创新是使企业永葆青春的唯一途径。从短期看,有些新产品的开发和研制纯粹是一项耗费资金的活动;但从长期看,新产品的推出和企业的总销售量及利润的增加成正相关关系。因此,有远见的企业把新产品的开发看作是一项必不可少的投资,持续的开发新产品,使企业在某些产品面临衰退之前,另一些新产品已进入快速成长期;当某些产品处在成熟期时,一些产品已开始向市场推出,这样,就能使企业的总利润始终保持上升的势头。雅芳不断地推出新产品,每月带给消费者新的感受和体验,极大地满足了女性求新求异的需求,迎合了人们"喜新厌旧"的心态。虽然有时候只是包装的更新,有时候只是配合某一节气,但却有效地发掘出潜在的消费市场,大大地刺激了消费。

三、关键要点

(1) 如何解决雅芳渠道混合体系的冲突才是解决问题的根本。在案例分析中,这是一个比较明显的矛盾,我们要探究其产生的根本原因,并结合具体实际现状和营销学理论知识提出相应策略。

(2) 解决问题必须先了解问题产生的背景和原因,抓住问题的核心本质及根源并有针对性地提出解决建议。

四、课堂计划

本案例可以作为专门的案例讨论课来进行。如下是按照时间进度提供的课堂计划建议，仅供参考。

整个案例课的课堂时间控制在 40 分钟。

课前计划：教师提出启发思考题，请学生在课前完成阅读和初步思考，提前了解雅芳（中国）相关的其他信息。

课中计划：简要的课堂前言，明确主题（2～5 分钟）

分组讨论（10 分钟）

小组发言（每组 5 分钟，控制在 20 分钟）

引导全班进一步讨论，并进行归纳总结（5 分钟）

课后计划：如有必要，请学生采用报告形式给出更加具体的解决方案，包括具体的职责分工。